[古希腊]
狄奥多罗斯 著
席代岳 译

第一卷

希腊史纲

文化发展出版社
Cultural Development Press

目　录

导　读
古典史学传统与狄奥多罗斯的《希腊史纲》

翁嘉声

本文将详细介绍公元前 1 世纪希腊史家狄奥多罗斯·西库卢斯①(Diodorus Siculus,公元前约 89/90—约前 30 年)及他的 *Bibliotheca historica*。② 有关狄奥多罗斯的相关研究著作非常稀少,与其他著名史家如希罗多德相比有天壤之别,但他仍是位有思想的古代史学家,奉行古典史学传统(classical historiography)的一些基本立场,留下了一些重要史料。本文拟先对伟大的古典史学传统做介绍,以便我们理解狄奥多罗斯与其他史家的不同

---

① 　原意为"西西里的狄奥多罗斯"。希腊人单名(如"苏格拉底"),不过常会加上一些指认的方式,如父亲名(Socrates,son of Sophroniscus)或出生地(Socrates of Alopeke),但是甚少人如狄奥多罗斯会以如此笼统的地方来定位自己或被定位。阿捷里姆(Agyrium)是小地方(McQueen 1),但狄奥多罗斯在叙述中常夸大它的重要性,在《世界史纲》里出现的频率超过其实际上的重要性。这或许只是单纯爱国爱乡心态使然,这种现象也常见于其他古代作家。如果阿捷里姆有分量,那史家会被称为 Diodorus of Agyrium,而非 Diodorus of Sicily,如另一位史学家 Philinus 被称为 Philinus of Syracuse,或 Timaeus 为 Timaeus of Tauronmenium,两处皆为重要城邦。另一个思考方式是:阿捷里姆并未因为狄奥多罗斯的成就而获得抬举,成为受瞩目之地。

② 　一般译为《历史丛书》,本文从书名,以下通用《希腊史纲》。该书最多存留的部分是希腊史及希腊化史,还有论及其他地方的风土人情文物,遑论尚有一定规模的罗马史留存,仍可清楚看出整书的世界史规格。

及共通之处,然后再深入狄奥多罗斯的《希腊史纲》。全文分为三部分:第一,古典史学传统;第二,狄奥多罗斯,"古典史学的威尔·杜兰";第三,简述《希腊史纲》所涵盖的历史时段。

一、古典史学传统

1.古希腊第一位史家:荷马

柏拉图说荷马是第一位"悲剧作家"①,其实在许多方面他也是第一位希腊史家。荷马已经拥有历史概念,知道他所叙述的事迹发生在很久之前,而成就事迹的人比今天的人还优秀。更重要的是他有种自觉:他所歌咏的这些人物及荣耀(kleos)将永世流传,因为凡人寿命有限,而诗歌传诵功业,会与神明一样永生不朽。数世纪以来荷马史诗对希腊人而言几乎是对过去的唯一记录,塑造希腊人是同一民族的自我认同,而这认同又与过去英雄那些被歌颂记录的光荣事迹相连接。荷马史诗揭橥的英雄价值,如阿基里斯(Achilles)宁可为战斗获得光荣,选择短暂生命的价值观,深刻烙印在希腊人意识之中,使得希腊人以过去为模范,来形塑现在。没有严肃的古典史家会忽略荷马史诗这灵感的来源。

另外,因为《伊利亚特》是有关战争的史诗,希腊史学便常以大型军事战役及相关活动为首要主题,使得古典史学基本上是政治、军事及外交的史学。从另一首史诗《奥德赛》希腊史学接受有关旅行及奇观(thaumasia,

---

① "Proto-tragedian", *Republic* 10.595c,598d,605c,607a;*Theaetetus* 152e。此处姑且假设荷马是《伊利亚特》和《奥德赛》的"作者"。有关荷马史诗如何产生以及"作者"是何种意义,请见翁嘉声《英雄之名存于史诗之中:荷马之伊利亚特》,《荷马史诗(一)伊利亚特》,猫头鹰城邦,台北,第15—43页。

wonder)的叙述。所以,希罗多德《历史》前半部对各文明的民族志及地理志的介绍,可算是受到《奥德赛》启发;从第七章起的后半部集中在波斯战争本身,灵感则来自《伊利亚特》。

荷马史诗除主题及目的外,还传递给希腊史学一些重要特征,如以第三人称进行叙述、历史要以拟真(verisimilitude)来模仿、要再现曾经发生的行动(ergon)及言论(epos)、交代行动发生的原因①以及使用崇高、正式的语言②来进行叙述,以保存这些行动,免予后世遗忘。因为英雄同时是位既能行动又能高谈阔论的人③,所以除在战场上阿基里斯以军事行动赢得胜利外,年迈的英雄尼斯特(Nestor)在会议中则以言辞贡献智慧计谋,奥德修斯更是智勇双全。因此,演说词也成为古典史学在呈现角色时的特色之一。④

希罗多德、修昔底德及其他更多史家都生于、长于这样以荷马为宗的文化传统里,决心在史学领域与荷马一较长短,因此希罗多德辩称波斯战争配得上,甚至胜过荷马的特洛伊战争,而修昔底德的伯罗奔尼撒战争则

---

① 这原因经常与神明的干预有关,这是诗人与古典史学最关键的差别之一。
② 因为荷马史诗是用爱奥尼亚(Ionian)希腊文写下,所以古典希腊史学三大家也是用这方言书写。
③ *Iliad* 15.234—235,374—376;*Odyssey* 2.270—272,303—3050.
④ 这种对英雄的看法使得雅典公元前5世纪的政治家除了能领兵作战外,也常是杰出的政论演说家,如修昔底德笔下的当代英雄伯里克利(Pericles)。演说词在古典史学中的重要性不仅是修辞功能,也反映出三大史家所处的雅典民主政治,因为公民在民主政治中以论述(logos)表达政见,说服同侪,其功用正如战争中的实际行动,可以决定战争或和平。罗马共和元老院里的辩论当然也鼓励演说词出现在史学之中。所以不管古典史学里的演说是否真正发生,演说词完全符合这时期古典政治的性质。但在希腊化及罗马帝国时代,民主政治不再流行,演说词变得越来越没实际意义,越来越形式化,所以会逐渐出现埃弗鲁斯(Ephorus)认为的史料收集及分析远比准备演说词更费心费力,而狄奥多罗斯则批评过度使用演说词除了显示出史家多言及缺乏品位外,还会割裂历史叙述及阅读经验的完整性(《希腊史纲》里所谓的"第二前言"),所以在他整个作品里只有四个地方有演说词。随着这种政治环境的消失,演说词真的变成修辞装饰,只余"赞颂词"(encomium),赞颂独裁者。对史学里的演说词是否实际反映出真实情形,仍极具争议。

又胜过波斯战争,值得成为史学著作主题,而且读者能从中获得更佳的实用效果。其他后继史家又与这些经典史家争锋,间接也以荷马为典范。荷马因此树立希腊史学典范,提供如何呈现过去的经验,决定哪些人物事迹值得永存人世,让后来的史学家及阅听者效法依循。荷马因此是希腊第一位、最重要的史家。①

稍后于荷马的赫西奥德②写作系谱作品,如《女性类别》③,以女性来组织希腊贵族最在意的血统世系。其他诗人在公元前五六世纪之交书写建立城邦的故事,或以地方④或族群⑤为主题的作品,建构、巩固相关人民的认同感,丰富史学的传统。另一群以品达⑥为首的赞颂运动竞赛胜利(*epinician*)的诗人,歌颂泛希腊(Panhellenic)四大运动会⑦夺冠的当代英雄,确立现在正如过去,可以成为成就永世荣耀的场域,使得当代人因为体能、技艺及智慧的优秀,获得如荷马英雄般的永恒荣耀。更重要的是因此诗人也是臧否人物事迹的裁判,透过他的歌颂使人物事迹永存人世,也透过他的批评使得一些角色注定沉沦。这些也都算是希腊史学的前驱作家。

这些在希腊社会被认为以诗歌为主要媒介,凝聚传统智能、深受缪斯神灵感启发的诗人和古典史家有何不同?如诗人西摩尼得斯⑧留下的残

---

① "第一位"或"最重要"皆是 *proto* 之意。

② Hesiod of Ascra,约前750—前650年。阿斯克拉(Ascra)在皮奥夏(Boeotia)地区,但确切地方不详。

③ *Catalogue of Women*。

④ 如 Xenophanes 有关 Colophon 城的建立或殖民意大利的 Elea。

⑤ 如 Herodotus 亲戚 Panyassis 所写的 *Ionica* 可能是关于希腊的爱奥尼亚族群。

⑥ Pindar of Thebes,前533—前443年。因为他歌颂现代英雄的优胜者 *arete*("品德")时,方式、内容及精神都与荷马相似,因此品达时常被认为是希腊古典时期最"荷马"(Homeric)的诗人。

⑦ 分别是在伯罗奔尼撒半岛西北部伊利斯(Elis)地区的奥林匹亚(Olympia)、德尔菲(Delphi)的派提亚(Pythia)、科林斯的伊斯特米亚(Isthmia)以及伏利亚斯(Phlius)的尼米亚(Nemea)四大宗教庆典里的运动会。

⑧ Simonides of Ceos,约前556—前468年。

篇与希罗多德所写作的波斯战争,诗人主要甚至唯一的目的是纪念、高贵化那战役里的人物与事迹,将他们与荷马史诗里的英雄相联结,并非以理性(logos)来研究、分析其中因果,进而提出实用知识,而这些正是"史学之父"希罗多德倡导的概念。

公元前6世纪中叶开始的爱奥尼亚知识革命强调人类的理性思维(logos),挑战之前诗人的神话思维(mythos)。这个由哲学首先发难的理性思维认为这宇宙是有秩序的、是和谐的,宇宙万事万物背后有其运作原理(arche);人是理性的动物,若能掌握这原理,便能以简驭繁。这种要摆脱以神明干预来理解世事进展的新尝试,进而强调事理自有其运作原则的思维方式,浸润到希腊人对过去的理解中。① 赫卡提乌斯的《系谱》②整理取自荷马及赫西奥德的贵族家系血统,排除其中矛盾,以理性解释神话里的稀奇古怪之处。他的《寰宇志》③以直布罗陀海峡为中心,依逆时针方向讨论环地中海各地区及各民族的生态景观及风土人情。赫拉尼库斯④的《亚哥斯赫拉神女祭司纪年》⑤提供一个以地方历法为据,将全希腊发生的大事准确记录其上的编年架构。这些作家都是在希罗多德之前或同时的。此外,他们多以散文⑥书写希腊的过去、不同民族及其地理环境,并以理性心态来分析事件。

所以希罗多德同时是荷马典范以及爱奥尼亚理性思维的继承人,以特殊的诠释为当代读者、听众再现他所要叙述的波斯战争,解释发生原因。他本人也是这场知识革命的主要贡献人之一。一方面,他的史学相当"荷

---

① 例如,希罗多德便以正义(包括报复)来解释波斯战争爆发,但荷马史诗可能会追溯到帕里斯(Paris)受命判决哪位女神最美。

② *Genealogies*. Hecataeus of Miletus,约前550—前476年。

③ *Periodos* 或 *Periegesis Ges*。

④ Hellanicus of Lesbos,约前490—约前410年。

⑤ *Priestesses of Hera at Argos*.

⑥ 爱奥尼亚知识革命如果就书写文体来说,也是"散文"革命。

马":他遵守荷马对过去的定义,不认为历史只是所有过去发生事件加总起来,而是择取其中一面,主要是那以战争为主的人物及功业,记录、追忆这些过去,借此来纪念及宣扬过去的英雄事迹,成为后人典范。这些正是古典史学的主题。所以希罗多德的成就不是取代,而是挑战荷马,要以荷马的启发为基础,扩大荷马以降的传统。他之所以被称为"史学之父"是因为他敢于面对史诗传统,勇敢提出有理性的"自我"来介入历史叙述之中,提供对过去的新了解模式,成为"史学的荷马",新的模式是为了响应当代爱奥尼亚知识革命要求更准确、更广泛的知识,能够用来形成新的道德典范,来教育以及形塑统治阶层,这更是他史学的实用目的。他的史学要教育新的统治阶级,正如荷马之前歌颂人中之龙的英雄一般。这样要求更多、更准确的知识以及用这新知识所建立的新典范来教育当代精英阶级,正是我们所谓的公元前 5 世纪雅典启蒙时代的产物。在这方面,史家和辩士①一样要将实用知识运用到政治生活之中。难怪亚里士多德将史学归为政治学的一支。②

我们不能过度夸大爱奥尼亚知识革命的理性思维已经完全取代之前诗人的神话思维,仿佛 logos 与 mythos 之间有明显界限。因为如果建立保存典范是古典史学的目的,那神话与历史的界限必然比我们想象的更具流动性。所以认为希罗多德将史学当作理性思维,相对立于荷马及诗人传统所代表的神话思维,那是过度简化。他似乎比较计较的是那些我们可以有比较可靠信息,以及那些比较没有,或者说历史是那些比较可信的,神话则比较不是之间随语境而变动的东西。神话和历史之间的差别只是对相关事件知识多寡的问题。

另一方面,希腊神话都具有高度的"历史性",时常是关于特定的人、地、

---

① 或"智者",Sophists。
② *Rhetoric* 1360a.

时、事物，而非西亚那些不可思议的创世神话（genesis）。我们或许要等到修昔底德才会确切赋予 *mythos* 负面内容，用它来指那些为了取悦观众和听众的子虚乌有之事，需要被排除在严肃史学之外。他这种态度也与他强调"眼见"（*opsis*）为凭是获取历史知识的唯一可靠方法有关。但当修昔底德在第一书前半部分交代伯罗奔尼撒战争爆发之前约 50 年（前 479—前 431）的"考古学"部分时①，他提及神话人物迈诺斯（Minos）统治克里特岛，曾握海上霸权（thsalassocracy），控制雅典。他大概认为这是比较可信的神话，所以毫不迟疑地采用。同样坚持"眼见"是最可靠见证的希腊化史家波利比乌斯②也将古代传说理性化。或许古典史家对何谓神话，比我们所想的还有弹性。所以泰密乌斯③在写西西里及"大希腊"④史时，甚至会创造出与希腊大陆不同版本的地方神话相联结，经常诉诸古代作家或尚存的风俗、行为或地名来证明他所给神话的可信度。其他存留下来的希腊化史家也大肆使用神话，甚至欢迎神话里出现的不同说法。这些当然和史家会依赖诗人及其他作家作品有关，而这也是古典史家经常会以当今关怀来诠释、利用过去的例证的原因。⑤ 所以狄奥多罗斯·西库卢斯在他的《希腊史纲》前六章专门交代这些各地的民族志、地理志及"神话"，这就古代史家而言是完全可以理解的。

---

① 这便是修昔底德著名的考古学（*Archaeologia*）。这约 50 年间被称为 Penteconteia。波利比乌斯在一到五书那冗长的前 264—前 218 年历史叙述，加上对罗马政治体制的介绍，其实便是这样的"考古学"，提供所要探索之罗马崛起主题的背景。

② Polybius of Megalopolis，约前 200—约前 118 年。

③ Timaeus of Tauromenium，约前 345—约前 250 年。

④ 有关"大希腊"（Magna Graecia）的定义及范围，请见第三部分的"西西里及大希腊"。

⑤ Diodorus Siculus 5.2.4。

2.古典史学

古典史学是指从公元前 5 世纪希腊古典史家希罗多德①,到公元 4 世纪下半叶的晚期罗马帝国拉丁史家马西利努斯②,甚至到公元 6 世纪上半叶的普罗科比乌斯③之间,横跨将近千年那数以千计希腊罗马史家所建立的史学传统。在这期间,就希腊方面而言,仅存一小部分作品:除了古典世界三大史家希罗多德、修昔底德及色诺芬④外,希腊化时代我们仅有波利比乌斯、狄奥多罗斯及狄奥尼修斯⑤,而且都不是十分完整。在罗马方面,局面也没更好:萨鲁斯特⑥、利瓦伊⑦、塔西陀⑧以及笛欧⑨、西利努斯、普罗科比乌斯等之外,其余似乎十分有限。任何重建及评估因此都必然是片面的。其他史料汇集如雅各比(Felix Jacoby)和其他学者续编的《希腊史家残篇汇编》⑩,以及科奈尔最近出版的《罗马史家残篇》⑪,会补足一些难得的知识,仍旧留下许多尚待填补的空间。⑫

古人自己其实已经开始探索古典史学如何发展问题。狄奥尼修斯在

---

① 约前 484—前 425 年之后。

② Ammianus Marcellinus,约 325—330 年间到 391 年之后。

③ Procopius of Caesarea,约 500—554 年。

④ Xenophon of Athens,约前 430—前 354 年。

⑤ Dionysius of Halicarnassus,约前 60—7 年之后。

⑥ Caius Sallustius Crispus,前 86—约前 35 年。

⑦ Titus Livius,前 64/前 59—17 年。

⑧ Publius (or Caius) Cornelius Tacitus,约 56—117 年之后。

⑨ Cassius Dio,155—235 年。

⑩ *FGrH*(= *Die Fragmente der griechischen Historiker*).

⑪ T. J. Cornell (ed.), *The Fragments of Roman Historians*(Oxford UP,2013).

⑫ 以下讨论并未处理发展过程不太一样的罗马史学传统(Fornarapassim),但是史学要树立典范及教育精英统治阶层的目的,仍是相同的。

《论修昔底德》①中认为希腊史学源自地方性史家,以质朴不文的语言来记录乡里习俗传统,包括许多神话成分,加以保存并让人理解。地方志(horography)因此发生在正式史学之前。但到希罗多德时,他不再以一时一地,而是广泛搜集环地中海各处人、地、时、事物,无论是希腊人还是野蛮人,包括大规模的波斯战争,并以修辞性语言来叙述这些数据,成为已具世界史规模的文明史。修昔底德②认为他前辈的叙述太过庞杂琐碎、毫无系统,方法不够严谨,过度依赖"耳闻"(akoe)来处理一个无法为人类心灵妥善掌握的过度庞杂主题,因此转而将叙述集中在发生于当代的一场大规模战争上。在方法上,他强调"眼见"为凭及严谨推论,排除任何与神话有关的成分。狄奥尼修斯指出希罗多德是古典史学出现的关键人物,而他和修昔底德两人建立了两种主要古典史学类型:通史及专史。现代学者大体而言并不接受狄奥尼修斯的看法,其中最困难的一点可能是无法合理解释希罗多德的创新。

20世纪研究古典史学史的最重要学者雅各比③,则将希腊古典史学分作依序发展的五种类型。

(1)最先出现的是"神话写作"(mythography)。他认为公元前五六世纪之交的赫卡提乌斯的《系谱》努力整理神明、英雄及那些自称是他们后代的贵族彼此间的关系,并加以合理化,是最先出现的史学相关作品。

(2)接着出现的是民族志(ethnography)。这是专门研究各地风土民情以及介绍自然生态的地理学作品。同样,赫卡提乌斯所写的《寰宇志》属于此类作品。

---

① "On Thucydides" in *Dionysius of Halicarnassus Critical Essays* vol. 1 (trans. Stephen Usher, Harvard University Press, Cambridge, Mass., 1974).

② 生卒约前460—前400年。

③ 1876—1959年。

(3)编年纪(chronology)。如赫拉尼库斯的《亚哥斯赫拉神女祭司纪年》,虽以区域性的赫拉神女祭司年表来定年,但所记录的不仅是当地,也包括希腊其他地方发生的事件。

(4)最重要的类型是他所认为的"当代史"(*zeitgeschichte*)。这指那些不再局限于当地,而是书写同时代或直到当时的希腊历史。这种类型是古典史学中最重要的,包括:①关于作者当代的历史;②从希腊观点出发的历史;③包括尽可能多希腊地方的泛希腊史学。

从这个观点来看,如果希罗多德作品前半是地理志及民族志,那7—9卷的《历史》则是雅各比所指的"当代史"。修昔底德的《伯罗奔尼撒战争史》则是这种类型历史最完美的成品。[①] 一些作家在他之后延续他在前411年未竟的历史,接力记录史家当代在希腊发生的事件。但这种类型又继续发展出以特出之个人为中心的历史,如泰奥庞浦斯[②]的《菲利浦传》(*Philippica*)。

(5)最后才出现地方志。雅各比认为这是基于地方意识,对如希罗多德那种泛希腊文化的反应。所以狄奥尼修斯认为最早出现的地方志,在雅各比则是最后。

依照雅各比的说法,希腊古典史学的关键点是在赫卡提乌斯、希罗多德及修昔底德三人身上,特别是希罗多德;这推论其实无异于狄奥尼修斯的。(1)到(3)的作品都极为残缺,都可在希罗多德作品中推论得知;而修昔底德的完美当代史又是从希罗多德发展出来的。这样的发展模式有很明显的目的论(teleological)倾向,而且古典史学在很短时间便发展且臻至

---

① 甚至有人称为"战争专论"(war monograph),请见 Rood 的介绍。

② Theopompus of Chios, 约前378/377—前320年。泰奥庞浦斯说波利比乌斯(8.11.5—13)大肆反驳他对菲利浦的批评,这似乎导致 Connor 称呼泰奥庞浦斯的历史是"没有英雄的历史";也有人认为泰奥庞浦斯开启史学里的强烈说教角色。两个说法都没太多根据。

完美,将这完全归于希罗多德个人,似乎将古典史学发展与希罗多德史家个人发展画上等号,忽略了我们之前所强调的古典史学其实来自源远流长的文学传统。另外(4)的当代史概念或归类好像过于庞杂笼统,必须强加解释,才能包括我们所知道的历史写作类型,如世界史,因为世界史只能被视为混合许多次类型(sub-genres)而成的历史书写。又例如,写作风格、理念及方法最像修昔底德的波利比乌斯,他的主题是极为复杂及广泛的罗马帝国崛起,而非以一场战争为主题的"当代""世界史",那雅各比会归类到哪里呢?

古典希腊史学确实十分早熟,发展不久后立即攀上巅峰,不到百年便出现三位经典史家:希罗多德、修昔底德及色诺芬。[1] 这样的结果使得学者经常以这三大史家为标准,来衡量其他时代的史家,让之后整个古典史学史看似一部史学"衰亡"史。这是不公平的简化。希罗多德开创了一种在主题及空间上较为广泛及具包融性的史学论述,相对于修昔底德要求主题范围明确、方法严谨的当代史,这两人各有继承者发扬光大。修昔底德作品在前 411 年中断后,色诺芬以《希腊纪事》(Hellenica)接力,将叙述拉到前 362 年。延续修昔底德的还有泰奥庞浦斯(写前 411—前 394 年的历史)、克拉提帕斯[2](前 410—前 394 年)以及草纸残篇《奥克西林克斯希腊纪事》(Hellenica Oxyrhynchia)史家。[3]

但即使书写当代史的泰奥庞浦斯,也随即以马其顿的菲利浦二世[4]为中心,写作《菲利浦传》,论及当时东地中海各地的历史。该作品常被归类

---

① 约前 430—前 354 年。

② Cratippus, *fl.c.* 375。

③ 这些继续修昔底德的历史常称为 *Hellenica*(大意为"Greek things")或是 *perpetua historia*(continuous history)。

④ Philip II of Macedon,前 382—前 336 年,r. 前 359—前 336 年。

为"世界史"(ecumenical history)。稍早之时,埃弗鲁斯①已经写作了从"赫拉克勒斯子孙返乡"②到当代的公元前340年等共计三十卷的第一部世界史③,颇受重视及肯定。埃弗鲁斯的世界史还涵盖近东及波斯,甚至纳入目前为止未受希腊大陆充分重视的西西里及大希腊历史。这样时空规模的历史当然已经不是主张眼见为凭的当代史所能做到的,而是必须综合其他研究成果而建立的史学新论述。雅各比的归类似乎无法清楚解释这已经蔚为大观的发展,特别是世界史这样的历史文类。

世界史在公元前4世纪下半叶势不可当。亚历山大东征大大扩张了希腊人的居住空间(oikoumene)④,带来许多以亚历山大个人为中心的世界史作品,如凯利昔尼斯⑤、托勒密⑥以及克莱塔克斯⑦等"亚历山大史学家",以及他过世后所形成的希腊化世界,如当代见证人海洛尼姆斯⑧所写的亚历山大后继者时代历史。在西方我们有西西里及大希腊的最重要史家泰密乌斯⑨:他除书写希腊人在西地中海的历史外,也借着研究亚历山大表弟皮洛斯⑩,首次将罗马介绍到希腊史学中。⑪ 泰密乌斯在编年上正式使

---

① Ephorus of Cyme,约前405—约前330年。

② The Return of Heraclidae,亦即古希腊史常提及的"多利安人入侵"(The Dorian Invasion),埃弗鲁斯订年在公元前1069年。

③ 最后一书是由他的儿子Demophilus完成的。有关Ephorus之介绍,可参考Pownall的作品。他的希腊史成为《世界史纲》从前480年到前340年历史的主要根据。

④ 原意为wherever it is inhabited,"凡是人居住的地方"。

⑤ Callisthenes of Olynthus,约前360—前328年。

⑥ Ptolemy I Soter,约前367—前283/前282年。

⑦ Cleitarchus,活跃于公元前4世纪末。

⑧ Hieronymus of Cardia,约前350—前250年。有关史家生平及他和攸门尼斯(Eumenes)的关系,请参考Jane Hornblower的作品。

⑨ 约前345—前250年。

⑩ Pyrrhus of Epirus,前318—前272年。

⑪ 皮洛斯在前280—前275年与罗马人的战争结果,震惊了当时希腊化东方最占优势的托勒密二世,使他特别遣使致意。

用"奥林匹亚会期"（Olympiad），更成为世界史在时间轴上定位事件的标准纪年方式，被波利比乌斯及狄奥多罗斯等广泛采用。

3.何谓世界史

所以亚历山大开启的希腊化（Hellenistic）时代提供世界史这类型史学写作的环境，古典史学的"世界史"（*koine historia* 或 *katholike historia*）的定义为何？古代史家除了波利比乌斯外，好像都觉得这顾名思义，无须解释。[①] 一般而言，古代世界史史家被认为是 *ta katholou graphein*（to write generally）或写作 *koinai praxeis*（universal events）的史家[②]，是指那些写作从"最早"时间直到当代有关他们所知之世界的所有历史的人。这世界史的概念当然同时涵盖时间及空间两方面，因此世界史写作在实践上出现两种类型：

（A）涵盖所有已知世界以及从"最早"时间到史家当代，即空间及时间都是"普世性的"（universal）；

（B）限定在一段时间之内，但在空间上是普世的。

（A）及（B）都可以说是从希罗多德那里得到的灵感。埃弗鲁斯、狄奥多罗斯及奈科劳斯[③]是属于（A）；泰奥庞浦斯、波利比乌斯、波赛多纽斯[④]及斯特拉波[⑤]则是（B）。上述所有学者当中，仅有狄奥多罗斯及波利比乌斯有较大比例作品留下，其他人仅幸存残篇，无法有较完整理解。

根据学者的研究，开创世界史的埃弗鲁斯，面对如此庞大的数据，似乎已经为这种世界史的文类立下一些规范。

---

① 波利比乌斯曾提及埃弗鲁斯"*epibeblemenon ta katholou*"，但狄奥多罗斯也提及希罗多德的作品是"*tas koinas praxias*"，而狄奥尼修斯则是 *koinen Hellenikon te kai praxeon historian*。
② 有关不同的世界史指称方法，请见 Scafuro 的文章。
③ Nicolaus of Damascus，生于前 64 年，卒年不详。
④ Posidonius of Apamea，约前 135—约前 61 年。
⑤ Strabo of Amasia，前 64/前 63—约 24 年。

（1）首先，世界史史家无法像修昔底德依据"眼见"来进行写作，而需依赖研究及整理他人的成果①，所以在叙述上越是古远，史家会越简略，但越近则越详细，因为在这年代靠近的部分是可自行研究，甚至亲身见证的。

（2）狄奥多罗斯(5.1.4)提及埃弗鲁斯依据 *kata genos* 来处理史料。②该词可解释为他依据地理区域来处理该区域所发生的事情，然后再移到下一个区域，以此类推。这样的安排不像修昔底德以时间为主要参考架构，将同年内发生之各地事件一起叙述。埃弗鲁斯这样依区域轮流叙述的安排较让人容易理解事情发生经过，且化解在年代上的问题，因为史家在奥林匹亚年纪年系统流行之前，可以利用适合于所叙述之区域的编年系统来组织事件先后。波利比乌斯即使在编年上可以依赖奥林匹亚会期来统合协调当时已知世界各地所发生之事，但他的世界史还是依照 *kata genos* 原则，以两年为单位，依序从意大利、西西里、西班牙、阿非利加、希腊、马其顿到亚洲和埃及的逐区域叙述，然后跳两年再循环一次。我们可以推论古代世界史写作在组织史料上，空间或区域是优先于时间或编年架构的。

（3）埃弗鲁斯在每本书开头会附上前言，交代该书主旨以及方法，将繁复的内容做提纲挈领的说明，而狄奥多罗斯会效法这点。

（4）最后，埃弗鲁斯虽据说是雅典演说家伊索克拉底③的学生，他强调史学写作远比演说词需要更多心血，也似乎为狄奥多罗斯在《希腊史纲》中以演说词会破坏阅读经验为由，将这成分降到最低的程度，提出了部分辩护。

在世界史写作上，我们一直要等到希腊化时代的波利比乌斯才看到一

① 例如，埃弗鲁斯是依赖赫卡提乌斯及《奥克西林克斯希腊纪事》史家。

② "根据类型"，或 *kata meros* "根据部分"皆有出现；*genos* 或 *meros* 似乎可指主题或事件，但"地理区域"似乎最可能。

③ Isocrates，前436—前338年。据闻埃弗鲁斯与泰奥庞浦斯同为他的学生，但似乎不可信；强调该修辞家对这两位史家以及之后史学在修辞上的影响，请见 Scanlon 的文章。

位足与雅典三大古典史家平起平坐的作者,而且也是唯一对世界史概念有所阐述的史家。波利比乌斯坚持修昔底德的原则:认为历史必须亲自见证才算数;史家最好有实际参政、作战经验才有意义;能亲临书中描绘地方或战场,更是加分。他主张从奥林匹亚 140 会期(前 220—前 217 年)开始,因为罗马崛起,当时已知世界各地所发生的事件开始全部"纠结"(*symploke*)一起,互相牵动,往罗马建立主宰世界的方向前进,他认为这时机才是真正世界史的开始①,而非只是单纯横亘古今,将所有已知之处的历史全部写下。他这段话,让何谓世界史的意义更为清楚:

> 我的历史始于奥林匹亚 140 会期第 1 年即前 220 年。这个奥林匹亚会期开始的事件有这些:前 219—前 217 年在希腊是所谓的同盟战争,最先由马其顿菲利浦五世……联合阿凯亚人对抗艾托利亚人;前 219—前 216 年在亚洲则是为争夺叙利亚所发动的战争,发生在安提阿克斯三世及托勒密四世之间;前 220—前 201 年在意大利、阿非利加以及邻近国家则有罗马和迦太基的战事,这被大多数史家称为汉尼拔战争。这些事件是在接踵西赛昂之亚拉特斯回忆录所记录事件之后发生的。② 在早先时候,已知世界的事件(*tas tes oikoumenes praxeis*)可说是由一连串不相干事件组合而成,其发生缘由以及结果之不相关联,有如它们散落不同地方般相隔阂。但从这时机开始,历史宛如变成有机整体(*oion ei somatoeides*)。在意大利及阿非利加的事情与亚洲及希腊发生的纠结一起(*symplekesthai*),其中所有事件发生关联,导

---

① 他也如修昔底德一样,在进入主题前先写下十分详细冗长的 *archaeologia*,上承泰密乌斯在前 264 年停笔之处,详细交代第一次迦太基战争起到前 220 年之间的历史,而在第六书才正式进入他的世界史。

② 所以波利比乌斯也指出自己在某种程度上是在写 *historia perpetua*,只不过亚拉特斯(Aratus of Sicyon)的历史是个人政治回忆录,会是哪种意义的世界史呢?

致同一结果。这便是我何以选定那个特定时间作为我作品的起点,因为正是罗马人在汉尼拔战争中击败迦太基人后,开始相信他们在取得世界主宰地位过程中,已然踏出最关键及重要的一步,因之受到鼓舞,首度将双手伸出去掌握其余部分,跨海挥军希腊及亚洲陆地。

"纠结"(名词 *symploke*, interweaving 或动词 *symplekesthai*, to be woven together)是指织布时丝线经纬交错地编织在一起。波利比乌斯用这意象来指涉在已知世界(*oikoumene*)各地所发生的事件,原来互不相干,现在因为罗马崛起而有意义地纠结互动,宛如成为一"有机整体"。这时机发生在奥林匹亚 140 会期时。对他而言,传统史学叙述一向以垂直式的时序前后(diachronic)来解释事情发生经过:发生在前的解释在后的;他的世界史则强调同一时间(synchronic)在不同地方所发生事件彼此间的水平关联。

波利比乌斯对发生在奥林匹亚 140 会期之前的①,也会依序叙述各地区发生的事,并以奥林匹亚年将事件在时间轴上定位,可使不同事件在时间上互相协调辨认。将发生在同年的事情加以指认,只是方便标记,不见得代表事件本身有所关联互动,遑论形成"有机整体"。② 对波利比乌斯来说,这意味着他的作品会对之前发生在各地的事情依序详细交代,而这对一般人来说,或许已经称得上是世界史;但他认为唯有在奥林匹亚 140 会期后因为罗马崛起,同时间发生之事彼此关联"纠结",成为"有机整体","其中所有事件发生关联,导致同一结果",这才是真正世界史的开始。世界史不仅是种书写的文类,更是种实质的内容,需要有特定的历史条件,亦即罗马的崛起。波利比乌斯 3.32 说:

---

① 这些他似乎依赖在引文中所提之亚拉特斯的回忆录。

② 最好的例子便是前 480 年发生在西西里的希米拉(Himera)战役与被认为同时发生的萨拉密斯(Salamis)战役,但两件事彼此应该无关。

于是我认为罗马与安提阿克斯三世的战争源自罗马与菲利浦五世的战争,而与菲利浦的战争,源自汉尼拔战争,而汉尼拔战争源自为争夺西西里的战争,而其他之间的事,无论其如何繁多与不同,皆可回溯汇聚到相同的基础上。①

所以在前 217 年在瑙帕克都斯(Naupactus)会议中菲利浦同意结束同盟战争,是因为希腊同盟战争参战者看到在意大利汉尼拔战争的战云迟早会飘到希腊世界,结果这促成菲利浦与汉尼拔在前 215 年结盟,但这又造成罗马发动两次马其顿战争来回敬,并牵动叙利亚入侵埃及,发动第四次叙利亚战争,等等。波利比乌斯将所有这些又回溯到罗马与迦太基为争夺西西里而爆发的第一次迦太基战争。波利比乌斯提出 symploke 的意象来解释这种关联,强调各地不同事件在同一时间内的密切关联。这便是波利比乌斯严谨的世界史概念。他认为如此追究事理及呈现方式才能提供给我们历史全貌,而非仅针对单一事件及特定地理区域来进行有限叙述。他认为其他史家因为主题规模有限,故不得不常以修辞伎俩来夸大主题的重要性。②

我们不知已经逸失的埃弗鲁斯《世界史》究竟是否有如此的概念,狄奥多罗斯尽管强调自己的世界史有完整性、全面性(1.3.8),但我们读过他的世界史后,认为他的描述比较像是波利比乌斯对奥林匹亚 140 会期之前所描绘的状态,只是交代不同地方在同一时间内所发生事件,并未进一步

---

① Polybius 3.32.7。

② Polybius 1.4.7—11。但他所特别批评的是泰密乌斯极力歌颂(或吹嘘)泰摩利昂(Timoleon,约前 411—前 337 年)在西西里推翻僭主的成就。一方面这整个西西里岛相对于希腊化世界或是罗马扩张皆是小地方,泰摩利昂的成就有限,史家泰密乌斯本人是僭主政治的受害者,有明显的政治偏见,再加上泰密乌斯是毫无从政经验的史家,只会用修辞伎俩来夸大他所写的主题。

分析事情之间是否能构成有密切关联的有机体。

波利比乌斯自认躬逢其时，因为真正的世界史史学必须有世界史成立的历史条件，而这些条件因为罗马崛起而成立。他的史学于是要解释罗马如何在公元前220—前167年这半世纪期间征服、统治当时已知的世界；之后他延伸到前146年，探索子民对罗马霸权的感受以及所有人在这期间所经历过的"动荡及混乱"（*kinesis kai tarache*）。这样的历史对波利比乌斯而言既是当代史，也是世界史，在时间长度上有限，空间上属于普世规模，因为罗马势力对当时的他已经算是无远弗届。另外，波利比乌斯强调自己写作的史学也是"实用史"（*pragmatike historia*），让读者因阅读他的作品而学习与政治相关的实用知识，达成古典史学建立典范、教育精英的目的。

他在前146年结束的历史由波赛多纽斯延续到前80年左右的罗马同盟战争；斯特拉波则是从前146年延续到前27年，所以这两部作品也是在时间有限、空间涵盖当时已知世界的世界史，但我们还是不知他们是否遵循了波利比乌斯"有机整体"这一严谨的世界史概念。相比之下，在规格上狄奥多罗斯的书则又回到埃弗鲁斯的路径，在许多方面遵守他立下的成规，但是将时间推到更早的神话，一直写到他当代的公元前60年。《希腊史纲》在时间及空间上都一样是普世的规模。

4.古典史学的特色

希腊人不仅发明了哲学，也开启了西方的史学传统。这史学源远流长，可上溯至荷马。古典史学在面对过去整体时，只择取其中一面，歌颂英雄事迹、树立后人效法的典范，目的在于训练未来社会栋梁、统治精英。然而在希腊文化中，史学本身并未如史诗或戏剧，被体制化（institutionalized）

成公共性的论述①，最杰出的古典史家常是"边缘人"：希罗多德被自己家乡放逐而侨居雅典；修昔底德及色诺芬同被雅典流放海外；泰奥庞浦斯两度被放逐；亚历山大后继者史家海洛尼姆斯受迫投靠不同的后继者强人；西西里史家泰密乌斯长期流亡侨居雅典；波利比乌斯则是在罗马当人质。所有这些人在自己原先国家都曾是重要政客、人物。这种政客兼史家的情形似乎常见于古典史家，因此"素人"史家狄奥多罗斯显得十分例外。② 这政客兼史家的现象在罗马更是明显。我们甚至可以说：在罗马政治上失意或退休的政客时常转而写作历史，如萨鲁斯特或塔西陀。古典史学在某种意义上似乎是古典史家自述的历史或失意政客的自我补偿！

如果古典史学是要从历史中寻找典范，那跟 19 世纪以降所发展的现代史学相比，其特殊之处更是明显。第一，古典史学一直要等到希罗多德才注意编年，我们所熟悉的"奥林匹亚会期"纪年方式，更一直要等到公元前 3 世纪上半叶才被普遍使用。这与我们生存在要求准确度量及详细数字的世界极为不同。第二，古典史家不像现代史家，并不流行"崇拜原典史料"（idolatry of sources），而是尽量在叙述中将史料消化，无缝地融入叙述中，因此在古典史学作品中甚少引用及讨论原典史料；相反地，希腊史家会运用修辞学来强化自己身为史家的可信度，强化阅听者对过去英雄事迹的记

---

① 例如，荷马史诗和希腊戏剧皆成为希腊宗教庆典礼的表演项目，而这些活动都是由城邦赞助、为城邦人民演出的体制性（institutionalized）活动，但史学局限在英雄事迹，而哲学讨论抽象玄奥，又多发生在私密的飨宴（symposium）空间，其实都以城邦作为一论述空间的边缘。

② 但狄奥多罗斯在 1.4.5—6 特别强调这些实际经验可经由阅读历史来取代，无须甘冒风险奔波，因为历史正是由波利比乌斯这种政客兼史家所写的，所以读者何须有实际参政的经验呢？这段话透露出狄奥多罗斯自己对身为政治"素人"的自觉，也是对自己以"素人"身份写作的辩护。

忆,所以古典史家常会出现对情况的精细描述①,以及提供立场针锋相对的演说词。② 另外,原典史料经常会破坏史学文体的一致性,必须在行文中被消融甚至改造或创造。在古典史学作品中甚难见到史家引用原典。③第三,古典史学作为论述从来都"不只是"为了知识,而更是为了创造典范,特别是政治、军事或道德上的典范,而这些是用来塑造统治阶级以及凝聚小区域集体认同的,所以即使人物事件在证据上并非完全确定,但若是完美典范,史家或许便会采用,因此古典史学很难"科学"。④ 或许我们可以这样说:一般希腊人可能十分重视那包含所有发生事件的过去,即所谓的"历史"(history),但对于历史探索或对历史论述,即"史学"(historiography),则可能会片面择取历史。

这样史学的性质会影响我们阅读古典史家作品。早先一些学者在处理古典史家时,会集中在判定史家提供的信息是否可靠公允,特别重视他所据为何以及用何种方法将这些最原始的史料给"再现"出来,然后利用

---

① 例如,修昔底德及狄奥多罗斯对前415—前413年雅典攻打叙拉古,时常进行十分详细的描述。这或许是现场目击,但更可能是对某种情况进行十分详细的描述,称作 *ekphraseis* 的修辞术。

② 演说除了在古代政治运作中有重要地位外,也是炫耀史家修辞功力的地方。至于演说词究竟在何种程度上反映出真实情形,仍然存在争议。

③ 古代希腊罗马世界唯二的史学传统:"教会史学"(ecclesiastical historiography),则十分重视文件证词,因为这些数据是要印证信仰是否正确,所以"教会史之父"Eusebius of Caesarea(260/265—339/340年)的《教会史》(*Ecclesiastical History*)便常引用长篇史料,分量有全书的1/3—1/4,也因此时常打断叙述,但也因此提供资料,让我们可以质疑或提出不同的历史诠释。相反地,例如,我们比较难对修昔底德的叙述进行质疑或提出不一样的看法,这一点更使得狄奥多罗斯有关古典希腊史的另一种说法,显得格外珍贵。

④ 一个最好的例子是雅典丧礼演说词(*epitaphios logos*),这是典型的 epideictic(display,可理解为"典礼仪式")类型演说词,歌颂死去的战士配得上祖先英雄,而在演说中历史扮演十分重要的角色,不过没有人会认为那是我们所说的历史,而是充满经过检选、提供范例的历史。(参考翁嘉声《雅典丧礼演说之性质及诠释》,《辅仁历史学报》,2009年,23期,1—47页。)但是我们退一步想,古典史学难道不也是一种十分精致化的 epideictic 演说,充满启发后人的典范?

这些研究成果来重建古代史的真实原貌。因为尽管考古学、碑铭学及钱币学等不断取得进展，至今仍只有古代史家作品才能提供给我们较完整的叙述。但若根据之前所说的古典史学是源自荷马以降的文学传统，认为古典史学的目的是塑造典范，教育精英阶级，那历史叙述与文学呈现自然有密切关联。史学作品是史家个人在传统中所创造出的成品，有其特殊结构、主题及关怀。近来学者因此对古典史学的研究会比较想去发掘史家在叙述时所使用的修辞及呈现策略，特别是他如何建构意义以及进行解释。古代史学的"真理"在于古代史家"自己"面对真相或谎言的态度，这是一种史家的主观价值，并非某种特殊性质史料或方法使然，再加上他所依赖那已经在传统中存在已久的典范价值（而这些也是他的读者所分享的），所有这些构成他史学作品的可信度。

因此古典史学出现的时刻是当史家决定面对、挑战这荷马以降的传统，扮演"探索者"的角色时：当史家自己面对过去人类成就，从事那属于自己的陈述时，史学于焉诞生。每位史家于是在作品一开始便先要证明自己的可信度，会写段长长的"前言"①，流露出一种"知识战斗性"（intellectual miltancy），竭力证明自己身为史家的可信度如何超越史学前辈，在主题选择上更崇高，在方法论上更准确，以及金钱、精力花费更多。狄奥多罗斯也不例外，一样用强利的修辞来说服观众和听众相信自己的诚意及立场。我们没必要对史家在前言中所说的话都先打个大问号，认为这只是习惯性的起手招式。如果这样理解，那希腊人可能发明"史家"，更甚于发明"史学"，因为古典史学无法脱离古典史家来理解。许多现代史家所赞誉的"科学"史家修昔底德因此不再是写 The Peloponnesian War，而是 A Peloponnesian War，是史家"自己"对这场战争的"个人"见解，但他的叙

---

① *Prooimion*，proem。有关史学修辞以及对前言的讨论，可参考 Wheedon 的论文。

述会受到严谨的传统的规范。①

如果古典史家强调自己是位探索者,不像现代史家是以追求"科学"或知识为主,那他所得到的结果会被古代哲学家归类为"意见"(doxa),而非"知识"(episteme)。这或许能解释何以古代几乎没有哲学家②曾对历史或史学有过复杂或系统性的理论探索。亚里士多德几乎是唯一的例外。他在《诗学》(Poetics)中说过悲剧比哲学更具体,比历史更普遍。因为对他而言,每桩历史事件都是独一无二的,无法归类,而无法归类便无法形成知识,因此历史不过是一段时间内所发生的一件又一件个别偶然事件的组合,无法在其中找到如自然现象(physis)里的规则或知识。③ 不知这种看法在古代是否具有代表性,我们现在或许难以接受这样的论点。但亚里士多德的讨论却是在古代世界里少数对历史知识性质较长的讨论,也间接证明现代史学以"科学"来看待历史,恐怕并非希腊人所能接受。

所以古典史学是史家片面择取过去来创造典范,让光荣人物事迹被永志不忘,形成范例来教育未来统治精英的。这种观点或许能让我们理解何以普鲁塔克的罗马英雄名人传记在 19 世纪之前受到相当的肯定及欢迎。但这种性质的古典史学或许除卡莱尔(Thomas Carlyle, 1795—1881)那种"伟人理论"(Great Man Theory)外,很难出现明显的"历史哲学"。有人或许说希腊史

---

① 有关对古典史学研究的转变,请见 Dewald 的讨论。

② 大概除了通才(polymath)的波赛多纽斯外,我们所知甚少。

③ 亚里士多德的看法出现在《诗学》1459a17—30:"……很清楚,我们要给情节一个戏剧性的结构,正如在悲剧中一样,要环绕在既全面又完整的单一行动上,有开始、中间及结束,像头完整的动物一样,能带给我们恰如其分的愉悦,因此这些结构不该像在历史作品中一样地被创造出:历史叙述必然不是只针对单一行动,而是处理在一段时间里所发生在某个人或所有人身上的事件,这些事件彼此之间只有偶然的关系……"然后亚里士多德又提及同样都发生在公元前480年的希米拉战役和萨拉密斯战役,认为之中并无本性的关联,只是恰好时间发生在同时,所以历史成为一连串片段、毫无关系之事件的集合体,无法理解其中有何秩序。亚里士多德的结论是我们无法知道历史,或是对历史有真正的认识。

学有某种"循环史观";这似乎是将柏拉图在对话录《政治家》(*Statesman*)中的"大年"周期循环，或斯多葛哲学认为宇宙会定期焚毁、然后再生的世界循环，误解为史学作品的哲学立场。这些观点或许是少数哲学家对宇宙性质的看法，但不是古典史学对过去的观点，因为古典史学未曾有意要再现"所有"的过去，而只是从中取样、创造典范。我们在西洋古代世界里或许要在犹太教，特别是基督教的史学作品中，才能看到类似"历史哲学"概念的出现。因为基督教信仰所依据的是基督降临、他死亡后复活以及末世审判的结构来组织人类的历史，而基督教史学于是有起源、有方向、有结果。基督教史学便是将这样的世界观及人类命运直接复制到史学写作上。这种具有目的论的历史哲学使我们可以在历史上建构进一步的形上学或政治哲学，但所有这些建构在古典史学中皆付之阙如。因此我们若想在古典史学中找到明确的历史哲学，或是如一些现代史学家想将古典史学视为科学，恐怕都值得商榷。

5.历史探索

古希腊人发明"史家"更甚于发明"史学"，这种说法可以在阅读希罗多德的作品时感受到，因为史家不断地提及"自己"如何取得史料、如何评估；他也如史诗英雄奥德修斯般四处旅游，接触尽可能多的来源，确认信息的可信度。希罗多德论及"探索"(*historie*)时，会包括"眼见"(*opsis*)、耳闻(*akoe*)、质问(*historie*)消息提供者，以及判断推理(*gnome*)。[①] 但所有这些获得信息的方式都是出自史家"自己"主动探索。修昔底德则是严格限缩"探索"内容，甚至使用另一个同义词 *zetesis* 来取代 *historie*，避免误解；他强调唯有"眼见"为凭，不假他人听闻。修昔底德的当代史作品臻至完美，使得之后许多史学家也将"探索"限制在视觉证据上，进而将"眼见"定义为

---

① "质问"原先是狭义的 *historie*，包括对不同说法的裁断。这四项证据来源的重要性依序递减。

更接近真实的直接数据，但"耳闻"则是间接地从他人那听闻，因此受制于他人。修昔底德不满希罗多德"耳闻"太多，"眼见"太少，批评其背后动机常只为了讨好阅听者。修昔底德这种过度自信，常将自己夸张成好像亲临过所有决策，这当然不可能。① 另外，修昔底德因为依赖眼见为唯一可靠见证，认为历史必须是"当代史"，必须是与作者大致同时或稍早所发生之历史的叙述，使得这种"历史必须是当代史"的克罗齐观点颇为流行，也提高了现代史家对他的评价。

希腊化史家波利比乌斯在"探索"必须为"眼见"的坚持上，甚至超过修昔底德。除了他前 200—约前 118 年的人生与他的历史所涵盖的前 220—前 146 年这段时间，有超过一半时间重叠，他这种坚持"眼见"为历史根据，更佐以广泛旅游、实际参政及军事经验，以及身为罗马最高权贵分子的部从（client），得以与闻机要，使得他的作品有种权威性。这种说法与古典史家经常是政客背景，有机会参与历史事件，似乎相侔。但"眼见"或"耳闻"做史学数据源孰优孰劣，其实一直有争议。依赖他人传闻及前辈作品来书写历史的大有人在，如埃弗鲁斯和狄奥多罗斯。兹举例进一步说明。

波利比乌斯在他的著作第十二章中严厉批评西西里史家泰密乌斯，指责他以流亡者身份蛰居雅典，毫无实际政治经验，只会窝在图书馆爬网数据，书写西西里及大希腊历史，完全只是根据"耳闻"；另外，波利比乌斯还

---

① 这些来源常是口耳传说，有关口头形态或口述在古典史学中的重要性可参考 Rosalind Thomas，*Oral Tradition and Written Record in Classical Athens*（CUP，Cambridge，1992）及同作者 *Literacy and Orality in Ancient Greece*（CUP，Cambridge，1992）。口述不仅是数据源，而且还关系到史家如何将作品传递给听众，因为我们在其他数据中听闻希罗多德在回廊公开表演"说书"。修昔底德这一立场忽略了"口述"在古代世界传递信息的重要性，低估了"耳闻"作为历史信息的来源的重要性。

斥责泰密乌斯对同行严苛。① 泰密乌斯对同行严厉的批评其实反映出历史研究方式的转变：希腊化时代都会图书馆（如亚历山德拉、雅典或帕加姆及后来的罗马）已经成为研究中心；史家以爬网史料文件来进行研究及写作已是常态。波利比乌斯认为泰密乌斯对同行严苛，其实所指应是泰密乌斯对同行学术著作的批评检讨，因为眼见为凭、现场勘验（autopsy）如何否证？另一方面，波利比乌斯肯定泰密乌斯编年的准确，但那岂不是只有在研究的环境下才能达到？所以波利比乌斯和泰密乌斯的争议其实是延续着修昔底德和希罗多德之间"眼见"或"耳闻"作为历史证据来源孰重孰轻的争议。

等到史学已经累积一定成果，而且史学不再只是当代史时，波利比乌斯的见解看起来反而有些反动，他也低估了自己依赖"耳闻"的程度，因为波利比乌斯所叙述的历史事件，他自己能直接经历的会占多少呢？ 其实很少。无论是耳闻的较包容性或眼见的较限缩探索，都是史家有意识地将证据原则施用到史学领域之中，研究过去的人物事迹，建立一个根据史家自己权威及判断所形成的论述。狄奥多罗斯在序文中强调自己长期留在罗马写作的原因，他要使用典藏在罗马的文献数据，来写作从古至今、寰宇四海的世界史，这当然比较需要像泰密乌斯一样待在图书馆或研究机构里爬网资料。但这提醒我们在理解古典史学时，不该只以某位作家为唯一典范，而忽略古典史学的多样性。

希望以上对古典史学的讨论能提供足够的背景信息，让我们理解狄奥多罗斯这一史家的研究方式及他的《希腊史纲》的性质。或许他不像以上讨论的史家常有从政背景，或对史学有独特贡献，但他对自己作为史家角色的期许，以及作品所具有的主题、结构及目的，完全属于古典史学的传

---

① 但波利比乌斯忘了自己对同行泰密乌斯不也是如此苛刻吗？古典史家似乎非常自觉地在创造一个"理想历史家"形象。波利比乌斯在这方面是最明显的一位，所以他不仅批评跟他类似的人，更批评另一种理想史家形象泰密乌斯。

统。所以在进行这些古典史学背景介绍之后，我们要讨论这位史家的特色和他的《希腊史纲》。

二、狄奥多罗斯："古典史学的威尔·杜兰"

狄奥多罗斯是古代世界史学界的威尔·杜兰①；杜兰整理前辈学术成果，出版十一册《文明的故事》(*The Story of Civilization*)，要以全貌来观照、叙述文明的故事，反对那越来越玄奥、一般人难以接近的学术专业。如杜兰等对历史知识传播的贡献往往比想象中大，却不容易得到学术界肯定。② 研究西洋古代史的历史学者也应该对狄奥多罗斯的《希腊史纲》有类似的态度，甚至感激他。我们因为《希腊史纲》几近完整地保存了一至五章，对古代神话知道更多，而近乎完整的十一至二十章，给我们公元前 480—前 301 年的连续性叙述，提供了除古代三大史家之外③的另一种叙述。另外，我们所知的西西里及大希腊历史也几乎都来自狄奥多罗斯，遑论他那根据海洛尼姆斯有关亚历山大后继者(前 323—前 301 年)内容的十八至二十章。即使他所留的罗马残篇(如前 135—前 132 年西西里奴隶战争)④，也经常能填补我们相关知识的空白。

《希腊史纲》涵盖的时间是从特洛伊战争(前 1184 年)之前无法纪年

---

① Will Durant, 1885—1981 年。我用这个比喻是要强调这两点：两人的"非专业性"(一人不是政客史家，另一位不是专业史家)及两人皆是将史学"普及化的人"(popularizers)。许多读者在成长过程中都曾受惠于威尔·杜兰的大部头《文明的故事》，正如与狄奥多罗斯同时或之后的人可能也一样受益于他的大部头《希腊史纲》。

② 我们大概不会允许学生在论文里引用杜兰来作为论证的学术依据。McQueen 认为狄奥多罗斯所设定的阅听者正是这些业余但好奇的"杜兰"读者。

③ 前 480—前 362 年，因为色诺芬的《希腊纪事》结束于前 362 年曼蒂尼(Mantinea)战役。

④ 可能出自一向被认为关心社会史议题(这在古代几乎是例外)的波赛多纽斯。

的神话时代起,一直到狄奥多罗斯当代的前 60 年止,共分为三个部分:

(1)一至六章的民族志、地理志及神话,从创世到公元前 1184 年。

(2)七至十七章从特洛伊战争到亚历山大之死(前 1184—前 323 年)。

(3)十八至四十章从亚历山大之死到恺撒任执政官,准备远征高卢(前 323—前 60 年)。第二十二章之后是以罗马史为主。

狄奥多罗斯为自己作品取的书名,可能透露出自知之明:他是个历史编纂者,而非原创史家,因为这部书从头到尾都依赖其他史料。于是 19 世纪学者在研究《希腊史纲》时会采取一种假设:《希腊史纲》可靠与否完全依赖他所根据的史料,价值也不会超过原来的史料。这种以德国学者为主所采用的"史料研究"(Quellenforschung),企图发掘《希腊史纲》的底层(substratum)史料。狄奥多罗斯主要依赖的史家包括赫卡提乌斯(在神话、民族志及地理志方面),三大古典史家及埃弗鲁斯(前 480—前 340 年的古典希腊史)、克莱塔克斯(亚历山大时代)、海洛尼姆斯(亚历山大后继者时代)、泰密乌斯(西西里及大希腊)、波利比乌斯(前 264—前 146 年的罗马中期共和史)及波赛多纽斯(前 146—前 80 年罗马同盟战争)等。除了三大古典史家及波利比乌斯外①,其他多已逸失。② 此外,我们还可以从行文中推论他所依赖的其他史家。有人曾反讽说:或许正是因为《希腊史纲》

---

① 波利比乌斯的历史涵盖前 264—前 146 年,以罗马崛起为中心的世界史。但狄奥多罗斯和波利比乌斯两边的作品恰好常保存着对方逸失的部分,这使得比较变得有些困难。

② 有关狄奥多罗斯研究的另一个问题是他究竟在特定一个断代内,只依赖一个著作,还是会同时参考相关断代的数个著作,然后选择其中之一为主,使用其中大部分,但偶尔加入其他作家,如果这些是适当可用的话。前者几乎难以想象,后者的讨论时常必须呼唤出几乎如鬼魂般存在的逸失史家。我想正如现在的学术研究,某些主题会多一些人研究,而其他则不然。我的"感觉"是亚历山大后继者时代的海洛尼姆斯可能是唯一的根据,但如在古典希腊史部分,则会加上较多的其他参考来源(Oldfather xvii)。

流行,反而淘汰了那些更专业的原著。①

狄奥多罗斯在编年上十分详尽:他同时依赖奥林匹亚会期、奥林匹亚运动单项冠军名单、雅典执政官及罗马执政官名单等来同时订年②,所有这些皆十分珍贵。我们之前已经提及波利比乌斯以空间为优先,依区叙述,以半个奥林匹亚会期(两年)为叙述时间段。③ 这在理论上对波利比乌斯是必要的,因为他强调从前 220 年起,每个地方发生的事都会牵动其他地方的事,所以这种以空间为优先的叙述方法是合理的。就狄奥多罗斯而言,他在结束那些在编年上无法确定的神话,进入相对准确编年的历史时,便努力成为一位年鉴史家(annalist),但对同一年那些发生在希腊、西西里、阿非利加、意大利等地的事,则依序(kata genos)记录。但这对那些发生时间长达数年的事件,意味着要切割成好几段来叙述,或将延续几年的事压缩在一年内叙述,因此破坏了自己原先的架构。他对同一年内发生在各地的事件彼此之间是否相关,常无探讨,也似无兴趣。另外,狄奥多罗斯并非只利用一个共享的奥林匹亚年编年系统来统合协调各地事件,而是加上雅典执政官及罗马执政官的编年系统,而这导致另一项混淆:雅典历法的新年是从七月中开始,而罗马则从三月或(恺撒改革历法后)一月开始,所以雅典及罗马两边的首席官员就任日期自然不同。狄奥多罗斯自己承

---

① 另一部名为 *Bibliotheca* 的作品是一位可能同时期的神话编纂者阿波罗多鲁斯(Apollodorus,非编年家)编撰的,此书的规模与我们方便查阅的希腊神话手册较像,但狄奥多罗斯的书篇幅实在过大,因此我还是认为他比较像是我们所熟悉的威尔·杜兰十一册的《文明的故事》;狄奥多罗斯的 Loeb 版本共计十二册,最后一册有一半是索引,但这是古代史家中留下的最大规模的作品。

② Eponymous Archon,是指雅典首席行政长官,该年以其担任该职者来纪年。罗马则以两位当年执政官纪年。狄奥多罗斯在编年上依赖一位叫阿波罗多鲁斯(Apollodorus of Athens,非神话编纂家)的编年著作。

③ 据估计一个奥林匹亚会期占据波利比乌斯历史的两书。

认这项缺点,但仍认为自己的叙述方法还比较能够提供真实的面貌。①

我们且将《希腊史纲》存留之各书的内容做简单摘要,来感受一下它的历史规模。

第一章:埃及神话、国王及习俗。

第二章:亚述历史,对印度、锡西厄(Scythia)、阿拉伯以及印度洋诸岛的描述。

第三章:埃塞俄比亚(Ethopia)、非洲亚马孙女人(Amazons)、亚特兰蒂斯(Atlantis)居民以及最初神明的起源。

第四章:希腊主要神明、阿尔戈号航海冒险(Argonautica)、帖修斯、七位英雄攻打底比斯。

第五章:西方大海诸岛、罗得岛及克里特岛与人民。

第六至第十章:从神话、特洛伊战争到前480年。

第十一章:前480—前451年。

第十二章:前450—前416年。

第十三章:前415—前405年。

第十四章:前404—前387年。

第十五章:前386—前361年。

第十六章:前360—前336年。

第十七章:前335—前324年。

第十八章:前323—前318年。

第十九章:前317—前311年。

第二十章:前310—前302年。

第二十一至第四十章:前301—前60年。

---

① 《希腊史纲》20.43.7。

我们可由此得知:越近作者时代每书所涵盖的年份越短;虽长短不一,但这样的分布似乎与我们现在对相关时代所拥有的知识分量大致吻合。我们将在本文第三部分,对其中涉及的希腊史、希腊化史、西西里及大希腊史和罗马史部分做简单介绍,提供在阅读《希腊史纲》时所需要的历史背景知识。

1.狄奥多罗斯其人其事

狄奥多罗斯生卒年不详,可能是前 90/前 89—前 30 年。[①] 他出生于西西里小城阿捷里姆(Agyrium,1.4.4),在以横征暴敛而知名的罗马总督维里斯[②]治理(前 73—前 71 年)西西里期间长大成人。他在奥林匹亚 180 会期第 1 年或前 60 年时旅居埃及四年,目睹罗马特使在亚历山德拉因杀猫而被暴民以私刑处死(1.83.8—9)。[③] 他虽声称曾遍游亚洲及欧洲,但从作品中不容易感觉出。另一个他定居的地方是罗马;一般假设他在前 56/前 55 年(1.44.4)离开埃及到达此地。他自言在罗马停留相当时间(1.4.3—4)。[④] 基督教教父杰罗姆(Jerome)[⑤]提及狄奥多罗斯于前 49 年在罗马已小有名气,这或许是因为他所出版的有关埃及或东方神话的著作,可能是指《希腊史纲》一章或一到三章,甚至一到六章。狄奥多罗斯可能在前 46

---

① 如果我们将杰罗姆所提的前 49 年为狄奥多罗斯的人生创造力高点(acmē,在习惯上我们以 flor.,即 florvit,来指称之),而且根据古代一般的习惯用法,认为这是指 40 岁,那狄奥多罗斯或许出生在前 89 或前 90 年,殁于前 30 年左右。在靠近 30 岁(前 60/前 59 年)时开始研究写作(他前 60/前 59 年到亚历山德拉),并在 40 岁时(前 49 年)在罗马取得初步成就,这算是合理的假设。

② Caius Verres,约前 120—前 43 年。

③ 这件事可能发生在托勒密十二世(Ptolemy XII Auletes)希望被认定为罗马"朋友"(amicus),王位可以确认之前,因为这件事要等到恺撒与庞培在前 59 年派遣特使团施压,勒索 6000 泰伦后才通过。被私刑的人可能是特使团团员。

④ 至迟是前 46/前 45 年,12.26.1。因为他提及元老院外的发言台,这被恺撒在前 45 年迁走。

⑤ Jerome,约前 420—前 347 年。

年开始写作《希腊史纲》一书前言和一到六章外的其他部分。

尽管狄奥多罗斯长期住在罗马，但他未曾声称认识任何权贵，也没像许多其他希腊知识分子会将作品献给某位罗马赞助人或保护主。他说自己在西西里时曾与意大利人交往从而娴熟拉丁文(1.4.4)，但这备受质疑。如果他成了罗马公民，我们理应知道他的完整姓名。① 罗马对狄奥多罗斯而言，不像波利比乌斯等人那样具有重要意义，是个权力核心及决策中心，而只是方便取得史料进行研究写作之处(1.4.2—4)。② 他一生最具创造力的 30 年(前 60—前 30 年)是在帝国大都会亚历山德拉及罗马度过的。罗马在当时像个大磁铁，吸引四方人才，是发迹成名的绝佳之地，而杰罗姆有关狄奥多罗斯的评论似乎证明确实如此。他能游历并定居于亚历山德拉和罗马，无须他人赞助，研究写作达 30 年之久，表明他颇有资财。他给人的印象是有足够财富能支助他安心独立写作，小有成就，但缺乏政治人脉、没从政经验、无法像其他知识分子一样汲汲营营，而只想完成在一书前言里为自己设定的计划。但与罗马权贵保持距离也让他敢于表达对罗马帝国的一些较具批判性的看法。这稍后论述。

他的故乡西西里在晚期罗马共和饱经摧残，沦为发展落后地区。当代罗马仅知两名知识分子来自同岛。假如从他在前 60 年开始收集数据算起，以 30 年时间完成《希腊史纲》，那他在前 30 年完稿时，可能已近暮年，甚至不久后过世。③ 阿捷里姆恰好有道出土墓碑，上刻"狄奥多罗斯，阿波

---

① 希腊人是单名(如狄奥多罗斯是"西西里的狄奥多罗斯")，所以在成为罗马公民后，常会改为罗马人所习惯的三名，并常以赞助人或保护人(patronus)氏族姓为自己的氏族名。

② McQueen 认为他的研究应该比较像是熟读其他史家作品，而非直接诉诸源文件。

③ Suda 提及狄奥多罗斯"生活在奥古斯都·恺撒以及稍早时候"。Octavian 在前 27 年时获得"奥古斯都"封号，所以"稍早"应该指"第二次三巨头政治"(The Second Triumvirate，前 43—前 33)，但或许他的主要生涯也应该包括"第一次三巨头政治"(The First Triumvirate，前 60—前 53)时期，但无论如何，狄奥多罗斯留在罗马研究及写作的期间，恰好是晚期罗马共和最动荡的时期。

罗纽斯(Apollonius)之子”,是否指他?① 如果指他,那他落叶归根,结束了看似无风无浪的人生。

狄奥多罗斯接受古典史学传统,认为历史的最大功能是提供典范榜样;他经常强调不敬神明及不公不义必将遭受严厉惩罚,而史学记录正有奖善惩恶的警世功能。② 这样的论点常出现在《希腊史纲》中。狄奥多罗斯也如希罗多德一样,常在正文叙述外,插叙报道稀奇古怪事物的“奇观”(*thaumasia*,*thaumata*),诸如乌托邦世界、立法者改革内容、奢华的阿克拉加斯城(Acragas)、雅典将领伊菲克拉特斯(Iphicrates)军事创新、波斯王都帕西波里斯(Persepolis)、亚历山大大帝棺柩、印度寡妇殉夫自焚(suttee)、罗得岛大洪水、鬼怪“拉米亚”(Lamia)、阴阳人及狄奥多罗斯所认为的理性医学解释,还有死海沥青采集和西班牙人开采银矿等奇观故事。他对神话采取一种以优赫门鲁斯③命名的诠释方法:“优赫门鲁斯神话论”(Euhemerism)试图将神话理性化,认为诸神是过去被神格化的“文化英雄”,是人类文明进化的重要贡献者。他也接受希腊化时代流行的“机遇”或“命运”女神(*Tyche*)在历史中扮演主导角色的观点。④

2.狄奥多罗斯只是位传抄者?

《希腊史纲》在17世纪前因为涵盖广泛,内容详细,颇有美名。学者发现他可能相当依赖波利比乌斯及其他史家后,评价完全改观,特别是在19

---

① 狄奥多罗斯之名相当普通;他的可能卒年是前31年内战结束的第二年,所以一生的创造期都是在罗马战乱中度过。

② 最著名之处是他对待在第三次神圣战争中滥用德尔菲神殿宝藏的福西斯人(Phocians),见16.61—64。

③ Euhemerus,活跃于前300年前后,可能是当时马其顿摄政卡山德的食客。

④ 有关 *Tyche*,例如17.38.5,18.59.5—6。

世纪的德国。① 他从此被认为只是位传抄者,其价值绝无法超过其所依据的史料,所以相关学者在研究《希腊史纲》时会探索他所依赖的底层史料,设法复原这些大部分已经不存在的原著,但完全遗忘狄奥多罗斯本人。一连串伟大的古典史学研究者,从史华兹(Schwartz)、诺克(Nock)、雅各比、唐恩(Tarn),甚至到近来的珍·洪布罗(Jane Hornblower),都认为他无甚是处,而史提里亚努(Stylianou)在注释评论《希腊史纲》第十五章时更是特别严厉。与其他古代史家相比,甚少有人遭受过如此轻蔑的对待。

但狄奥多罗斯的作品应非如这些学者所言的那么不堪。在古代,老普里尼②及阿昔尼乌斯③提及他;哈德良皇帝时代有人将《希腊史纲》写成节录版,显示出这一作品的重要性;《希腊史纲》内容亦见诸罗马法学作品;也被普鲁塔克和笛欧使用;教会史家利用他有关犹太人的叙述,欣赏他的普世史观念;基督教教父杰罗姆提及他是罗马名人;9 世纪君士坦丁堡主教福提乌斯④在自己也叫 *Bibliotheca* 的读书杂记中提及,在狄奥多罗斯死后,有人延伸《希腊史纲》内容到包括整个奥古斯都统治期;一些拜占庭史家引用他的文字;拜占庭皇帝君士坦丁七世⑤编辑一些节录。这些可观的身后名气(*Nachleben*)显示《希腊史纲》在古代、中古及文艺复兴时代都受到重视。再回到今日,19 世纪兰克以降那种认为史学只能有一个样貌,并据之来月旦古代史家的时代已经过去。开放胸襟,强调正面优点来欣赏狄奥多罗斯的《希腊史纲》,可能会收获更多。

在 19 世纪时,一般看法是除了狄奥多罗斯犯下的错误外,狄奥多罗斯

① 有关这段历史的简介,请参考 Jane Hornblower 的 *Hieronymus of Cardia* (Oxford, 1981)。

② Pliny the Elder.

③ Athenaeus of Alexandria,活跃于公元二三世纪之交。Athen. Xil 541f。

④ Photius (c. 810—c. 893).

⑤ Constantine Ⅶ Porphyrygenitus (905—959,r. 908—959)。

基本上对所依赖的史料极为忠实，因为他"只是"位传抄者。这样的说法对原先以挖掘史料为目的的学者其实应是好事。但我们在《希腊史纲》中其实常见到狄奥多罗斯对所叙述的历史事实做出哲学、政治及道德性的评论，而这些评论使得《希腊史纲》从头至尾有一致的调性。学者时常将这些主观评论也归诸狄奥多罗斯的史料来源。但如果他依赖许多不同史家，那这些不同史料又如何能维持一致的立场，贯穿整部《希腊史纲》？因为其他史料已不存世，要决定《希腊史纲》中何处是狄奥多罗斯自己的意见，何处出自他所根据的史料，变得十分困难。这正是"史料研究"（*Quellenforschung*）方法论的根本缺陷：恶性循环论证。在此举两个例子来介绍狄奥多罗斯自己作品的立场。

3.狄奥多罗斯对文明的看法

我们首先谈一下狄奥多罗斯对文明的看法，解释他何以将一到六章的"神话"列入世界史。我们之前已经提过理性思维和神话思维的差别不像我们想象的那么大，但狄奥多罗斯还有进一步的理由。他在 11.26 中以 *euergetes kai soter*（benefactor and savior，"造福者与救主"）来形容他所颂扬的叙拉古僭主格隆。这种论断常被学者认为是取自狄奥多罗斯大希腊历史的主要来源泰密乌斯。但如此论断的词语其实被狄奥多罗斯用来形容那些凡是为人类带来福祉的"文化英雄"，并屡次出现在泰密乌斯不可能为史料来源的其他地方。

狄奥多罗斯对格隆的论断其实与他对人类文明进展的一般看法有关。他认为共同于"所有"人类进展的是：一方面要克服 *chreia*（necessity，"必要"，即所有人类要面对的共同自然条件），另一方面则是在特定时候、特定地方出现的文化英雄，协助文明进步的"造福者"（*euergetes*）所做的独特贡献，如立法、农耕、建立城市或斩妖除魔等。狄奥多罗斯对神话采取"优赫门鲁斯神话论"的诠释,认为神明是那些曾对人类造福、受那些蒙福者的爱戴而加以封神(deification)的文化英雄,而所有这些成就都是人类文明的一部分,因此神明事迹必须被纳入人类的世界史。这些成就无论是出自文明希腊或野蛮异邦,皆应因为"施恩造福"(euergesia)的事实而被颂扬,所以《希腊史纲》前三章便涵盖埃及、西亚、阿拉伯,甚至印度等这些"野蛮人"地区。这种对文化兼容并包的态度,突显出狄奥多罗斯世界史的眼界及胸襟。

这些有关神话的书充满了立法者、建城者、工艺发明家及其他有伟大成就的人,而他们之所以能封神,进而永恒不朽,正是因为他们的施恩造福。狄奥多罗斯在5.57.3—5讨论书写的发明①时,对是谁发明了这项重要文明技艺,保持开放态度,只罗列出不同民族的主张②,不偏好希腊。这种态度显示出文明是世人共有的资产。狄奥多罗斯关于文明进化的观点与赫西奥德在《神谱》(Theogony)里所形容的人类历史是从黄金、白银、青铜、英雄到黑铁等一段不断堕落的历史恰好相反,认为这是一段累积人类文明成就的进步的历史。因此《希腊史纲》虽然包含古代文献中对乌托邦世界的最重要描绘③,但这些乌托邦并未被他描绘成已消逝的过去的文明。

于是这种"造福者"(euergetes)文化英雄在文明进化中扮演重要角色的观点,经常出现在《希腊史纲》之中;在前五书这个字眼出现将近70次,在其他书中亦所在皆是。狄奥多罗斯依据这同一标准来评估杰出的历史人物,视之如神格化的文化英雄,对人类文明做出了重要贡献。在所有希腊政治人物中,他最推崇前480年于希米拉(Himera)击败迦太基人、为西

---

① 他另外在12.13.1强调书写对文明的重要性。
② 1.69.4埃及人、3.3.4—5衣索匹亚人及3.67.1腓尼基人。
③ 如Iamboulus和优赫门鲁斯的乌托邦,见2.55ff.及6.1—6.10。

西里岛带来和平繁荣的叙拉古僭主格隆。在罗马人之中，他认为恺撒①平定高卢、结束内战，带来和平，甚至将偏远不列颠纳入文明（5.21.2）之中，比神明狄俄尼索斯和赫拉克勒斯更伟大。恺撒和格隆的功业成就及崇高品德备受尊崇，是因为他们在统治时所表现的 *epieikeia*（moderation，节制得宜），因此带给了人民恩惠福祉（*euergesia*、*philanthropia*）。

这点反映出狄奥多罗斯的希腊化政治及社会哲学背景。在希腊化时代，亚历山大生前已经常被拿来与赫拉克勒斯为人类除害立下十二件功劳相比，而人民视统治者是人类的"造福者"，是促成文明进化的文化英雄。这种观念也在斯多葛哲学中得到发展。施恩造福的行为成为希腊化君王被人民期望的功能，而"造福者"成为君王常见的别号。《希腊史纲》一个最有趣之处是狄奥多罗斯认为自己因为写作历史，累聚及保存伟人事迹，使读者可以在毫无风险的情况下，以最经济省事的方式获得最多经验及智慧，并鼓励他们效法典范（1.2.4），史家的努力因此无异于文化英雄的作为，因此也是"造福者"。有人批评狄奥多罗斯是个有相当虚妄念头的小人物，但这样的虚荣他认为是属于所有史家，不只是他。

对狄奥多罗斯而言，斯巴达或罗马政治是否成功，并不像波利比乌斯所言要归诸所采用的"混合政体"。相反地，狄奥多罗斯对政体是哪种型态毫无兴趣。对他来说，造福者是否独裁强人或合宪民选官员，也无所谓，只要怀抱节制得宜的品德来统治人民，那强人如僭主格隆或独裁者恺撒便是他的选择。这点与波利比乌斯的宪政主义十分不同。狄奥多罗斯贯穿整个《希腊史纲》的主观性论断在逻辑上一致且独特，因此是属于他自己的。但狄奥多罗斯自19世纪以来一直被认为只会抄书，人们对他的文明观以及据之所做的历史论断毫无兴趣。这些偏见扭曲了我们对狄奥多罗

---

① Caius Julius Caesar，前100—前44年。

斯的理解及欣赏。

狄奥多罗斯推崇格隆,但他也提及格隆虽然当时被人当成英雄崇拜,以碑铭建物来纪念他的恩泽,但不免遭到嫉妒的阿加索克利(Agathocles)摧毁抹杀。狄奥多罗斯因此认为史家的历史记录其实胜过封神、胜过纪念碑,可以让历史人物事迹真正永恒不朽(11.38.5—7)。他自己也计划将他所肯定的恺撒写进历史。他认为史学明显的目的是赞美人类造福者,诱导更多人追随这种榜样,而且史学所给的赞美是更加永恒的,因为即使赫拉克勒斯被神格化或格隆被英雄化,死后仍不免受到诋毁的命运,但唯独"历史的声音(或论述)"(ho tes historias logos,4.1.4—6),特别是狄奥多罗斯的《希腊史纲》,会比凡人在身后被神格化或被立纪念碑,更为持久永恒。

4.狄奥多罗斯对罗马帝国的态度

狄奥多罗斯在转述他人著作中的史实时,尽可能忠于原著,否则"史料研究"想找出《希腊史纲》底层原始史料,应该难以着手。批评者所指出的传抄缺点反而应是优点。但狄奥多罗斯在表达主观评论时,有自己的立场,所以那些认为他不可能有独立见解的执念值得商榷。此处要提出他对另一个重要议题的看法——帝国主义,进一步确定他的观点。

第十一到十六章涵盖前480年波斯战争到前336年亚历山大即位的古典希腊史。波斯、雅典以及斯巴达帝国依序更迭浮沉。狄奥多罗斯认为雅典当初在波斯战后崛起领导希腊,是因为其统治"节制得宜",所以盟邦愿意追随。但雅典从前460年起坐大后,开始"蛮横"(biaios)对待盟邦,结果盟邦纷纷叛离(11.70.3—4)。类似情形发生在前404年击败雅典的斯巴达,也在很短时间内失去帝国;他说斯巴达人祖先以"节制得宜"获得领导希腊的地位,现在因为"蛮横"而失去,甚至在前371年一败涂地后,被盟邦唾弃。这里出现的一对概念 epieikos/biaios(节制地/蛮横地),被用来论断帝国主义。以前这被认为出自狄奥多罗斯所依据的埃弗鲁斯。但这对概念不仅出现在古典希腊史中，还在《希腊史纲》其他非古典希腊史部分二十几处出现，包括神话以及亚历山大后继者时代，这些都不是埃弗鲁斯作品所涵盖到的。这个副词 epieikos 的名词 epieikeia，以及相关概念，如 philanthropia 和 euergesia，总共在《希腊史纲》中出现超过三百次，用来形容个人（特别是"文化英雄"或"造福者"）及国家的作为。这些证据指出这样贯穿《希腊史纲》的概念是系统性的，是狄奥多罗斯自己用来论断政治人物及国家的。这种面对史料，提出自己的论断，来创造典范，教育读者，正是古典史学的特色。我们或许可以批评狄奥多罗斯据以论断的概念不高明、过度简化，但他符合我们对古典史家建立典范的期望。

狄奥多罗斯这种独立见解或许能解释我们在《希腊史纲》中有时会见到的矛盾，而这些矛盾常使学者普遍看低《希腊史纲》。狄奥多罗斯一方面对帝国有自己的论断，在传抄所依据的史料的时候，忠实呈现已带有原作者主观评论的史料。例如，前168年第三次马其顿战争结束后，狄奥多罗斯附和波利比乌斯谴责马其顿国王帕修斯（Perseus）兴战，称赞罗马温和对待他（31.8—9）。在32.4.5狄奥多罗斯却强调罗马为维持帝国，经常使用恐怖主义策略，马其顿因此沦为受害者。这两种矛盾的论断应该是因为狄奥多罗斯自己的论断以及他所转述的波利比乌斯的论断两相并置的结果。

类似情形也发生在对雅典帝国的评价上：狄奥多罗斯依循埃弗鲁斯谴责前460年叛离联盟的伊吉纳（Aegina），颂扬雅典成就；在他处则毫不客气地批评雅典帝国对盟邦的压榨（11.70.2, 12.28.1）。另外，根据埃弗鲁斯自己可能依据的奥克西林克斯（Oxyrhynchus）残篇，埃弗鲁斯被认为可能以 diakaiotaten（"the most just"，"最正义的"）来形容前470年的雅典。狄奥多罗斯在11.59.3 则是以 epieikestaten（"the most moderate"，"最节制的"）来代替。这似乎显示出狄奥多罗斯的史学方法：他一方面尽量忠实所根据的原著，保留下这些史料已有的论断，一方面不放弃自己进行论断的机会，甚至有时还会"入侵"到他所使用的史料中，进行如上改变。这使得狄奥多罗斯只是位传抄者的看法需要修正。我们当然可以批评他的疏忽，没将这两种不同意见进行评估、讨论及消化，却仍不可抹杀狄奥多罗斯有自己的想法。

我们可能无法接受狄奥多罗斯以 *epieikos/biais*（节制地/蛮横地）这对高度简化的道德概念来论断帝国成就，正如我们不会期望在威尔·杜兰的作品中能轻易找到深刻复杂的历史见解，我们很难否认这是狄奥多罗斯自己的主张。他这种对帝国性质的论断，强调帝国或强人是否造福，是否行为节制得宜，完全是出自一位饱受战乱折磨之西西里居民的观点。因此虽然我们在波利比乌斯的说法中，见到罗马帝国崛起是因为"混合政体"，转弱是因为权力阶层腐化（*tryphe*），但狄奥多罗斯似乎对这种帝国内部分析无甚兴趣：他始终着重在统治者与受统治子民之间的关系是否良好。由此可见，狄奥多罗斯是非常"地方"的，是以地方一介小人物来看世界的历史，不像波利比乌斯用那种由上而下、无所不知的观点来了解世界。

事实上，狄奥多罗斯不同于其他我们所知道的希腊化史学家，在面对如排山倒海、席卷世界的罗马帝国时他持相当保留的态度。波利比乌斯强调从前 220 年起，世界各地历史因为罗马崛起而开始环环相扣纠结；其他史学家也多认为罗马崛起是组织历史发展最自然的轴线。但我们在《希腊史纲》中相关部分可能很难感受到狄奥多罗斯在论及当代历史时，会以罗马为唯一的叙述主轴，而这种决定实在令人讶异，因为他比波利比乌斯更能知道罗马的威权已经无所不在。事实上，在前 264 年第一次迦太基战争之前，罗马在《希腊史纲》里的可见度十分有限；之后虽大幅增加，但最多反映出他所依赖的波利比乌斯的意见，而且那时罗马的崛起及扩张也是历史事实,于是另一个衍生的问题是:狄奥多罗斯如何看待罗马崛起这一现象?

希腊化史学家会歌颂罗马的做法是其来有自;居住在罗马、要求罗马贵族保护赞助的希腊史家更是如此。除波利比乌斯外,还有狄奥尼修斯、斯特拉波、奈科劳斯以及阿斯克勒皮亚德等,都不脱对罗马阿谀奉承之嫌。① 即使后来被认为敌视罗马,并抨击奥古斯都的泰玛吉尼斯②,在刚开始时,亦是罗马的崇拜者。所以尽管罗马史在《希腊史纲》的分量随着前264年之后逐渐加重,并未见到狄奥多罗斯有明显亲善罗马。狄奥多罗斯、波利比乌斯及狄奥尼修斯都有相当分量的作品留存,可进行比较,来凸显这点。其中之一是狄奥多罗斯没像其他人那样将过往帝国(如波斯或马其顿)与罗马相比,而且认为它们都被罗马给比下去了。③ 他也不像波利比乌斯认为罗马帝国兴起是彰显天意或命运,也不像狄奥尼修斯在《罗马古文物》(Roman Antiquities)中谄媚罗马公民有如神人一般。罗马受到赞助的斐洛迪穆斯(Philodemus)认为罗马与亚历山德拉并列为当代最大的城市,狄奥多罗斯好像有意地两次提及亚历山德拉城在许多人眼中才是当代最大的城市(1.50.7 & 17.52.5)。

这种对罗马多有保留的态度也显示在狄奥多罗斯的历史叙述中。在讨论第一次迦太基战争爆发原因时,他接受被波利比乌斯(1.14—15)指责为"反罗马"的西西里史学家菲利努斯(Philinus)的观点。④ 狄奥多罗斯认为罗马表面上是拯救受害弱者,但出兵协助的其实是恶名昭彰的意大利佣

① Asclepiades of Athens.
② Timagenes of Alexandria.
③ Polybius 1.2.1.
④ Philinus of Agrigentum;波利比乌斯使用但也批评菲利努斯从迦太基观点所写作的第一次迦太基战争历史。另一个波利比乌斯所依赖的则是从罗马观点写作的 Fabius Pictor,反而比较没听到他批评的声音。

兵"战神之子"(Marmertines);发动如此浩大的战争,真实动机纯然是觊觎西西里,所以罗马首度跨海征服是投机的侵略行为(《希腊史纲》23.19,24.9)。在第二次迦太基战争中,哈斯德鲁巴在前207年从西班牙驰援在意大利孤军奋斗的兄长汉尼拔,但功败垂成。狄奥多罗斯的论点再度与波利比乌斯不同:他强调若哈斯德鲁巴成功与汉尼拔联手,那罗马势将无法存活;他又评论说,一个人要根据意图而非实际结果来论断,因为人可以为自己的意图负责,结果则操之于命运之手(26.24),因此哈斯德鲁巴是位英雄,不是入侵者。这样的肯定几乎与狄奥多罗斯对前480年在温泉关(Thermopylae)战死不屈的斯巴达人的态度一样,算是大大抬举迦太基人。在讨论哈斯德鲁巴时,狄奥多罗斯赞美他父亲哈米尔卡(25.10),其措辞令人想到他赞美前4世纪底比斯崛起的大功臣佩洛披达斯(Pelopidas,15.81)。

在西西里历史中,希腊人发展与迦太基入侵纠缠不清,造成西西里变成强人政治的杀戮战场,所以狄奥多罗斯会如此亲迦太基,实在不可思议。他是否更无法认同罗马呢?狄奥多罗斯在年轻时,潘达斯国王米塞瑞达底六世曾号召所有希腊人反抗罗马,蔚为风潮,进行过一段为期甚长的战争(前88—前63年)。这在一些希腊知识分子中埋下了反抗罗马的种子。我们不知狄奥多罗斯是否属于某种"反抗史学"(resistant historiography)。狄奥多罗斯的历史叙述显示:即使迦太基和罗马对西西里来说都是入侵者,而且即使他身处罗马统治的时代,但他在历史论断上仍宁可偏向迦太基。后来即使亲罗马者如波利比乌斯,对罗马逐渐独断独行的统治也越来越感到不满,作品中原来乐观的语调日益低抑。狄奥多罗斯依循波利比乌斯的叙述,更加夸大罗马人残酷,认为罗马人剥夺希腊的自由(32.26)。这种批评在纷扰不堪的罗马共和晚期可能是危险言论,可能是狄奥多罗斯的真实感受。他盛赞恺撒重建科林斯,认为这弥补了之前罗马的残酷(34.

3),为历史平反。其他类似对罗马的指控也发生在《希腊史纲》三十四、三十五两章对前135—前132年西西里奴隶战争的描述中。简言之,狄奥多罗斯所感受到的罗马帝国显然不全是正面的。

5.狄奥多罗斯《希腊史纲》结束的时间

在大致交代狄奥多罗斯的观点及对罗马的态度,反驳那些认为狄奥多罗斯只是位传抄者的执见后,我们还要处理一个问题:他的世界史究竟结束于何年?《希腊史纲》一章3.2和4.6等至少五个地方提及他的世界史始于史前神话,终于前60年。从第二十一章到第三十九章每章平均涵盖12年左右,所以到第四十章可能始于前69年,而其中可确定之残篇有前63年的卡提林阴谋(Catiline Conspiracy),所以《希腊史纲》结束于前60/前59年是合理的,这更被相关之奥林匹亚会期、雅典执政官年及恺撒开始远征高卢(1.4.7)之年确认。前60/前59年出现了"第一次三巨头政治"(The First Triumvirate,前60—前53年),是狄奥多罗斯的罗马英雄恺撒在政治上崛起的关键时刻,因此以这时候来结束《希腊史纲》有其意义。

《希腊史纲》其他地方(如1.5.1或7.5.1)也提及前46年为结束之年,并以特洛伊战争(前1184年)之后的前1138年来加以确认。① 前46年恺撒在内战中击败庞培,庆祝三重大胜利,举世欢腾,期待和平来临,亦是《希腊史纲》十分合宜的终点,这符合狄奥多罗斯对恺撒的极高的评价。有人认为长期收集资料的狄奥多罗斯,在前49年之前曾出版了《希腊史纲》前几章,获得正面评价后,可能在前46年开始编写《希腊史纲》其余的历史,

---

① 1184-1138=46。

因此会以前46年作为全书的结束。① 何以《希腊史纲》中会有前60年及前46年两个结束时间点呢？特别是何以《希腊史纲》最后似乎以前60年结束，排除了狄奥多罗斯自豪地要以历史书写，使得伟大的恺撒永垂不朽，因为他的历史记录更能胜过封神、胜过纪念碑的目标？

首先，抄写错误应被排除，因为这两个时间点各自伴随着其他确认的订年。这里要提出的解释是这一世界史结束之点是从原先计划的前46年改为后来的前60年。② 这并非武断，因为这将意味着狄奥多罗斯决定将罗马共和结束、进入帝国最关键人物恺撒的生涯给移除，因此无法实现要以历史来褒扬英雄的计划。恺撒在前46年带来和平，恢复科林斯来安顿流离失所者，都使狄奥多罗斯积极乐观（32.27.3）。他对恺撒的态度可能受到恺撒死后后续政局发展及继承人屋大维行为的影响，因此心境逐渐转变。

恺撒遭到暗杀以后，屋大维与安东尼在"第二次三巨头政治"（前43—前33年）期间击败布鲁特斯（Brutus）等共和人士后，分据东西。屋大维在意大利大肆抄家没产，安顿大批解甲军队。当时年轻的屋大维是令人不寒而栗的少年刽子手，而非后来成熟英明的帝国政治家。恺撒在生前可能已经赠赐给西西里人拉丁权或公民权，但西西里在内战中投靠在恺撒与庞培内战中尚未屈服的庞培幼子③，继续反抗屋大维。小庞培节制对待西西里，维持恺撒承诺的公民权，但他于前36年兵败，西西里遭到屋大维报复，

① 前44年恺撒遭暗杀，似乎也是个适合的断点，因为狄奥多罗斯将《希腊史纲》分作三段：神话（？—前1184年）、从特洛伊到亚历山大之死（前1184—前323年）和亚历山大之后到恺撒之死（前323—前44年）。以这两位历史上最杰出人物的卒年来做里程碑，似乎适合。既然狄奥多罗斯没提前44年，故不考虑。

② 这将前46年视为原先计划的终点，后改为前60年，本身即是个假设。因为若是倒过来，那会有不同的说法。但我相信此处的假设是较合理的。但整个重建狄奥多罗斯改变心意的理由仍只是种推测。

③ Sextus Pompeius，前67—前35年。

罚以巨款,取消公民权,摧毁城市,没收大片土地来安顿解甲的军队,而阿捷里姆坐落震央。屋大维带来的破坏远胜维里斯在前70年的横征暴敛。

这些迫害摧残当然使狄奥多罗斯无法对屋大维或罗马有好感,而这种立场显现在他对罗马的态度及对历史事件的诠释上。前文已有例证。这可能使得他在自己所崇拜、神格化的恺撒与那自称"神之子"(*divi filius*)但让他疑虑的屋大维之间产生某种矛盾。因此,假设狄奥多罗斯在可能是他最乐观的前46年决定将此年作为《希腊史纲》的结束之年,但恺撒在前44年遭到暗杀,整个地中海世界陷入长期内战,他的家乡西西里受害最剧,可能在他接近完成《希腊史纲》时,或许是前30年之前几年,因为当时局势的发展,他决定放弃交代他所崇拜的恺撒自前60年起的完整生涯和以他为中心的罗马历史。因为恺撒身为造福者、文化英雄的政治遗产,在身后却只留下杀戮和破坏。另外,狄奥多罗斯对于国家采取何种政体并不关心,只要统治者以节制统治,对人民施恩造福即可,所以恺撒是否视共和如无物,担任无异于皇帝的"终身独裁官"等种种,对狄奥多罗斯来说本也不是问题。但这样的政见在恺撒死后变得十分敏感,而更由于屋大维、安东尼及共和贵族间的争执,使得任何说法都可能获罪,遭到杀身之祸。于是狄奥多罗斯决定不去碰触那让晚期共和陷入纷争的"三巨头政治",以便明哲保身,于是前60年最终成了《希腊史纲》的终点。

上面的讨论应该可以证明狄奥多罗斯并非只是位传抄者,而是一位能感受历史氛围,能论断历史,并稍具名气的史家,并曾计划以历史写作来让恺撒功业永垂不朽。但在帝国命运仍在未定之天,书写论断一位因为内战而尚待盖棺论定的人物,对于狄奥多罗斯这样没人脉、没保护主眷顾的外籍人士,绝非明智之举。他的世界史止于前60年可以避开所有纷扰,因此这决定是种恐惧、是种绝望,是迫于情势而放弃自己的史学理想。至于何以他仍让前60年及前46年这两个时间点保存在文本之中,我们已然无法知晓。可能他太老、太疲倦,不想再理会。但是否就像他有时候让自己的论断和他所依据的史家论断并列,存而不问? 我们也不知道。虽然这种重建他何以选择前60年作为《希腊史纲》结束之年的动机只是种臆测,但道出了一位身处当代的史学家可能会面临的处境,也符合我们对他身为古典史家的理解。

三、简述《希腊史纲》所涵盖的历史时段

此处拟简单介绍《希腊史纲》所涵盖的历史时段,为读者在阅读文本时提供一个参考架构,也让故事能更清楚地定位。年表及地图如果在手,更有助理解。

首先,希腊人对于过去的记忆完全依赖诗人如荷马所做的叙述,跟我们现在依据伊凡斯(A. Evans)或史利曼(H. Schliemann)等人考古发现重建的迈诺(Minoan)、迈锡尼(Mycenaean)文明及之后的希腊黑暗时期(Dark Age,约前1150—前776年)不甚相同。狄奥多罗斯在离开神话世界之后,便直接进入诗人赫西奥德所谓的"英雄世代",主要是关于特洛伊战争及英雄返家(nostos)的故事。除了荷马外,史诗章回(epic cycles)残篇(主要是以底比斯英雄为主)、诗作和常以英雄为主题的希腊悲剧,也都提供给我们这英雄时代的人物及事迹。

1.古希腊史及罗马史的分期

埃弗鲁斯以前1069年"赫拉克勒斯子孙返乡"为记述起点,而狄奥多罗斯则以前1184年特洛伊战争为纪年历史的起点,我们现在会以第一次奥林匹亚庆典举行的前776年作为希腊信史的开始。从这庆典到第二次波斯战争结束的这段时间我们称之为希腊"古风时期"(前776—前479

年）；从波斯战争结束到亚历山大过世，我们称之为"古典时期"（前479—前323年）；从前323年亚历山大过世到埃及托勒密王朝皇后克里奥帕特拉七世（Cleopatra Ⅶ）在阿克兴（Actium）战败后自杀，我们称之为"希腊化时代"（前323—前31年）。《希腊史纲》的十八到二十章保存了一个十分完整的亚历山大"继承者时代"（Age of Successors）；这又分为（A）第一代后继者（称为 diadochi，前323—前301年）以及（B）第二代后继者（称为 epigoni，前301—前275年），其中的分界点前301年是伊普色斯（Ipsus）战争，确定亚历山大的帝国分裂，而前301—前275年则见证希腊化三大王国三分天下局势确立。

在罗马方面，《希腊史纲》对前264年前的罗马历史无甚兴趣。罗马本身从前753年建国，进入"王政时期"（前753—前509年）；罗马贵族推翻国王，建立共和时期（前509—前27年）。这共和时期又分为早期共和（前509—前264年）、中期共和（前264—前133年）及晚期共和（前133—前27年）。前27年之后进入罗马帝国时期。所以《希腊史纲》对王政及早期共和着墨较少。

《希腊史纲》强调的另一区域是西西里及大希腊。希腊人早在公元前8世纪就移民到今天的那不勒斯（Naples）湾，与伊特拉斯坎人及罗马人互动。[①] 就历史这方面来说，罗马人受到希腊人注意，要等到前280—前275年间；在前264年第一次迦太基战争爆发，罗马第一次跨海出征，主要战场是在西西里，更和希腊史密切关联。故《希腊史纲》在罗马史方面将重点放在前264年之后，是可以理解的。我们将恺撒在前60年成为第一次三巨头政治成员，出任执政官，准备远征高卢，作为我们介绍的终点。

---

① 例如，科林斯人迪玛拉都斯（Demaratus）的后代成为罗马王政末期两位叫塔克文（Tarquin Priscus 和 Tarquin Superbus）国王的祖先。

2.古希腊史

希腊古风时期

希腊古风时期对人类文明最大的贡献是发明城邦（polis）体制。这是一群希腊成年自由男性的平等公民所建立的小型独立政治小区。希腊人便是在如此的小区中发明哲学、演出戏剧、建造神庙以及发展民主政治等，这些是我们至今仍然珍惜的人类文明资产。在前750年之初，希腊人开始往海外殖民，将城邦体制及生活方式散播到西从高加索山山麓、东到今日法国马赛、北起亚德里亚海岸北端、南到利比亚这广大的空间，共有为数超过1100个独立小区，建立希腊人的生活空间。甫进入前8世纪的希腊人便从腓尼基引进文字书写。在东爱琴海的希腊城邦因为与利底亚王国、腓尼基城邦及埃及这些先进文明最早接触，在文化上深受影响，因而变得十分富庶，并于前6世纪中叶开始所谓的爱奥尼亚知识革命，对自然宇宙及人文社会进行理性思维（logos）的探索。希腊城邦在此时虽然必须与东方强大的利底亚及波斯维持以贡赋交换保护的国际关系，但希腊人和这些"野蛮人"大致是和平共存的。这一直要到前480年波斯战争后才慢慢改变，而自由希腊人与奴役野蛮人那种对立的定型化看法逐渐确立下来。

另一个城邦聚集之处是西西里及被称为"大希腊"的意大利南部。希腊人在意大利南部屯垦肥沃农地或占据极优的战略据点，但必须随时面对来自内陆原住民的攻击。西西里岛的希腊城邦主要分布在东半部沿海地带；首要城市是东南部的叙拉古。当地希腊人将原住民驱赶到内部山丘地带，但岛的西侧则有迦太基人殖民，经常发生冲突。面对势力庞大的迦太基人，叙拉古经常出面组织希腊联盟，领导对抗，这一方面造成军事强人或政治僭主①在西西里政治史上屡见不鲜，另一方面这些政治强人或僭主经常因连年战争而雇佣兵士，带来严重问题，常发生毁城屠民或集体迁徙居民的现象。

　　古风时期希腊世界最重要的国家是传奇的斯巴达。我们对这个国家的了解多出自那些批评雅典民主政治、将自己的政治理想投射到这个封闭国家的人所写的作品，如色诺芬或柏拉图，所以我们拥有的是"斯巴达幻象"。斯巴达人自诩是赫拉克勒斯的后代，在迈锡尼文明崩溃时的 12 世纪末入侵占领拉柯尼亚（Laconia）这块肥沃土地。斯巴达政体是由两位国王、三十人元老院（Gerousia）以及有相同血缘、教养训练（agoge）、以政治军事为唯一职志的斯巴达军人公民大会（Apella）所组成的。斯巴达政体因此是由代表不同社会势力的王政、贵族政治及民主政治组合起来的混合"平衡"政体，强调社会和谐及结构稳定，称为"良好的法律秩序"（eunomia）。波利比乌斯亦以混合、平衡政体来解释罗马的宪政架构以及它何以能迅速崛起，成就帝国。希腊人认为政体（politea）是国家灵魂，决定国家性质。波利比乌斯认为罗马强大的理由是完美的平衡政体，便是很典型的希腊想法。相反地，狄奥多罗斯对宪政形式毫无兴趣，只在乎掌权者是否"节制得宜"。

　　斯巴达在前 7 世纪经历两次麦西尼亚（Messenia）战争，占领约一半伯罗奔尼撒半岛，控制人数超过数倍的农奴（称为"赫洛特－加龙省"，helots）。这些农奴都是同种希腊人，怀抱再度独立的强烈企图，经常叛变。斯巴达国家将这些土地及农奴分配给公民，让他们无须担忧经济生活，斯巴达人也因此必须枕戈待命，随时准备镇压这群农奴，过着全民皆兵的军营生活。斯巴达虽在希腊古风世界军力最强，然而国际政治上却不主动，

---

　　①　僭主（tyrannoi, tyants）是希腊城邦里以违宪方式夺权、实施独裁统治的政治强人。

因为这支军队较像是对内的镇暴部队,而非对外扩张武力。斯巴达在约前550 年组织"伯罗奔尼撒联盟",作为镇压农奴的第二层保障,但也成为扩张国际影响力的工具。斯巴达及其联盟是古风时期希腊世界的主导力量。这由当时神庙几乎都以多立安英雄赫拉克勒斯为民除害的十二件功绩或苦劳(Twelve Labors)作为装饰主题可以得知。

　　雅典在同时期比较沉潜。贵族间因地缘、血缘而发生派系斗争,使雅典极为动荡。雅典人民无法忍受贵族的任性,决定进行内部改革:从前 7 世纪末德拉古(Dracon)编订法典、前 594 年梭伦(Solon)改革、僭主庇西特拉图(Peisistratids,前 545—前 510 年)削弱贵族势力,到前 508 年克里斯提尼(Cleisthenes)重组部落,逐步建立一个由平等公民所组成的民主小区,强调每位公民"在法律上平等"(isonomia)及"有相同言论自由"(isegoria)。一些最出名的希腊庆典及文艺活动,如酒神节(Dionysia)及泛雅典娜节(Panathenaia),也是在这时期出现流行的,对凝聚小区共识有很大帮助。雅典历经一连串改革而逐渐发展出愿意以协商化解纷争的政治文化,使它以政治稳定而著名。两次希波战争(前 490 年,前 480—前 479 年)的成功更是对雅典民主改革的最大肯定,提高了人民的自信心。雅典人在战后继续深化民主改革,逐渐形成我们所知道的以民为主、抽签任官、以津贴鼓励参政等为特色的激进民主政治。

　　希腊古典时期

　　古典时期希腊是以斯巴达为首的单极世界,雅典在前 490 年及前 480—前 479 年两次希波战争后崛起,成为两强分庭抗礼、分据陆海霸权的两极世界。第一次是由雅典人在前 490 年马拉松战役中独力击退波斯;第二次则是雅典与斯巴达组成希腊联盟对抗波斯,雅典海军是成功的关键。波斯撤军后,小亚细亚的希腊人仍须长期保护。保守内省的斯巴达拒绝承担这个职责,雅典挺身而出,建立以爱奥尼亚城邦为主的提洛同盟(Delian

League),反攻波斯。这个同盟由西蒙①主导,并在前469年②于小亚细亚南岸,同日内在海陆击败波斯,限制波斯人的行动范围。但这样的成果反而使盟邦开始质疑是否要维持提洛同盟,因为盟邦必须贡献军队、船舰及钱财来维持同盟,这些反而被雅典利用,成为坐大的资源,来压迫他们。那些想退出的城邦被迫留下,割地赔款,接受雅典囤田驻军,严重伤害了希腊城邦引以为傲的自主及自由。③

约从前450年到伯罗奔尼撒战争爆发前雅典领导人是伯里克利。④ 他主政下的雅典精力旺盛,在埃及、塞浦路斯、希腊及西地中海等地同时出兵,更在前443年⑤在意大利南部休里埃(Thurii)建立殖民地,染指大希腊。雅典从波斯掠夺、从盟邦压榨来的资源,投资在雅典帕特农神庙及音乐厅等建设上,创造就业机会,也使雅典公民开会能支领津贴。这些诱因又激励了民主政治,进一步推动了帝国主义的行为,更深地压榨雅典盟邦。雅典帝国主义和民主政治携手并进,彼此互相强化。

伯罗奔尼撒战争

斯巴达便是在雅典大肆扩张,引起"修昔底德陷阱"(Thucydidean Trap)恐慌的氛围下,接受科林斯游说,发动了伯罗奔尼撒战争(前431—前404年)。伯里克利说服雅典人民不可轻易放弃帝国,要勇敢迎战,要人民在敌人入侵时放弃乡间,撤回城内,以海军从海外维持供需,伺机攻击斯巴达及其盟邦,让他们疲于奔命。这是正确战略,因为斯巴达及其盟友财政上极为窘困,在无法强迫雅典进行决定性战争的情况下,终将拖延力竭而亡。战争之初伯里克利和将近1/3的人口便死于爆发的瘟疫,使得战略

① Cimon,约前510—前450年。
② 或前466年。
③ *Eleutheria* 在希腊文中常指的主要是"小区",而非"个人"自由。
④ Pericles,前495—前429年。
⑤ 狄奥多罗斯则是前446年。

无法彻底执行。伯里克利代表传统贵族精英来领导人民,会勇敢指责人民做出不良决策,他死后所谓的"新政客"(New Politicians)①,特别是非传统贵族出身的克里昂②,被认为蓄意讨好群众,短线决策,只是这些新政客也受到保守分子如尼西阿斯③的反对。雅典在政策上开始左右摆荡,不再如伯里克利在世时那般笃定。

战争初期双方各有斩获,但从前425年起焦点集中在两人身上:斯巴达将领布拉西达斯(Brasidas)在北爱琴海鲸吞蚕食雅典地盘,成功离间雅典在色雷斯(Thrace)最重要的据点安菲波利斯(Amphipolis),甚至使史家修昔底德被控失职而流放。相对地,雅典克里昂掳获麦西尼亚旁的斯法克特里亚(Sphacteria)岛约两百名投降的斯巴达公民;这次投降是斯巴达的奇耻大辱;这些人质成为雅典的谈判筹码。当这两位主战人物在安斐波里斯同时战死后,双方开始和谈,并在前421年签订《尼西阿斯和约》④,各以当时双方势力范围为界。

前421年后雅典政治见证了亚西比德⑤的崛起。他出身高贵,却游走于民粹路线;他是苏格拉底最出名的学生。他积极破坏和约,并在前415年以不切实际的承诺说服雅典派出大军出征西西里。亚西比德的诉求除了迎合雅典人民那种永远"欲求不满"⑥的冲动外,也希望在战略上切断大希腊及西西里对斯巴达的援助。但在出发前夕雅典发生宗教亵渎案件,亚西比德被怀疑涉案,在甫抵达西西里,就跳船逃往斯巴达,开始叛国,严重伤害雅典。他之后叛逃波斯,建议让雅典及斯巴达两虎相斗,波斯坐收渔

---

① 这一名词出自 W. R. Connor 的 *The New Politicians of the Fifth Century* (1992)。
② Cleon,? —前 422 年。
③ Nicias,前 470—前 413 年。
④ Peace of Nicias.
⑤ Alcibiades,约前 450—前 404 年。
⑥ *Pleonaxia*.

翁之利。

前415—前413年西西里大挫败严重打击了雅典的民主政治。人民顿时失去信心，将政治决策全权交给十将军委员会。此时战场转移到东爱琴海。亚西比德积极运作，说服在萨摩斯岛（Samos）士气低落的雅典海军相信波斯大王能扭转大局，而他夸口可以从中运作，但假称大王的条件是雅典必须更改政体。这一结果导致公民大会在前411年决议废除无财产资格限制的民主政治，将公民资格限定在符合资产规定的五千人手中，由"四百人会议"（The Four Hundred）担任执委会。这是雅典民主政治史的第一次政变。但政治变色龙亚西比德这时又鼓吹在萨摩斯的雅典海军反对，强迫四百人会议退出，恢复民主政治。他决定在海外多赢几场战争，争取人民信赖，再返回雅典，因为人民现在已不在乎宪政型态，只在乎战事是否顺利。亚西比德将重点放在雅典海外粮食海运线必经的黑海海峡区，而且他让雅典人相信只有他能确保波斯军援。这些情形促使雅典人重新接纳他，原谅他的叛国行为。

后来情势突然逆转。波斯撤换负责希腊战局的人，改由王子小居鲁士①全权处理，斯巴达也任命极富才干及野心的赖山德②为指挥官。在亚西比德外出谈判时，副手擅作主张，结果输掉了战役，雅典人民立即翻脸，亚西比德被迫再次流亡，被波斯追杀身亡。雅典在前406年阿吉纽西（Arginusae）战役中获胜，但因为将军无法解救在暴风雨中落水的同胞，结果愤怒的人民集体处死所有出席审判的将军。尽管雅典人民立即后悔了，但雅典已经没有可胜任的将领。赖山德最后在前405年伊哥斯波塔米（Aegospotami）战役中轻易击败雅典舰队，封锁运粮航道，将所有雅典海外殖民者赶回雅典，以饥荒强迫雅典在前404年投降。雅典接受由斯巴达驻

---

① Cyrus the Younger, ？—前401年。
② Lysander, ？—前395年。

军、拆毁城墙以及仅准十艘船舰,外加一个称作"三十僭主"(Thirty Tyants)的傀儡独裁政权。但斯巴达独断的行为也造成斯巴达和盟友的分裂。

前404年的"三十僭主"恐怖统治是雅典民主政治的永恒创伤。据估计有2%的雅典人遇害,其他被迫流亡以及财产被没收充公的,不计其数。一些流亡民主人士在底比斯等国协助下返国,反攻雅典。最后斯巴达国王出手干预,促成和解,允许"三十僭主"政权支持者另据依洛西斯(Eleusis)独立。雅典恢复民主政治,规定除51名元凶若要留在雅典,必须受审外,其他人一律既往不咎,任何人不得借故兴讼报复,实践"特赦"(amnesty)即"遗忘"(amnesia)的政策,以全面和解重新开始小区生活。雅典也整理发布法律,将原来由人民(*demos*)为主改为以法律(*nomos*)为主的民主政治,不再像战争期间左右摆荡,甚至出现前411年公民大会随意解散民主政治的闹剧。

希腊前4世纪的历史

新的希腊霸主斯巴达专断贪婪。战败的雅典在复原过程中低调坚决,暗中与不满的底比斯、科林斯及亚哥斯联手,在前395年发动"科林斯战争"。投靠波斯的前雅典将领科农(Conon)在前394年以波斯援助的舰队在尼多斯(Cnidus)击溃斯巴达,恢复雅典城墙及舰队。波斯之所以积极干预是因为斯巴达在战后协助小居鲁士叛变。斯巴达最后以退出亚洲、放弃东方希腊人为条件,以波斯大王名义强制希腊诸国接受前386年的《大王和约》。[①] 曾经以三百战士死守温泉关而闻名的斯巴达竟变成勾结波斯的国家,并借机在前382年的和平状态下突袭占领底比斯卫城,处决反对政客。这些行为激起义愤,促成雅典在前378年成立"第二次雅典同盟"(Second Athenian League),协助解放底比斯,对抗斯巴达。

---

① King's Peace,或是"共同和平"(*Koine Eirene*,Common Peace),或以协商和平的斯巴达使节来命名,称为《安塔西达斯和平条约》(*Peace of Antalcidas*)。

解放后的底比斯在伊巴密浓达(Epaminondas)等人领导下励精图治，进入所谓的"底比斯霸权"(Theban Hegemony)时期，其中尤以其同性恋配对组成的"神圣兵团"①最为知名，在前371年于琉克特拉(Leuctra)一举击败斯巴达军队，杀死国王，震惊希腊世界。前368年伊巴密浓达率领联军解放斯巴达主要的资源地麦西尼亚，宣布独立，成为斯巴达世仇。伊巴密浓达前362年再次进攻斯巴达，虽然战殁，但科林斯决定退出伯罗奔尼撒联盟，联盟瓦解，正式终结斯巴达霸权。雅典在前371年后即已洞悉整个希腊均势已然改变，转而支持斯巴达，但这只能减缓底比斯扩张。雅典海军仍是首屈一指，不过这时希腊世界的威胁是来自北方的马其顿。

3.马其顿的崛起与希腊化时代

马其顿菲利浦二世

马其顿在希腊史上始终被视为半野蛮国家。希腊在北方被更野蛮的民族包围入侵，而在南方则是被雅典等城邦予取予求。但若非马其顿作为北方屏障，一直默默阻挡吸收北方入侵力量，失去屏障的南方希腊大陆在文化发展上必有所不同。菲利浦二世②绝不会让自己来被动适应局势。他首先解决觊觎王位的人，接着他以自己曾担任人质、目睹底比斯改革的经验，训练全新军队，使用以两手紧握可夹住的长矛(sarissa)及更轻小的盾牌，增加兵团的冲力及杀伤力。虽然他有精良的骑兵，但仍以步兵为主战力量，与他儿子亚历山大用步兵牵制敌军、重装骑兵绕过两翼攻击敌人腹侧或后方的方式，显然有所不同。他以这支新军平定蛮族，占据雅典梦想取回的安斐波里斯，开挖附近的贵金属矿产。他往南干预帖沙利内争，

①　*Hieros lochos*, Sacred Band.
②　Philip Ⅱ，前382—前336年，r. 前359—前336年。

成为当地军事领导人①,与温泉关遥遥相望。马其顿、色雷斯及帖沙利是马其顿王国腹地,而其他方向的扩张则是提供国际政治的能见度及缓冲保护。他在扩张过程中显示出非凡的外交才能及手腕。

底比斯为控制温泉关,以德尔菲神殿名义发动第三次"神圣战争"②(前355—前346年)来制裁福西斯(Phocis)人,用兵陷入僵局,因为福西斯人面对世仇压迫时,擅用神殿宝藏,雇佣大量流离失所的佣兵,让底比斯节节败退。最后底比斯不得不邀请菲利浦出兵干预,击败福西斯人,让菲利浦名正言顺地越过温泉关,进入中希腊,也获得了保护德尔菲神殿的美名,这是他外交上的大胜利。菲利浦成为希腊最重要的领导人物。雅典演说家伊索克拉底(Isocrates)也倡议他率领希腊人进攻波斯,安顿因无业而流窜的希腊人。

前346年疲惫无助的雅典决定和菲利浦停战,签订《斐洛克拉底和约》③。后续发展大出雅典意料,让自己暴露在攻击之下。雅典全力防堵马其顿,例如在前340年与波斯连手协防佩林苏斯(Perinthus)和拜占庭,顿挫菲利浦锐气。这场战争是埃弗鲁斯世界史的结束点。雅典决心不惜代价和底比斯联手对抗菲利浦,于前338年在奇罗尼亚(Chaeroneia)与菲利浦爆发战争,结果大败。雅典人认为这是希腊失去独立的一天。这种自艾自怜其实忽略了雅典、斯巴达或底比斯为希腊霸主时,更常霸凌压迫其

---

① 称作 Tagus。

② "神圣战争"在希腊史专指以阿波罗德尔菲神殿之名所发动的战争;前两次发生在前6世纪。

③ Peace of Philocrates。我们对这和约的理解,除有狄奥多罗斯的叙述外(有关讨论见McQueen),还拥有两位最知名政论(symbouleutic)演说家 Aeschines(1,2,3)和 Demosthenes(18,19)有关这和约的四个演说词。这和约的历史重要性大概是确定雅典从此之后决定采取"反马奇顿"的外交立场。

他城邦。① 在这场战争中,投靠菲利浦的国家数量远胜于希腊联军。次年菲利浦于科林斯成立希腊联盟,担任将军,执行不得变更现状的"共同和平",并以波斯在前480年时摧毁雅典神庙为由,出兵报复波斯。

泰奥庞浦斯看到菲利浦二世在世时主导欧洲史,也看到世界史的新趋势,因此以菲利浦为中心写作他的世界史《菲利浦传》。菲利浦的先遣部队已经出发待命,但他在前336年庆祝女儿婚礼时,遭人暗杀身亡。此时马其顿王国根基已经稳固,继承人亚历山大三世②已经成年,经过历练。前335年底比斯叛变,他迅速镇压屠城,心狠手辣,震慑希腊,重新伸张马其顿在希腊的势力,决心继承他父亲征服亚洲的遗志,开启自己的亚历山大时代。

亚历山大时代

亚历山大带领一支由马其顿和希腊人组成的海陆军,与待命军队会合,共约40000名步兵、6000名骑兵和120艘船舰,在前334年跨海进入亚洲。他到岸后,一跃而下,长矛刺地,声称以征服(spear-won)方式赢得亚洲。他在特洛伊的阿西娜神庙中祭拜,配上挂在庙里的希腊英雄武器,强调自己将继承这伟大的希腊史诗传统。

他共历经三场主要会战以争夺波斯帝国。这三场会战形式十分重要,因为波斯帝国是以共主方式统治的;波斯大王必须以胜利来确认自己的统治地位。在这些会战中,亚历山大的步兵牵制敌军主力,由重骑兵担任攻击任务;在补给上,他不用传统车轮车辆,改以更机动的驼兽来负重。第一场会战是前334年在小亚细亚格拉尼库斯(Granicus)河。亚历山大身先士

---

① 例如,出身阿凯亚联盟领导集团的波利比乌斯对雅典就相当不以为然,指责雅典霸凌盟邦;他对雅典在波斯战争中的贡献评价不高,认为它所自豪的民主政治不过是暴民政治,是所有政体中最不可取的。相反地,他对斯巴达评价就很不一样。

② Alexander Ⅲ,前356—前323年,r. 前336—前323年。

卒,以荷马史诗英雄的姿态冲锋陷阵,击败各省联军,威震小亚细亚。如果菲利浦二世对远征波斯曾有规划,想必这已经达成安顿希腊游民的目标。亚历山大造访古城戈尔迪乌姆(Gordium),以剑直接劈开"戈尔迪乌姆绳结"(Gordian knot),象征他以武力征服亚洲的决心,完全不同于他父亲优先以外交来解决问题。在他前进亚洲途中,沿路土邦自动归降,亚历山大多会接纳。他的主要对手是波斯大王麾下佣兵希腊人门托(Mentor),结果双方在史家希罗多德家乡哈利卡纳苏斯(Halicarnassus)发生冲突。亚历山大胜出。

在越过分隔小亚细亚及其他亚洲地区的天险陶鲁斯(Taurus)山脉后,他于前333年在伊苏斯(Issus)正式与波斯大王大流士三世①交锋,击溃他,掳获后宫及财库。他接着沿海南行,征服泰尔(Tyre)及迦萨(Gaza)。他入主埃及十分顺利,因为埃及在波斯帝国统治下长期分离叛乱,甫在前343年被波斯再度征服,埃及人因此接纳亚历山大为解放者。他前往沙漠中的西瓦(Siwah)绿洲寻求神谕,确定自己为埃及阿蒙神之子。他在尼罗河最西侧支流旁建立以自己之名命名的亚历山德拉城。他将陆续在帝国不同地方兴建类似城市,屯垦驻军,这些地方也间接成为散播希腊文化的基地,因为这些城邦常设有希腊文明常见的剧场及体育场。

这时候他已经遣散舰队及希腊军队。波斯大王遣使交涉,希望与他结为亲家,平分王国,但被他断然拒绝。双方在前331年的高加美拉(Gaugamela)发生最后一次会战。这场战争波斯再度战败,波斯大王脱逃,被自己的大臣杀害。亚历山大以波斯帝国继承人自居,发誓报仇。这时候亚历山大已经完成征服波斯的任务。他进军波斯王都帕西波里斯,发现大量贵金属,释放出这些财富,顿时使得希腊世界的货币流通量大为增加,大

① Darius Ⅲ,前380—前330年,r. 前336—前330年。

幅降低了借贷利率。他也下令放火烧掉宫殿，但酒后醒来，十分后悔。

亚历山大继续东征，在中亚遇见游击战术，进展不顺，最后与当地领导女儿缔亲，谈和离去。他在征讨过程中会将伤兵留守在他建立的城镇。这些人都慑于他生前威严，不敢违逆，但在他过世后，许多人弃城逃离。亚历山大继续越过兴都库什山脉，穿过印度河平原，和当地国王交战；亚历山大在战胜后，往往留下手下败将继续执政。但这种不停征讨，早已毫无战略意义，甚至超过神话传说中酒神曾经到过的最远印度。罗马帝国史家阿瑞安①说这是他一种只想探求不可知世界、无法言喻的神秘"欲望"（pothos）。将士经过十几年征战，已彻底疲惫；亚历山大在集体抗议下返回。他决定海陆同时前进，彼此支持，但所经之地荒凉贫瘠，回到巴比伦时，人员已死伤大半。

亚历山大在征战过程中常怀疑下属不忠或酗酒失控，杀掉了几位亲信。巴迪恩（Ernst Badian）认为亚历山大对周围人物的控制无异于恐怖统治，特别是东征班师以后，立即全面整肃官员，因为他们都认为他不会回来。② 汉森（David Victor Hansen）认为亚历山大犯下过多无谓杀戮，怀疑他是否精神正常。他身旁下属虽有许多见过大风大浪的元帅级人物，但对他极其畏惧：亚历山大秘书攸门尼斯③，曾将他的衣冠摆在会议室座位，慑服桀骜不驯的马其顿将领。亚历山大在统治风格上，似乎越来越愿意接受波斯威仪，强迫下属晋见时行跪拜礼（proskynesis），重用波斯贵族，训练波斯子弟使用马其顿武器，并下令马其顿将领娶波斯女子为妻。他让马其顿老兵退役，并清偿债务，徒然引起哗然兵变，因为老兵认为他要抛弃他们。这反映出他们已经无法完全信赖亚历山大。

---

① Arrian of Nicomedia，约 86/89—146/160 年。
② 如卷巨款逃到雅典的哈帕拉斯（Harpalus），贿赂官员，为希腊带来许多问题。
③ Eumenes，前 362—前 316 年。

亚历山大的想法似乎是想从这两支前后的"主人种族"(master races)中培养出新的统治阶级。这与塔恩(William Tarn)认为他有四海之内皆兄弟的博爱想法差之甚远。他沿袭波斯典章制度及宫廷威仪,创造出新统治阶级,让马其顿人极为不满,因为他们何以要和手下败将平起平坐?亚历山大似乎极为孤独地统治着;他引起敬畏,绝不是亲爱。当唯一好友过世时,他悲不可胜,大费周章为他举办丧礼,下令希腊世界以英雄祭拜,引起普遍不满。他也下令城邦接回流放者,引起极大骚动,违反科林斯联盟保持现状的规定。但这些后果他都无动于衷。他过世后留下的计划包括继续远征阿拉伯和迦太基;这些虽不尽然可信,却能符合他那种如奥德修斯追求不可知"欲望"的神秘人格。他的东征带来古风时代海外殖民的第二波大规模人口迁移;他四处留下的亚历山德拉城常被认为是他散播希腊文化的证据。但是除了埃及和极少数地方外,常是边防要塞,有时无异于流刑地。

希腊化时代:亚历山大的后继者

亚历山大除了继承波斯典章制度外,似乎没有明确的治国计划,也没指定继承人。他在前 323 年 6 月在通宵宴会暴饮暴食后,因不明热病而弥留短时后死去。他有位遗腹子和智能不足的同父异母弟,但显然都无作为,所以帝国立即陷入纷争。这纷争里有代沟冲突:追随菲利浦的老臣和亚历山大的年轻近臣;有类似伊斯兰哈里发之争——政权要留在亚历山大亲属手中,抑或由身边能干之士接任;或是军种——步兵与骑兵;或意识形态——统一论者和分离论者。这些因素交织在一起,共花费 22 年时间才在前 301 年的伊普色斯战役底定,这是亚历山大的第一代后继者(diadochi)时代。但三大王国真正稳定下来,则要等到前 275 年,是第二代后继者(epigoni)时代。

在亚历山大过世后,由帕迪卡斯(Perdiccas)主导政局,因为他握有印信、人质并位居中枢。他先初步分割帝国,获得大家默许。但亚历山大棺椁在移往马其顿时,被托勒密劫持到亚历山德拉。这是挑战中央权威的第一枪。帕迪卡斯指派攸门尼斯征服卡帕多西亚(Cappadocia),威胁其他亚洲总督,引起恐慌。但当帕迪卡斯亲征埃及时,兵变被杀,结束了这次统一的企图。

前321年菲利浦老臣安蒂佩特(Antipater)出面主持会议,调整前323年决议。接下来政局则由"独眼龙"安蒂哥努斯一世①主导,并由成年善战的儿子"攻城者"德米特流斯②协助,声势最为看好。安蒂哥努斯击败并杀死攸门尼斯后,收服后继者时代史家海洛尼姆斯。这对父子在战场上屡有斩获,在前305年称王,俨然君临天下,这引起了其他人恐慌,促使他们团结起来。主要参战者有后来的叙利亚王国塞琉卡斯王朝建立者塞琉卡斯一世③、色雷斯国王黎西马克斯④,以及马其顿摄政卡桑德⑤。塞琉卡斯从印度远征带回五百头战象,在前301年的伊普色斯战役中发挥了决定性作用。这场战争的结果确定了亚历山大帝国的分裂。埃及托勒密并未参战,但偷偷出兵占领叙利亚。"叙利亚问题"将成为叙利亚及埃及这两个王国未来的主要争端;历史上共发生七次"叙利亚战争",徒然削弱了双方国势。

色雷斯国王黎西马克斯占领小亚细亚西部,又入主马其顿,这对塞琉卡斯是极大威胁,于是双方在前281年于柯律佩迪温(Corupedium)发生战役,由塞琉卡斯胜出。除埃及外,亚历山大帝国突然之间几乎全在塞琉卡

① Antigonus I Monophthalmus,前382—前301年。
② Demetrius I Poliocertes,前337—前283年。
③ Seleucus I Nicator,前358—前281年。
④ Lysimachus,前369—前281年。
⑤ Casander 前350—前297年。

斯手中,在他前往色雷斯途中,"雷霆"托勒密突然①暗杀他,然后逃往马其顿,但旋即在前279年被入侵的高卢人杀死。这些意外使马其顿及叙利亚王国陷入无主的混乱状态。塞琉卡斯的儿子安提阿克斯一世②逐渐恢复政局稳定,而安蒂哥努斯二世"哥纳塔斯"③在前275年正式入主马其顿。至此希腊化三大王国确立。

这三个王国始终处于竞争互耗中,而其他中小型政治体则在夹缝中求生存,偶尔大放异彩,如帕加姆(Pergamum)王国和罗得岛(Rhodes)共和国,甚至求助罗马,结果引狼入室,尾大不掉。三国之中,托勒密的埃及是最早独立的国家,拥有丰富资源,鼓励希腊移民屯田,主导希腊化时代初期的国际政治。它控制叙利亚及塞浦路斯作为前进、干预亚洲的基地,在爱琴海煽动希腊世界(如雅典)叛乱,牵制马其顿。托勒密王朝傲世的图书馆或世界七大奇观的法罗斯(Pharos)灯塔是政治性的"威望计划"(prestige project),强调自己国际政治上的高度。但这种竞争耗尽王朝资源,没有实质及长远结果,所以在不到前1世纪便告衰落。前220年时,马其顿菲利浦五世及叙利亚安提阿克斯三世④趁着埃及幼主即位,甚至计划联手瓜分之。

安蒂哥努斯二世则细心经营马其顿,恢复亚历山大东征所导致的大量人口耗损。他的孙子菲利浦五世⑤则将注意力放在希腊及意大利局势上。他在前217年瑙帕克都斯会议与交战的希腊国家决议停战,因为见到意大

---

① Ptolemy Keraunos(Thunder),r. 前281—前279年,d. 前279年。称"雷霆"可能是因为他脾气暴躁。

② Antiochus I,前324/前323—前261年,r. 前281—前261年。

③ Antigonus II Gonatas(前319—前239年,r. 前275—前239年),是"攻城者"德米特流斯之子。

④ Antiochus III,前241—前187年,r. 前222—前187年。

⑤ 前238—前179年,r. 前221—前179年。

利的汉尼拔战争势必将希腊世界卷入。菲利浦决定在前 215 年与汉尼拔联手,罗马的反制手段是鼓励马其顿世仇艾托利亚(Aetolia)联盟起义闹事,派兵发动前 214—前 205 年的第一次马其顿战争,让菲利浦疲于奔命,与汉尼拔合作计划完全归零,反而遭致罗马报复,发动第二次马其顿战争(前 200—前 197 年)。前 196 年罗马在科林斯宣布撤军,解放希腊,将马其顿势力局限在原来国境之内;罗马甚至向马其顿借道、借兵攻打叙利亚的安提阿克斯三世。马其顿王国必须小心服侍罗马这位新霸主。但罗马不喜欢的人选帕修斯(Perseus)在前 179 年登基,励精图治,与比提尼亚(Bithynia)王国结亲,并商请罗得岛舰队护航婚礼,彰显他在希腊世界的影响。这情形以及帕加姆从中离间,激起罗马怀疑,导致前 171—前 168 年第三次马其顿战争,结果王国被灭。马其顿在政治上成为真空地带,蛮族入侵,希腊大陆首当其冲,罗马最后被迫干预建省。

罗马在前 196 年于科林斯宣布希腊城邦独立自主,叙利亚王国安提阿克斯三世登陆色雷斯,声称这是祖先留下的权益。这让罗马不悦,他收留汉尼拔更是刺激罗马。罗马决定出兵亚洲,在前 190 年击败安提阿克斯,将他的势力逐出小亚细亚,并处以巨额罚款。安提阿克斯不得不诉诸强制征收手段,抢夺神庙时被杀害。他的儿子安提阿克斯四世①在前 168 年几乎兼并埃及,三位罗马特使及时出现,仅需交给元老院命令,便不费一兵一卒强迫叙利亚大军撤离。

罗马即使在东方希腊化世界尚未实质占领,影响力也既广且深。许多资料透露出许多希腊国家在前 2 世纪上半叶做重大决策时,无不将罗马人会如何反应列入首要考虑。埃及则是从托勒密四世②即位后即陷入长期内争,难有作为;争位的法老常诉诸罗马干预,反而成为被勒索的对象。狄

---

① Antiochus IV,前 215—前 164 年,r. 前 175—前 164 年。
② Ptolemy IV,r. 前 221—前 204 年。

奥多罗斯在前60年于埃及见到罗马特使团,便与埃及法老以巨额贿赂争取恺撒及庞培支持有关。希腊人在主观上已经认定罗马是帝国主义。上述事件除了见证希腊化三大王国忙于内斗互耗,无视罗马崛起,因此注定无法抵挡罗马扩张外,也很清楚地指出了如波利比乌斯所言,从前220年起当时已知世界因为罗马崛起,已经彼此纠结,牵一发动全身,是真正世界史的开始。

罗马自前167年起支持犹太人反叛叙利亚王国,以及埃及持续动乱,希腊化政治已经无所作为;在更东方则有罗马未来的劲敌帕提亚(Parthia)人崛起。波利比乌斯详细叙述了自己在罗马曾协助人质德米特流斯一世①如何逃离回叙利亚短暂执政,但此时任何的希腊光点都是回光返照,虽然希腊化时代历史要等到屋大维于前31年在阿克兴击败安东尼与克里奥帕特拉七世,入主埃及,才算真正结束。不过在政治上希腊人在罗马帝国之内虽不再独立,但文化上十分活跃,一直延续到拜占庭帝国时代。

4.西西里及大希腊

在进入狄奥多罗斯的罗马史部分之前,需要简单交代西西里及大希腊历史,因为这是罗马人和希腊人最先发生关系的地方,在《希腊史纲》中占有一定分量。这也是史家狄奥多罗斯的故乡。在《希腊史纲》的神话部分,狄奥多罗斯借用泰密乌斯,经常提及希腊大陆的神话也有西西里版本,因为移入的希腊人会带来家乡神话。这些改造的希腊神话算是爱乡爱国的产物,希望借此证明西西里也有一样源远流长的文化传统。

古代作家认为西西里有三支原住民:在中部的西堪尼人(Sicani)、在东部的西西利人(Siceli),以及在西部的伊利米人(Elymi)。修昔底德说这三

---

① Demetrius I Soter,前185—前150年,r.前161—150年。

支族群分别来自伊比利、意大利及特洛伊，但在文化上其实甚难区别。希腊人在前 8 世纪移入西西里，之后才是腓尼基人殖民，而且后者只盘踞在西西里西部有限的地区，因为腓尼基的殖民传统主要是控制临海的贸易据点，其邻近伊利米人所形成的主要聚落中心，如塞吉斯塔（Segesta），传统上是迦太基盟友。移民的希腊人势不可当，经常驱走原住民或将其降为农奴，只有少数能和平共存，如李昂蒂尼（Leontini）。在希腊化时代，希腊文化渗透到山区，这整个地方已经大致融合完毕。

正如希腊大陆，古风时期西西里虽然由贵族控制小区，但常有僭主出现。这最主要是源于迦太基及西西里岛原住民长期威胁影响希腊城邦的政治稳定，导致强人政治的出现。最早一位僭主是杰拉（Gela）的希波克拉底（Hippocrates）；他组织强大的佣兵，狄奥多罗斯的希腊英雄格隆当时便是骑兵司令。希波克拉底建立的势力是从杰拉沿着西西里南岸卡玛瑞纳（Camarina），一直伸展到东岸纳克索斯（Naxos）及内陆李昂蒂尼；他击败叙拉古，却始终无法取下。他的继承者僭主格隆成功地将首都移到叙拉古。当时一些受到威胁的希腊城邦怂恿迦太基人制止格隆及阿克拉加斯城的瑟隆（Theron）联手。结果格隆在前 480 年时，于北岸的希米拉一地大败迦太基，几乎统治整个西西里，在经济繁荣及文化成就上皆达高峰。

这场前 480 年的希米拉战役，常被古典史家拿来与希腊大陆的温泉关战役或是萨拉密斯战役相比。传闻当时希腊大陆城邦面临波斯攻击时，曾要求格隆协助，格隆的条件是成为全希腊人的领导，这被拒绝，所以格隆并未干涉波斯战争。相对应的说法是波斯与迦太基联手出征希腊，这应是子虚乌有。类似传闻指证出格隆在希腊世界地位的重要性。在他之后，僭主政治开始消退。一位受希腊文化影响的原住民杜西久斯（Ducetius）曾设法鼓吹西西里民族主义，只是未能成功。

西西里城邦的僭主政治消退后，民主政治取而代之。雅典人在前

427—前 424 年及前 415—前 413 年借口与李昂蒂尼及塞吉斯塔结盟,两度干预西西里,希望控制这一伯罗奔尼撒粮食的来源。雅典第一次干预不甚成功;第二次则是大灾难。这次西西里远征使雅典元气大伤,让它输掉伯罗奔尼撒战争。但西西里的叙拉古及其他希腊城邦也变得虚弱,所以迦太基趁机再度兴兵,希望控制全岛。迦太基在前 409 年攻陷塞利努斯(Selinus)和希米拉,在前 406/前 405 年占据阿克拉加斯及杰拉,叙拉古岌岌可危。这时候西西里下一代最出名的僭主狄奥尼修斯一世①掌权,击退迦太基,控制除迦太基势力范围外的全岛。这是希腊人战争的胜利,代价是牺牲政治自由。在这时候我们发现僭主常大量使用意大利佣兵,安置在西西里各地。狄奥尼修斯一世在前 367 年过世,由儿子二世继承。柏拉图在这对父子在世时,曾经三度造访,希望执行哲学家国王的梦想,若非僭主亲戚出手相救,恐怕已客死他乡。二世统治十年后又陷入内战,而迦太基再度兵临城下。

西西里希腊人求助科林斯。他们派遣一位叫泰摩利昂②的人来领导,成功摆平西西里内希腊人的纷争,并在前 341 年于克里米苏斯(Crimisus)河击败迦太基人,重建以寡头政治为主的稳定政府,在前 336 年过世前退出政治舞台,成为西西里人共同尊敬的政治家。泰密乌斯的史学作品大为抬举泰摩利昂在历史中的重要性,引起了波利比乌斯的批评,认为那些只专注特定事件之专史或区域史,必须借助修辞夸饰来虚张该段历史的声势,其实无法令人窥得历史全貌。

泰摩利昂亡故以后,迦太基再度威胁,这次则是由阿加萨克利在前 317 年成为叙拉古僭主;他转而进攻迦太基本土,几乎成功,但因故放弃,逃回西西里。他在前 289 年过世时,西西里希腊城邦几乎解体。阿加萨克

---

① Dionysius I of Syracuse,约前 432—前 367 年,r. 前 405—前 367 年。
② Timoleon,约前 411—前 337 年。

利留下的佣兵四处横行。一支称为"战神之子"的意大利佣兵占据墨萨纳（Messana），鱼肉乡民，侵扰周围城邦。后来叙拉古僭主海罗二世①暂时遏止混乱，击败"战神之子"，反而使迦太基占领墨萨纳，威胁意大利，成为罗马干预西西里的借口，于是爆发了第一次迦太基战争（前264—前241年）。海罗见风转舵，投靠罗马。战后西西里成为罗马第一个海外属地，而海罗直到前215年过世，一直都是罗马最可靠的盟友。他的孙子即位以后，见到汉尼拔在意大利势如破竹，转而投靠迦太基，在前211年为叙拉古招来了毁灭的结局。整个西西里成为罗马行省。

西西里建省后由一位法务官身份的总督治理，由另一位财务官辅佐。西西里是罗马主要粮食供应地之一，大部分城邦享有高度自治，因为历史因缘，各有不同的法律地位及税务负担。恶劣总督如维里斯完全不顾地方权益，全力压榨，来应付罗马选举所需要的大量资金。他最后被曾经在西西里担任财务官的西塞罗②起诉成功。另外，许多罗马人买下大片土地，进口征战所得的奴隶来耕种放牧，形成大庄园（Latifundia）经济。奴隶处境如此恶劣，在前135—前132年及前104—前100年发生了两次大规模奴隶战争。狄奥多罗斯的《希腊史纲》留下了奴隶战争的宝贵数据。

有野心的西西里僭主经常会将视线投向被称为"大希腊"的南部意大利希腊城邦。大希腊范围因人而异：有人从今日那不勒斯附近往南一直延伸到塔伦屯（Tarentum），甚至包括西西里，大部分用法仅限于南部意大利。大希腊首席城邦塔伦屯是斯巴达人唯一的海外殖民地，建于前706年。大希腊的城邦因为土地肥沃而富有，在古代以奢华闻名，必须承受城邦之间的冲突及来自内陆山区原住民的攻击。罗马人的势力伸展到大希腊，塔伦屯在前280—前275年从希腊邀请皮洛斯领军协助，结果他虽两次击败罗

---

① Hieron Ⅱ，约前308—前215年。
② Marcus Tullius Cicero，前106—前43年。

马人,却都损失惨重,被称为"皮洛斯式胜利"(Pyrrhic Victory)或"惨胜"。
之后,罗马将大希腊纳入其势力范围,完成征服整个意大利。

5. 古罗马史

罗马共和

《希腊史纲》现今留存的部分多关乎各地神话及古希腊历史,我们可从册数得知(共十九册),罗马史几乎占一半。这里的罗马史简介提供读者一个大致轮廓,来将残篇加以定位。

我们在研究罗马史时,会简单分为王政、共和及帝国时期。《希腊史纲》并未触及帝国,故略而不谈。王政时期是前 753—前 509 年。共和则分作:

(1)早期共和,从罗马驱逐国王的前 509 年,到前 264 年爆发第一次迦太基战争。这是罗马完成内部政治改革及统一意大利时期。

(2)中期共和,从前 264 年到前 133 年的格拉古(Gracchus)兄弟改革。这段时间是罗马对外扩张最迅速的时候,但也开始出现严重的社会动荡脱序。

(3)从格拉古前 133 年改革到前 27 年奥古斯都进行第一次"宪政安排"①则是晚期共和。这时期见证共和政体瓦解,被以共和外衣掩饰帝制独裁的"元首政治"(Principate)取代。但狄奥多罗斯的世界史到前 60 年恺撒加入"第一次三巨头政治",担任执政官,便告结束。

罗马王政时期国王是元老之一,受同侪推举为国王。这时国王在许多方面可能像共和时期的独裁官(dictator)一样,唯一不同的是国王为终身职。但贵族在前 509 年推翻最后一任国王"傲慢的"塔克文(Targuinius Su-

---

① The First Constitutional Settlement,这常被认为是罗马帝国的开始。第二次发生在前 23 年。

perbus)，结束王政，建立共和。人们常以 SPQR①（"罗马元老院及人民"）来指称罗马共和，所指的是元老院的 *auctoritas*（道德威望）、人民的 *libertas*（自由）及民选官员被授予的 *potestas*（执政权力）三权鼎立的宪政理想。但实际上元老院在政治、经济及社会上主导一切，控制重要官职及资源，因此所谓罗马共和始终是这群元老的寡头共和。

早期共和最重要的特色有两点：

（1）平民（plebs）与贵族（patricians）的阶层斗争（conflict of orders）；

（2）罗马统一意大利。

罗马共和在元老贵族领导下不断扩张，需要平民合作，平民因为社会不公（特别是债务问题）时常借机退出罗马，威胁说要另立城邦，来要求权力分享以及进行改革。在一连串争执及协商后，在前 367 年获得两位执政官至少要有一位是平民的权利；在前 287 年"平民会议"②通过的决议案，成为所有罗马贵族及平民皆需遵守的法律。这常被视为罗马阶层斗争的结束。罗马人在早期共和时常以耐心及对话来化解分歧，与晚期共和时动辄兵戎相见，大异其趣。

罗马人在对外扩张上，从拉丁姆（Latium）、伊楚里亚（Etruria）、撒姆尼温（Samnium）到南部大希腊，一贯政策是在击败对手后，除惩罚外，更会接受这些手下败将成为盟友，加入未来扩张行列，分担也分享扩张的付出及收获。最后这政策将罗马和全意大利结合成一个紧固的"意大利联盟"（Italian Confederation）。这样的政策使罗马资源不断增加，扩张变得越加迅速，甚至击败前 280—前 275 年从希腊入侵的皮洛斯，后者是当时希腊化世界最负盛名的国王。罗马人在扩张过程中并非没遭遇挫折，例如前 390 年

---

① SPQR = *Senatus Populus que Romanus*。
② *Concilium Plebis*。罗马其他的公民大会则是由全民，即贵族和平民一起组成。

（或前386年）高卢人攻占罗马；但他们迅速学习，进行军事改革；或是前321年在考丁隘口（Caudine Forks）被撒姆尼温人强迫投降，但他们再接再厉，反败为胜，因为罗马和盟邦始终团结一致。对外扩张及内部改革彼此影响，使得每次成功扩张都刺激平民要求分享更多权力、刺激进一步改革，而改革后产生的更高共识促成更成功的扩张，两者相辅相成。因此罗马的成功源自政治智慧。所以在前264年第一次迦太基战争（前264—前241年）爆发前，罗马除已克服阶层斗争的内部矛盾外，也累聚了极大的扩张动能，蓄势待发。当时发生在西西里的佣兵纠纷及迦太基威胁，正好给罗马提供了跨海出征的机会。

中期共和：罗马海外扩张及后遗症

从前264年起波利比乌斯留有详细叙述。这次海外扩张在罗马元老院引起极大的道德争议，最后因为罗马尚武传统及外交考虑，决议出兵，爆发了这场古代为期最久、死伤人数最多的海陆大战。罗马人第一次要面对在政治组织及规模上不相上下的迦太基及其联盟，而且对方擅长他们完全不熟悉的海战。罗马陆军表现优秀，却无法施以致命一击；他们展现出惊人的政治决心，在毫无基础的情况下创造舰队，在主要海战中打败了传统海权国家。罗马在前256—前255年甚至进攻迦太基，最后功败垂成。两军主要战场仍集中在西西里；汉尼拔的父亲哈米尔卡（Hamilcar）是当地指挥官。双方在前241年最后的艾吉特斯群岛（Aegates）海战后，皆已十分疲惫，濒临破产。凡事都考虑投资报酬率的迦太基，不敌罗马坚定的政治决心，决定收手，停战求和，指定哈米尔卡整顿西西里的迦太基佣兵。结果罗马和迦太基虽然签订和约，但欠薪的佣兵回到迦太基作乱，造成更大伤害。最后哈米尔卡以残酷手段镇压，罗马则趁迦太基的佣兵之乱，进占撒丁尼亚及科西嘉。西西里与这两个地方成为罗马最早的海外属地。愤恨不平的哈米尔卡认为战败是因为国内政客出卖，决定带领汉尼拔及自愿者出走西班牙,另起炉灶。

哈米尔卡、女婿哈斯德鲁巴(Hasdrubal)及汉尼拔三人经略西班牙成为反攻根据地。西班牙人在传统上骁勇善战,而当地贵金属矿产丰富。罗马在前220年间全力平定北方波河平原的高卢人,无暇西顾。当盟邦告知迦太基在西班牙已经坐大时,罗马大为惊讶,最后以盟邦受胁迫为由,与迦太基摊牌,第二次迦太基战争(前218—前202年)爆发。因为迦太基母国对这场战争有如置身事外,认为这是汉尼拔个人行为,所以这场战争也称"汉尼拔战争"。我们从波利比乌斯认为世界史从这一刻起开始"纠结"而成为"有机整体",可以理解这场战争的重要性。

汉尼拔从上次战争中理解到一个事实:要伤害罗马一定要将战争带到意大利。所以他在前218年跨过阿尔卑斯山进入意大利,并于前218—前216年接连在三场大型会战中重挫罗马,特别是前216年的坎尼(Cannae)战役,是军事史上以寡敌众的绝佳范例。古代战争的逻辑是一场战役决定一场战争,胜者常因此迫使败者谈判求和。这在希腊世界尤其如此。但自从第一次迦太基战争起,罗马和迦太基的战争已经成为持久的国力战及联盟战。汉尼拔每次胜利都会吸引一些不满罗马的投靠者,特别是刚屈服于罗马的高卢人,但罗马的意大利盟邦始终坚定不移,而且罗马表示只要汉尼拔在意大利,绝不谈判。投靠者非但没为汉尼拔加分,反而增加他分兵保护的负担。汉尼拔面对如此敌人,没有母国奥援,注定失败。罗马采用费比乌斯①的建议,坚壁清野、拒绝直接交锋,让罗马休养生息,同时耗损汉尼拔的有限军力。此外,罗马年轻将军西庇阿·阿非利加努斯(Scipio Africanus)②在前211—前205年征服西班牙,而在增援汉尼拔的哈斯德鲁

----

① Qunitus Fabius Maximus,约前280—前203年。

② Publius Cornelius Scipio Africanus,约前236—前183年。前205年担任执政官时是31岁。

巴于前207年被歼灭后,汉尼拔只能在意大利南部困兽犹斗。马其顿菲利浦五世虽与汉尼拔在前215年签约,但毫无作为,反而惹祸上身。西庇阿最后进攻迦太基,强迫汉尼拔回守,在前202年的扎马(Zama)战役中击败他,结束战争,完成罗马征服西地中海的事业。

第二次迦太基战争打得十分艰难,罗马人民战后十分疲惫,无法原谅菲利浦五世的背叛;罗马贵族在打败汉尼拔后自信心更增,决心在东方争取更多的荣耀及财富;希腊化世界的中小型政权,如帕加姆、艾托利亚联盟及罗得岛怂恿罗马干预。所有这些加总起来促成第二次马其顿战争在前200年的爆发。弗拉米努斯①于前197年在"狗头山"(Cynoscephalae)击败马其顿,次年宣布撤军希腊。这种做法是讨好希腊人,元老院已经将注意力投向虎视眈眈的叙利亚,担心撤军会使敌人趁虚而入。这一顾虑是完全正确的。

罗马最近两次胜利的领导人物西庇阿和弗拉米努斯都是在人民拥戴下破格成为执政官的,是深具群众魅力人格的年轻军事统帅,且功业彪炳,对严守"荣耀进阶"②政治游戏规则的传统共和贵族是很大的挑战。他们有些像希腊的僭主或是罗马的国王(rex)。另外,这些年轻权贵在文化上亲希腊(philhellenic),而罗马也逐渐浮现出一些强调传统价值③的保守人

---

① Titus Quinctius Flaminius(约前229—约前174年)。前198年担任执政官,攻打马其顿时是31岁。他和西庇阿都由人民(populus)推举而破格担任执政官及指挥官。

② Cursus honorum。罗马共和非常强调权力由贵族轮流共享,因此严格规定担任官职的秩序及年龄资格(括号中数字),这些依序是财务官(25)—市政官(并非必要)—法务官(39)—执政官(41)。罗马贵族以这些官职为生涯荣耀,故以"荣耀"代之。这些官职皆一任一年。在担任执政官之后若干年,才可以再次担任相同职务,避免最高国家职务由少数人把持。这制度是罗马共和权力游戏的最基本规则,所以那些破格的年轻将领便常被怀疑直接诉诸平民,有担类似"国王"职务之嫌,所以在贵族同侪中常被杯葛。

③ 罗马人以 Mosmaiorum,Ancestral laws,"祖宗成法"称之;另一个意义是 the way he majority did things,"大多数人的做法"。

物,如费比乌斯及政治新人加图①,与这新趋势对抗。

东方的文化、财富及奢华吸引了许多野心政客。罗马又接连对叙利亚王国发动战争(前190年),展开第三次马其顿战争(前171—前168年)。叙利亚战争的赔款金额史无前例,而第三次马其顿战争掠夺之丰,使罗马公民从此无须缴税。帝国以输出军事征服换取财富及奴隶,是致富的快捷方式,而盟邦也从中获得些许利益。此时战争已经越打越远,时间越拖越长,所以小农战士虽可从扩张带来财富的"滴水效应"中获益,代价却是妻离子散,家产被豪强侵占,回国后沦为贫无立锥的无产阶级(proletarii)。②以前自给自足的小农制经济,现在开始渐渐被以大量奴隶耕种或放牧的大庄园所取代。从前170年起,士兵经常拒绝征兵,护民官常介入保护;若要出征贫瘠、无甚战利品的西班牙,爱国心几乎是唯一的参军理由,逃兵屡见不鲜。

所以前149—前146年的第三次迦太基战争,许多人因为要掠夺富庶的迦太基而参战,但罗马军队素质劣化,花费三年才由小西庇阿·阿非利加努斯③打下一座孤城。同段时间希腊的民族主义分子鼓动战争,造成科林斯在前146年惨遭屠城,沦为废墟,直到恺撒重新殖民,才又恢复生机。

---

① *Novus homo*"政治新人"是指那些祖先未曾出仕有指挥权(*imperium*)官职(如执政官或法务官),而由自己第一次出仕此等官职者。另一个知名的新人是西塞罗(Cicero)。Marcus Porcius Cato,约前234—前149年,或称"老加图"(Cato the Elder)或"监察官加图"(Caqto the Censor),是当时保守派的中流砥柱。另一位同名者是晚期共和批评恺撒最力的人,是他的曾孙;因为最后在北非乌提卡(Utica)自杀,所以常称为乌提卡加图(Utica Cato,Cato Uticene)。

② 这是指那些在财产普查(census)时,没有财产、只能贡献子嗣(*proles*)的人。另一称呼为 *capite censi*,在普查时只有人头(*capita*)可数。

③ 第三次马其顿战争的英雄是 Lucius Aemilius Paulus。他第一次婚姻所生的两个儿子分别过继给汉尼拔战争之中最重要的两位罗马将领费比乌斯及西庇阿·阿非利加努斯。这两个人后来是史家波利比乌斯的保护主。其中小西庇阿·阿非利加努斯(Publius Corenelius Scipio Aemilianus Africanus Numanticus,前185—前129年)在前146年歼灭迦太基,在前133年攻下努曼夏,是格拉古兄弟的姐夫。

狄奥多罗斯对此大为感激,因为这是一长段暗淡历史中少数的亮点。波利比乌斯对这前149—前146年的两次战争心有感慨,因为之前罗马被希腊人视为解放者,现在却是贪婪残酷的主宰者。连年久攻不下的西班牙努曼夏(Numantia)更凸显了扩张所带来的社经脱序,以及罗马士兵素质和士气低落。

这些为罗马打天下但沦为无产阶级的人齐聚罗马,寻求接济,成为政治未爆弹。一向与罗马休戚与共的意大利盟友情况更糟,因为他们从之前派出1/2的兵力,到现在要负担2/3,收益更少。这些都是前133年格拉古兄弟改革的根源,也说明晚期罗马共和是战乱动荡的时代。另外,大量俘虏的奴隶开始叛乱,特别知名的是前135—前132年和前104—前100年的西西里奴隶叛乱,还有前73—前71年斯巴达克斯(Spartacus)奴隶叛乱。罗马在这些奴隶战争中也表现得荒腔走板。

晚期共和:罗马革命

所以改革是理所当然的。因为古典史学是政治史的特色以及史家常是精英政客的背景,对从平民、群众(populus)观点来看历史并没有很大的兴趣,也常不愿正视社经脱序现象背后的原因,因为他们自己常是既得利益者。狄奥多罗斯在这段历史中所赖以为据的波赛多纽斯历史,似乎正是抱持如此态度,至于是否也是他的立场,则不得而知。

敲响罗马共和丧钟的是护民官格拉古兄弟。[1] 他们分别在前133年及前123—前121年进行改革,要重新分配帝国资源,特别是土地,重建罗马劣化的战斗力。他们的手段是以平民会议通过决议,强迫元老院就范。这些变革动摇到以元老院领导罗马的数百年传统。对保守人士而言,格拉古

---

① 另一位是 Caius Sepronius Gracchus (前154—前121年),在前123—前121年担任护民官。

兄弟的改革无异于"罗马革命"①。元老们的反应是以暴力杀死这些改革者。这种以暴力流血来解决政治纷争的做法，与早期共和时双方愿意和平协商，大相径庭。出现这种极端态度是因为现在的政治赌注及回收如此之大，任何闪失都会使其粉身碎骨，显然共和体制已经无法处理帝国迅速扩张所带来的问题。国家政治从此分裂成以护民官领导公民大会立法的"群众派"（Populares），和元老院以传统权威来主导政局的"贵族派"（Optimates）②。双方互相倾轧，毫不让步。

群众派对元老暴力的回应是与军阀联手。在晚期共和对外战争中，元老贵族无能贪婪，一览无遗。在北非服役的群众派将领马留③决定竞选执政官，招募无产阶级公民加入军队，承诺在解甲归田时，通过护民官立法分配土地给予安顿。这些士兵从此变成只效忠将军而非国家的私人军队，宣告罗马军阀时代的来临。马留在前107—前100年期间因为北非朱古达（Jurgutha）战乱及蛮族入侵，担任史无前例的六次执政官，证明他职业化的军队是罗马面临外敌的唯一脱困方式。与他合作的护民官则通过法律，分配士兵土地，更有恃无恐，越来越激进，因为这些老兵会担任打手。

罗马的问题迅速扩散到盟邦，且更为严重，但始终没得到罗马重视。为他们代言的护民官甚至遭到暗杀，这逼迫他们全面叛乱。这便是前91—前88年爆发的罗马"联盟战争"④，形同罗马内战，死伤至为惨烈。这动乱迅速蔓延到那些被罗马征服的希腊人：前88年潘达斯国王米塞瑞达底六世⑤号召希腊人反叛，集体屠杀在小亚细亚的罗马及意大利人，爆发

---

① 这正是杰出罗马史家 Ronald Syme 在 1939 年出版，以角色学（Prosopography）研究为基础的权威著作，书名 The Roman Revolution。

② 意为 the best ones。

③ Gaius Marius（前 157—前 86 年）。

④ Bellum socii.

⑤ Mithridates VI，前 135—前 63 年，r. 前 120—前 63 年。

数十年的战争。从前 133 年起的这一连串事件有如连环爆炸，且越爆越大，甚至是罗马统治阶级的内爆：前 63 年的卡提林阴谋、恺撒和庞培以及安东尼和屋大维的几次内战。通过《希腊史纲》，我们可以从中理解史家如何将这些国内外事件"纠结"起来，成为"有机整体"。

罗马以军事及外交方式解决同盟战争，开放公民权，同意盟邦诉求，只是徒然耗费许多性命及财产。东方战争则成为政客角逐的场域，最后苏拉①胜出，获得指挥权。出征以前他挥军罗马，进行整肃，回国以后又发动内战，授予修宪的独裁官权力，不设任期。他定期发表被夺权的政敌名单，屠杀没产。他是贵族派的中流砥柱，以恢复元老院统治为职志，废除格拉古改革。他在元老院塞满自己的人马，完成宪法改革，认为这便足以保障共和国，然后断然退休。苏拉所有的政治安排都无法化解他自己立下的前例：以暴力进攻罗马，整肃政敌。在他死后，当年执政官立即效法，虽被击败，但已经恶兆连连。从西班牙远征返回的庞培②及平定斯巴达克斯奴隶叛乱的克拉苏③，便一起驻军罗马边上，威胁元老院选举他们为执政官，尽管庞培当时甚至都还不是元老！接下来的地中海海盗问题以及平定米塞瑞达底战乱，都让庞培获得空前的特别授权，可以指派代理，决定敌友及界定边界等，这些之前都只属于元老院的职权，现在都掌握在一个人手上。无怪乎当庞培前 62 年从东方回来时，引起极大恐惧，因为大家都担心他是另一个苏拉。

当庞培在东方时，罗马发生叛乱，而始作俑者正是罗马传统贵族自己。现在的罗马政治赌注之大及投资之多已让人无法想象，但政治生涯巅峰的执政官一年却只有两名，形成政治大瓶颈。任何有野心的贵族即使负债累累，都全力一搏。恺撒便是如此。所以在他外放行省时，他像其他人一样，

①　Lucius Cornelius Sulla Felix，约前 138—前 78 年。
②　Gnaeus Pompeius Magnus，前 106—前 48 年。
③　Marcus Licinius Crassus，约前 115—前 53 年。

极尽压榨省民之能事，来偿还欠债，预备下一阶段的选举以及应付可能的起诉。这次革命的领导人卡提林①虽已担任过法务官，外放总督，但竞选执政官失败三次，宣告破产。类似情形发生在许多罗马政客身上：输家比比皆是，赢家仅是少数，甚至只剩一人。所以当卡提林号召社会革命、取消债务时，获得贵族及平民的极大回响。他提出解放奴隶，鼓吹仇富，造成更大的社会冲击。新人执政官西塞罗在前63年面对这种武装革命威胁时，提出"好人"（boni）要团结合作，共同面对这些革命乱源。这便是他元老及骑士"好人""阶层和谐"（concordia ordinum）的宪政理想，却只是传统共和贵族寡头政治的更新版。他成功镇压了这次叛变，而恺撒同情这次社会革命，透露出他未来担任终身独裁官时的改革方向。

庞培从东方回来后，所有人大松一口气，因为他没抄家灭族，反而低调请求元老院批准在东方的安排，并安顿退伍的士兵。庞培的善意被认为是示弱，元老院因此反而蓄意刁难。这种不给人留余地的政治态度岂不是庞培该预期到的吗？因为他自己也曾陈兵逼人。当时克拉苏也希望元老院对他的骑士朋友财务纾困，修改包税契约，也被严拒。贵族派这种不妥协的态度将罗马最有实力、私底下敌对的两位政客推在一起，他们则又提拔在政治上崭露头角的恺撒来做打手，支持他竞选前60—前59年的执政官，恺撒以通过必要法令来响应。两人也为恺撒安排高卢作为卸任发挥的战场。罗马政治从这时候开始几乎已经成为三人政治，由他们三人分配所有政治资源。这便是"第一次三巨头政治"。罗马共和已经因为外在情形及内部矛盾，注定毁灭，现在唯一的解决方式是暴力及战争。而在经过"第二次三巨头政治"后，最后由屋大维胜出，成为政治豪赌的唯一赢家。但这些都已经超过结束《希腊史纲》的公元前60年。

---

① Lucius Sergius Catiline，前108—前62年。

第一章
埃　及

1 世人要对写出通史①的作者表达感激之意，他们用呕心沥血的创作帮助整个人类社会；像是提供一种教育课程，将历史事件的本末展现在众人的眼前，最大的好处是让读者无须负担任何风险，就可以得到宝贵的教训。虽然就个别的实例来看从经验中获得知识，能让世人分辨每一种情况，可让他在遇到类似困难的时候，还能确保大有斩获或是全身而退，但这些都伴随着辛劳和危险；这也是英雄豪杰即使有丰富的人生经验，也会在见识很多人物和城

---

① 本书原名 *Bibliotheca Historica*，可以称为《通史》或《世界史》，由于全书的内容共 40 章，现在留存的部分只有 15 章，除了前 3 章，其余各章全部限于希腊地区，所以命名为《希腊史纲》。

市、知道他们的想法①之前，遭遇巨大的不幸的原因。研究历史可以了解他人的成功和失败，吸取教训而无须亲身经历实际的过错。世人在空间和时间的分离之下，各自因亲属关系②结合起来，激发作者能够引导他们成为单一又有秩序的团体。

当代的史家已经很明确地表示他们可以掌握上天的恩赐，像是神慧对于星辰的运行以及人类的关系，安排得井然有序，继续引导的过程可以历经千年万世，根据命运的指示分配成因，落在每一存在对象的头上；史家记载人类世界的一般事务，如同它们都是单独出现的情况，将他们写出的论文，只是看成过去事件的记录册或相关知识的交换所。最重要的是将其他人无知的错误，当成改进过失的警告样本，当我们为生命当中各种命运的沉浮枯荣感到困扰的时候，与其检验现在想要执行的情况，不如仿效过去能够成功的前例。

老年人有来自漫长时日的经验，使得年轻人都要向他们求教请益，事实上这些经验所以受重视，主要还是已从历史中获得印证，我们知道历史的优势，在于众多事实的处理。因为这个，任何人只要获得历史知识，在人生中所有可以想象的环境都是最有力的实用工具。它可以将长者的智慧授予年轻人，对于老年人而言，可以倍增他们所拥有的经验；它使没有职位的市民有资格担任领袖的工作，它将不朽的荣誉授予领袖，诱使他们做高贵的行为；还有士兵所以愿意保家卫国对危险视若无睹，是因为壮烈的牺牲可以得到公开的赞颂；奸佞要避开为非作歹，在于它的谴责会带来永恒的羞辱。

2 一般而论，历史为了将善行保持在记忆之中，举凡创立伟大城市的奠基者、巩固社会生活的立法者以及造福人类的科学家和艺术

---

① 引用自荷马《奥德赛》（*Odyssey*）第1卷3行，当事人是奥德修斯。
② 符合斯多葛学派有关"天下一家"的观念。

家,都要记录他们的言谈举止。只有综合这些行动才会使幸福到达至善之境,历史较之任何事物给予的报酬是应得的赞誉。我们把它描述的目标赋予不同的身份:对于具有卓越建树的正人君子,可以当成他的监护人;对于坏事做尽的邪恶小人,可以当成他的目击者;对于整个人类,可以当成他们的恩主。要是真正提到哈迪斯(Hades)①的神话,虽说它的主题不顾事实,完全出于虚构,但它最大的贡献是培养人类虔诚和公正的观念。

我们更可以明确表示,历史就是阐明真相的女预言家。整个来说成为哲学的根源②,仍然具备让人类拥有能过高贵生活的特性。所有的人出于体质的缺陷,生存只占永恒极其微小的部分,仅能继续一段时间就会死亡;在这种情况下,设若人在一生当中没有做出拥有价值、引起注意的事情,等到肉体亡故其他一切随之湮灭无踪;然而就这些人而言,美德成就他们的荣誉,行为成就他们的不朽,历史的声音变得极其神圣,将他们的名望传播到天涯海角。

有一件相当奇特的事情,大家都像我一样只要了解都会同意,那就是用必死的勤劳换来不朽的声誉。可以拿赫拉克勒斯(Heracles)③的例子作

---

① 哈迪斯是冥王或地府之神,罗马神话称为普禄托(Pluto),他是宙斯的兄弟,科里(Core)或罗马人称为普罗塞宾娜(Proserina)的是他的妻子;同时普禄托这个字有"财富"之意,因为所有金银财宝均来自地下。

② 希腊的"根源"(metropolis)本义是"故乡"或"祖国",那些从希腊城邦派出的移民,在其他区域建立的殖民地,对于族群的血统和文化的传承心怀孺慕之情;阿昔尼乌斯(Athenaeus)《知识的盛宴》(*The Learned Banqueters*)104B,提到克里西帕斯(Chrysippus)为了取笑伊壁鸠鲁学派,就说他们把阿奇斯特拉都斯(Archestratus)的"胃肠学"当成一切学问的"根源"。

③ 希腊神话里面最伟大的英雄人物是赫拉克勒斯,宙斯和帕修斯孙女阿尔克墨涅(Alcmene)所生的儿子,克里昂之女麦加拉(Megara)的丈夫,后来又娶笛阿妮拉(Deianira)为妻;完成十二功业计为:尼米亚(Nemea)的狮子、勒那(Lerna)沼泽的九头怪(Hydra)、西里尼亚(Ceryneia)山的母鹿、埃里玛苏斯(Erymanthus)山的野猪、奥吉阿亚(Augeas)的牛棚、斯廷法拉斯(Stymphalus)湖的怪鸟、克里特的公牛、戴奥米德(Diomedes)的吃人马、希波利特(Hippolyte)女王的腰带、杰里昂(Geryon)的牛群、赫斯帕瑞德(Hesperdes)的金苹果和色贝鲁斯(Cerberus)地狱狗。

为榜样，大家都认为他把所有的时间花在人类身上，自愿投身于无穷无尽的劳累和危险之中；因为他给人群带来福利，所以获得千秋万世的英名，如同其他伟大人物的情况，有些到达英雄的标准，有的能与神明看齐，所有这些值得颂扬的人士，在于历史使得他们的功勋达到不朽。鉴于其他的记忆只能保留很短暂的时间，就会为世事的沧桑和运道的沉浮，毁弃到灰飞烟灭的结局，然而靠着历史的力量，它能在整个人类世界延续下去，因为它拥有可以摧毁一切事物的时间，就像一位尽责的守卫，保证要将它不停地运送到后世。

历史对言辞的力量有很大的贡献，很难找到比它更高贵的事物。是它使得希腊人比起蛮族更加优越，受过教育的人比起大字不识的文盲更占上风，一个人只有靠着言辞，才能对群众拥有支配的权力。一般而论，言辞的表达有很多种方式，说话者在运用的时候要能适当显示它的力量，我们提到那些伟大的人物说他们"值得多谈"，这句俗语的意思是他们已经赢得最高的赞誉。言辞可以分成很多种，我们发现诗歌使人感到愉悦更胜于它的实用，法律的条款用来惩治而非教化；同样，所有其他的种类不仅对于幸福没有贡献，就是带来的利益也掺杂有害的因素；还有一些真会让我们曲解真相。而历史则不然，它的文字和事实总能紧密配合，它的叙述最主要的性质在于可以有效地运用，它会规劝大家的为人处世要公平正直，揭发邪恶小人的罪行，要为正人君子的美德大声喝彩。总之，它为读者提供大批备而可用的经验。

3 因此，我们认为撰写历史著作的人，要能符合理应如此的赞同之词，引领大家对于叙述的主题抱认同的热情。等到我们将注意力转向这个时代之前的史家，虽然我们毫无保留地赞同他们所持的宗旨，然而无法感觉到他们所写的文章，能对人类的福祉有任何贡献。历史能够提供给读者的在于它容纳极其众多和千变万化的环境,然而大多数作者记录的对象,不过是单一国家或城邦所爆发的局部战争;只有少数作者能从最早的纪年开始,直到我们这个时代,记载与整个人类相关的事件;即使如此,仍然有很多缺失发生,他们之中有人对于某些事件无法给予正确的年代,有人对于蛮族的功绩故意略而不提,有人对于古代的传说觉得难以处理只好加以驳斥或拒绝,还有人限于个人的才华或是寿命过于短促,无法完成原订的计划①。

那些着手记载全人类所有事务的人员当中,没有一位记叙它的历史能够超越马其顿(Macedonia)时期②。其中有些人终结于菲利浦(Philip)的功绩,还有人以亚历山大(Alexander)甚至戴多契(Diadochi)或伊庇果尼(Epigoni)③殒灭告一段落,却根本不理会众多重要的事件接替下去,甚至能够延续到我们这个时代,最后还是受到了忽略和轻视;通史的撰写是极其繁重的工作,没有一位史家试图在写作的范围内,只进行简单的描述。无论是事件发生的日期还是事件本身的情况,都分布在浩瀚无边的著作当中,而且出于迥然不同的作者。要想获得这部分的知识变得非常困难,智慧无法将它全部涵盖在内,记忆无法达成免予遗忘的要求。

我们检视这些作者的每一本著作以后,决定写出一部史籍,目的在于务使读者获得最大的利益,以及主事的人面临最少的不便。因为一个人要

---

① 狄奥多罗斯对于希罗多德的《历史》(Historiae)没有完整的纪年一直耿耿于怀;兰普萨库的安纳克西米尼斯所著《希腊史》(Hellenica)仅限于希腊一隅之地;赛麦的埃弗鲁斯著有29卷《世界史》(Universal History),有关"神话时期"的事迹略而不提,因为史家的逝世使得这本书结束于前340年,他最后亲身经历20年惊心动魄的重大事件,都来不及记载在他的著作之中。

② 严格讲马其顿时期应该从菲利浦即位到亚历山大崩殂,即前359—前323年这36年的短暂岁月。

③ Diadochi即"继承者",这群人大多是亚历山大的部将,前323年以后在亚历山大大帝征服的广大地区,成为许多分裂王国的统治者;Epigoni是这些"继承者"拥有"国王"称号的后代子孙。

是从最古老的时候开始，就尽他最大的能力记录整个世界的事务，直到他自己所处的时代，但他所能传下来的数据仅就记忆而言，顶多只能及于城邦的范围，所以他想为那些勤奋的学习者，写出一本极具价值的论文，可知要花费无穷无尽的心力和智慧。每个人都能从这部著述当中找到适用于自己的特定目的，像是来自一个数据充沛的源头。

基于这个缘故，首先，想要从这么多的史家撰写的著作当中获得所需要的书籍不是一件容易的事；其次，书籍的数量可谓汗牛充栋，特别是想要找到切合主题或与撰写内容相关的知识，由于数据的重复和矛盾变得极其困难；从另一方面来看，鉴于著作保持在单一叙述的范围内，以及包括众多事件的连续记载，有助于阅读和包括发现过去的情况，需要非常易于追随的形式。总之，历史的性质在于某些方面较之其他事物更具优势，特别是它的整体较之部分、连续较之中断，以及一个事件发生的时日可精确地测定，较之那些不知何时发生的事件，会让人感到用处更大。

4 非常感激大家了解这本书所具备的特质，可以让它发挥最大的作用，虽然我们从事这项工作已花去三十年的光阴，仍旧需要尽最大的努力和投入更多的时间；我们克服险阻艰辛游历大部分亚洲和欧洲，目睹那些最重要的地区①，以及形形色色的事物，由于对残破不堪的遗址没有足够的常识，而犯下了很多的错误，这不仅是一般的历史学家，就是大名鼎鼎的人物都在所难免。我们要想完成这项工作，一定要充满信心全力以赴，才能化不可能为可能，其次是一个人的腹笥有限，只有罗马能提供所需的写作材料做深入的研究；因为这个城市拥有至高无上的权力，巨大的声威一直延伸到人类居住世界的边缘，能让我们在那里长留久居，用最简

①　狄奥多罗斯说是为了准备撰写本书，开始到外地游历，其实他所到之处限于埃及，只不过后来在罗马停留了很长的时间。

易的方式提供各种极其丰富的文书和记录。我的出生地是西西里(Sicily)的阿捷里姆(Agyrium)①,由于在该岛上与罗马人有接触,才能熟悉他们的言语和文字②,确切了解与帝国相关的所有重大事件,这些记录长期以来都得到了妥善的保管。我们从希腊和蛮族的传说开始历史的叙述,对于每个民族最原始的数据,首先要尽最大能力加以查证。

虽然本书的章节还没有拟定,由于我明了撰写的全部情况,愿意就整个作品的大纲给出简要的说明。本书最初六章记载特洛伊战争(Trojan War)以前的事件和传说,其中前三章描述古代的蛮族,再用三章的篇幅将希腊③包括在内;接着十一章写从特洛伊战争到亚历山大大帝崩殂,整个世界历史的发展过程;后续二十三章按照次序包括所有重大的史实,以罗马人和凯尔特人(Celts)的战事作为开端,直到身为指挥官的盖尤斯·尤利乌斯·恺撒(Gaius Julius Caesar)④,立下丰功伟业获得封神的殊荣,他征服凯尔特人当中最为人多势众和穷兵黩武的部族,扩张罗马帝国的版图直到不列颠群岛。这次战争的序幕发生在奥林匹亚180会期第1年(前60—前59年)⑤,正是希罗德(Herodes)在雅典出任执政官之时。

5 本书中提到特洛伊战争之前各个时期,由于无法获得可信的年表,对它的起讫很难做精确的认定。从特洛伊战争结束(前1184

---

① 阿捷里姆是西西里内陆一个小城,位于叙拉古西北方约100千米。

② 当时的西西里是流行希腊语的地区,后来纳入罗马的版图,当然他会熟悉拉丁语。

③ 本书的前言简述各章的内容,译者用来作为各章的标题,并且附上起讫的时间。

④ 恺撒(前100—前44年)是罗马名将、政治家、独裁者和激进分子,击败庞培赢得内战胜利,宣告古老的共和体制结束,在元老院遭到暗杀身亡,参阅普鲁塔克《希腊罗马名人传》第17篇第2章"恺撒"。

⑤ 本书的记载开始于特洛伊战争结束(前1184年),如果按照下一节的记载,涵盖的时间长达1138年,那么结束的时间应该是前46—前45年,不可能是现在提到的前60—前59年,中间有15年的差距,当然学者对这方面有不同的解释。

年)以后，我们借重雅典的阿波罗多鲁斯（Apollodorus）①使用的编年，叙述到赫拉克勒斯家族（Heracleidae）的回归（前1104年）为止这段时间，大约有八十年之久；随后到奥林匹亚第1会期（前776—前775年），又是三百二十八年，这是拉斯地蒙（Lacedaemon）国王统治的时代，所有的日期都有记载；接续是从奥林匹亚第一会期到塞尔特战争的开始，一共是七百三十年，才会完成整个史实的撰写，所以这部史书有四十章，涵盖的时间是一千一百三十八年，就连特洛伊战争之前发生的事件都包括在内。

我们在开始就拟定明确的纲目，希望读者明了整个的架构，有些人用编纂的方式撰写书籍②已经成了习惯，他们不是作者，却从残缺不全的作品当中收集数据，希望本书能对他们有所遏制。我们在意这部历史著作能获得妥善的处理，而不必成为嫉妒和猜疑的目标，任何与知识和学术有关的问题，如果出现缺失和错误，希望在更有才华的史家手中获得订正。

现在我们已经拟订计划着手进行，期盼这部著作能够达成应许的承诺。

6 关于神的各种概念，是那些最早对上苍顶礼膜拜的人造就的；神话里面提到的不朽神明，因为相关记载需要冗长的篇幅，大部分的细节在叙述的时候受到限制，而我们认为这个题目对计划撰写的历史著作其中几个单元非常适合，因而提供一种摘要的形式，能让值得大家知悉的部分不会遭删除。不过，关于人类居住世界的已知部分，所有的族群和发生的事件，尽可能从最早的时代开始，我们应该给予精确的记录。人类

---

① 阿波罗多鲁斯是公元前2世纪的哲学家和历史学家，他的《年代纪》（Chronology）涵盖的时间是从前1184年到前119年，后来罗得岛的卡斯特（Castor）是公元前1世纪的历史学家，所著《年代纪》将时间向后延到前60年相关的数据狄奥多罗斯加以运用。

② 狄奥多罗斯在第四十章8节提到他的全书尚未付梓，很多章已经流传在外，是否与作者或书商的利益有关，已经不得而知。

的起源就自然和历史方面的权威人士所持的论点,有两种不同的主张:一种认为宇宙不生不灭,宣称人类的存在来自永恒,它的时间没有起点;另一种认为宇宙有生有灭,宣称人类的出现在明确的时间之内。①

7 根据埃及人的记载,太初宇宙形成之际,由于各种元素混杂在一起,天与地在外形上无法区别;然后物体彼此分离,宇宙容纳所有构成的部分,井然有序的形式如同现在所见的模样;气开始不断地运行,火的元素聚集在最高的区域,所有轻盈的物质都向上移动(所以太阳和大多数其他星辰包容在宇宙的旋转之中);而所有像泥土一样厚实而又包含和混合水汽的物质,因为重量下沉到一个位置;经过不断进行的压缩作用,它的潮湿部分形成海洋,其他的部分成为陆地,如同陶匠所用的材料非常柔软。太阳的热力照射在陆地上,让它变得更为坚实,它的表面像是发酵开始暖和起来,很多地方的水汽大量增加,慢慢向四周膨胀,形成像是一层很薄的膜上布满脓包的外表。这种现象在湿地或沼泽到处可见,地面变得寒冷,空气因为高热突然发生变化,这种情况没有经过缓慢的过程。

潮湿的地区因为温暖孕育生命,所有的生物在夜间从四周空气降落的浓雾当中吸收养分,白天在强烈的热力照射之下水汽蒸发成为固体,等到胚胎得到充分的发育,薄膜经由热力的作用开始破裂,就会产生形形色色的动物。有些物种为了分享最多的热力要到更高的区域,就会变得有翼可以飞行,更多的物种仍旧保持土的密度和性质,成为地上爬行的东西或是其他的陆上动物,还有一些物种的组织要得到潮湿的成分,就会聚集在适合的区域成为水生动物。太阳的热力和风的作用使地球继续变得更加坚

---

① 亚里士多德和早期的逍遥学派成员,对于宇宙包括地球和人类秉持永恒不灭的观念,狄奥弗拉斯都斯与斯多葛学派的创始者季诺,就这个问题展开论战。参阅齐勒(E.Zeller)的《亚里士多德与早期的逍遥学派》(*Aristotle and the Earlier Peripatetics*)一书第330页。

实，最后不再出现大型的动物，每种生物的出生靠着彼此的交配。

欧里庇德斯(Euripides)①是自然哲学家安纳克萨哥拉斯(Anaxagoras)②的门人，关于宇宙的性质他没有采用老师的论点，因为在《麦兰尼庇》(Melanppe)一剧中，他写出下面的诗句③：

> 创始的天与地原本混沌一体，
>
> 两者逐渐产生上和下的分际，
>
> 整个洪荒世界开始大放光明，
>
> 孕育花草鸟兽和众多的人类。

8 有关宇宙第一个世代的情况，我们能接受这样的记载方式。④ 据说最早的人类出生以后，要过没有纪律和野性未驯的生活，为了确保一直生存，他们采摘柔软的草叶和野生的果实充当食物。由于受到野兽的伤害，他们彼此之间就会给予帮助，这是权宜措施带来的教导；等到基于畏惧的缘故，用这种方式聚在一起，他们逐渐认同共有的特质。虽然最早他们的声音含混模糊和难以辨识，但逐渐地语言有了清晰的发音，相互之间同意每一事物的符号，也使得他们了解每一语句所表示的意义。人类

---

① 希腊三大悲剧家之一的欧里庇德斯(前485—前406年)，生平鲜为人知，写出92部剧本，有80部仅留剧名，存世的悲剧有10出，以《阿尔刻提斯》(Alcestis)、《美狄亚》(Medea)、《希波吕托斯》(Hippolytus)和《特洛伊妇女》(Trojan Women)最为著名，对后世的影响极其深远。《麦兰尼庇》一剧已经佚失，只留下残句。

② 克拉卓美克(Clazomenae)的安纳克萨哥拉斯是公元前5世纪名声最为响亮的哲学家，对于伯里克利的为学和施政产生重大的影响，可以参阅普鲁塔克《希腊罗马名人传》第5篇第1章"伯里克利"第4—6节；同一时代的欧里庇德斯与他以及苏格拉底、普罗塔哥拉斯(Protagoras)都有交往，至于是否成为安纳克萨哥拉斯的门人弟子，已经不得而知。

③ 瑙克(Nauck)《希腊悲剧残本》之"欧里庇德斯篇"No.488。

④ 狄奥多罗斯在这里虽然推崇安纳克萨哥拉斯的哲学观念，但还是可以看到伊壁鸠鲁学派的影响，事实上狄奥多罗斯是一个折中派，他的哲学理论和观念取各家之所长。

世界的每个部分都会出现这种性质的团体，不是所有的人都使用相同的语言，须知每一个团体完全出于机缘凑巧才会组合成语言的要素。这可以用来解释现在存在所有可以想象得到的语言，再者，这些最早的团体后来形成世界上最原始的国家。

最早的人类还未发明可用在生活上面的事物，生存的条件可以说极其恶劣。没有衣物可以蔽体，不知道使用居所和火，对于耕种获得食物一无所知。他们甚至不会收集野生的粮食，也不会储存谷物和果实，用来应付生存的需要，因此，由于寒冷和缺乏食物，很多人会在冬天死亡。不过，经验逐渐教导他们在冬天要到洞窟避寒，以及将可以保存的果实储藏起来。等到他们对火和其他有用的物品变得更为熟悉，能够促进人类社会生活的技艺接着开始被发现，通常就所有的事物来说，需要的本身成为人类的老师，自然界授予大家最重要的东西，就是在任何方面都会供应极其得当的教导，还用双手、语言和睿智的心灵，为了达成所有的目标给予最大的协助。

9 有关人类最早的起源以及原始的生活方式，我们会依照前面提出的说法，必须在著述中保留适当的比例。其次是那些轻易从记忆得知，以及发生在人类世界已知地区的事件，我们会有充分的记载。

我们没有人够资格说他知道早期国王的情况，也无法肯定有哪位史家明了此事；不可能发现日期早到与首位国王同一年代的书面数据，如果对最后这点稍做让步，还是可以明确得知历史的作者，这个阶层在人类社会当中出现于较近的时期。再者，有关人类留下的遗迹，不仅希腊人提出他们的主张，甚至很多蛮族亦复如是；全都抱持某种观念，认为只有他们是土生土长的原住民，在人类当中首先发觉可以用在生活当中的事物，在他们的历史发展过程当中，最早发现值得记载的事件。

就关心的程度而言,我们不能抱着很大的企图想要确定每个国家的古代历史,或是哪些国家在时间上要比其他国家早很多年;我们应该在叙述当中保持适当的比例,对每个国家都能提到古代的情况,以及历史上早期的事件。如同埃弗鲁斯(Ephorus)①所言,我们讨论古老的民族就是出现在蛮族之中,不是他们比希腊人更早,只是希望从一开始对他们的叙述大部分都能基于事实,因为各种不同的记载都来自希腊人的手笔,对于他们早期与其他民族有关的任何事件,都会用不同的方式加以窜改或删除。埃及是一个充满神话和传说的国度,也是宗教和仪式的发源地,据说最早对于星辰进行的观察,使得伟大人物很多值得注意的功绩被记载下来,所以,我们的历史要从与埃及相关的事件开始。

10 关于埃及人有下面的记载:宇宙形成之初,人类首先生活在埃及,因为这块土地有适宜的气候以及尼罗河这一特殊因素。巨大的河川自从有了生命,就能供应各式各样的养分,让所有的生物很容易繁殖延续;据说芦苇和莲花的根部,还有埃及豆和 corsaeum 以及其他很多类似的植物,供应了人们所需的食材。② 出现在这块土地上的动物生活,可以证明一个事实,就拿蒂巴德(Thebaid)③的土壤来说,直到今天在上面滋生的老鼠,数量繁多,体形巨大,使得任何看到这种现象的人都感到吃惊不已;它们当中有些器官已经完全成形,像是肺部可以呼吸以及前脚能够运动,然而身体的其他部位仍旧见不到踪影,就是田里的泥土仍旧保持

---

① 埃弗鲁斯是公元前4世纪的历史学家,来自小亚细亚的城市赛麦(Cyme),游学雅典成为伊索克拉底(Isocrates)的门人,著有文笔极其流畅的30卷《希腊和小亚细亚城邦史》,从多里斯人进入希腊到公元前304年为止,对于后来的学者产生重大的影响。

② 这些植物在后面第34节有详尽的记载,提到"芦苇的根"参阅第79节,可以用来当成食物,corsaeum 就是尼罗河莲花的块茎。

③ 古埃及最重要的城市,以一百个城门著称于世,成为都城以后改名为戴奥斯波里斯(Diospolis),意为"宙斯之城",就是后来的底比斯。

原来的性质。从事实可以明显看出，就在世界初次形成的时候，埃及的环境较之其他任何地方都更适合人类的生存，主要原因就是它的土地拥有极其特殊的性质；甚至到现在还没有一个国家的土壤，能够有这样丰盛的产物，某些生物只有在这里可以长成不可思议的体形和外貌。

　　一般而论，他们提到发生在丢卡利翁（Deucalion）①时代的大洪水，大多数生物都会灭种，很可能埃及南部的居民，比起其他任何地方更有幸存的机会，因为这个国度的大部分地区，都是从不降雨的荒漠；还有人持与众不同的观点，认为物种的绝灭是如此彻底，土地再度产生新的动物，即使有这样的假说，第一代的生物还是紧密附着在这个国度上面。虽然丰富的降雨只落在其他民族的头上，产生的湿气却与弥漫埃及全境的高热混合起来，非常适合所有生物的繁衍绵延、生生不息。甚至就在我们这个时代，由于埃及的洪水泛滥，动物一生之中的生殖形式发生在水洼里面，特别是那些能保持很长时间的水池；河水开始消退，太阳让泥泞的地面变得干燥，他们提到有些动物已经完全成形，有些只有一半成形，剩下一半仍旧与大地连在一起。

11

他们提到埃及的人民，很多世代之前来此生活，他们注视苍穹，对于宇宙的性质，留下深刻的印象，从而产生敬畏和好奇的心理，认为只有两位神明拥有永恒和滥觞，那就是太阳和月球，分别称之为奥西里斯（Osiris）和伊希斯（Isis）；奥西里斯的名字译成希腊文意思是"通天眼"，真是最适当不过；他的视线经由很多双眼睛向四面八方放射，全部的陆地和海洋都在观望和探测的范围之内。诗人②认同这种概念，才

---

① 丢卡利翁是普罗米修斯的儿子，他们与摩西是同一时代的人物；根据《帕罗斯编年史》的记载，大洪水发生在公元前1528年，圣哲罗姆（St.Jerome）的《编年史》认为是在公元前1460年前后。

② 希腊人提到"诗人"不称其名就是荷马，这句诗出自《奥德赛》第12卷323行。

会写出这样的诗句：

　　　　无所不见和无所不闻的太阳。

　　古代希腊有些神话作家用狄俄尼索斯(Dionysus)这个名字称呼奥西里斯，或者加以稍许改变称之为希流斯(Sirius)；其中之一的优摩帕斯(Eu-molpus)①在《酒神颂》当中提及：

　　　　狄俄尼索斯像是耀目的星球，
　　　　狂暴的眼睛发射慑人的光芒。

同时奥斐乌斯(Orpheus)②有同样的表示：

　　　　狄俄尼索斯所以会高据苍穹，
　　　　成为明亮无比的星辰和天神。

　　还有人说奥西里斯常在肩上披用幼鹿的皮缝制的斗篷③，用来模仿天空有灿烂无比的银河。伊希斯的译名含义是"古老"，表示他的出生是永恒不朽和历久常新的。他们认为他的头上长着两只角，是说新月出现可以看到他的身体和面容，以及埃及人用一头圣洁的母牛当成奉献给他的牺牲。

────────────

　　①　优摩帕斯是第一个制定德米特秘密祭典和仪式的人，后来就由他的后裔负责处理有关的事务，等到他的世系继绝以后，凡是传承这项职能的人士，都称为优摩帕斯家族成员或优摩帕斯祭司。
　　②　克恩(Kern)《奥斐乌斯残卷》No.237。
　　③　那是狄俄尼索斯经常使用的装束。

两位神明掌管整个宇宙的规范,负责万物的养育和成长,通过无法观察的运行,就是以春、夏和冬三个季节,完成最和谐方式的年度循环体系。事实上所有的质量才是万物能够繁殖的成因,这些都由神明供应无缺,太阳贡献的是热的元素和精力,月亮是潮湿和干旱,以及两者结合而成的空气;万物经由这些元素才能出生和获得养育,完全是太阳和月球的缘故,整个实体的宇宙才能达到完美的境界,物体的五种成分有了名称,亦即灵魂、热火、干燥、潮湿和最后的空气,如同一个人的状态,可以列举头、手、足和其他部分,所以宇宙的形体也是由类似的成分或元素所构成的。

12　　他们将其中每一个成分都视为神明,最早在埃及的人使用清晰的语言,给予这些神明独特的名字,非常适合他们具备的性质。他们将精力称为宙斯(Zeus)(这是照译过来的表达方式),因为他就动物而言是生命力的泉源,他们认为他就是万物的父亲。他们提到希腊声望最高的诗人①同意这种看法,因此说起:

　　　　这位至尊者是人类和神明的父亲。

他们把热火称为赫菲斯托斯(Hephaestus)②,如同他的译名是一位重要的神祇,对于万有的出生和发展都有很大的贡献。

　　他们将地球视为所有生物的容器,给它的称呼是"母亲",对待它的方式如同希腊人心目中的德米特(Demeter)③,这个名称因为时间的久远稍

---

　　① 希腊声望最高的诗人是指荷马,这一句诗在他的作品里面出现很多次。

　　② 赫菲斯托斯是希腊神话的火神,也是执掌工艺和冶炼之神,相当于罗马神话中的伏尔甘(Vulcan),是宙斯和天后赫拉的儿子。

　　③ 希腊神话的德米特是谷物和耕种女神,相当于罗马神话中的西瑞斯(Ceres),泰坦神克罗努斯和雷亚所生。

微有点变化,古老的时代将它叫成 Ge Meter(地球母亲),奥斐乌斯①的诗是最好的证据:

> 财富的给予者德米特是大地之母。

古代的文士将潮湿称为奥逊尼(Oceane),经由翻译很可能意义是养育之亲,还有一些希腊人将它当成奥逊努斯(Oceanus),诗人在作品当中提道:

> 我要前去拜访奥逊努斯和特齐斯,
> 生命之源的河神以及大地的母亲。②

埃及人认为奥逊努斯就是他们的尼罗河,所有神明都从其中出生来到世间,可以说人类居住的世界,只有埃及这个国度,会把城市的建立归于首次出现的神明,像是宙斯、赫留斯(Helius)、赫尔墨斯(Hermes)、阿波罗、潘神(Pan)、艾利昔娅(Eileithyia)以及其他等等难以一一胪列。③

他们将空气称为阿西娜(Athena)④,这是经过翻译得到的名字,可以视为宙斯的女儿,始终保持贞洁的处女;事实上空气的性质是不会腐烂败坏,占据整个宇宙最高的部分。因为后面的理由,才会出现这样的神话,说它是从宙斯的头颅当中喷发出来的;它还有一个名字叫作特瑞托吉尼亚

---

① 克恩《奥斐乌斯残卷》No.302。

② 特齐斯是奥斐乌斯的妻子,这一句诗出自《伊利亚特》第14卷302行。

③ 狄奥多罗斯游历埃及的时候,很多古老的城市使用希腊的名字,像是赫利欧波里斯(Heliopolis)、赫穆波里斯(Hermupolis)、阿波罗诺波里斯(Apollonopolis)、潘诺波里斯(Panopolis),等等。

④ 阿西娜是希腊神话的智慧女神,司艺术、发明和武艺,也是罗马神话的密涅瓦(Minerva),宙斯和墨蒂斯(Metis)所生,是雅典的守护神,卫城上面兴建有宏伟的神庙和黄金的雕像。

（Tritogeneia）（三次出生），是说它在一年的周期当中，要历经春、夏和冬的三次变化。他们还说它被人称为格劳科庇斯（Glaucopis）（蓝色的眼光）①，并不像有些希腊人很愚蠢地解释说它有着蓝色的眼睛，而是它带有淡蓝色的光泽。

他们提到五位神明游历有人居住的世界，以神圣动物的形象显示在众人的面前，有时甚至出现人的外貌或是其他形象，这些都是令人难以置信的事，很可能神明将生命给予万物，的确是放之四海而皆准的真理。因此这位诗人前往埃及游历的时候，经由祭司口中吐露的消息，才会对这些情况非常熟悉，从而在他的诗篇当中依据实情加以描述：

> 神明会化身为异邦的陌生来客，
> 装扮成不同形象巡视各个城市，
> 察看有谁狂妄自大或遵守法度。②

只要说到尘世的神明，就会与不朽的永生产生联系，这种概念便出自埃及人的信仰。

13 他们表示除此以外还有其他的神明，有些身处红尘之中，肉解身亡，有些基于睿智和给人类提供至善的协助，可以到达不朽的境界，还有一些成为埃及的国王。他们的名字经过翻译以后，有些基于某些缘故会与天界的神明完全一致，有些会有独特的称呼，如同赫留斯、克罗努斯（Cronus）和雷亚（Rhea），还有一些人将宙斯称为阿蒙（Ammon），除此以外要加上赫拉（Hera）、赫菲斯托斯和赫斯提亚（Hestia），最后是赫尔

---

① 荷马在两部史诗中常用"明亮的眼睛"或"锐利的眼神"来形容阿西娜。
② 荷马《奥德赛》第 17 卷 485—487 行。

墨斯。赫留斯是埃及首位国王,他的名字同样来自天上的星辰①。不过,还有祭司提到赫菲斯托斯是最早的国王,因为他发现了火并用来为人类服务,能使大家接受他制定的规范;山上有一棵树被雷击中,附近的森林开始燃烧,赫菲斯托斯很快赶去,那时正是寒冷的冬天,使他感到热力产生的温暖,等到火灾扑灭以后,他添加燃料让火继续燃烧,并邀请其他人员前来分享火带来的好处。

有些神话作者提到克罗努斯成为统治者,娶他的姐妹雷亚,生下奥西里斯和伊希斯;权威的意见还是宙斯和赫拉,更高的成就是使整个宇宙都在他们的控制之下。身为神后的赫拉生出五位神明,分别在埃及置闰的五天②当中,先后降临世间。这些子女的名字是奥西里斯、伊希斯、提丰(Typhon)、阿波罗和阿芙罗狄忒(Aphrodite)③;奥西里斯的译名是狄俄尼索斯,伊希斯在所有女神当中更接近德米特,后来奥西里斯和伊希斯结为夫妻,后裔子孙继承国王的权力,做了很多事情,对人类的社会生活大有帮助。

14 根据他们的记载,奥西里斯最先要求人类放弃同类相食的恶习;后来伊希斯发现两种谷类,小麦和大麦,它们与其他的植物生长在野外,那时还没有人知道可以食用,奥西里斯发明这些作物的耕种方法,人们非常高兴,改变了获得养分的习惯,这些新发现的粮食天生可

---

① 指太阳。

② 埃及人是全人类当中,第一个用太阳年来计时的民族,他们的历法是每年 12 个月,每月 30 天,剩下 5 天以置闰的方式放在岁末,参阅本章第 50 节。

③ 普鲁塔克《道德论丛》第 27 章"埃及的神:伊希斯和奥西里斯"第 13 节,同样提到这 5 个名字,只是次序有点不同:第一日是奥西里斯;第二日是阿鲁埃里斯(Arueris)或荷鲁斯(Horus)又称阿波罗;第三日是提丰;第四日是伊希斯;第五日是尼弗齐斯(Nephthys)又称阿芙罗狄忒。

口,最大的好处是避免了彼此的杀戮。埃及人仍旧遵循古老的习俗,这可以证明发现谷类是确有其事:他们在作物丰收的时候,要将最早割下的麦穗奉献给神明;站在麦束的旁边加以击打,口里呼叫伊希斯的名字,用这种方式推崇女神发现谷物的功绩,因为她最早用这种方式获得麦粒。在一些城市举行伊希斯庆典的时候,游行队伍携带的物品当中就包括小麦和大麦的麦秆,以纪念女神最初发现这些粮食的睿智。他们还提到伊希斯制定法律,使得人民按照规定可以彼此公平地交往相处,因为害怕惩罚所以避免非法的暴虐和横蛮;出于这个原因,早期的希腊人给德米特取了帖斯摩弗鲁斯(Thesmophorus)①的称号,由此可见她在这方面有巨大的贡献。

15 据称奥西里斯在埃及建立了有一百个城门的城市蒂巴德,当时的人就用他母亲的名字为它命名,他们的后裔子孙把它叫作戴奥斯波里斯(Diospolis)②,还有人将它称为底比斯(Thebes)。至于这个城市设立的时间,可以说是众说纷纭,就连史家和祭司都有不同的意见;还有一些学者认为底比斯并非由奥西里斯建立,而是很多年以后的某一位国王③,我们可以提供详细的记载,与他在位时期有密切的关系。

他们还增加补充资料,奥西里斯为他的父母宙斯和赫拉建造的庙宇,以雄伟和造价昂贵著称于世,其中包括奉献给宙斯的两座黄金殿堂,较大一座源于他是天国的神明,较小一座源于他是埃及人的国王和父亲,由于后面这个角色,大家称他为阿蒙。他还为前面提到的神明建造黄金的殿堂,要让每一位都能得到应有的荣誉,同时指派祭司负起服侍的工作。奥西里斯和伊希斯的宫廷受到众人的尊敬,因为他们发明各种艺术的手法和

---

① 意为"法律制定者"。
② 意为"宙斯之城"。
③ 按照第45节的记载,底比斯的建立者是布西瑞斯。

制造的工序,后来底比斯找到铜矿和金矿,他们做出的工具可以用来杀死野兽或是从事耕作,使得人民受到两种不同文化的熏陶,处于激烈的竞争之中,他们还为宗教的礼拜制出各种神像,修建宏伟的黄金庙宇。

他们提到奥西里斯对农业很有兴趣,他作为宙斯的儿子在奈萨(Nysa)被抚养长大,那是一个阿拉伯·菲利克斯(Arabia Felix)的城市,靠近埃及的边界;希腊人所以将他叫作狄俄尼索斯①,源于他的父亲和出生的地方,诗人在他的颂歌②当中提到奈萨:

> 某个奈萨城位于遥远的腓尼斯,
>
> 山高林密还傍着伊吉普都斯溪。

据说他在奈萨附近发现了葡萄树,从此对这种水果给予适当的照顾和培育,他是第一个饮用葡萄酒的人,教导人们大规模种植酿酒的果树和运用这种酒,还有就是如何收获葡萄和贮藏葡萄酒。他对赫尔墨斯大为推崇和赞扬,因为神的使者拥有独特的才华去创造各种事物,可以改善人类的社会生活。

16 根据他们的说法,可以举例如赫尔墨斯让人类使用更易于沟通的语言,很多没有名字的品项获得称呼,发明文字不可或缺的字母,还负责制定各种法令和仪式,与人类向神明的膜拜和奉献有很大的关系;他首先观察到星辰有秩序的运行,以及音乐的和声和它的性质,建立一所角力学校,对于人体合乎韵律的活动像是舞蹈,能够给予适当的发

---

① 要是根据语源学的解释,Dionysus 这个字来自 Dio(宙斯的称呼"天神")和 Nysus ("奈萨"这个地方)。

② 《荷马颂歌》(*Homeric Hymns*)第 1 首 8—9 行。

展。他模仿一年的季节，制造了一种有三根弦的琴，采用三种音程，就是高音、低音和中音;高音来自夏季,低音来自冬季,中音来自春季。希腊人被他教导如何详细解释(hermeneia)心中的想法和观念,所以他才得到 Hermes 这个名字。简而言之,奥西里斯就将赫尔墨斯当成具有祭司身份的书记,所有的事务都能合作无间,与所有的人员交往都听取他的意见。他们认为橄榄树是他发现的,并非像希腊人所说,应该归功于阿西娜。

17 他们提到奥西里斯怀抱行善之心而且热爱荣誉,召集一支大军意图访问所有人类居住的地区,教导当地民众如何栽培葡萄以及种植小麦和大麦。他认为只要能使人类放弃野蛮的习性,愿意采用和睦的生活方式,就会因为赐给世人最大的福分,获得千年万世不朽的名声。事实上这些都已完全实现,不仅他那个时代的人们都接受他的礼物,就是所有的后代子孙,也都蒙受他的恩典;他们从发现的粮食当中获得最大的幸福,任何人只要在这方面有所贡献,受到的敬爱就如同最为显赫的神明一样。

等到奥西里斯安排好埃及的事务,就将最高权力转移给他的妻子伊希斯,他们还说他要赫尔墨斯坐在她的旁边,成为提供咨询的国师,他谨言慎行,地位高于国王所有的幕僚。他留下赫拉克勒斯出任将领,对于所有统治的土地负起安全的责任,因为赫拉克勒斯是他的亲戚,素以骁勇善战和神力过人受到举世的赞誉;同时指派布西瑞斯(Busiris)①担任埃及总督,整个地区以腓尼基(Phoenicia)和大海为边界,还有安提乌斯(Antaeus)②负责相邻

---

① 布西瑞斯是海神波塞冬和阿里庇(Arippe)的儿子,成为传说中的埃及国王,后来被海克力斯所杀。

② 安提乌斯是希腊神话中的巨人,大地之母的儿子,在与诸神的战争中为赫拉克勒斯击毙。

的埃塞俄比亚(Ethiopia)和利比亚(Libya)。然后他率领军队离开埃及着手军事行动,还把他的弟弟带在身边,希腊人称他为阿波罗。

他们还说阿波罗发现了月桂树,所有人都用它的叶子编成花冠,将它放在这位神明的头上,比起其他神祇更受推崇。埃及人还将常春藤的发现归功于奥西里斯,将它作为神明的圣物,如同希腊人对狄俄尼索斯那样。据说在埃及人的语言当中,常春藤被称作"奥西里斯的植物",当成祭品奉献神明。常春藤较之葡萄藤更受喜爱,因为后者已经落叶而前者仍旧保持绿意;古人遵守同样的规则,这在其他的常绿植物当中可以看出端倪,例如他们向阿芙罗狄忒奉献桃金娘,给阿波罗的则是月桂的树枝。

18 从埃及人的记录得知,奥西里斯在两个儿子阿纽比斯(Anubis)和马其顿(Macedon)的陪伴之下,展开讨伐的工作,两兄弟都以英勇善战知名于世。他们身上的装束就是黩武好战的标志,它们来自具备无畏习性的某种动物,与人类相比有过之而无不及。阿纽比斯身穿一套狗皮衣服,马其顿的上衣是狼皮缝制的;他们所持的理由是这两种动物都受到埃及人的宠爱。他还带着潘神参加对外的征战,因为埃及人对牧神极具好感。当地的居民不仅在每一座庙宇里都设置他的雕像,等他来到底比斯以后,原住氏将这个城市取名为钦摩(Chemmo),经过翻译它的含义是"潘神之城"①。

在他的同伴当中,还有一些人对于农事有丰富的经验,诸如玛隆(Maron)知道如何培育葡萄,特里普托勒摩斯(Triptolemus)精通如何播种以及收割作物的每一个步骤。等到所有的准备工作全部完成以后,奥西里斯在神明面前宣誓,要让头发一直生长,直到回到埃及才剪,然后开拔让大

---

① 埃及人称为明(Min)的神祇,有着阳具形状的雕像,与希腊人经常提到的潘神是同一位神明;参阅希罗多德《历史》第2卷46节。

军通过埃塞俄比亚。所以埃及人会维持这个习俗一直到现在,就是他们外出旅行都不会理发,一切要等回到家中再说。

当他在埃塞俄比亚的时候,所有的记载还在继续,其中提到他们将萨特(Satyr)的居民带到他的面前,这些人的头发很长,一直垂到腰部。因为奥西里斯为人乐观风趣,喜爱音乐和舞蹈,通常他的身旁有一群乐师,其中有九位少女有美妙的歌喉,受过训练,精通其他的技艺,于是与她们在一起的希腊人就将她们称为缪斯(Muses)①;她们的首领(hegetes)根据记录是阿波罗,因而就将他称为缪西吉底(Musegetes),即"缪斯的首领"。他们在作战的时候会将萨特人带在身边,由于他们擅长歌舞和各种娱乐活动。奥西里斯不是穷兵黩武之徒,也不愿发起正规的战争或从事征讨的行动,他的施恩和仁政会使所有的民族把他当成神明乐于接受。他在埃塞俄比亚教导当地居民农耕,兴建一些后世闻名的城市;他留下一些人负责治理国家和征收贡金。

19 奥西里斯正在动用军队的时候,天狼星从东方升起,尼罗河在这个季节通常高涨,谁知激流冲破堤防使埃及大部分区域成为泽国,所及的范围在普罗米修斯(Prometheus)②担任总督的管辖之下。所有的田园都被摧毁,普罗米修斯极其悲痛,蓄意放弃自己的生命。洪水扫过大地是如此快速和狂暴,这条河川因而获得伊都斯(Aetus)③的恶名。赫拉克勒斯的打算是完成伟大的事业,建立男子汉大无畏的名声,很快让洪水停在堤防下,激流回归原来的河道。后来希腊的诗人才会杜撰神话的

---

① 缪斯在希腊神话里面,是掌管文学、艺术和科学的9位女神,她们是宙斯和记忆女神奈摩昔妮(Mnemosyne)的女儿。

② 普罗米修斯是泰坦神拉佩都斯(Iapetus)的儿子,盗火给人类遭到天神宙斯的惩处,将他锁在高加索山,日受恶鹰啄食肝脏之苦,后来赫拉克勒斯射杀这只猛禽,斩断铁链让他获得自由。

③ 意为"老鹰"。

情节,赫拉克勒斯杀死了吞食普罗米修斯肝脏的饥鹰。

在最早的时候,这条河流的名字叫作奥逊尼,希腊人会将它念成奥逊努斯。据说因为洪水泛滥的关系,它被叫作伊都斯;到后来得到伊吉普都斯(Aegyptus)的称号,这源于纪念一位著名的国王。这有诗人所写诗句加以证实①:

> 我乘坐装饰华美的船只,
>
> 在伊吉普都斯河上航行。

据说它抵达的地方是苏尼斯(Thois),早期成为埃及对外贸易的港口,河流在此处注入大海。这条河流最后的名字是尼罗河,这个名字一直使用到今天,为大家所接受,它来自伟大的国王尼勒乌斯(Nileus)。

奥西里斯抵达埃塞俄比亚边界,用在两岸筑堤的方式驯服尼罗河,因此在河流泛滥的时候,不可能在陆地上形成很多停滞不动的水池,给他的行动造成阻碍;洪水到达边界要通过修建的闸门,这时它的流动就会平缓下来。然后他继续行军,沿着红海②的海岸通过阿拉伯,最远到达印度,这是人类居住世界的极限。他同样在印度兴建一些城市,其中之一他取名为奈萨,希望能留下一个纪念,因为他在埃及的同名城市里面接受抚养。他在印度的奈萨城内遍植常春藤,以后整个印度直到今日除了此地,都找不到这种爬藤植物。他还在这个国度留下了很多遗迹,显示他曾经停留过一段时间,所以后来的印度将他视为神明加以膜拜,还说他是土生土长的印度人。

---

① 荷马《奥德赛》第 14 卷 258 行。
② 这个地方不是现在的红海,而是波斯湾和印度洋。

20 奥西里斯为了消遣就去猎取大象,到处都有他留下的雕刻精美的石柱,上面介绍了他参与的战役。他在访问其他亚洲国家以后,越过海伦斯坡(Hellespont)海峡来到欧洲。在色雷斯(Thrace)他杀死蛮族国王莱克格斯(Lycurgus),由于这个对手反对他的作为;这时玛隆的年纪虽然很大,但还是让他留下来照顾移植到此地的作物,还为他兴建了一座城市,取名为玛罗尼亚(Maroneia)。奥西里斯要他的儿子马其顿担任这里的国王,这个国家因而得名;同时他指派特里普托勒摩斯负责阿提卡(Attica)①的农业生产。

最后,奥西里斯一路访问所有人类居住的地方,引进最容易种植的谷类使得社会生活获得很大的进步。如果有哪个国度不适合葡萄树的成长,他就推荐使用大麦酿造的酒②,只是它的风味和劲道有所不如。等他带着各地区最重要的礼物回到埃及,由于对人类的贡献如此伟大,获得众人的赞许,可以享用不朽的名声,如同上天的神明一样接受世人奉献的尊荣。这样一来他由人进入神明的团体,从伊希斯和赫尔墨斯的手里接受献祭,以及其他最高的尊荣。人们还要为他制定仪式和引进很多带有神秘性质的事物,用这种方式加强身为神明的权力。

21 虽然奥西里斯的祭司从最早的时代开始,就把他死亡的记载当成不可泄露的秘密,但经过长久的岁月和众多的人事,隐藏的秘密逐渐为大众所知晓。这就是他们所说的情节:奥西里斯以法定国王的身份统治整个埃及,他的兄弟提丰为人残暴而且邪恶,竟然乘机将他谋杀;提丰将

---

① 阿提卡位于希腊中部最东侧,是一个三角形的海岬,面积大约有 2500 平方千米,公元前 7 世纪发展成为一个城邦国家,雅典是主要的城市,其他的城市有伊琉西斯、马拉松、阿斐德尼(Aphidnae)和索瑞库斯(Thoricus)。

② 后面第 34 节提到这是埃及啤酒,被称为 zythos。

受害者的遗体肢解为二十六块,分给下手的党羽每人一块,因为他希望这些人都成为同流合污的从犯,成为他的统治坚定的支持者和捍卫者。伊希斯是奥西里斯的姐妹和妻子,得到儿子荷鲁斯的鼎助要报杀夫之仇,提丰和那批帮凶遭到处决,然后她以王后的身份治理埃及。他们之间的斗争发生在尼罗河的岸边,靠近一个现在叫作安提乌斯(Antaeus)的村庄,据说这个小村在河岸以东,也就是阿拉伯半岛这个方向,它的得名来自奥西里斯同一时代的安提乌斯①,这位人物曾经受到赫拉克勒斯的惩处。

现在伊希斯找到除生殖器以外所有肢解的尸身,希望埋葬的地方能够保持机密不为人知,又能受到所有埃及居民的推崇和尊敬,就用下面的方法达成她的目的。她根据每一块肢解的部分,用香料和蜡制成奥西里斯大小的人体模型,然后分批召集祭司,要求他们立下誓言,不能将她所说的真相泄露给任何人;他说他们可以领着奥西里斯已遭肢解的部分私下离开,只有这些祭司得到允许能够埋葬他的遗体,然后提醒他们奥西里斯会给他们带来福分,叮嘱他们要将他的遗体埋在自己的区域,要把他当成神明一样看待。有些人为了推崇他至高无上的地位,还选出地区里面常见的动物,成为能够代表他的圣物,让它们在活着的时候享有奥西里斯的尊荣,死后给予与奥西里斯同样隆重的葬礼。伊希斯希望诱惑祭司出于为自己牟利的动机,奉献无上的崇敬给奥西里斯,就将整个国土的三分之一赐给他们,用来支付宗教活动和服侍神明所需的花费。

据说这些祭司想起奥西里斯的恩惠,乐于接受王后分配的田地,受到利益的引诱,一切行动都合乎伊希斯的愿望。因此,一直到今天每个祭司团体仍旧认为奥西里斯的遗体葬在他们的区域,就是对动物的崇拜也起源

① 安提乌斯是利比亚的巨人,他是海神波塞冬和大地女神的儿子,后来为赫拉克勒斯所杀,参阅本书第四章 17 节,特别提到他要是身体接触到土地,他的母亲就会灌输给他源源不绝的精力,所以赫拉克勒斯将他举离地面再将他扼死。

于他们对他奉为神明的尊敬,等到这些圣物死亡,从举行的葬礼仪式上还能感受到他们对奥西里斯的哀悼之情。神圣的公牛得到阿派斯(Apis)和纽埃斯(Mneuis)①的称呼,被当成奉献给奥西里斯的祭品。所有的埃及人都将它们当成神明一样行礼如仪;这种动物对谷物的发现大有帮助,有关耕种和农业的劳动,对人类做出了莫大的贡献。

22 据说伊希斯在奥西里斯过世以后,立下不再嫁人的誓言,将她的余生用在统治这片土地上面,遵守法律的规定,要将恩惠赐给所有的臣民。她跟自己的丈夫一样,死后享有不朽的名声,埋葬的地方靠近孟菲斯(Memphis),直到今天从神龛的位置就可以知道这是赫菲斯托斯的寺庙区域。要是按照有些作者的认定,两位神明的肉身并未留在孟菲斯,而是放置在埃及和埃塞俄比亚的边界,位于尼罗河上的一个小岛,靠近名为菲莱(Philae)②的城市;因为这是神明葬身之处,成为众所赞誉的圣地。为了证实这点,他们指出岛上有为奥西里斯修建的坟墓,只有此处受到埃及所有祭司的推崇,还有就是三百六十个酹酒仪式所用的大碗,围绕墓地成一圈,祭司按照规定每天要将大碗注满牛奶,口里唱着挽歌并呼叫两位神明的名字。出于这个原因不让游客登上神圣的岛屿。底比斯是埃及最古老的城市,所有的居民以"埋葬在菲莱的奥西里斯"为名发出的誓言,是最为隆重而严厉奉行的保证,绝不会有人反悔。

据称奥西里斯的身体除了阳具,都按照上述方式举行了极其隆重的葬礼,要是按照他们的说法,他的党羽没有一个想要拥有奥西里斯的生殖器,

---

① 饲养在赫利欧波里斯的牛称为纽埃斯,奉献给奥西里斯作为牺牲,全身的皮毛呈纯黑色,所受的尊荣仅次于阿派斯;有人认为它是阿派斯的父亲;参阅本章第83及后续各节。

② 菲莱这个岛屿在古代的埃及是一处圣地,获得"埃及的珍珠"的美称,无论是托勒密王朝在公元前的两个世纪,以及罗马帝国的三个基督教世纪,岛屿上面兴建了很多富丽堂皇的庙宇。等到亚斯文(Aswan)水坝建起来以后,这些古代的伟大建筑物全部沉入水中。

所以提丰将它扔进尼罗河。然而伊希斯认为这个器官如同身体的其他部分一样,都应受到神圣的顶礼膜拜,所以制作完全相似的模型放在庙宇里面,命令大家将它当成最受尊敬的神明,定期举行仪式和奉献牺牲。希腊人从埃及传入与狄俄尼索斯有关的崇拜活动和狂欢宴会①,特别是在神秘祭典和入会仪式当中,将他的阳具视为神明加以献祭和膜拜,给它取了一个名字叫作"法拉斯"(phallus)。

23 他们说从奥西里斯和伊希斯在世,到亚历山大的统治,因为后者在埃及兴建用自己的名字命名的城市(前331年),其间相隔有一万年之久,要是按照其他作者的意见,不少于两万三千年。有人提到这位神明②出生在皮奥夏的底比斯,他的双亲就是宙斯和塞梅勒(Semele),埃及的祭司认为这是杜撰之词。他们说起奥斐乌斯游历埃及的往事,曾经参加狄俄尼索斯的入会仪式和神秘祭典,将它当成卡德穆斯(Cadmus)③后裔子孙喜爱之物加以采用,使他受到大家的欢迎和拥戴。他们托言这位神明出生在底比斯,一般百姓出于无知或是盼望有一位希腊的神明,所以很高兴接受他为膜拜的对象。据说奥斐乌斯基于下面的缘故,才将神明的出生地和仪式转移到希腊。

卡德穆斯是埃及的底比斯的市民,养育了几个儿女,其中有个女儿名叫塞梅勒,她被一位不知其名的人士强暴,怀孕后几个月生下一个婴儿,从相貌来看埃及人认为他就是奥西里斯。只是这个婴儿不像通常认为的那

---

① 很多学者认为狄俄尼索斯的祭典和仪式源于埃及,法内尔(L.R.Farnell)的《希腊城邦的宗教崇拜和仪式》(*The Cults of the Greek City States*)第5章174页,对这种说法极力反对。

② 狄俄尼索斯。

③ 卡德穆斯是腓尼斯国王阿吉诺(Agenor)的儿子,欧罗芭(Europa)的兄长,后来欧罗芭被劫走,这些兄弟奉父亲之命出去寻找,不能达成任务不许返家;卡德穆斯向阿波罗请示,何处可以安身,阿波罗说他会遇到一头没带轭具的母牛,跟着它到休息的地方,就可以在那里建立一座城市;卡德穆斯果然遇到一头母牛,使他成为底比斯的奠基者。

样能够活着来到世上，那是他的出生违背神明的意愿，或者是自然律使然。卡德穆斯发现大事不妙，同时又从神谶获得指示，要遵守祖先留下的律法。他将婴儿全身涂满金粉，还要奉上看来得体的牺牲，理由是受到感应产生顿悟①，认出了来到尘世的奥西里斯。他把宙斯当成婴儿的父亲，用这种方式使得奥西里斯可以炫耀自己的身世，同时不让受到侵犯的女儿背负杀婴的恶名。

情节生动的故事在希腊人当中传播开来，事实就是卡德穆斯的女儿塞梅勒，在与宙斯发生关系后才能成为奥西里斯的母亲。后来的奥斐乌斯因为他的歌声、入会仪式以及教导有关神圣的事物，在希腊人当中拥有极其崇高的地位，卡德穆斯的后裔把他当成贵宾接待，皮奥夏的底比斯让他享有备受赞扬的殊荣。埃及人将神明的事务教导给他，等到他变得更为擅长以后，就将古老的奥西里斯有关出生的时间，加以改变到更为接近的年代，为了对卡德穆斯的后裔表示尊敬，制定新的入会仪式，举行的典礼在于让大家有一种认知，就是狄俄尼索斯是塞梅勒和宙斯所生。人民提到这些入会仪式，部分受到无知的欺骗，部分受到奥斐乌斯的吸引，特别是他因这方面的名声获得大家的信任，大部分人士就神明是希腊人一节，认为事实的确如此。后来，等到神话作家和诗人接替叙述祖先的事迹，剧院当中经常演出这一类的戏剧，所有后代子孙全盘接受，信以为真到执迷不悟的程度。

一般而论，他们认为希腊人把埃及最著名的英雄和神明据为己有，就同他们建立殖民地的手法如出一辙。

24 例如，赫拉克勒斯出生时就是一个埃及人，他以大无畏的英勇著称于世，曾经游历大部分有居民的世界，在利比亚竖起记功

---

① 这是神明除旧布新的仪式，参阅第二章47节，提到阿波罗每19年一个周期，在春分的时候前去游历北方的极乐之地（Hyperboreans）。

的石柱①;与这种论点有关的证据他们一直不让希腊人得知,至于大家都能接受的事实,就是在对抗巨人的战争当中,赫拉克勒斯加入奥林匹斯诸神的阵营;他们提到地球的年龄与巨人出生的时期无法相合,希腊人认为赫拉克勒斯在世的时代要早于特洛伊战争②,如果按照他们所给的数据,应该是人类刚刚在地球出现时;后面这个时间,根据埃及人的记录到现在已经超过一万年,要是从特洛伊战争算起还不到一千两百年。

再者,无论棍棒抑或狮皮都非常适合古老年代的赫拉克勒斯,因为那个时候还没有发明武器,人们只能拿着木头棒子攻击敌人,将动物的皮革当作防护身体的铠甲。他们公开宣布他是宙斯的儿子,至于他的母亲有何身世没有人知道,出生晚了一万年的阿尔西乌斯(Alcaeus)③是阿尔克墨涅的儿子,在世的生涯如同赫拉克勒斯,并非马垂斯(Matris)④所说的那样,获得荣誉(kleos)是来自赫拉的帮助,而是他坚持原则如同古代的赫拉克勒斯,才能继承英雄的名声和风范。

根据埃及人的记载,他们关于这方面的传统在很早的时候,就交到希腊人的手里征得同意。可见的效果就是赫拉克勒斯除去地面上凶恶的野兽;对于活在接近特洛伊战争时代的人类而言,诸如此类的故事已经不再适合,大部分有人居住的世界,因为农业的发达和城市的兴起,都已脱离原始的蛮荒状态,为数众多的民众定居在陆地上的各个区域。认定这片土地更适合古代的人民居住,那也是无法自圆其说的,当时的居民仍旧为大量野兽所乘,埃及的确处于这种情况,特别是它的上部区域,直到今日还是一

---

① 赫拉克勒斯之柱的描述可以参阅第四章第 18 节。

② 按照希腊神话,赫拉克勒斯与特洛伊国王普瑞安之父劳美敦(Laomedon)是同时代的人物,获得波塞冬的帮助为他兴建特洛伊的城墙。

③ 阿尔西乌斯是赫拉克勒斯的祖父,赫拉克勒斯的事迹可以参阅本书第四章第 9 节和后续各节。

④ 马垂斯是为赫拉克勒斯撰写颂词的作者,他的生平不详。

片荒芜,成为野兽猖獗和横行之地。根据这种说法,赫拉克勒斯首要考虑的,就是他应该出生在这片国土上。他清除地面上凶狠的野兽开辟成一片乐土,让人类可以拥有神明的尊荣。他们还提到帕修斯(Perseus)同样是在埃及降生的,伊希斯的出生地在神话当中被希腊人搬到亚哥斯(Argos),还提到爱奥(Io)变成了一头小母牛。

25 总之,对于这些神明,一般意见可以说是大相径庭。就拿使用的名字来说,同样一位女神,有人称她为伊希斯,或者是德米特、帖斯摩弗鲁斯、塞勒尼(Selene)、赫拉等不一而足;有人将奥西里斯叫作萨拉庇斯(Sarapis),或者是狄俄尼索斯、普禄托(Pluto)、阿蒙、宙斯,甚至认为他就是牧神;有人说萨拉庇斯这位神明,被希腊人称为普鲁托。

埃及人提到伊希斯,就说她发现很多有益健康的药物,擅长各种医疗技术,因此她已经是永生不朽的神明。这时她发现自己极其高兴为人类治病,任何人只要向她提出请求,她就会在这个人的睡梦①之中给予帮助,人们可以明显看到她的出现以及所得到的好处。如同大家所说的那样,就像希腊人的做法确有进步之处,不能把它看成没有根据的传闻,完全基于事实的认定;特别是整个有人居住的世界,都可以出面为她做证,由于致力于医疗服务,大家将荣誉授予伊希斯。② 对于那些向她恳求的患者,她坚持的原则是在他们的梦中为他们治病,可以获得不可思议的成效,很多人得了绝症,医生已经感到失望,是她使他们痊愈,还有一些人眼睛或身体其他器官丧失功能,大家一起求助法力无边的女神,是她使他们恢复到健康的状态。

---

① 病患整夜要住在寺庙的内院,神明在他的梦中进行治疗的程序。亚里斯托法尼斯(Aristophanes)的喜剧《财源广进》(Plutus)第 659 行及后续各行,提到财神瞎了眼睛,未经审查到处乱撒金钱,就到阿斯克勒庇斯神庙用这种方式治好他的盲目。
② 受到托勒密王朝发挥的影响力,伊希斯的崇拜在公元前 300 年前后很快传遍整个地中海地区。狄奥多罗斯在世的时代,每个城市都将宗教活动视为重要的工作。

她发现的药物可以让人长生不老,不仅能使她的儿子荷鲁斯起死回生,因为后者为泰坦神(Titans)的阴谋所害,被发现淹毙在水中,她不仅让他的灵魂归位,还能让他获得永生。可以明显得知,荷鲁斯在他的父亲告别世人以后,是最后一位出任国王的神明。他们还提到他的名字是阿波罗,经过翻译才成为荷鲁斯;他的母亲伊希斯将医学和占卜全部教导给他,他的神谶和医术使他成为人类的恩主。

26 埃及的祭司计算从赫留斯的统治到亚历山大渡海到亚洲(前334年)的时间,说这是一个两万三千年的周期。如同他们的传说提及的,最古老的神明统治的时间超过一千二百年,近来这些神明都不到三百年。由于计年的数字是如此巨大,已经让人无法相信,古代习惯用月亮的循环作为年的计算标准,还不承认太阳的运转与时间有什么关系。因此,要是一年只有三十天,绝大多数人也不可能活到一千二百年,如同现在我们的一年是十二个月,也只有极少数人在世上能有一百岁的寿命。对于有关统治三百年也可以给予同样的解释,他们的一年只有四个月,就像后来每一年所组成的季节,只有春季、夏季和冬季。因为这个有些希腊人称年为"季",所以他们年度的记录被称为 Horographs①。

再者,埃及人在神话中提到伊希斯的时代,出现了很多身体畸形的造物,希腊人将他们称为巨人②,至于他们自己,让人们在寺庙当中展现像妖怪一样的躯体,可以以奥西里斯给予强有力的辩护。有一些人说他们来到

---

① Horographs 意为"季节的记录",例如纳克索斯岛的居民对于年度的记录仍旧使用这个名称。
② 希腊神话里面的巨人在于躯体的"巨大"而不是有"很多"的身体。

世间的时候,那些由大地创造出来的生物仍旧保存着①,并没有任何变化;还有一些人坚持个人的意见,认为只有那个时候的勇士力大无穷,完成很多丰功伟业,就像神话当中描述的人物。但大家都同意,他们发起对宙斯和奥西里斯的战争,最后落得全部灭绝的下场。

27 据说埃及人制定了一条违反人类共同习惯的法律,允许亲兄妹或姐弟结婚成为夫妻,伊希斯可以说是始作俑者,因为她嫁给她的兄弟奥西里斯,等到他去世以后,发誓绝不与其他男士结婚;她对谋杀丈夫的凶手进行报复以及在有生之年统治埃及的领土,全都依据法律的规定,总之,这样做较之其他任何事物,能给全民带来更多和更大的福分。事实上,相互的关系是命运注定的,王后比国王获得更大的权力和荣耀,从而在平民当中妻子也能够掌控她的良人②,丈夫在婚约里面同意所有的事情都要顺从妻室③。

我非常清楚有些史家对于伊希斯和奥西里斯有如下的记载:两位神明

① 可以与《圣经旧约·创世纪》第6章第4节的文字做一个比较:"那时候有伟人在地上,后来上帝的儿子们和人的女儿们交合生子,那就是上古英勇有名的人。"文内的"伟人"在英译本的《圣经》中是 Nephilim 这个词。

② 这种"牝鸡司晨"的习俗,古今中外经常见到,参阅索福克勒斯(Sophocles)的《俄狄浦斯在科洛诺斯》(Oedipus at Colonus)第337—340行:无论他们的思想还是行动全都效法和定型于埃及人的方式;男人坐在室内织布机的前面,妻子在外奔波肩负家庭生计。

③ 在有些手稿上面,这一节之后还要连接第22节出现的大段文字:"据说伊希斯亡故以后埋葬在孟菲斯,她的坟墓奉到指示要位于赫菲斯托斯神庙所在地,某些作者认为这两位神明的遗体(我在前面提过安葬在尼罗河的菲莱岛),长眠在埃塞俄比亚和埃及的边界地区,就是尼罗河上一个岛屿,接近菲莱这个城市,神明的葬身之处,使得这里成为众所赞誉的圣地。他们指出岛上有为奥西里斯构建的陵墓,受到埃及所有祭司的推崇,还提到360个供酹酒仪式使用的大碗,围绕墓地成一圈,祭司按照规定每天要将大碗注满牛奶,口里唱着挽歌并呼叫两位神明的名字。出于这个原因只有祭司可以登上神圣的岛屿。底比斯是埃及最古老的城市,居民以'埋葬在菲莱的奥西里斯'为名所发的誓言,最为隆重而且是必须严厉奉行的保证,绝不会有人反悔。"

的坟墓在阿拉伯的奈萨,因为这个狄俄尼索斯被人称为奈萨乌斯(Nysaeus)。当地的民众为他们竖了两根刻有象形文字的石柱。伊希斯的纪念石柱上有下面的铭文:"我是伊希斯,统治陆地的王后,受到赫尔墨斯的教导,我是所有法律的制定者,没有任何人可以将它置之不理,我是最年轻的神明克罗努斯的长女,我是奥西里斯王的妻子和姐姐,我第一个为人类发现可食用的谷物,我是身为国王的荷鲁斯的母亲,我让大犬座①的明亮星体从地平线升起,是我兴建名为布巴斯都斯(Bubastus)的城市。啊,永别了,养育我的埃及,我要向你告别。"

另外一根石柱刻着奥西里斯的墓志铭:"我的父亲克罗努斯在所有神明之中最为年轻,我是身登大宝的奥西里斯,征服的国家远及印度无人居住的区域以及极北之地,甚至到达伊斯特(Ister)河②的源头,世界其他地方没有比奥逊努斯更为遥远的。我是克罗努斯的长子,我从一颗美好而又高贵的蛋③中一跃而出,如同在白昼出生一位同类的后裔。人类居住的世界没有一个地区我不曾到过,我将我发现的事物全都分享给大家。"他们说刻在纪念石柱上可以阅读的铭文原来非常冗长,除了少数还留存下来,大多数因为时间的关系已经湮灭不复辨识。不过,有关这位神明的埋葬,竟然有内容不同的记载,在大多数作家的著作当中出现,原因在于祭司将他们所知道的相关情况,当成必须严格保守的机密,一直没有泄露出去,不愿

---

① 按照伊拉托昔尼斯(Eratosthenes)的伪作《星座》第33节,位于小犬座(Canis Major)上方明亮的大星称为伊希斯星或天狼星(Sirius)。

② 就是现在的多瑙河。

③ 这种观念来自奥斐乌斯的传说,提到尚未发展的宇宙如同一颗拥有不可思议魔法的蛋,从而得到的形成物是生命最基本的原则。亚里斯托法尼斯的喜剧《群鸟》(Birds)693行及后续各行,完全模仿奥斐乌斯的宇宙起源说:混沌初开之时一片幽暗和夜暗,与塔塔鲁斯的广大宽阔和阴郁;成为一片真空,没有地面和苍穹,全部停留在深渊最底层的地狱。漆黑如同貂皮毛色的深沉夜晚,旋风的呼啸声中孕育一个巨蛋;像是季节的流转会从它的存在,迸发的爱成为带来光明的通路,高举黄金的双翼向着上方飞翔,爱的光芒是何等得灿烂和辉煌!

公开实情，理由是任何人要将与神明有关的秘闻告知大众，就会有丧失性命的危险。

28 现在埃及人会提到这件事，源于大量殖民地从埃及散布开来，遍及有人居住的世界。例如，移民在贝拉斯(Belus)的领导之下前往巴比伦(Babylon)，须知贝拉斯是波塞冬(Poseidon)和利比娅(Libya)的儿子；等到立在幼发拉底河(Euphrates)的根基稳固以后，巴比伦人指派迦勒底人(Chaldaeans)①担任祭司，如同埃及的祭司一样，免除城邦的赋税和其他各种应该履行的义务；他们还要观察天空的星辰，像是埃及的祭司、自然科学家和天文学家日常的工作。② 他们提到有些人与达劳斯(Danaus)从埃及出发，定居的地方在希腊最古老的城市亚哥斯，还有就是科尔契人(Colchi)在潘达斯(Pantus)拥有的国家，以及位于阿拉伯和叙利亚(Syria)之间的犹太(Jews)小区，全都是某些移民离开原来的家园建立的殖民地。至于科尔契人和犹太人这两个民族何以建立延续长久的传统，还要对男童施以割礼，这也是从埃及带来的习俗。

据说雅典人都是塞埃斯(Sais)的移民，在很早的时候从埃及搬迁过去的，对他们之间的亲戚关系可以提出很多的证据；在希腊人当中只有雅典人把他们的城市叫阿斯提(Asty)，这个名字就是埃及的一座城市。再者，雅典的政治体如同在埃及所发现的，在人民当中有同样的类别划分，他们的市民区分为三个阶级。所谓第一阶级即他们的 eupatrids③，这些人受过

---

① 迦勒底人是闪族的一支，发源于阿拉伯半岛，迁移到波斯湾，在公元前7—前6世纪建立新巴比伦王国，位置大约在美索不达米亚南部，尼布甲尼撒二世(Nebuchadnezzar Ⅱ)统治期间，国势到达巅峰，公元前598年被波斯人消灭，从此迦勒底人分散到亚洲和非洲，这个民族特别以星象和占卜著称于世。

② 埃及的祭司免予税赋参阅本章第72节，有关迦勒底人的情况参阅本书第二章第29节。

③ 意为"尊贵的老爷"。

更好的教育,值得得到更高的礼遇,如同埃及的祭司。第二阶级是 geo-
moroi①,期望他们手执武器保卫城邦的安全;如同埃及那些出身农夫还供应
所需的武士。最后一个阶级可以视为 demiurgoi②;他们从事商业和贸易,只
能为城邦提供最低贱的服务,埃及人当中这种阶级具备同样的功能。

再者,他们还言之凿凿,雅典人的统治者最早都是埃及人。例如,麦内
昔乌斯(Menestheus)的父亲彼得斯(Petes)③参加讨伐特洛伊的远征行动,
其实他就是一个埃及人,后来他获得雅典的市民权,以及王权。④ 他是由
两种形体组合而成的,然而雅典人无法从自己的观点,对这种性质做出真
正的解释,即使可以公开让大家知道他具备双重的市民身份——希腊人和
外邦的蛮族,事实上他拥有的两种形体,使得他部分是兽类部分是人类。

29 这些都是非常类似的事项,他们继续说下去,伊里克苏斯
(Erechheus)生下来就是埃及人,后来成为雅典的国王。证据
是他们提供了下列考虑的情况:大家都知道大洪水蔓延到所有人类居住的
地面,除了埃及这个国度因为自己的特性不受影响以外,其他地区无论是
作物还是民众都遭到极其惨重的损失,由于伊里克苏斯与埃及有种族的关
系,雅典可以收到大量的谷物,为了回报他的恩惠就拥戴他成为国王。等
到他的王座巩固可保无虞,就在伊琉西斯(Eleusis)制定德米特的入会仪
式,举行神秘典礼,相关的程序和内容都来自埃及。

传说提到女神降临阿提卡,这发生在那个时代是相当合理的事,她将
各种作物带到雅典才为它们命名,所以才会认为这些种子再次被人发现,

---

① 意为"地主"。
② 意为"工人"。
③ 荷马的《伊利亚特》第 2 卷 552 行,这个人的名字叫作彼提乌斯(Peteus)。
④ 原文在此出现脱落和丧失的情况,从后来的文字知道这个人就是传说当中雅典第
一任国王昔克罗普斯(Cecrops),他的身体下部分是蛇的形态。

虽然德米特早已将它们当成礼品赐给他们。就是雅典人也同意提到的情况，当伊里克苏斯在位的时候，久旱未雨使得农作物没有收成，德米特带着谷物前来赈灾。再者，就是在那个时候才在伊琉西斯制定女神的入会仪式和神秘典礼。雅典人还提到古老祭祀的奉献牺牲，运用的方式与埃及人完全相似。

优摩帕斯家族（Eumopidae）是从埃及祭司的手里获得这些资料，至于西里西斯家族（Ceryces）的名字则得自 pastophoroi①。他们向伊希斯发誓自己是希腊人，然而无论外貌和行为都与埃及人毫无二致。很多人有完全类似的陈述，说起来是喜爱光荣胜于真相，我认为出于雅典的名声，所以埃及人才认为这个城市过去是他们的殖民地。

总之，埃及人提到他们的祖先在有人居住的世界的很多地方建立无数的殖民地，理由是过去的国王都非常卓越，而且这片狭长的国土有太多的人口。他们对于这种情况无法提供任何有价值的证据，也没有一位史家可以相信他所证实的观点，所以我们不认为他们的著作值得保存下来。

埃及人有关神明的观念受到大家的重视，因而我们尽量把它说得非常清楚，对这片土地、尼罗河以及所有经过我们的努力以后值得倾听的东西，在我们的叙述当中会给予适当的比例②，特别是一切都要真实无虚。

30 埃及的国土一般而言是从北向南延伸，它的自然资源和陆地景色要是与王国的其他区域相比，拥有的名声和优势真是无法以道里计。它的西边因为利比亚沙漠使得国土的防备更加安全，上面都

---

① 优摩帕斯家族和西里西斯家族在雅典拥有高贵的地位，负责阿提卡地区最重要的宗教活动和祭典仪式；所谓 pastophoroi 是埃及的祭司，参加朝圣行列携带的小型神龛。
② 这是狄奥多罗斯在本书当中常用的文句，尽量要让各章的篇幅和字数能够保持差距不大的情况。

是野兽的荒漠沿着边界延展很长的距离，因为缺乏雨水和食物，所以经过该地的旅客，不仅辛苦万分而且极其危险；尼罗河的瀑布和作为屏障的山脉在南部区域给予同样的保护；离开特罗格迪底人（Trogdytes）①的国度到更远的埃塞俄比亚的区域，距离超过五千五百斯塔德，无论是河上的航行还是陆上的旅途都不是一件易事，除非一个人可以像国王那样供应无缺，或者至少在某种程度上，要有相当的能力。

面对东方的部分，有些可以靠着河流形成的无法超越的天堑，有些为沙漠和被称为巴拉什拉（Barathra）②的沼泽平原所围绕，有一个湖泊横亘在外叙利亚和埃及之间，非常狭窄，然而湖水极深，长度也只有两百斯塔德，它的名字叫作色波尼斯（Serbonis）③，如果不知道它的特性就贸然接近，会带来无法预测的危险。狭窄的水体就像一条丝带，四周围绕着巨大的沙丘，持续的南风刮起遮蔽天日的沙暴，所有的水面都为沙粒掩盖，使得湖泊的轮廓与陆地连接起来，完全无法加以辨别。因为这样的缘故，要是不熟悉这个地区的特性，只要偏离惯走的路线，就是一支大军④都会消失得无影无踪；他们不可能转头回去或是避开面对的危险，这时大家才会同心协力，相互帮助。

任何人只要陷身于这片沼泽地区，浓密的沙粒就会阻止四肢的运动使他无法漂浮，没有坚实的立足点可以使他徒涉而过；这完全在于沙与水的

---

① 狄奥多罗斯认为这些"洞穴居住者"分布在红海沿岸地区，最北边要靠近名叫贝里西斯（Berenice）的希腊港口，本书第三章第 32 节及后续各节有详尽的叙述。

② 这个字的字根意为"吞没"，与地区的特性非常符合，狄奥多罗斯在下面提到实际发生的情况。著名的巴拉什隆（Barathron）或"深坑"，是雅典附近一个很深的裂口，位于宁芙（Nymphs）小丘的西边，凡是判处死刑的罪犯都会被活活投入其中。

③ 参阅弥尔顿（Milton）《失乐园》（Paradise Lost）第 2 卷第 592—594 行：有一个浮沙地区如同色波尼斯的泥沼，位于达米阿塔和古老的卡休斯山之间，像当年有一支大军陷入其中。鉴于本书为古希腊著作，计量单位从原文直译，具体换算关系请参阅相关文件。

④ 本书第十六章第 46 节，提到一支大军损失其中一部分兵力的例子。

混合使得两者的性质发生改变,来到这里无论是用双脚还是船只,全都不能安然无恙地渡过。因此地面的流沙让人在它的边沿就滑了进去,接着就会陷入深处,没有任何东西可以抓住,也得不到外来的帮助。虽然它的外貌是平坦的浅滩,但因为具有上面提到的特性,所以获得巴拉什拉的称呼。

31 从我们叙述有关的事实可知埃及从陆地的三面来看,它的防务真是无懈可击,还有一面未曾提及,仍需注意。它的第四面是整个受到海浪冲击的滩岸,特点是没有可以使用的海港,横亘在前面的埃及海(Egyptian Sea)①,可以构成第一道防线。沿着海岸的航行格外的漫长,要想在任何地方登陆都非常困难,从利比亚的帕里托尼姆(Paraetonium)②到内叙利亚(Coele-Syria)的爱奥庇(Iope)③,这段海上的距离大约有五千斯塔德,除了法罗斯(Pharos)④以外找不到安全的港口。

没有人会作这方面的考虑,亦即埃及整个海岸线的外海,全部延伸成一道水下的沙坝,外来的船只在接近的时候,要是对这个海域没有过去的经验,根本无法察知隐藏的危险;因此,任何人要是认为已经逃脱海上风涛的威胁,处于无知的情况下很高兴地向着海岸前进,他们的船只就会突然搁浅导致海难的发生。经常出现的情况就是海员无法及时看到陆地,因为整个的地势很低,在他们发觉情况不对之前已经接触到海岸,有的是在沼泽或潟湖,有的是沙漠地区。

埃及的陆地基于自然的特性在每一方面都有良好的防卫,前面已经交代得非常清楚,它的形状为长方形,海岸线有两千斯塔德,再向内陆延伸六

---

① 这是地中海的一部分,用来称呼靠近埃及的广大海域。
② 这是亚历山德拉以西滨海地区第一座重要的城市。
③ 就是现在的约帕(Joppa)。
④ 这个岛屿位于亚历山德拉的外海,用堤道连接以后构成的海港使用这个名字。

千斯塔德。人口的密度在有人居住的世界远超过所有古老的已知地区，甚至到今天都不会屈居第二。它在古代拥有重要的村落和城市，当时就已超过一万八千个；要是我们参阅神圣的记录，拉古斯（Lagus）之子托勒密（Ptolemy）①统治之下，这个数字不止三万②，还能继续保持到我们这个时代。他们提到它的总人口数在古代是七百万，直到今天仍旧不会少于这个数字。③ 根据史书的记载可知，埃及古老的国王，获得了如此丰富的人力资源，从事巨大到不可思议的工程，为他们的光荣事迹建立永垂不朽的纪念物。有关的问题我们在后面还要详细叙述，现在我们要谈一谈这条大河的性质，以及整个国度极其独特的面貌。

32 尼罗河从南向北流动，从来没有人见过它的发源地，那是埃塞俄比亚极其遥远的沙漠，高温的炎热气候使人类无法接近。它是世界上最大的河川，流经极其宽广的区域，形成的河道非常曲折，有时向着东方流向阿拉伯，有时转向西方的利比亚；它的河道从埃塞俄比亚的山脉到入海的出口，包括弯曲部在内的长度有一万二千斯塔德。在它位置较低一直向下延伸的水道当中，水量会逐渐减少，像是会被两个大陆④吸

---

① 托勒密·拉古斯是亚历山大大帝的部将，成为托勒密王朝的创立者，亚历山大于前323年崩殂以后，他很快获得埃及的统治权，前305年登极成为国王直到前283年逝世。

② 希罗多德在《历史》第2卷第177节提到阿玛西斯在位的时代（大约是公元前6世纪），埃及的城市数目是两万个。至于狄奥多罗斯说是"超过三万"，要是将村庄包括在内大致会很正确；生于公元前305年的狄奥克瑞都斯（Theocritus）在《颂词》第17首第82行中，为了赞扬托勒密用了33333这个数字，说他的统治之下有三万三千三百三十三座城市，一看就知道这是作假的阿谀之词。

③ 有的学者认为埃及在公元前1世纪中叶，它的人口总数七百万这个数字大致正确无误。约西法斯（Josephus）《犹太战争史》（Jewish War）第二卷第385节，说是过了一个世纪以后，埃及的人口不包括亚历山德拉在内大约有七百五十万人。狄奥多罗斯在本书第十七章第52节，说是这个城市"具备自由人身份的居民"超过三十万人。

④ 早期的希腊作家认为尼罗河是亚洲和非洲两个大陆的分界线。

干一样;一直向南的河川开始中断,突然改朝利比亚的方向流动,如同被广大的沙地吞噬,横亘其间且深度令人难以置信;接着朝向相对位置阿拉伯流动的河水,现在转变方向注入巨大的沼泽和湿地①,它的岸边居住着很多部族。等到它流入埃及以后,河道的宽度是十斯塔德,有时会更窄狭一些,流向不直,而是曲折而行,开始向东、接着向西,总体看会转过来保持整体向南的趋势。险峻的山丘沿着河流的两岸向前延伸,大部分的陆地都非常崎岖,水流切割出陡峭的峡谷,形成狭窄的隘路;河水急速通过山区以后,流经平坦的地面②又会很快地转向后方,等到再转回到往南流动的方向,在广大的地区恢复正常的状态。

根据他们的说法,尼罗河与其他溪流相比最为奇特之处,除了瀑布所在的位置,还有流速非常平稳,不会激起湍急和汹涌的波涛。这个位置的长度只有十斯塔德,地势急剧下降以及受到悬岩的阻挡,形成一条非常狭窄的裂缝,整段水道就像峡谷一样崎岖不平,河床满布巨大的漂石,只有尖端露出水面。河水以巨大的力量将漂石切割开来,顿时变成障碍,让水流到相对的方向,形成清晰可见的漩涡,河道的中间全都布满水流回旋产生的泡沫,让接近的人感到恐惧。事实上,河水的冲落是如此快速而狂暴,看在眼里像是一支疾闪而过的箭矢。尼罗河泛滥的时候,巨大的水量掩盖露出尖端的砾石,湍急的激流像是消失不见,有些人在出现逆风③的情况下,可以从瀑布的上方向下航行;只是没有人胆敢溯流而上,河川的力量可以颠覆任何一种人类制造的载具和船只。基于河流所处地形的性质,还是会出现其他的瀑布,最大一处位于埃塞俄比亚和埃及之间的边界。

---

① 希罗多德在《历史》第2卷第32节,提到尼罗河的上游有广大的沼泽地区。
② 那是位于两个丘陵地区之间的山谷。
③ 运用船帆产生的阻力来降低船只顺着激流向下冲的速度。

33 尼罗河错综复杂的水道形成的岛屿,绝大多数都在埃塞俄比亚,其中面积最大的一个称为麦里(Meroe),上面有一个显赫的城市与岛屿同名,建立者康贝西斯(Cambyses)的命名来自他的母亲。他们提到这个岛屿的形状很像一面长形的盾牌,大致有三千斯塔德长和一千斯塔德宽,远比这个区域其他岛屿要大很多。它的上面没有几座城市,其中以麦里最为著名。岛屿在河流的冲刷之下,它的长度会向下延伸,靠近利比亚这边的地面遍布沙丘,朝向阿拉伯一边是高耸的峭壁。这里可以勘查到金矿、银矿、铁矿和铜矿,还出产大批的黑檀木和名贵的宝石。一般而言,河流形成很多岛屿,有关它们的报道很难取信于人,离开被河水围绕的被称为三角洲的地区,还有多达七百个其他的岛屿,埃塞俄比亚人在其中有些岛屿上面开垦,种植粟米之类的作物;大多数的岛屿,毒蛇、狗面狒狒①和各种野兽肆虐横行,使得人类无立足之地。

尼罗河流经埃及最后分成几个水道,形成的区域因为它的形状被称为三角洲;它的两个边是用最外缘的两条支流来表示的,河流注入所在的海洋构成它的底部,尼罗河的入海口有七个,从东边开始第一个是佩卢西姆(Pelusiac),第二个是塔尼(Tanitic),其次分别是门德(Mendesian)、法特尼(Phatnitic)、塞宾尼都斯(Sebennytic)、波比蒂尼(Bolbitine),最后是坎诺帕斯(Canopic)或赫拉克里(Heracleotis)。虽然还有其他的河口,但完全是人工构建而成,并没有加以叙述的必要。

每一个河口都兴建城墙围绕的城市,河流将它分为两部分,河口每一边的适当位置都架设浮桥和建立哨所。佩卢西姆河口有一条人工的运河连接阿拉伯湾和红海。首先兴建这项工程的人是桑米蒂克斯(Psammetichus)的儿子尼考(Necho),接着是波斯帝国的大流士(Darius),开始施工

---

① 本书第三章第35节有详尽的叙述。

一段时间，最后还是没有完成①，因为有人特别向他指出红海的海面高于埃及，一旦他从陆地的颈部开挖，造成的结果是他要为埃及遭到淹没负起责任。② 到了后来托勒密二世（前285—前246年）完成了整个工程，还在最合适的地方兴建了一座巧夺天工的闸门，它在需要通过的时候打开，然后很快地关闭，这种奇妙的发明经过证实，已经获得极大的成功。这条流经运河的水道被称为托勒密（Ptolemy）河，这是使用了建造者的名字，在它的河口有一座叫作阿西尼（Arsinoe）的城市。

34 三角洲的形状很像西西里，两边各长七百五十斯塔德，底部受到海洋的侵蚀，长度是一千三百斯塔德。这座岛屿上面有纵横的渠道交织，拥有埃及最为肥沃美好的田地。因为它是冲积土又饱含水分，几乎每种作物都能生长，河流每年定期涨水，留下的沉淀物是养分最多的淤泥；居民运用叙拉古人阿基米德发明的装置，很容易灌溉整个地区，这种装置因它的外形被人称为螺旋汲水机③。

尼罗河的水流非常平缓，携带地表无数形形色色的物质向下搬运，再者，聚集在低处停滞的水池形成的沼泽生长种类繁杂的植物。包括各种受

---

① 尼考（Necho）的统治时期是从公元前609年到公元前593年共计16年，大流士在位是从公元前521到公元前485年共计36年。

② 这条古代的运河不要与现在的苏伊士运河发生混淆，它在布巴斯蒂斯（Bubastis）上方不远处离开尼罗河，连接瓦迪·图米拉特（Wadi Tumilat）到苦湖（Bitter Lake），再转向南方沿着现在这条运河的路线抵达红海。它的构建可以回溯到第十九王朝甚或第十二王朝。不管怎么说，它在大流士的统治之下再度通航，在五根石柱上面发现保存很清晰的铭文："我是一个波斯人，我从波斯前来征服埃及，我下令建造这条连接尼罗河的运河，我能从波斯经过红海到达埃及，我的命令完全执行运河可以通行，我的目的是让埃及的船只经过这条运河前往波斯。"从留下的遗迹看它有150英尺宽和16—17英尺深。

③ 按照维特鲁维乌斯（Vitruvius）的叙述，是一个螺旋状的导管，里面有一根木质的轴心在转动。运用人力使得轴心旋转用来提升水位，却无法将河水升到轮型水车（这是尼罗河最常用的灌溉工具）所能到达的高度。

到喜爱的块茎和球根，以及水果和蔬菜，产品丰富、产量充足，连居民当中的贫户和病人都能自食其力。他们不仅获得变化多端的饮食，任何人只要伸手就能获得，除此以外还要供应不少其他项目的生活必需品。例如莲藕在此地大量地生长，它的根茎制成面包可以满足食用的需要，还有一种作物 ciborium 每年都有丰硕的收成，因而得到"埃及豆"①的美称。

还有种类繁多的树木，其中之一为猴面包树②，长着非常甜美的果实，波斯人将它从埃塞俄比亚传入，因为康贝西斯曾征服此地区；有一种叫 fig-mulberry③ 的长着黑色的桑葚，另外一种果实很像无花果，几乎全年都能开花结实，使得穷人也能满足需要。一种被称为黑莓的水果采取的季节正值洪水消退，滋味可口，可以当成用餐时的甜点。埃及人喜爱大麦制成的被称为"zythos"的饮料，宴客时用来取代葡萄酒也不让人感到寒酸；注入灯中点来照明的不是橄榄油，而是从一种被称为 kiki 的植物当中提炼出来的油类④。很多其他的植物都能供应人类生存的需要，在埃及的生长极为丰富，要想一一描述将是一件繁重的工作。

35 谈起动物，尼罗河孕育了很多特殊的品种，其中有两种更为出色，就是鳄鱼和他们所谓的"马"⑤。鳄鱼生下的卵大小很像鹅蛋，孵化以后的幼鳄长成巨大的躯体，成年鳄的长度可达十六肘尺。它的寿命如人类一样长，巨嘴里面没有舌头。它的身体受到自然界非常奇特的保护，皮肤全部覆盖极其坚硬的鳞甲，上下颚长满牙齿，两只长牙要比其

---

① 学名 Nelumbium Speciosum，参阅狄奥弗拉斯都斯《植物志》(*Enquiry into Plants*)第 4 卷 8 节之 7。
② 学名 Mimusops Schimperi，参阅狄奥弗拉斯都斯《植物志》第 4 卷 2 节之 5。
③ 学名 Ficus Sycamorus，参阅狄奥弗拉斯都斯《植物志》第 6 卷 6 节之 4。
④ 蓖麻油。
⑤ 希腊人将它称为 hippopotamos，即河马或"尼罗河的河马"。

他的利齿更为巨大，吞食的对象不仅是人类，所有接近河岸的陆上动物都是不幸的牺牲品。嘴的咬合产生巨大而猛烈的力量，爪子造成可怕的撕裂，任何部位被它抓伤以后，即使治疗都非常难以痊愈。早期的埃及人用钓钩挂上猪肉当饵擒获这种猛兽，有时会用沉重的网如同他们在捕捉某种鱼类一样，或是站在船上用铁矛很快刺进它的头部。

鳄鱼在河流和邻近的沼泽，数量之多真是难以想象，原因是多产而且很少受到居民的伤害。因为埃及的土著遵从传统的习俗，将鳄鱼视为神明对它顶礼膜拜，至于外乡人不会捕猎它，是因为鳄鱼的肉不可食用，花费很大的力气却无利可图。自然界产生一种机制，有助于防止这种动物的大量繁殖，不致对居民带来更大的威胁：有一种动物被称为 ichneumon，体形如同一只小狗，会弄破鳄鱼的蛋，因为鳄鱼会将卵产在河岸，最为奇特之处，它这样做并不是为了吃它或是使自己得到任何好处，可以说完全是自然的力量，逼使这种动物为人类谋取福利。

被称为"河马"的动物高度不会少于五肘尺，偶蹄类的四足兽类似公牛，巨大的獠牙如同野猪，面颊的两边各有三根，只有耳朵、尾巴和叫声很像马，提到巨大的躯体，与象相比没有多大的差异，几乎在所有的野兽当中，它的皮肤最为坚韧。作为可生活在河流和陆地的动物，它白天的时间花费在溪流当中，活动在深水区域，到夜间在田野觅食谷物和草料，因此，这种动物如果每年都能繁殖生产，埃及的农田就会全部被摧毁殆尽。要想捕捉河马必须很多人通力合作，用的武器是铁矛，只要确定目标就划着小船围上去，不断将它刺伤，同时用像凿子的东西，上面装着铁质的倒钩①，尾端绑着很粗的长绳，等到凿子的倒钩深深嵌在河马体内，就可以拉住不放，直到它因流血过多而倒毙。它的肉质很硬，难以消化，无论是内脏②或肠子都不能食用。

---

① 就是一种大型鱼叉。
② 包括心、肝、肺和肾。

36　除了上面叙述的动物,尼罗河有各种鱼类的栖息,数量之多令人难以置信,不仅供应给土著最新鲜的食物,而且经过盐腌以后能够长年享用不绝。我们大可以这样说,在这个大千世界当中,没有任何一条河流比尼罗河更能造福人类。河水每年从夏至开始上涨,流量增加到秋分,水中携带大量的淤泥,无论是休耕的土地或是已经播种的农田,甚至是果园,也全都浸泡在水中,这段时间的长短都能合于农夫的心意。水势高涨,然而流速非常平稳,地面兴建矮小的堤坝,使得河水很容易在他们的农田上面,按照沟渠的导引流向需要灌溉的地方,或是将堤坝推平让河水再度淹没田地,这一切都视农夫的需要而定,从而可以获得最大的好处。

一般而言,尼罗河给居民带来的好处中,最重大的贡献是减轻他们的劳动,大部分农夫旱季在广大的田地上的工作,仅仅是撒布种子,接着将牲口赶到田里,让它们用践踏的方式将种子踩进泥中①,再过四或五个月就可以收割;还有人在农田里面使用较轻的犁把土壤翻松,可以获得更为丰硕的成果。大家常说,每一种农耕工作对其他任何民族来说,都要付出很大的费用和劳苦,唯独埃及人在作物收成方面,花费很少的金钱和体力。田地上面种植的葡萄树,使用同样的灌溉方式,供应居民极其丰盛的酒类。还有人在河水泛滥以后让土地处于休耕的状态,然后在上面放牧牲口,因为丰美的草场有很好的回报,每年母羊生下两胎羔羊以及剪毛两次。②

尼罗河的涨水是一种自然现象,任何人只要目睹就会啧啧称奇,仅是听闻其事就会觉得难以置信。所有其他河流的涨势从夏至开始消退,水位在整个夏季很稳定地低落下去,只有尼罗河在这个时候开始上涨,流量日

---

①　古王国时期的纪念物上有绵羊践踏种子的浮雕,可以参阅布雷斯特德(J. H. Breasted)《埃及史》(*A History of Egypt*)第92页。

②　参阅《奥德赛》第4卷85—86行。利比亚的羊羔刚生下来就长犄角,母羊一年能怀三胎不费一点力气。

复一日迅速增加,直到洪水泛滥将整个埃及淹没。河水的消退是一个相反的过程,大致需要相等的时间,每日都可看到水势逐渐低落,最后恢复原来的河面。陆地是一片宽阔的平原,所有的城市和村落以及农舍全都建立在人工的土堤上面,景色很像出现在海面的赛克拉德(Cyclades)群岛①。大部分野生的陆上动物为河流切断后路形成孤立的状态,丧生在大水之中,只有少数逃到高地避难。牛羊之类的牲口在洪水时期留在村落和农舍当中,食用早已储备的草料。民众在河水泛滥期间变得无所事事,靠着休闲和娱乐打发无聊的时光。

河水上涨关系到人民的生计,过犹不及会带来灾难,水势的大小让人感到心情紧张,于是国王在孟菲斯构建尼罗河水位标尺②,指派官员负责精确测量涨落的情况,迅速通报沿河的城市,数据明确记载河水上涨以及开始下降的高度用肘尺或指幅表示。等到全国用这个方式知道河水停止上涨开始消退,大家就会不再焦虑,同时可以很快清楚一件事实——接下来下一季有多大的收成,因为埃及人对这方面有很长时期的观察,收集了非常精确的数据。

37 想要解释清楚河流的泛滥是非常困难的工作,很多哲学家和史学家着手叙述它的成因,有关这方面只能扼要说明,一则无须离题太远,再则不是所有人都对它感兴趣。尼罗河是有人居住的世界最大的河流,由于与其他的巨川大不相同,虽然明了它进入海洋这一部分,偶尔会详述有关冬季出现激流的情况,但是对于它的上涨以及源头,有些史家真是不会自讨没趣多说一个字,就是提起这方面的研究和探索,也与真

① 这是一些面积很小的岛屿,成群(这也是它得名由来)出现在提洛岛的四周。

② 斯特拉波(Strabo)《地理学》(*Geography*)第 17 卷第 1 节提到尼罗河的水位标尺,沿着河岸设立,用来指示河水上涨的情况。

相有很大的差距。例如,赫拉尼库斯(Hellanicus)、卡德穆斯(Cadmus)、赫卡提乌斯(Hecataeus)以及所有像他们这一类的学者,在早期的学院当中只要提到这个问题,异口同声的答案就是归之于神话①。希罗多德(Herodotus)②对历史有广泛的认知,同时本身又是一位好奇的探索者,已经着手对这件事提出解释,现在我们发现他完全遵循相互矛盾的臆测;色诺芬(Xenophon)和修昔底德(Thucydides)受到推崇,在于他们的历史著作叙述的内容非常精确,只是对于埃及这个地区完全不予理会。

埃弗鲁斯和狄奥庞帕斯(Theopompus)以及所有对这件事极为关切的作者,至少还能触及真相的所在。所有这些作者对这部分会犯下错误,不在于他们的怠忽和无知,而是这片国土具有非常特殊的性质。从最早的时代直到托勒密二世费拉德法斯(Ptolemy II Philadelphus)③在位,不仅没有一位希腊人曾经越过这片国土进入埃塞俄比亚,甚至没有远到能够抵达埃及的国界;所有这些范围广大的区域对外来者极不友善,稍有不慎就会陷入非常危险的境地。而国王率领一支希腊人的军队,对埃塞俄比亚进行远征行动,这可以说是历史上头一次出现这种情况,从此人们对这个国度有了更正确的认识。

---

① 这些早期的编年史家被修昔底德(Thucydides)称为 logographoi,即“散文作家”,因为他们不在乎事实的真相,运用哗众取宠的手法引起读者的兴趣;写作的题材由于时间的久远,迷失于不可靠的神话境界,经不起检讨和批评,参阅《伯罗奔尼撒战争史》第 1 卷 21 节。米蒂勒尼的赫拉尼库斯于公元前 406 年逝世;米勒都斯的卡德穆斯的历史观念为后世学者所引用;米勒都斯的赫卡提乌斯在公元前 526 年前后游历埃及,亡故于公元前 494 年。

② 希罗多德(前 484—前 420 年)是古希腊历史学家,出身于哈利卡纳苏斯的贵族家庭,因为政治纷争被放逐萨摩斯岛,后来在雅典殖民地休里埃(Thurii)过世,著有叙述波斯战争的《历史》,被誉为西方世界最早的史书。

③ 他是托勒密王朝第二代国王,在位的时间为前 285—前 246 年,长达 39 年,根据埃及王室的传统习俗(参阅第 27 节)娶自己的姐妹阿西妮(Arsinoe)为妻,等到她亡故以后,建立“兄妹合体神”的崇拜仪式,托勒密二世生前并未使用 Philadelphos“爱姐妹者”这个称号,当时他被人称为“托勒密之子托勒密”,参阅贝文(E. R. Bevan)《托勒密王朝的埃及史》(A History of Egypt under the Ptolemaic Dynasty)第 56 页。

这是早期的史家所以无知的主要原因,有关尼罗河的源头以及使得河水上涨的区域,一直到写出这部历史的时代,还是没有人敢断言他曾经到过该地,甚至就是那些道听途说,也不能保证接收的信息是目睹的事实。因此,问题的解决成为猜测和巧辩之事,例如,埃及的祭司断言它的源头是来自环绕有人居住世界的海洋。他们的说法毫无根据,仅能用另外的谜语来解决面前的难题,提出的解释本身更需要站得住脚的证据。

从另外一方面来看,特罗格迪底人就如波吉人(Bolgii),因为炎热才从内陆迁移来此,提到某些自然现象与所在地区很有关系,从而使人有理由相信,尼罗河有很多的源头,最后在一个特定的位置聚集起来,这也是它所以会比所有已知河流更为肥沃的缘故。这个国度的居民提到被称为麦里的岛屿,任何人听到都会同意,说是要为他们的远离找到充分的理由,能够符合这种主张就说明他们居住的地方非常接近下面所讨论的地区;他们甚至将它称为阿斯塔帕斯(Astapus)河,如果译成希腊文表示的意义是"河水来自黑暗之地",看来对这个问题想要给出正确的答案真是差得很远。

从这些民族给予尼罗河的名字,推测他们对整个地区缺乏第一手的数据,可以说对此是一无所知;就我们的意见而言,最接近真相的解释可以说距离纯粹的假设最为遥远。我不是不知道希罗多德的论点[①],无论居住在尼罗河东岸还是西岸的人,都认为有一位利比亚人名叫纳萨摩尼斯(Nasamoes),对于这条河流有很精确的观察,提及尼罗河的涨水来自某一个湖泊,然后流经埃塞俄比亚的陆地,这是一段难以清楚交代的距离,对于这样的陈述就是利比亚人自认真实不虚,都难以立即同意或是给予保证,史家即使加以记载还是无法提出可靠的证明。

---

① 参阅希罗多德《历史》第 2 卷 32 节,要说那个时代就知道维多利亚湖的存在,真要让人感到不可思议。

38 我们现在要讨论尼罗河的源头和流域，就得费尽心力叙述它涨水的成因。希腊七贤之一的萨里斯（Thales）①认为伊特西安风②对着尼罗河的河口吹袭，阻止水流注入大海，所以才会使得水位高涨，加上埃及是地势很低的平原，易于泛滥成灾。这种解释表面看颇有道理，其实很容易看出破绽。如果他的说法正确无误，那么所有面对地中海季风来袭的河口，都会出现类似的情况，涨水的真正成因应该到处都看得到，事实上有人居住的世界除了尼罗河再也没有相同的例子。自然哲学家安纳克哥拉斯提到河水高涨的成因，在于埃塞俄比亚的积雪融化；他的学生剧作家欧里庇德斯同意他的论点，所以有诗为证③：

> 他辞别世上最美好的水体和喷流的泉源，
>
> 尼罗河来自黑人之乡埃塞俄比亚的高原，
>
> 长夏的融雪使得大河汹涌澎湃到处回旋。

依据事实对于这样的陈述只需要给予简短的反驳，每个人都清楚地知道，埃塞俄比亚极其炎热的气候，不可能出现降雪的情况，一般而论，在这个地区不会结霜、寒冷或是出现冬天的迹象，尼罗河涨水的季节更是如此。甚至有人认为埃塞俄比亚的周边地区存在大量的冰雪，事实却显示这是虚假的陈述；大家同意的论点，就是河流的水源来自冰雪，要有凛冽的寒风和浓密的空气；尼罗河却是唯一的河流，它的四周没有云层的堆积，不会吹起

---

① 萨里斯是公元前 6 世纪初叶来自米勒都斯的科学家和哲学家，希腊七贤之一，精通政治学和历史，最为称道的学问是几何和天文；他曾经说过实行民主体制的市民，既不会太富也不会太穷，只是目前的民主体制完全反其道而行。

② 萨里斯提到的"伊特西安风"就是地中海季风，出现在夏季的西北风，与狄奥多罗斯在下章所说的三种季风，还是有些差异的。

③ 瑙克《希腊悲剧残本》之《欧里庇德斯篇》No.228。

刺骨的寒风,可知空气也不会浓密。

希罗多德①提到尼罗河的特性是它的水位会上涨,每当冬季太阳的运行经过利比亚,会从尼罗河吸走大量水汽,这是它在那个季节所以变得比正常情况之下水量要少得多的缘故;但是等到夏季开始,太阳的路径会转向北方,对于希腊或与希腊处于同一地理位置的河流②,它会吸干或降低原有的水位。因此,他说我们对于尼罗河发生的现象,不应该感到惊奇才对;事实上,由于这个,它没有在炎热的季节增加水量,然后在冬天才会降低。这样的答复可以对上述事项做出解释,如果太阳在冬季从尼罗河吸取水汽,这时利比亚的河流都无法逃避,它们的流量全会减少。利比亚根本不可能出现这种情况,明显看出这是史家杜撰的解释。事实上,希腊的河流在冬季增加水量,不是因为太阳的远离,而是出于不断降雨。

39 阿布德拉(Abdera)的德谟克利特(Democritus)③曾经说过,南部地区不像欧里庇德斯和安纳萨克哥拉斯认定的那样,地面覆盖着冰雪,只有北部地区才会如此,每个人都能证明确有其事。北方地区在冬至前后这段期间,聚集很厚的冰雪保持在冻结的状态,夏季的炽热带来固体物质的崩裂和熔解,大量水蒸气向上腾升,在海拔较高的位置形成很多浓密的积云。饱含水汽的云层受到地中海季风的驱策,向着南方移动,直到受地面最高山脉的阻挡,他指的就是埃塞俄比亚;耸立的山峰在气流猛烈冲击之下引起如注的豪雨,吹起地中海季风的季节,河流的暴涨到达最大的程度。

---

① 参阅希罗多德《历史》第 2 卷第 25 节。
② 是指同在北纬度。
③ 德谟克利特(前 460—前 370 年)是苏格拉底同时代的人物,他是第一位要将所有的知识全部写进一部作品之中的希腊人。

只是每个人都很轻易地反驳这种解释，只要他非常准确地注意河流水量变化的时间，因为尼罗河开始涨水是从夏至开始，这时地中海季风还未出现，等到秋分水势慢慢消退，要知道季风早已停息。因此，真正的知识来自经验而非巧辩，我们认同学者所具备的智慧，并不完全相信片面的陈述。的确如此，忽略有关的事实，可以看出来，地中海季风的方向很多是从西向东，如同它的从北到南；因为不是只有 Boren 风和 Aparctian 风①才被称为地中海季风，应该还有 Argestean 风，它来自夏季太阳西沉之地②。还有就是一般人认为提到埃塞俄比亚这些高耸的山脉，不仅提不出任何具体的证据，而且即使有人说他看过也没有人相信③。

埃弗鲁斯提出最新的解释，力图列举充分的理由，看来还是没达到完全可信的标准。他说埃及全部都是冲积土层，松散而且多孔④，性质很像一种质量轻盈的浮石，到处都是巨大而连续的裂缝，里面饱含大量的水分；冬季可以保持在里面，到了夏天就像汗水一样流出来，靠着渗透作用引起河川的洪流和泛滥。我们认为这个历史学家不仅没有亲身前来埃及观察他所说的现象，而且对即使那些对于这个国度的特性非常熟悉的人士，他也没有加以查证和询问。首先，如果尼罗河在埃及获得增加的水量，那么在上游地区就不会发生泛滥的现象，特别是它流经遍布石砾和地层坚硬的国度；事实上洪水通过埃塞俄比亚到达埃及之前，流经的河道长度已经超过六千斯塔德。其次，如果尼罗河的河床低于冲积土层的罅隙，地表的裂缝是如此巨大，那就不可能有河水留在上面；再从另一个角度来看，要是河流比罅隙居于更高的位置，那么洪水就不可能从低下的洞窟流到更高的地面。

---

① 这两种风都是北风。

② 应该是西北风才对。

③ 这就是现在的伊索比亚高原，印度洋季风带来的豪雨使得蓝尼罗河暴涨，造成尼罗河下游定期的泛滥。

④ 这个字的真正的意义是指"河水注入地下"以及"地面裂开"。

总之,从地下的罅隙当中渗出的水分,分量竟然是如此巨大,能够提升河流的水位,到达淹没整个埃及的程度,没有任何人相信这种可能!因而我只有不理会埃弗鲁斯关于冲积层的地面以及罅隙储存大量水源的不实陈述,须知这些都是显而易见的错误。例如,亚洲的米安德(Meander)河携带大量的冲积土,就叙述的情况来看,尼罗河的洪水并非只有这一种现象;除此以外,像是阿卡纳尼亚(Acarnania)为众人所知的阿奇洛斯(Achelous)河、皮奥夏(Boeotia)的西菲苏斯(Cephisus)河,还有从福西斯(Phocis)流过的河川,都不仅仅增加少量的泥土,可以明确看出这位历史学家的陈述完全不符合事实。任何人只要加以检验就知道埃弗鲁斯的叙述不够精确,虽然他收集了很多资料,至于内容是否真实不虚,并不见得他表现得有多么重视。

40 孟菲斯的智者要对洪水的泛滥提出解释,除了相信之外不可能提出足够的证据,还是有很多人愿意接受。他们将陆地区分为三大部分,说是其中之一构成有人居住的世界,第二部分拥有的区域季节与我们完全相反,第三部分处于两者当中,因为气候极其炎热所以无人居住。① 如果说尼罗河是在冬季上涨,可以明确看出它从我们的气候带接受增加的水量,特别是只有这个时候才会出现连续不断的豪雨;事实恰恰相反,它的洪流发生在夏季,很可能是它所在的流域位于我们的对面,才会产生冬天的暴风雨,以致过剩的水体能从遥远的地方流到我们这个有人居住的世界。所以没有人能够前往尼罗河的源头去勘查,那是它从相反的气候带流出,经过没有人类居住的地区。还能提出一个证据就是尼罗河的河水带有蜜的味道,因为这条河流经热带受到气候的调节,这也是它在所

---

① 他们假定相对于北温带就会有一个南温带,中间被热带隔开。按照他们的认定尼罗河发源在南温带。这与事实相差甚大,因为白尼罗河的源头在赤道稍南的位置。

有的河川当中最为甜美的理由,根据自然律炽热会使潮湿的物质产生更多的甜味①。

这种解释将会认同一项明显的反驳,一条河川从我们对面那个有人居住的世界,以上升的方式流进我们这个有人居住的世界,可以很直接地说这是不可能的事。特别是一个人坚持的理论是地球的形状像球体。老实说,一个人即使大胆到仅仅靠着文字的描述就能曲解一切,甚至否定事实在于观测的法则,还是不能让自然女神屈服于他的论点。一般人认为只要提出一种主张,不用先证明它立不住脚,或者将一个未住人的区域置于两个有人居住地区之间,想用这种方式避免有人对他们的主张当中引起争论的地方,提出任何明确的反驳;适当的做法应该是对于任何事物都要有坚定的立场,可以列举经过观测的事实作为证据,或者在陈述当中找到证明,可以从一开始就同意他的陈述。

何以尼罗河是唯一能从没有人居住的世界,流到我们这个世界的河流?因而很有理由认定,还是可以发现其他的河流也能如此,就像是有很多河流出现在我们居住的地区当中。再者,他们提到水质很甜的成因从头到尾纯属荒谬。设若河流因为热的调节变得更甜,那么它对生命就不会如此多产,也不会包容这样多形形色色的鱼类和动物。所有的水体基于火的因素发生变化,生命就无法进行繁殖,因此他们引用的"调节"过程会彻底改变尼罗河的本质,对于涨水的成因,应该是出于错误的论点。

41 开俄斯(Chios)的厄诺庇德(Oenopides)②提到地下水在夏季让人觉得凉爽,反倒是冬天变得温暖;可以很清楚地从深井当

---

① 也就是说水经过加热会变得更为清新可口。
② 我们只知道厄诺庇德是公元前5世纪一位天文学家和数学家,此外全付阙如。

中看出,隆冬的季节汲出的水不会冰冷,愈是炎热的天气愈是感到寒意凛人。因此可以认定,尼罗河在冬季流量减少变得狭窄,地表的热要耗尽大量的水汽,埃及就没有降雨的可能,夏天因为水汽沉入地球的深处不再有任何消耗,河水的天然流量在不受妨碍之下就会增加。对于这种解释可以给予答复,很多在利比亚的河流,无论是河口的位置或流经的区域,都与尼罗河完全相同,然而并不像尼罗河出现河水上涨的情况;相反的是洪流发出在冬季,到了夏天水位消退,他们不接受任何人对错误的陈述所做的驳斥,这种错误的陈述想用似是而非的论点推翻真正的事实。

尼多斯(Cnidus)的阿加萨契德(Agatharchides)[1]提出的说法最接近真相。他的解释如下:每年从夏至到秋分在埃塞俄比亚的山地有连续不断的降雨,因此这是完全合理的论点,尼罗河仅能从它的源头获得水量的供应,所以在冬季就会发生水位低落和枯竭的现象。它到了夏季增加的流量在于降下倾盆大雨。由于没有人能在这个时候找出河水上涨最原始的成因,他认为仅仅反对他个人提出的解释,这种做法过于武断,并不得当;须知自然界有很多矛盾的现象,要想找出正确的成因已经超过人类的能力。他补充说,他提出的论点在亚洲的某些地区,已经被证实符合真相。像是在锡西厄(Scythia)的边界,矗立着高加索(Caucasus)山脉,即使冬季已经过去,每年还会发生极不平常的暴风雪,一直会延续很多天。印度的某些季节会受到冰雹的袭击,它的大小和数量都超过我们的想象。海达斯披斯(Hydaspes)河的周边地区在夏初出现接连不断的降雨,接着埃塞俄比亚同样的情形发生在相当时日以后,这种气候条件从它定期重复出现而言,通常会在邻近地区引起暴风雨。

---

① 阿加萨契德是公元前 2 世纪的历史学家和地理学家。

因此他极力主张,埃塞俄比亚发生类似的情况,应该不会让人感到惊奇,特别是它的位置处于埃及的上方,山区会出现不断的降雨,整个夏季都感受到巨大的威力,河流开始暴涨,特别是居住在这个地区的蛮族,都能证明这是颠扑不破的事实。即使有人认为它的自然现象与发生在我们当中的完全相反,对于这种理由也不能不予相信,例如,南风对我们而言会伴随雷雨的天气,它在埃塞俄比亚则是艳阳高照;欧洲的北风会狂暴地刮起,到达非洲的北部却变成一阵轻柔的和风。

我们对于尼罗河的泛滥,对于当下种种不同的论点,提出各家的解释作为答复,现在这样的说明已经足够,还是不要违背简洁的原则,这是我们在开始就做出的决定。考虑篇幅的关系我们将这一章分为两部分,目的是使所有的叙述能有适当的比例,不至于出现过犹不及的现象;基于这种观点我要结束本章第一部分的记载,在第二部分我们要按照次序写出埃及的历史,起于历代国王的事迹与埃及人最早期的生活方式。

42 狄奥多罗斯的著作第一章因为长度的关系区分为两部分,第一部分的内容是整部书的序文、埃及人的记载当中提到世界的创造和宇宙的形成,然后他叙述神明在埃及兴建城市,运用神的称呼为这些城市命名,首先出现的人类以及最早的生活方式,膜拜不朽的神明和庙宇的建造,接着是埃及的地志以及与尼罗河极其奇特的关系,历史学家和哲学家对它定期涨水的成因发表意见,而每位作者都受到了驳斥。① 在这一部分我们讨论的主题,按照下面叙述的程序,要从埃及首先出现的那些

---

① 前面这一段文字从写作的方式来看,不像出于狄奥多罗斯之手,就是下面的叙述也与第41节的内容无法连接起来。本书第十七章同样分为两部分,前后密切相连看不出有中断的痕迹。

国王开始,叙述他们个人的行为,直到阿玛西斯王(Amasis,前569—前526年)为止,接着我们用摘要的方式,描绘埃及最古老的生活方式。

43 他们提到埃及人生活在最早的时代,食物的来源是谷类的种子,以及那些生长在沼泽当中的植物,可以获得它们的茎或块根;他们对每种植物的各个部分都加以尝试,最早为他们食用并且受到喜爱的,是一种名叫 Agrostis① 的谷物,不仅味道特别香甜而且能给身体供应足够的养分。他们提到这些植物会吸引牛群,让它们的体重很快增加。当地土著基于这种事实,会将这种植物的用途谨记在心,一直到今天,当他们前去膜拜神明的时候,手里还会拿着它的种子,向神明祈祷能够多多收获。他们相信人类是从湿地和沼泽创始的生物,推断的基础在于光滑的皮肤和柔软的体质,看来是需要潮湿而非干燥的饮食。其次,他们说埃及人可以靠吃鱼为生,因为河流对这方面的供应非常丰盛,特别是洪水开始消退以及干旱来临之前②。他们也吃放牧动物的肉,用它们的皮作为衣物,住宅通常用芦苇搭建。这种习惯的痕迹仍旧保存在埃及的牧人当中,据说直到现在他们还住在茅屋里面,因为可以供应极其丰富的材料。

埃及人在这种方式之下生活很长的时期,最后转变到食用地上生长的谷物,其中包括用莲藕制成的面包在内,这种发现有人归功于伊希斯③,还有人认为是最早的国王之一梅纳斯(Menas)。不过,祭司根据口耳相传的故事说,赫尔墨斯是各门知识和工艺的创造者,然而他们的国王所发现的事物,却与生存的需要息息相关;这也是早期的王权出自神授的理由所在,不是在位的统治者可以将它传给自己的儿子,而是授予赐福民众最大和最

---

① 俗名狗牙草。
② 洪水造成的水池在干涸以后,可以捉到很多留在其中的鱼类。
③ 参阅本章第14节。

多的人；可能是居民想要以这种方式，激励他们的国王要尽心尽力为大众谋取福利，或者他们真正接受圣书当中可以达成这种效果的记载。

44 他们之中有些人提到这部分的历史，开始是神明和英雄统治埃及，整个时间略少于一万八千年，统治的神明当中最后一位是伊希斯的儿子荷鲁斯；他们认为凡人成为国王直到奥林匹亚 180 会期（前 60—前 56 年），这期间大约有五千年；当我们前往埃及游历的时候，在位的国王是托勒密，他取的名字是"新降世的狄俄尼索斯"①。这个时期绝大部分是受本土国王的统治，而外来的埃塞俄比亚人、波斯人和马其顿人，他们的在位只是部分时段。② 四位埃塞俄比亚人拥有王座，没有延续下去，出现了中断的间隙，整个来说不到三十六年；波斯人在他们的国王康贝西斯征服这片国土以后，统治的时间大约有一百三十五年，包括部分埃及人的叛乱时期，他们的起义行动源于无法忍受暴虐的统治，以及外来者对本土的神明缺乏尊重。马其顿人和他们的王朝统治延续二百七十六年之久。其余时间所有的国王都是当地的土著，其中四百七十位是男士，五位是妇女。

从最早的时期开始，负责的祭司会记录所有统治者的言行，同时会将他们的圣书传给接替职务的人。他们为每一位前期的国王竖立雕像，在刻出的画像旁边用文字描述他的生平事迹，不过，这对我们的写作而言是一个费时又沉重的任务，看来大部分的数据不仅没有用处而且毫无必要。因此，对于值得放在历史之中的重要事项，我们应该给予简单的记载。

---

① 这位国王是托勒密九世（前 80—前 51 年），有众所周知的称号"奥勒底（Auletes）"，意为"吹笛者"，还有一个举世知名的女儿克里奥帕特拉（Cleopatra）。

② 埃塞俄比亚时期（第二十五王朝，约为前 715—前 663 年）；波斯时期（前 525—前 332 年）；马其顿时期（前 332—前 320 年）。

45 接替神明统治埃及的首位国王①,按照祭司的记载是梅纳斯,他教导人民膜拜神明和奉献牺牲,供应自己餐桌和卧榻以及使用精美的寝具,倡导奢侈和过度浪费的生活方式。因为这样的缘故,在经过很多代以后,智者波考瑞斯(Bocchoris)的父亲特尼法克苏斯(Tnephachthus)②成为国王,发起征服阿拉伯人的战役,由于进入的国度是荒芜的沙漠,所有的供应品极其短缺,据说他在行军途中忙得整日没空进餐,还以平民身份在普通人家接受简陋的饮食,他对这种难得的经验非常欣赏,从此舍弃纸醉金迷的享受,诅咒第一位教导人民过奢华生活的国王;他非常在意这方面的改变给人民在饮食和起居的习惯上带来的重大影响。他将诅咒之词用象形文字刻在底比斯的宙斯神庙,所以在后续的年代,梅纳斯的名声和受到民众爱戴的程度,已经远不如从前,完全基于这样的缘故。据说这位国王的后裔子孙,接替王权多达五十二位,毫无间断的继承有一千零四十年之久,在他们统治期间没有发生任何事故,完全失去记载的价值。

布西瑞斯(Busiris)成为国王,轮到他的子孙获得继承的权力,算起来只有八代,这个世系最后一位沿用头一代国王的名字,他建立的城市,埃及人称之为伟大的戴奥斯波里斯(Diospolis)③,希腊人却将它叫作底比斯。这个城市的周长有一百四十斯塔德,到处是宏伟的建筑、华丽的寺庙和每一位国王奉献的纪念碑,同时还让一般市民构建四层甚或五层楼高的住宅;总之,它成为最繁华兴旺的城市,不仅在埃及,就是在全世界都首屈一指。由于它拥有惊人的财富和极大的权势,声名传播到海外每个地区,据

---

① 埃及的国王通常的称呼是法老(Pharaoh)。

② 这个人的身份不得而知,有的学者认为他就是第二十三王朝的法老提夫-苏特(Tef-sucht)。

③ 罗马人将伟大的戴奥斯波里斯(Diopolis Magna)称为"宙斯之城"。埃及人只用最普通的名字 Nu,即"城市"。

说诗人提到它就这样表示①：

> 世上没有任何地方像埃及的底比斯，
>
> 聚积无数的财富和储存庞大的宝藏；
>
> 它有一百个城门各自配备两百武士，
>
> 乘坐战车和骑上骏马冲杀进入战场。

不过，有人告诉我们底比斯并没有一百个"城门"，是指众多的神庙前面有无数巨大的山门，从而得到"百门之城"的美称，实际上是指"很多的入口"。得知他们拥有两万辆战车，可以通过城门投入军事行动，倒是所言不虚。从孟菲斯沿着河流到底比斯再延长到利比亚的边境，一共设置了一百多个驿站②，每个驿站配备两百匹驿马，它们的位置到今天还能指点出来。

46 我们从阅读的数据得知，不仅是提到的国王，就是后来为数众多的统治者，全都将他们的注意力集中在城市的发展上面，世上从无一座城市有这样多作为装饰之用的纪念物，诸如奉献的许愿祭品，是用金银和象牙制成的，无论是数量还是体积都前所未见；还有许多巨大的雕像，以及用单一石块制成的高耸的方形尖碑。所建的四座神庙当中最古老的一座③，无论是外形的美观程度还是面积的大小，都让人叹为观止，它的周长有十三斯塔德，高度达到四十五肘尺，庙墙的厚度就有二十四英尺。为了保持富丽堂皇的气象，围墙之内的还愿祭品全都经过装点和修

---

① 荷马《伊利亚特》(*Iliad*)第9卷381—384行，阿基里斯用这几句诗回答奥德修斯，拒绝接受阿格曼侬送给他的礼物。

② 用来安置马匹的马厩虽然留存下来，但仍旧有学者认为这一段文字是杜撰之词。

③ 毫无疑问这是卡纳克(Karnak)的阿蒙神庙，埃及最伟大和最显赫的古迹。

饰,花费的庞大和制作的精美,看起来真是不可思议。神庙的建筑物留下的断垣残壁还能幸存到现在,所有的金银和值钱的象牙精品及罕见宝石,康贝西斯举火焚烧埃及的神庙①的同时,全被波斯人当成战利品携走。

据说波斯人将这些财富转移到亚洲,加上得自埃及的工匠,他们才能在帕西波里斯(Persepolis)、苏萨(Susa)和遍及米地亚(Media)各地,修建宏伟而又华丽的宫殿。那个时期埃及的财富是何等的巨大,经历纵兵洗劫和金库焚烧以后,仅仅从剩余当中聚积极少部分,黄金的价值就超过三百泰伦,白银更高达两千三百泰伦。据说城市还有早期国王和继承人极其雄伟的陵墓,让后人看了徒生羡慕之心,要想超越它们的规模已经没有机会。

当前的祭司从记载当中已经发现四十七座国王的坟墓,至拉古斯之子托勒密(前323—前283年)以降的时代,据说只有十五座还能保持完整,我们游历埃及是在奥林匹亚180会期(前60—前56年),其中大部分都已遭到摧毁。不仅当地的祭司从他们的记录当中提及这些事实,就是拉古斯之子托勒密在位时期,来到底比斯或是撰写埃及历史的希腊人,都会同意这些说法,其中有一位是赫卡提乌斯(Hecataeus)②。

47 根据赫卡提乌斯的记载,遵照传统的规定,在距离第一座陵墓十斯塔德的地方,埋葬着宙斯的媵妾,同时竖立奥斯曼达斯王

---

① 康贝西斯留在埃及的时间是从公元前525年到公元前522年。希罗多德《历史》第3卷第16节和后续各节,详尽记载了这位波斯国王极其反对埃及的宗教和习俗,只是有的地方过于夸大其词。

② 阿布德拉的赫卡提拉斯是公元前3世纪初期的史家,《论埃及》(Aigyptiaka)一书的作者,下面第47节到49节提到奥斯曼达斯法老的陵墓,狄奥多罗斯加以引用,只是所有的文字运用意译的手法。

（Osymandyas）的纪念碑①。陵墓的进口有一座塔式门楼,使用色彩斑驳的石材,它宽两百英尺,高度是四十五肘尺,通过以后进入一个正方形的柱列大厅,全部用石材建造,两边的长度是四百英尺,下面的支撑是成列的石柱,全是整块巨石雕刻的人像②,高度有十六肘尺,运用古老的艺术手法塑造成形;顶端镶板的宽度是二英寻,成块的石材经过修平以后铺在上面,装饰的图案是蓝色的天空满布闪烁的群星。越过一个柱列中庭又是另外一个通道和塔式门楼,除了装饰更为精美的浮雕,与前面提到的门楼倒是大同小异。

通道的旁边有三座雕像,用的材质都是来自悉尼巨大而又单一的黑色石块,其中之一是坐像,不管以什么标准来看,都是埃及最为雄伟的纪念物③,它的脚部经过量测宽度超过七肘尺,另外两座像屈膝,位于左右两旁,分别是母亲和女儿,只是尺寸稍为要小一些。这件作品得到认同不仅仅在于它的体积是如此的巨大,还能表现出美感和艺术价值,最不可思议之处在于石材的天然性质,通体上下没有一丝裂痕或任何可见的瑕疵。雕像的侧面有刻出的铭文:"我是万王之王奥斯曼达斯,如果任何人想要知道我是何等伟大,以及我现在长眠在何处,不妨看看我这几座雕像,是否能有凌驾于我之上的机会。"还有一座他母亲单独站立的雕像,使用的整块巨石高达二十肘尺,头上戴着三重冠冕,表示她是国王的女儿、妻子和母亲。

赫卡提乌斯说,越过塔式门楼后还有一座比前面那座更精美的柱列大

---

① 这是拉姆西斯二世（Ramses Ⅱ）为自己的丰功伟业竖起的最神圣的纪念物,每一位前往底比斯的游客都知道它的名字叫拉美西姆（Ramesseum）。在下面的 49 节当中,狄奥多罗斯没有依据赫卡提乌斯使用的称呼,就将它当成"陵墓"。霍尔（H.R.Hall）《近东古代史》（*Ancient History of the Near East*）第 317 页,提到他从 User-ma-Ra 的象形文字得到奥斯曼达斯这个名字,应该是拉姆西斯的皇室称号。

② 这是用奥西里斯的雕像制成的方形石柱,这些都不是高耸的单一纪念石碑。

③ 巨大的拉姆西斯二世雕像,估计它的重量有一千吨。

厅,上面刻有各式各样的浮雕,描绘国王征讨巴克特里亚人的叛军极其雄伟的场面;他发起的作战行动运用四十万名步卒和两万名骑兵,整个军队区分为四个大单位,全都在国王几位儿子的指挥之下。①

48 根据赫卡提乌斯的记载,在第一面墙上,国王表示要对防备森严的城市进行围攻作战,虽然这座城市的四周有河流环绕;在他领导之下向对方的军队发起攻击的时候,他的身边有一头狮子陪伴,目的是要达到震慑敌人的效果。为了解释艺术的表达手法,合理的说辞是国王让一头驯养的狮子随同参加危险的会战,可以用凶狠的攻击使得敌人不战而逃;还有人维持这种看法,认为国王作战极其英勇,非常期望能用通俗的方式赞誉自己的胆识,就用狮子的形象描绘出所向无敌的精神。② 赫卡提乌斯特别加以补充,第二面墙的景象是国王带领一队俘虏,每个人都没有阳具和双手,明显表示柔弱的体魄,缺乏战斗的力量,即将面临死亡的命运。③ 第三面墙上有各种式样的浮雕和精美的图画,描绘国王用公牛当牺牲祭神,以及庆祝作战凯旋的场面。

柱列大厅的中央用最美丽的石材建造了一座祭坛,全部暴露在天空之下,其制作之精美、体积之硕大,都让人在看到以后感到难以置信。最后一面墙上有两座单一石材制成的坐像,高度是二十七肘尺,旁边开设三条通

---

① 拉姆西斯二世在公元前 1288 年对赫梯人(Hittites)展开讨伐的行动,在上奥龙特斯(Upper Orontes)地区的克迪希(Kadesh)附近发生一次重大的会战。布雷斯特德的《克迪希会战》(the Battle of Kadesh)一书对于经过情形有详尽的叙述,他估计国王的军队最多不过两万名士兵。

② 这些文字看来并非引用赫卡提乌斯的著作,布雷斯特德《克迪希会战》第44—45页提到这件事,虽然会战的浮雕上面有一只驯服的狮子,陪伴拉姆西斯参加作战的图案,也不过产生一种装饰和宣传的作用而已。

③ 浮雕显示的会战场面,拉姆西斯乘坐战车杀死那些与他作战的敌人,至于俘虏要受到酷刑,无须他亲自动手,参阅布雷斯特德《克迪希会战》第45页。

道可以用来离开柱列大厅;每条通道连接一个用石柱支撑屋顶的殿堂,构建的风格如同一个音乐厅①,每一边的长度是两百英尺。大厅里面有很多木质的雕像代表诉讼的当事人,他们的眼光注视着决定讼案的法官;接着是显示在一面墙壁上面的浮雕,人数有三十位之多,全都没有手臂②,其中一位是首席法官,他的颈上挂着闭上眼睛的真理之神的雕像,在他的旁边有一大堆书籍。这些图形表示他们对审判所持的态度,法官不能接受礼物,首席推事的眼睛只能专注于真理。③

49 作者特别提到,紧接着法庭的是一道走廊,四周都是各种类型的建筑物,里面摆满形形色色各式各样最为甜美的食物。从那里可以看到国王的浮雕,全部装饰成彩色,正向神明奉献用金银制成的祭品,他每年从埃及各地的矿场接受贵重金属,下面有一段铭文提到它的总数,仅就白银而言,它的价值是三千二百万迈纳。接着来到神圣的图书馆,上面的铭文是"灵魂的疗伤所";邻接这座建筑物的是埃及所有神明的雕像,国王对他们奉献适当的祭品,就像他死后来到地府,在奥西里斯和他的判官面前,提出证据证明他在尘世的时候,无论对于人民还是神明,他都过着虔诚而又正直的生活。图书馆的旁边以共用的墙壁分隔出一间构造精致的大厅,里面有一张餐桌和二十个卧榻,设置宙斯、赫拉和国王的雕像;看来国王的遗体应该埋葬在此处。

这个建筑物有很多房间,构成一个圆周,所有在埃及被奉为神圣的动

---

① 古代的音乐厅与剧院最大不同之处,在于前者有石柱支撑的屋顶。这是一间多柱式的大厅,位于第二庭院的后面,参阅《贝德克尔旅游指南——埃及》(Baedeker's Egypt)第301页。

② 普鲁塔克《道德论丛:埃及的神——伊希斯和奥西里斯》第10节,提到底比斯设置的很多法官的雕像都没有手臂,为首的正义女神闭上眼睛,表示他们公正无私及不接受礼物和关说。

③ 有关这位首席法官和最高法院的职权,参阅后面第74节。

物,都有精美的画像挂在里面。整体来看像是一条上升的坡道,通过这些房间可以到达坟墓。坡道的顶端是一个环状的金质边沿,像皇冠一样将纪念碑镶嵌在中央,这道圆形的金边周长是三百六十五肘尺,有一肘尺厚①,一年当中每一天都由一个肘尺的长度来表示,每一天的星辰上升和沉落都要遵守自然律的规定,埃及的天文学家能够掌握原则,用这种表达方式兴建最具成效的实体模型。据说康贝西斯征服埃及以后,以黄金制成的边沿被波斯人全部拆除搬走。

他们认为奥斯曼达斯王的陵墓在同类建筑物当中无可匹敌,不仅是所花费的金钱和物力难以估算,就是工匠的才智和技艺都无法超越。

50 底比斯人说他们在人类当中最早出现,也是第一个民族,无论是哲学②还是有关星球的科学都是他们所创建的,所处的国土使他们观察星球的升起和沉没,较之其他民族更为精确。最特别的地方是他们规范月和年关系的方式。他们没有用月亮计算天数,而是按照太阳的运行使得每月有三十天,另外还有五又四分之一天③分给十二个月,这样完整地形成一年的循环。他们并没有运用置闰的月份或是减少天数的办法,像是大部分希腊人对历法的方式。显而易见,他们仔细观察日食和月食,经过严格的教导和训练,能够预告事件的发生而绝无差错。

有关这位国王的后裔当中,他的第八代子孙是乌考流斯(Uchoreus),他兴建了埃及最著名的城市孟菲斯。他选择整个国土当中最为适合的地

---

① 应该说这个金边的"宽度"是 1 肘尺,这样每一天就用 1 平方肘尺的空间来表示。

② 这里所说的哲学应该具有更广的范畴,就是对学问的研究和知识的追求。

③ 埃及人毫无疑问知道一年真正的时长,但是只提到每年有 365 天,并没有正式的记录说是每四年要置闰一天,如同狄奥多罗斯所说的那样,参阅《剑桥古代史》第 1 卷第 168 页。埃及人对历法很重大的贡献是不用太阴月,一年的时长加以区分要以实用为原则。所以恺撒在罗马的太阴月基础上进行改革,所有古代的学者都认为受到埃及历法的影响,参阅布雷斯特德《埃及史》第 22—23 页。

方，尼罗河在此分为七条支流，所形成的"三角洲"得名于它的形状；结果这个城市因为位置极其优越成为三角洲的门户，继续控制进入上埃及的贸易通道。城市的周长达到一百五十斯塔德，防务特别坚固源于适时采用天然的形势。尼罗河绕着城市流过，洪水泛滥的时候会将市区淹没，他在南边增建一座巨大的土堤，用来阻挡河水的暴涨，如同一座堡垒可以对抗敌军来自陆地的攻击；绕着其他方向他挖出一个既深又大的湖泊，可以与河流连接起来，除了兴建的土堤，已经占据城市外部所有的空间，能让守备的功能发挥最大的力量。

所幸城市的奠定者认为，位置的便利会让后来所有的国王都离开底比斯，在此地兴建他们的宫殿和官员的住宅，从而形成底比斯和孟菲斯一消一长的态势①，一直到亚历山大时代，他在海岸建立以他名字命名的城市，此后埃及的国王集中他们的兴趣发展这里。有的用华丽的宫殿将它装点得花团锦簇，有的兴建码头和港口，有的是著名的纪念碑和建筑物，最后成为人类世界数一数二的城市。有关这个城市的细部描述，我们会在适当的时候着手进行②。

51 孟菲斯的奠基者在筑成堤道和挖出湖泊以后，兴建了一所宫殿，较之任何国家的同类建筑物毫不逊色，就富丽堂皇的设计和巧夺天工的景色而言，所有在他之前的国王全都自叹不如。埃及人认为居上位者在世期间并不足取，只有死后的时光至关重要，要让大家记得他留下的美德，所以他们将活在世上的住处称为"过客的逆旅"，暗示我们只停留很短的时间。他们将死者的陵墓称为"永恒的住所"，亡灵要在冥界

① 狄奥多罗斯如同其他希腊作者对于埃及的编年史没有深入的研究，底比斯最光荣的时期在第十八王朝，要等很多世纪以后才有孟菲利的建立。
② 本书第十七章第52节，对于亚历山德拉有详尽的叙述。

耗尽无穷的时光,因此他们对于房屋的设施不会费很多心思,谈起丧礼的方式不会放弃任何大肆铺张的热忱。

兴建这座城市的国王有一个女儿,有人认为城市的得名是因为她的关系,流传的故事说的是尼罗河河神爱上了她,就化身为一只公牛,让她生下埃吉普都斯(Egyptus),因崇高的德行在同胞当中享有很高的名声,甚至全部陆地都取上他的名字。等到他接位成为国王,决心要让他的施政做到公平正直,他最大的功勋在于他的善心和诚意,使得民众受到莫大的恩惠和福利。

刚才提到这位国王的第十二代子孙,米瑞斯(Moeris),继承埃及的宝座,就在孟菲斯建起北方的山门(north propylaea),它的雄伟壮观前所未有;同时在离城十司科伊尼(schoeni)①的位置挖出一个人工湖,会给人民带来说不尽的好处,这项工程是令人难以置信的繁重②。它的周长据说有三千六百斯塔德,绝大部分的深度是五十英寻;为了完成这项重大的工程,难道不会合理地调查一下,试着计算需要多少万的人员和多少年的劳动?湖泊的功效在于为埃及所有居民带来利益,国王的睿智无须多加赞誉,公正的美德足以符合真理的要求。

尼罗河不可能每年上涨到固定的高度,然而这个国度要有丰硕的收成,完全依靠洪水季节变动不大的水位,他挖出大湖用来容纳剩余的河水,以便使河流不会因过多的水量,让陆地出现无法节制的泛滥情况,最后形成沼泽和水坑,或是河水上涨没有到达适当的高度,作物因干旱发生歉收。

---

① 希罗多德在《历史》第 2 卷第 6 节提到埃及的长度单位司科伊尼,相当于 60 斯塔德或 7 英里,但是依据斯特拉波在《地理学》第 17 卷第 1 节的记载,相当于距离从 30 斯塔德到 120 斯塔德,有很大的变动空间。不管怎么说法尤姆(Fayum)与古代的孟菲利相距 60 英里。

② 法尤姆附近有面积最大的低洼地区,只要尼罗河涨水就会引起泛滥,用来改为湖泊很容易施工,为了控制洪水带来的灾害,最早是由第十二王朝的法老采取相关的措施,特别是阿蒙涅姆赫特三世(Amenemhet Ⅲ)受到后人的赞扬。

他还挖出一条八十斯塔德长、三普勒什拉宽的运河①,使得尼罗河能与人工湖相连;运河有时用来引导河水进入湖中,或者阻拦湖水的流出。他及时供应农夫足够的灌溉用水,使用构造精巧的装置开放和关闭水道,平均每次所需的费用折算起来不少于五十泰伦,可以说是相当昂贵的工程。人工湖继续供应埃及人的需要直到我们这个时代,得名于它的建造者,现在还被称为米瑞斯湖。

国王在开挖的时候在它的中央留下如同岛屿的地方,就在上面兴建了一座陵墓和两个高达一斯塔德的金字塔,一个是为自己,另一个为了他的妻子,顶端设置他坐在宝座上面的雕像,这是为了让他的善行在后世不朽的纪念物。他将湖中捕鱼的岁入赐给妻子作为购买化妆品的费用,额度大致是每天一个泰伦的白银②,他们提到湖中有二十二种不同的鱼类,渔获量非常丰盛,使得人民需要用盐腌制,即使如此,由于数量实在庞大,要想完成这方面的工作还是相当困难。以上都是埃及人关于米瑞斯的史料和记载。

52 他们提到塞索西斯(Sesoosis)③,说他成为国王是过了七代以后,建立的丰功伟业比起他的祖先更有名气。有关这些国王,不仅希腊的作家彼此的记述各有不同,就是埃及的祭司和诗人在歌功颂德

---

① 运河大约长 9 英里宽 300 英尺。

② 波斯的统治者经常将这种好处赐给臣民,色诺芬的《远征记》(*Anabasis*)第 1 卷第 4 节,将一些叙利亚的村庄送给王后作为“购买腰带”之用,很像英国人口里的“零用钱”;提米斯托克利放逐以后投奔波斯,国王赐给他三座城市,马格尼西亚(Magnesia)、迈乌斯(Myus)和兰普萨库斯(Lampsacus),分别供应他所需的面包、肉类和酒;希罗多德《历史》第 2 卷第 149 节,提到水从湖中流向河中的六个月当中,每天捕获的鱼价值一个泰伦。但一天的捕获量是这样的巨大,而且打开水闸要花相当于每天捕获量五十倍的费用,这些都是很难让人相信的事。

③ 其实所有希腊和拉丁的作家都把他叫成塞索斯特瑞斯(Sesostris),古代历史的统治者当中,除了亚历山大大帝没有人比他有更多的传闻逸事,早期的埃及国王很难分辨彼此的差异,很多事情变得张冠李戴,第十九王朝拉姆西斯在位期间的诸般措施都算在了他的头上。

的辞章中也给出了相互矛盾的故事。我们还是要尽一己之力撰写最正确的记载，它们几乎都能得到纪念碑所刻铭文的认同，须知它还矗立于地面经历岁月的风霜。塞索西斯呱呱落地之际，他的父亲做了一件事，配得上君子的赞誉和国王的权势：他要求民众将全埃及那一天出生的男婴都送到王宫，指派奶妈和护卫给予照料；接受同样的训练和教育，培养出最亲密的情谊和最坦诚的关系，崇高的理想实践于战争之中，彼此成为最为英勇的战友。他给这些年轻人充分供应生活所需，同时毫不松懈地进行艰苦的军事训练，如每天除非跑完一百八十斯塔德①的距离，否则不得进食。

他们长大成人就会达到男子汉的标准，不仅具有运动员一样强健的身体，还得接受最严酷的考验，训练出领导的才华和坚毅的心智。他的父亲首先交付的工作是，派他带领一支军队前往阿拉伯，所有的友伴也都跟随在身边，这时他从事最辛劳的实地演练，进行大规模的围猎活动，在亲身体验饮食的匮乏之后，征服阿拉伯全境，须知这个国度在此以前从未受人奴役。然后他又被派到西部地区，将大部分的利比亚领土纳入版图，这时他只不过是一位青年。等到他的父亲亡故以后登上宝座，早年建立的功勋使他深具信心，可以征服人类居住的国度。

据说他之所以会建立拥有整个世界的帝国，完全是受到他的女儿阿齐蒂斯(Athyrtis)的规劝，要是按照某些人的看法，认为她比那个时代所有人士都更聪明，所以才会向父王表示征战的行动何其容易；还有人说她有未卜先知的本领，只要奉献牺牲或是睡在寺庙②当中，上天就会出现征兆或是神明的托梦，使她可以避凶趋吉，因而无往不利。还有人提出这样的记载，塞索西斯出生的时候，他的父亲想起赫菲斯托斯在梦中出现，告诉他说他的儿子将来要统治整个文明世界；完全出于这个原因，他的父亲才将与

① 大约 20 英里。
② 古代供奉在神庙的神明乐于在梦中显灵，所以信徒会在睡梦中请求上苍给予指示。

其子同年纪的儿童聚集起来，施以最佳的训练，这是先期的计划——要征服整个世界，等到他的儿子成年以后，确信神明的预告不会落空，就会发起对外的讨伐行动。

53 进行这项伟大事业的准备工作，他首先要肯定一点，就是所有的埃及人对他要有善意的拥戴，同时认为他从事的冒险确有需要，如果他的计划想要获得成功，那么投身战场的士兵要有为领导者赴死的决心，还要让留在本土的人员不会有叛变的意图。他的施政作为运用各种方式，对每一个人都表示仁慈和爱心，他为了赢得大家的好感，或是赠送金钱，或是赐给土地，或是免予刑责，他用友善的谈话和体贴的方式，使得整个民族都愿意为他尽忠效力；他让犯下反对国王之类重大罪行的人，不受伤害获得释放，他让因负债坐牢的人无须偿还应尽的债务，须知当时有很多民众身受缧绁之苦。

他将整个国土分为三十六个地区，埃及人称之为州，每个州他指派一位州长，督导皇家的税收和负责所有的行政工作。他选出身强力壮的男丁组成一支战无不胜的军队，征召的员额是六十万名步卒、二万四千名骑兵和二万七千辆战车。他的部队编成很多作战单位，指派他的友伴负起指挥的责任，须知这些人到现在已经熟悉战阵之事，少年时代开始经历的奋斗为他们赢得英勇善战的名声，他们与国王以及彼此之间建立了手足之爱的情分，仅就数量而言已超过一千七百人。他给予所有这些指挥官的赏赐是埃及最好的田地，让他们享受足够的收入，生活不致有任何匮乏，以便能全神贯注熟练战争的技艺。

54 塞索西斯的军队已经完成准备，首先进军讨伐居住在埃及以南的埃塞俄比亚人，在征服当地的民族后，逼迫他们奉献黑檀木、黄金和象牙作为贡品。然后他派遣一支有四百艘船只的舰队进入红海①，作为第一位建造战船的埃及人，不仅在这些水域拥有岛屿的主权，还能征服位于大陆的海岸远及印度地区。他自己率领陆上的部队吞并整个亚细亚地区。事实上，虽然他所巡视的地区后来落到马其顿的亚历山大手中，然而在他的疆域当中某些民族所居住的国度，亚历山大还是无法横越；因为他甚至渡过恒河（Ganges）访问整个印度，最远到达对面的海洋，如同锡西厄人的部族到达遥远的塔内斯河（Tanais），须知这条河是亚洲和欧洲的分界线；据说此时有些埃及人将位于附近的米奥蒂斯海（Maeotis）留在后面，发现科尔契人建立的国家。② 提出的证明是埃及人在最初建立国家的时候，就有举行割礼的仪式，科尔契人也就仿效埃及人的做法，后来这种习俗在埃及的移民当中盛行一时，犹太人就是最好的例子。

他用同样的方式将亚细亚其余地区，就像大部分的赛克拉德群岛，纳入版图。接着他渡海进入欧洲，进军路线要通过整个色雷斯地区，因为缺乏粮食和当地的艰困条件，他几乎要丧失全部军队。他将远征行动的极限定在色雷斯，在获得的地区普遍设置很多石碑，上面有埃及人称为"神圣"的铭文："万王之王塞索西斯用他的军队征服这个地区。"如果敌对的民族英勇好战，他在石碑上面刻上男性的生殖器加以赞誉，设若对方卑劣而怯懦，就会刻上妇女的阴部表示藐视之意；运用人体最具支配性的器官③表现每个民族的特质，他们的后裔可以获得非常清楚的认知。在有些地方他树起自己的石质雕像，携带的武器是弓箭和一根长矛，高度是四肘尺加四

_____

① 这里所说的红海是指今天的波斯湾和印度洋。

② 塔内斯河和米奥蒂斯湖分别是现在的顿河和亚速海，至于科尔契人的国度是高加索地区。

③ 第十二王朝的辛努塞里特三世（Senusret Ⅲ），这位法老被狄奥多罗斯认为是塞索西斯，曾经在森尼（Semneh）竖立一座纪念石碑，霍尔的《近东古代史》第161—162页将上面的铭文翻译出来，可以看到那个时期独特的文字对于征服黑人部落表示蔑视之意，令人不禁要推崇希罗多德在《历史》第2卷第102节中引用的石碑上面的文字是何等流利。

掌幅,这就是他实际的身材①。

他对所有征服的民族都很仁慈,出征第九年结束讨伐的行动,要求属国每年依据自己的能力向埃及进贡,他将大批俘虏集中起来加上不计其数的战利品,班师返国,在他之前从未有一个埃及国王,能够建立这样的丰功伟业。他用贵重的奉献物和战利品装饰埃及所有的庙宇,每一位士兵只要作战英勇,就可根据建立的功勋奖赏并获得名声。总之,对外征战获得了成果,军队在国王领导之下分享英勇的战绩,聚积了大量财富,最终衣锦还乡,让整个埃及洋溢着国泰民安的幸福。

55 塞索西斯现在解除了民众所受战争的劳苦,他的友伴因为作战英勇获得的报酬,可以过逍遥自在的生活,享受美好的事物,这是他们用性命赢来的成果;须知他的抱负在于获得荣誉,尽全力造就不朽的名声,从事的工程建设是如此伟大而壮观,所耗巨额的费用几乎尽其所有,不仅为自己赢得光荣也为埃及人赢得安全,两者的结合无论在任何时候看来都是浑然一体。他从开始就将神明放在首位,要在埃及每一个城市为神明建立一座庙宇,使居民给予特别的崇敬。② 有关这方面的劳工他不使用埃及人,所有的建筑全部出自俘虏之手,所以他在每座庙宇刻下铭文,说是没有一位本国人士为它吃苦受罪。据说从巴比伦带回的俘虏后来发生叛变,由于无法忍受巨大的工程必须负担的劳苦;他们在尼罗河的两岸占领一个牢固的据点,与埃及人持续交战,对于周遭的地区施以蹂躏

① 大约是7英尺,可以与《圣经旧约·申命记》第3章第11节的记载做比较,提到巴珊(Bashan)王噩(Og)的铁床长有9肘尺宽有4肘尺:"现今岂不是在亚扪人(Ammon)的拉巴(Rabbath)吗?"

② 布雷斯特德的《埃及史》第443页,提到埃及那些富丽堂皇的庙宇,主要的建筑物像是大厅、殿堂、柱廊或塔门,很少不使用拉姆西斯二世的名字,这些古代的纪念物只要没有受到摧毁,就能让国王永保不朽的声誉。

和破坏,终于获得赦免,就在原地建立辖区,使用故乡的名字巴比伦。

他们还说基于同样的理由,所以有一座城市才会被称为特洛伊(Troy)①,甚至到目前还留存在尼罗河的岸边;那是因为麦内劳斯(Menelaus)带着大批俘虏从伊利姆(Ilium)开航,越过大海进入埃及,这时特洛伊人开始叛变,占领某个地方摆出不惜一战的姿态,直到他们获得安全和自由,就在那里建立一座城市,将故国的名字转送给它。有关上面两个城市的取名,我不是不知道它的来龙去脉,只是尼多斯(Cnidus)的帖西阿斯(Ctesias)对此有不同的记载,说是随同塞美拉米斯(Semiramis)进入埃及的人士建立了这两座城市,称呼的时候就用故土的名字。② 有关这方面的情况,很不容易述说明确的真相,然而表示不予同意的历史学家,必须考虑留下的记录深具价值,因为读者决定它的真实无误不会带有任何偏见。

56 塞索西斯紧急建造了许多巨大的土堤,并将这些城市移到所在的位置,如同坐落在无法自然升起的地面上,等到河流开始泛滥的季节,居民和他们的牲口可以撤退到安全的地方。在从孟菲斯到海岸之间这片广大的地区,他挖掘很多条运河连接所有的支流,目的是使得谷物在收成以后,能够被快捷而又方便地运送出去;使得农民相互之间不断交往,每个行政区域都能享受安逸的生活方式和供应无缺的物质条件。这些工程产生的最大成效,就是确保国土的安全,难以接近的路线可以用来对抗敌人的攻击,特别是埃及所有最好的部分都包括在内。因为在更早的时代,还有容易通行的道路可供马匹和大车使用;从现在开始,敌人的入侵变得极其困难,因为由尼罗河引导出很多条运河。他在埃及面对东方的

---

① 斯特拉波《地理学》第17卷第1节,提到靠近金字塔有一个村庄使用"特洛伊"这个名字。
② 本书第二章第14节,帖西阿斯详述塞美拉米斯发起的征讨行动。

一边兴建长墙用来加强守备的力量，当作一道防御工事用来抵抗来自叙利亚和阿拉伯的寇边，原来的长墙加以延伸以后，通过沙漠从佩卢西姆（Pelusium）直到赫欧波里斯（Heliopolis），长度将近一千五百斯塔德。

此外，他用坚硬的杉木造了一艘船，有两百八十肘尺长，船的内部和外部分别镶嵌金板和银板，然后将它当成许愿的祭品奉献给神明，它在底比斯受到极其特殊的崇敬，还有两根用花岗石制成的方形尖碑，高达一百二十肘尺，上面刻着文字叙述强大的军队、巨额的税收和征服无数的民族；他在孟菲斯的赫菲斯托斯神庙，奉献他自己和妻子的雕像，各用巨大的石材制成高达三十肘尺①、他的几位儿子都有二十肘尺高的雕像。之所以要这样做的理由如下所述。塞索西斯完成重大的战役班师回到埃及，经过佩卢西姆稍做停留，他的兄弟款待塞索西斯以及他的妻子和子女，却在暗中下手要将他们谋害；等到他们因为饮酒陷入熟睡之中，就将早已准备好的干草，趁着暗夜堆在帐篷四周纵火，烈焰熊熊。一般人在酒醉当中遭遇危险，请求别人的帮助会表现出粗野的姿态，但是塞索西斯只是向天高举双手，向神明祈祷保存妻子儿女的性命，接着自己安全从大火之中冲了出来。在千钧一发之际逃离危险后，他用还愿祭品奉献给所有的神明，因此，他对赫菲斯托斯特别礼遇，认为完全是他的介入才使国王获得拯救。

57 虽然大家相信塞索西斯有很多美德，但当他离开皇宫发起讨伐后，对外国的统治者也总是非常的慷慨。他让这些国王继续统治他所征服的民族，某些特殊的时候带着礼品来到埃及，他们会从他的手里接受最重要的指挥职位；这时塞索西斯会欢迎他们的光临，用各种方式表示

---

① 希罗多德《历史》第2卷第102节及后续各节，对于塞索西斯在这方面的成就有很多记载，靠近孟菲斯有两座巨大的拉姆西斯雕像，最大的一座高有42英尺，与狄奥多罗斯和希罗多德所说30肘尺（1肘尺等于1.5英尺）非常接近。

礼遇和提高地位,然而就在他访问城市或寺庙的时候,会将四驾马车前面拖车的马匹牵走,空下的位置让这些国王和君主填补,将轭架背在肩上然后四个一组轮流拉车;他是想用这种方式向世人表示,最强大和最有能力的国王都为他制服,就获得最光荣的奖赏而言,没有人能与他分庭抗礼。

塞索西斯自认无论是文治武功都已超越历代的统治者,就是奉献还愿祭品的数量和质量,以及在埃及兴建的公共工程,都是前所未见的壮举。君临天下三十三年之后,他的视力已衰退,做出不再留恋人世的打算;他慷慨赴死的行动不仅赢得埃及祭司阶层的赞美,就是一般平民大众也都同声颂扬,认为他终结自己的生命能与他崇高的精神相称,这些都表现在他的成就之中。

这位国王的声誉是如此伟大而且永垂不朽,等到过了很多世代以后,埃及落入波斯人的权势之下,泽尔西斯(Xerxes)的父亲大流士为了表示纡尊降贵,愿意将自己的雕像设置在孟菲斯,位于塞索西斯雕像的前面。祭司长在宗教会议当中发表反对的演讲,主要的意思是大流士无法超越塞索西斯伟大的事功;国王听了毫无怒意,反而欣赏祭司长言辞的坦诚;他还表示他到了塞索西斯的年纪,无论在哪方面都不会落在这位统治者的后面,同时要求他们判断两人的事功,要以相同的年龄作为基础,这才能得出公正的结论。有关塞索西斯的事迹在前面已经说得很多,现在就此告一段落。

58 塞索西斯的儿子继承了宝座同时僭用他父亲的称号,自己却没有从事一场战争,或者其他如同上述值得提及的事情,虽然他曾经历极其奇特的境遇。① 他丧失视力成为瞎子,可能是遗传父亲的体

---

① 塞索西斯的儿子名叫培罗斯(Pheros),希罗多德《历史》第 2 卷第 111 节记载同样的故事,只是情节有些出入。

质使然，或许出于有些人虚构的情节，说他对尼罗河有不敬的行为，因为有一次他陷身在暴风雨当中，竟然会对汹涌的激流投掷一根长矛，所幸患上眼疾迫得他祈求神明给予救治，经过长时间的努力，用无数的牺牲和祭礼向神明请罪，还是得不到任何结果。就这样过了十年，有一道神谶指点他向赫利欧波里斯的神明求情，同时要用一位妇女的尿清洗面孔，这位妇女除了自己的丈夫没有与其他男子发生苟合的行为，才会有治疗的效果，因此他开始用自己妻子的尿，接着还试了很多其他的妇女；最后除了一位园丁的妻子，其余的女性都达不到贞节的要求，于是等到恢复视力以后他立即与她结婚。所有其他的妇女包括原来的妻子在内，全都被活埋在某一个村庄，埃及人因为该处有这件事故发生，所以称它为“神圣之地”。他对赫利欧波里斯的神明给予的恩惠极其感激，遵照神谶的示意奉献两根单一石材制作的方形尖碑①，宽度是八肘尺，而高度是一百肘尺。

59 这位国王崩殂以后，有很长一列继承人高据宝座，却没有任何言行值得记录。待阿玛西斯（前569—前526年）登基已过了很多世代，他极其暴虐地统治数量庞大的民众，很多人受到不公正的惩罚，或者是财产被他充公，他的举止对所有人而言只有藐视和傲慢。这时身为受害者只有尽量忍受，他们没有能力抗拒这样强大的权势；后来埃塞俄比亚国王阿克特萨尼斯（Actisanes）②，率领一支军队前来攻打阿玛西斯，人民的恨意获得发泄的机会，大部分的埃及人高举义帜，阿玛西斯很快覆灭

---

① 提到的两根方形尖碑有一根仍旧留在该地，所用材料是悉尼（Syene）的红色花岗石，高度有66英尺，世界上最高的单一石材制作的方形尖碑，高度有100英尺，竖立在拉特朗（Lateran）大教堂的前面；至于狄奥多罗斯所说的这根150英尺石碑（每一肘尺相当于18—22英寸，要是以18英寸来算正好是1.5英尺），似乎是太高了一点。

② 魏德曼（A.Wiedmann）《埃及史》（*Agyptische Geschichte*）第582页注1，认为这位阿克萨特尼斯，就是本章第64节所提的埃塞俄比亚人萨贝柯。

是意料中事，埃及接受了埃塞俄比亚人的统治。

阿克特萨尼斯的运道极佳，还能用仁慈的态度对待他的臣民。例如，他用自己的方式处置窃贼，并非合法的惩罚处以死刑或是法外开恩予以开释；他将被起诉同一罪行的被告聚集起来，就他们的案件进行详尽的审查，最后对判决的犯人处以劓刑，安置在沙漠边沿的一个殖民区，等到居民增多以后建立一个城市，称之为犀牛城（Rhinocolura）①。这个城市位于埃及和叙利亚之间的边界，离海岸不远，对于人类生存所需的物品全都缺乏，这块陆地的四周为盐水沼泽所包围，城墙之内仅能从井中获取少量浑浊的饮水，尝起来带有极重的苦味。他这样做是为不让这些恶徒继续以往的不法伎俩，使得无辜的民众受到伤害，要是让他们与其他人类混杂起来，难以辨识之下就会变成漏网之鱼。尽管他们被发配到沙漠地区，欠缺所有的日用品，但还是尽力让自己能够生存下去。因为恶劣的处境迫使他们运用所有可能的手段去战胜物质的匮乏，例如，他们砍下邻近地区的芦苇，将它劈开编成很长的罗网，沿着海岸设置的距离可达数个斯塔德，用来猎取鹌鹑，这种鸟类被成群地从外海驱赶过来，可以捕捉足够的数量供应所需的食物。

60 等到这位国王过世以后，埃及人重新控制了政府，扶植一位本土的国王门德（Mendes）登上宝座，有些人将他称为马鲁斯（Marrus）。身为统治者他一直关心战争，对其他工作却置之不理，也就谈不上任何建树，他为自己营建了一个陵墓，就是众所周知的拉拜林斯（Labyrinth）②；它之所以名闻遐迩，不在于体积的硕大无比，而在于设计的精巧

---

① 犯人受到劓刑以后，装上金光闪闪的假鼻子很像犀牛。像是东罗马皇帝查士丁尼二世（Justinian Ⅱ）被割去鼻子，获得里诺特密都斯（Rhinotmetus）即"犀牛"的绰号。

② 本章第 66 节对这座建筑物有更深入的介绍，古代的学者都不同意建造者的名字是狄奥多罗斯所说的门德或马鲁斯，因为根本没有人听过这两位的大名；参阅魏德曼《埃及史》第 259 页。

使后人难以模仿，这是一个进入以后很不容易找到出路的迷宫，除非他的身边有熟知整个结构的向导。有人说迪达卢斯（Daedalus）游历埃及，对于这座建筑物运用的高超技术赞叹不已，后来他为克里特（Crete）国王迈诺斯（Minos）①构建了一座拉拜林斯，完全是埃及这座的翻版，从而提到神话的情节，就将那头野兽称为迈诺陶尔（Minotaur）。不过克里特的拉拜林斯已经完全消失不见踪影，是为某位统治者夷为平地，还是经不起时间的侵蚀？埃及这座建筑物仍旧矗立如故，即使经历岁月轮转，还能保持原封不动的整体结构。

61 这位国王去世以后，有五个世代之久不见统治者，有一个人出身卑微，受到推举成为法老。埃及人称他为西特斯（Cetes），希腊人认为他就是普罗提乌斯（Proteus）②，在位的时期正好与伊利姆发生战事。有些传说提到普罗提乌斯有如春风化雨的智慧，他的身体可以变幻莫测，有时变成各种动物，有时是一棵树或者火焰或是任何其他事物，祭司将这方面的数据交给西特斯，这位国王完全认同传统的说法。根据祭司的记载，国王始终与占星家维持着密切的交往，所以在这方面能获得丰富的经验，特别是埃及的国王代代相传的习惯，使得希腊人对于普罗提乌斯改变形状的方式，总是落入神话的窠臼。埃及的统治者为了显示拥有的权柄，在前额戴起狮子、水牛或蛇的头饰，有时是树木或火焰，甚至在某些情况下，会戴上一大束香草，当然后者是为了增加他们的魅力，最主要还是让

---

① 迈诺斯在希腊神话中是天神宙斯和欧罗芭的儿子，成为克里特国王后娶帕西斐为妻，子女众多包括斐德拉和亚里德妮，荷马的《奥德赛》提到他是公正的君王，死后成为冥府的判官。

② 希罗多德《历史》第 2 卷第 112 节和后续各节，把埃及的头衔 Prouti 与他熟悉的普罗提乌斯弄混淆，所以才出现很多错误，狄奥多斯照他的说法原封不动地引用，当然与史实不合，参阅韦尔斯（Wells）《希罗多德评论》（*A Commentary on Herodotus*）第 223 页。无法证实西特斯具备埃及统治者的身份。

人看到以后感到畏惧，或者是表达对宗教的崇敬之心。①

　　普罗提乌斯过世后他的儿子伦菲斯（Remphis）②登上大宝。他身为统治者亲自料理税收和累积财富，竟然会花费一生的精力来开源节流，源于悭吝和贪婪的个性，即使是奉献神明的祭品或是照顾人民的福利，他也竟然舍不得丝毫的支出。因此，他不配当一个国王，倒是能够成为尽责的管家，用来取代基于德行的名声，他比以前任何一位国王留下的宝库都大，传说他拥有的财富达到四十万泰伦白银和黄金。

62　伦菲斯亡故以后，接位的国王陆续有七代都是怠惰之辈，纵情于奢华和声色，因此在祭司的记载当中，他们没有留下可供后人凭吊的建筑物，或在历史上享有名声的功勋；其中只有尼勒乌斯（Nileus）这位统治者除外，尼罗河是因他而得名的，须知过去埃及人称之为伊吉普都斯（Aegyptus）河。国王在合适的位置构建很多条运河，时时不忘增加尼罗河的用途和功能。

　　第八代法老是孟菲斯的奇美斯（Chemmis）③，统治的时期长达五十年，建造了三座体积最大的金字塔，能够列名世界七大奇观。这些金字塔位于埃及朝向利比亚这一边，距离孟菲斯有一百二十斯塔德，到尼罗河只有四十五斯塔德；无论是结构的硕大无比还是工程的执行技术，都让看到的人瞠目结舌，心中充满惊奇之感。其中最大的一座金字塔，正方形的底部每

---

　　①　有关这些章纹和信物，可以参阅布雷斯特德《埃及史》第38页，眼镜蛇是北部王国的符号，用来制作神圣的头饰。

　　②　希罗多德《历史》第2卷第121节，提到拉姆西斯三世的名字是拉姆普西尼都斯（Rhampsinitus），以及两位窃贼的著名故事。

　　③　奇美斯就是希罗多德《历史》第2卷124节的奇欧普斯（Cheops），应该是第四王朝的胡夫（Khufu），在吉萨建立埃及最大的金字塔，时间是公元前第26世纪；狄奥多罗斯犯了与希罗多德同样的错误，认为这个人是第十二王朝的拉姆西斯三世，时间是公元前12世纪。

一边的长度是七百英尺,高度超过六百英尺①;它的形状逐渐向上变尖,顶点每边的长度有六肘尺。整个结构采用非常坚硬的石材,虽然施工困难却可葆永垂不朽。根据他们的说法,就人类的历史而言,逝去的岁月不会少于一千年,或者某些作者认为已有三千四百年之久,这些石块到今天仍旧保持在原有的位置,整个结构没有倒塌的迹象。

据说这些巨大的石块是从遥远的阿拉伯②运来的,构建的方式是使用逐渐升起的土堤,须知起重的吊杆当时尚未发明。所有的记载当中最值得注意的事项,莫过于工程竟然有这样的规模,整个国度除了环绕着黄沙不出产别的材料,却没有留下建造土堤或铺设石块的任何痕迹,使得金字塔的外貌不像出自人类缓慢的手工,看起来如同一种突如其来的创作,那是某些神明在一片沙土上面建起的庞然大物。还有一些埃及人对这些事的论点让人感到不可思议,他们竟说巨大的土堤是由盐和硝石堆成的,等到引进河水将它们溶解就会完全消失,再也看不出人类勤劳工作的痕迹。不过,他们在这方面没有说一句真话,因为的确是用当地的泥沙当作材料,靠着无数的双手建起土堤,再以同样的方式恢复原状;据说因为可以动用的劳工达三十六万人,整个结构体至少要花费二十年的时间。③

63 国王崩殂以后由他的兄弟西弗林(Cephren)④继承,统治的时间有五十六年;还有人说接位者不是奇美斯的兄弟,而是他的

---

① 大金字塔的表面几乎都已消失不见,最原始的尺寸应该是每边长768英尺,高482英尺。

② 真正的"阿拉伯"就希罗多德《历史》第2卷第8节和斯特拉波《地理学》第17卷第1节的记载,是指位于尼罗河和红海之间的地区。看来建造大金字塔所需的所有材料,应该来自距离不远之处,参阅《贝德克尔旅游指南——埃及》(*Baedeker's Egypt*)第124—125页。

③ 希罗多德《历史》第2卷第124—125节,运用极其风雅的文笔记载兴建金字塔的传闻逸事。

④ 西弗林就是希罗多德《历史》第2卷第127节提到的奇弗林(Chephren),他兴建的金字塔位于卡夫里(Khafre)。

儿子查布里斯(Chabryes)登上宝座。不过,所有的作者都认为他是次一位统治者,要拿前任当作榜样,建造第二座金字塔,施工的技术方面与前面提到的情况完全类似,只是它的体积确有不如,正方形底部的边长仅有一斯塔德①。体积居次的金字塔刻着一段铭文,提到工程费用的总额,包括工作人员的素食供应和奉献神明的牺牲在内,需要支付一千六百泰伦。较小的一座金字塔没有刻上铭文,只是在其中一边砌起石阶。两位国王建造金字塔是用来作为陵墓,亡故以后遗骸并没有埋葬在里面;由于兴建的工作极其冗长且辛苦,身为法老就会采用很多残酷和暴虐的行为,使得民众心中充满恨意,公开提出威胁要将安葬其中的遗体碎尸万段,然后抛到陵墓的外面。每一位统治者在临终之际,都会交待亲属要将他的木乃伊秘密埋葬在一个没有标示的地方。②

迈西瑞努斯(Mycerinus)③在这几位统治者之后成为法老,有人说他的名字是明奇瑞努斯(Mencherinus),首位金字塔建造者的儿子。他着手第三座金字塔的构筑,没有等到完工已经逝世。底部的每边长度他只要求三百英尺,他用黑色石材④建起的墙面有十五层,很像底比斯附近金字塔的构造模式,其余部分他用普通石材取代,这与别处的金字塔没有什么不同。结构体的规模虽然不如前面提过的金字塔,但建造过程中使用的技术以及石材的费用,则有过之而无不及。特别是这座金字塔的北侧刻有铭文,提到它的建造者是迈西瑞努斯。据说这位统治者对于历代国王的草菅人命感到气愤不已,受到激励要过简朴的生活,一心一意谋求臣民的福祉;他不断做很多有

① 1斯塔德为607英尺到738英尺,因为这座金字塔看起来要小很多,所以它的边长约为600英尺,无法与大金字塔的768英尺相比。

② 地下陵墓进入的墓道用大块花岗岩封闭,保护木乃伊不受盗墓者的掠夺。参阅《贝德克尔旅游指南——埃及》第123页、126页。

③ 他建造的金字塔位于门库里(Menkaure)。

④ 第三座金字塔较低的几层使用红色花岗岩,希罗多德《历史》第2卷第134节将它称为"埃塞俄比亚石"。

益民生的事,有助于人民对他产生善意,特别是在公开接受觐见的时候,花费大量金钱赏赐诚信的臣民,认为他们遵守法律的规范应该给予奖励。

当地还有另外三座金字塔,每边的长度只有一百英尺,同样的构建方式,只是体积小很多,是前面提到的三位国王为他们的妻子所兴建的。

一般人都会同意这种纪念物在埃及较之其他所有建筑都更为卓越,不仅在于宏伟硕大和造价昂贵,还有建造者展示出的惊人的技术和能力。大家认为建筑师比国王更值得受到赞誉,因为他们为执行任务安排所需的工具;为了完成他们的计划,建筑师要靠着心灵的力量以及工作的热忱,法老则是他们继承的财富以及给百姓带来痛苦的奴役。无论是当地的居民还是史家,他们对于金字塔所持的论点,都不可能有共同的意见;有人说上面提到的国王是建造者,还有人认为是不同的法老,例如,说是阿米乌斯(Armaeus)建造了最大的那座金字塔,第二大是阿摩西斯(Amosis),位居第三的那座是爱纳罗斯(Inaros)。还有人说最后那座金字塔是名妓罗多庇斯(Rhodopis)①的陵墓,有一些州长成为她的入幕之宾,基于他们对她是如此的迷恋,使得建筑物的完成如同分工合作的行动。

64 波考瑞斯(Bocchoris)②在上面所述国王之后接位,这个人的性格极其卑劣,论及聪明才智却优于所有过去的国王。再过相

① 说起金字塔成为罗多庇斯的陵墓,这种论点很引人注意:由于狮头人身怪物(Sphinx)的颊部长着红色的毛发,所以希腊人将他称为罗多庇斯,即"玫瑰的面颊",还误以为他是女性。后来他们得到罗多庇斯的画像,知道她是面颊如同玫瑰的多里莎(Dorisha)(阿昔尼乌斯《知识的盛宴》第13卷596B,否认她的名字是多里莎),在三角洲的米勒都斯殖民城市瑙克拉蒂斯(Naucratis),成为名声最为响亮的娼妓,可以参阅希罗多德《历史》第2卷第134节和后续各节。莎孚(Sappo)的兄弟查拉苏斯(Charaxus)对她极其迷恋,使得莎孚对她责怪不已,参阅埃德蒙(Edmonds)《希腊抒情诗集》(Lyra Graeca)第1卷第205页。

② 有关波考瑞斯的事迹可以参阅本章第78和93节。他的埃及名字是波肯拉尼夫(Bokenranef)(在位期间:约前726—前712年),第二十四王朝有两位国王,他是第二位,参阅《剑桥古代史》(The Cambridge Ancient History)第3卷第276页及后续各页。

当长的时间后是萨贝柯(Sabaco)①的统治,他虽然是一位埃塞俄比亚人,无论是宗教的虔诚抑或行事的公正,都远远超过所有前任的法老。他废止最为酷虐的习惯法(我的意思是指死罪)可以证明他有恻隐之心,他不将他们处以极刑而是锁在链条上面好为城市服行劳役,用来构筑很多堤坝以及挖掘不少位置良好的运河;他用这种方式减少受到严苛惩罚的人,经过交换可以为城市带来最大的福利。

他对宗教的虔诚已经达到难以比拟的程度,从他在梦中出现的幻象,以及他不断要求放弃王位,可以推断出一二。他认定底比斯的神明在他睡觉的时候,特别对他有所交代,就是他对埃及的统治不可能获得幸福,在位的时间不会长久,除非他能将所有祭司的身体砍成两截,然后在盛大行列的随护之下从当中通过。② 等到梦境再三出现,他从全国各地召来祭司,告诉他们说,自从他来到埃及已经对神明有所冒犯,要是没有这种事神就不会在梦中一再给予指示,还说他情愿保持纯洁,不受这片土地带来的污染,使得自己的生命听从天意的安排,总比冒犯神明用杀戮去玷辱自己的名声得以统治埃及要好得多。最后他将王国归还给埃及人,再度隐退到埃塞俄比亚。

65 埃及的政府有两年处在群龙无首的状态,群众陷于动乱之中开始相互残杀,十二位最重要的领导人物组成一个正式的联盟,他们在孟菲斯集会商议,签订协议表达各人的善意和忠诚,最后宣称他

---

① 夏巴卡(Shabaka)是第二十五王朝第一位国王,在位期间为前712—前700年。

② 这个故事使人联想到信仰的问题,一个人从分为两半的牺牲当中走过,可以保证他以后逢凶化吉,不受外来的伤害,参阅《圣经旧约·创世纪》第15章10—17节,以及《圣经旧约·杰里迈亚书》第34章18—19节,至于希罗多德《历史》第7卷第39节,提到皮提乌斯(Pythius)的儿子身体被砍成两片,一片放在路的左边一片放在路的右边,波斯军队从中间通过前去征讨希腊的城邦,结果是大败而归,看来还是有矛盾的地方。

们都是共治的国王。这十二个人遵守誓言和承诺进行统治,保持和谐的关系有十五年之久。他们想为大家构建一个共同的陵墓,认为生前彼此都能精诚团结共享尊荣,死后应该葬在一起接受全民的祭祀和怀念。他们充满热情地从事这项任务,竭尽全力要使这个纪念物在宏伟壮观方面,远远超过以往所有的统治者;他们选择的地方位于利比亚的米瑞斯湖①入口处,为了建造这个陵墓要用质量最佳的石材,金字塔每边的长度为一斯塔德;特别是所有的雕塑都是精品,不会让后来的统治者有胜过他们的机会。②

游人只要通过围墙就进入一个大厅,每边有四十根石柱环绕,屋顶使用色彩一致的石材,上面镶嵌华丽的藻井③,四周装饰名贵的图画。庭院里面有每位国王出生地区的纪念物,可以当成举行献祭仪式的寺庙。根据这些国王的说法,构筑陵墓的计划极其庞大而且费用昂贵,他们不会在完成之前死亡,后人要想超越目前兴建的规模,几乎是不可能做到的事。

他们统治埃及的时间有十五年,后来将主权移交一人基于下列理由。塞埃斯的桑米蒂克斯(前663—前609年)是十二位法老之一,负责管理濒临海岸的地区,供应货物给所有的商家,特别是腓尼基人和希腊人。他处理自己辖区的产品可以获得利润,还与其他民族进行以物易物,除了可以拥有巨大的财富,还与这些民族和统治者建立了友善的关系。据说基于这个缘故,其他的国王心生嫉妒对他发动战争。

不过,有些早期的史家④提到这个异想天开的故事:将领得到神谶的指示,他们之中谁第一个用青铜碗在孟菲斯对神明酹酒,谁就能统治整个

---

① 这个湖位于尼罗河的西边。

② 这是前面第60节提到的拉拜林斯,位于埃及中央位置的政府设置在此地,并非12个国王的建树,是第十二王朝的阿蒙涅姆赫特三世(Amenemhet Ⅲ)全力经营而成,参阅《剑桥古代史》第1卷第309页,以及布雷斯特德《埃及史》第194页。

③ 装饰的镶板嵌在很深的石材底部。

④ 参阅希罗多德《历史》第2卷第151页及后续各页。

埃及,等到一位祭司从神庙拿出十一个①金碗时,桑米蒂克斯立即取下头盔用它来举行酹酒的仪式。所有的同僚虽然对他的行为有所怀疑,但还不到要处死他的程度,只命令他离开公职生涯,在沿海的沼泽地带度过余生。无论他们之间的争吵是出于上述的原因,还是出于猜忌和嫉妒的心理,彼此的分手已成定局。不管怎样,桑米蒂克斯从卡里亚(Caria)和爱奥尼亚(Ionia)召来佣兵,靠近一个叫作摩孟菲斯(Momemphis)的城市,在一场决定性的会战中击败对方,反对他的国王有些在战场被杀,有些被他赶到利比亚,从此没有能力与他争夺埃及统治者的宝座。

66 等到桑米蒂克斯在整个王国建立稳固的权势以后,就在孟菲斯为神明兴建东方的山门,以及神庙四周的围场,它的支撑物是用十二肘尺高的方形人像柱取代圆柱。他对佣兵赐予贵重的礼物,远超过原先承诺的报酬,让他们住在一个被称为"营地"的区域,还将佩卢西姆河口以上尼罗河沿岸广大的田地分给他们;很多年以后统治埃及的阿玛西斯,将他们从该地迁走安置在孟菲斯②。由于桑米蒂克斯拥有天下得自佣兵的帮助,而后举凡涉及帝国的政务,对他们较之旁人更是信任有加,通常维持大量佣兵部队。有一次与叙利亚发生战争,排出战斗序列的时候,为了推崇佣兵部队,将他们部署在方阵的右翼更为荣耀的位置,本国部队则被指定在较次一等的左翼;埃及人为受到轻视大为震怒,何况他们的兵力有超过二十万人的优势,背叛以后向着埃塞俄比亚进军,决心要为自己打出一片天下。

---

① 所有的编辑都从手抄本得到 12 这个数字,只有希罗多德说是"11"个碗,这样才让桑米蒂克斯有机会用他的头盔来装酒。

② 希罗多德《历史》第 2 卷第 154 节有类似的记载,只是还更精确地指出他们的营地是在达夫尼(Daphnae),就是现在的特尔·德芬尼(Till Defenneh),位于尼罗河的佩卢西姆支流,已经建好一条运河,佣兵据有叙利亚入侵埃及唯一进口的战略位置。

国王在开始的时候派出他的将领,为他们受到委屈请求原谅,等到得知他们根本不睬不理,就在朋友的陪伴之下亲自坐船前去劝说。反叛的军队还是沿着尼罗河继续行军,很快要越过埃及的边界,这时他恳求他们只要改变心意,就会将他们的庙宇、家园和妻儿子女归还给他们。这些士兵大声喊叫,用长矛将盾牌敲得一片山响,说是凭着手里的武器会很容易找到家园,同时掀起衣袍指着生殖器,说是靠着这个东西何患没有妻子儿女。他们能够展现莫大的勇气,同时对其他人认为极其重要的东西,抱持毫不在意的藐视态度;他们占领埃塞俄比亚最好的区域,每个人分到相当的田地,就在那里成家立业定居下来。①

虽然桑米蒂克斯对这些事情感到痛心疾首,但仍旧将埃及的政务导入正轨,小心照应皇家的岁入,能与雅典和其他希腊城邦结成联盟。他对待外国人士非常仁慈,让他们可以自由自在寄居埃及,赫勒尼斯(Hellenes)要自己的儿子接受希腊教育,极力称许这是正确的做法。一般而论,他是第一个在各州开放贸易站给其他的国家运用②,同时提供最大限度的保护,使得外乡人能安全渡过大海的埃及国王。过去历代法老运用权力闭关自守,任何异乡人只要抵达海岸,不是将他们杀害就是逮捕以后使其成为奴隶。坦白说,由于部分人民对外乡人抱着反对的态度,布西瑞斯的暴虐在希腊人当中成为常用的谚语,虽然这种亵渎神圣的行为并不完全如上面所述,但埃及人对放之四海而皆准的习俗何其不敬,已经变成一种流传甚广的神话故事。

---

① 希罗多德《历史》第2卷第30节也提到这些"叛逃者",只是叙述的情节没有这样详细。

② 读过手抄本的编辑会感到困扰,还是保持现在的叙述方式。那就是在前一节中提到他只能在负责治理的区域,允许其他民族与他们进行以物易物的通商,等到他成为国王就将这种特权推展到埃及"其他"的地区。

67 桑米蒂克斯以后经过四个世代,阿普里斯(Apries)当了二十二年的国王(前588—前566年),他率领强大的陆上和海上武力,前去征讨塞浦路斯(Cyprus)和腓尼基,在一次突击之下夺取西顿(Sidon),腓尼基其他的城市陷入惊惧之中,看来只有降服才不致玉石俱焚;他还在一场规模很大的海战当中击败腓尼基人和塞浦路斯人,然后带着大批战利品班师还朝。然后他派遣一支强大的本土部队,前去攻打塞伦(Cyrene)和巴斯(Barce),结果丧失大部分军队。幸存的人员要与他保持距离,他们认为他实施远征作战的目的,在于让军队遭到毁灭以后,他对整个埃及的统治更为安全,所以他们开始叛变。国王派遣一位名叫阿玛西斯的显赫埃及人,前去安抚声势日增的叛军,他不理会收到的命令是要调停双方的歧见,反倒是加大彼此的嫌隙,最后自己投向起义的阵营,受到推举成为国王。①

没过多久,所有埃及本地人士全都追随阿玛西斯,国王处于困境,为了安全不得不寻求佣兵的保护,这时他们的实力还有三万人马。靠近马里亚(Maria)这个村庄他们发生了一次决定性的会战,经过激烈的战斗埃及人占得上风,阿普里斯被敌人活捉处以绞刑;阿玛西斯尽可能用最好的方式处理王国的事务,按照法律的规定统治埃及,获得了人民的爱护和拥戴。他实施同样的远征行动,塞浦路斯的城市都望风而降;还用价值不赀的还愿祭品,将许多庙宇装点得花团锦簇。他的统治持续了五十五年,正当波斯国王康贝西斯攻打埃及之际,结束了在世的时光,这是奥林匹亚63会期第3年(前526—前525年)的事,卡玛瑞纳(Camarina)的巴门尼德(Parmenides)赢得了"赛跑"的优胜②。

---

① 阿玛西斯(就是第二十六王朝的阿摩斯二世[Ahmose Ⅱ])在位是从公元前569年到公元前525年,开始3年是与阿普里斯共同统治。
② 奥林匹亚运动会的赛跑项目,距离是6063/6064英尺。

68 对于埃及的国王，从最早的时期到阿玛西斯的亡故，我们已经详尽讨论了他们的行谊和事迹。我们应该根据适当的年代背景记录其他的事件，可以从这方面对埃及的习俗给予综合性的叙述，不论就我们的读者来说，它是非常陌生还是具备相当价值。埃及人当中很多在古代存在的习俗，能为现在的居民全盘接受，可以获得希腊人很高的赞赏；特别是这些人抱着热诚的态度游历埃及，他们想要让自己熟悉当地的法律和政治，认为这是最值得注意的知识，从而使得自己在智慧方面赢得最大的名声。上面提到有关外乡人进入这个国度，就早期而言非常困难，那是不顾事实的胡言乱语，不仅在最古老的时代，奥菲乌斯和诗人荷马就很热心地来访，即使后来也有很多知名之士，像是萨摩斯（Samos）的毕达格拉斯（Pythagoras）和立法者梭伦（Solon）。[①]

直到现在还维持这种说法，即埃及人首先发明可以书写的文字，以及对星辰的观察，还有几何的基本原理以及大部分的工艺技术，建立最好的法律体系。他们提到最好的证明就是基于事实，埃及受到法老的统治有四千七百年之久，其中绝大多数是土生土长的埃及人，在整个人类居住的世界当中，它拥有最为富裕和丰饶的土地。相较于其他任何民族，要说埃及人没有享用最优良的习俗、法律和制度，从而在各方面可以提升他们的文化水平，绝非事实。希罗多德和若干作者就埃及的现况杜撰一些故事，无论是不可思议的情节还是令人难以置信的神话，虽然用来娱乐读者，他们却挖空心思证明其真实性，有关这方面我们只有加以删除；须知我们形诸文字的史实都是埃及的祭司留下的书面记录，还得通过我们详细的查验。

---

① 提到的奥斐乌斯是在本章第 23 节，荷马在第 12 节，毕达哥拉斯和梭伦在第 97 节。

69 首先，我们必须知道，埃及的法老所过的生活不比其他地区的国王，可以享有专制的权力，所有的事务都能随心所欲，无须负任何责任；须知身为法老，一举一动必须符合法律的条文，不仅是施政工作，就是起居作息亦复如此，甚至连吃的食物都有严格的规定。有关他们使用的仆从没有一个是奴隶，无论获得的方式是来自购买还是出生在家中，都不具备成为仆从的资格；只有身世显赫的祭司抚养的儿子，才能伺候国王的生活，年龄要超过二十岁，与他们的同胞相比要受过良好的教育，为的是国王能有最高贵的人士关心他的生活，无论日夜陪伴在一起，相互砥砺德行就不会自甘堕落；统治者的身边除非有人在助长他的激情，否则不会在邪恶的道路上单独前进太远。国王的言行不管是白昼黑夜都要依据原订的计划，在特别的时辰更要遵守法律的规范，而不是他所认定的最佳方式。例如在他刚刚醒来的早晨，他要接收各方面送来的信件，目的是让他明了整个王国的实况和正确的消息，在处理政府事务的时候，能采取最为适当的行动。然后等到洗浴完毕，身体经过修饰，穿上华丽的正式官服，佩戴凸显职责的勋章，要向神明举行献祭的仪式。

将奉献的牺牲带到祭坛前面，按照习惯最高祭司站在法老的身边，埃及的一般民众聚集起来围在四周，只要法老对待他的臣民能保持公正，大家就会高声祈祷，请求神明将健康和一切美好的事物赐给法老。民众公开认同国王所具备的种种美德，祭司向神明的祈祷，提到国王的虔诚和仁慈，因为他的自制、公正、宽厚、诚信和慷慨，简而言之就是超然物外，不受欲望的左右；惩罚罪犯较之应得为轻，报答恩情始终抱持感激之心。祭司用同样的语气一再重复所说的话，最后的结论是对所犯的错误发出诅咒之词，无论面对任何谴责只有法老可以受到赦免，要求后果和惩罚全由别人负担，就是在他身旁服侍的人或是教他做坏事的家伙。身为祭司的一切作为，在于引导法老对神明产生敬畏之心，或者使他习惯于正确的行为举止，并非诉诸激烈和苛刻的训诫，而是使用赞誉的方式使他存心向善。

等到这些结束以后，法老主持肠卜的仪式，从牛犊的内脏获得吉兆，接着地位神圣的书记在会议中，高声朗诵圣书当中富于教化的训诫，讲述法老中最为显赫人物的行谊，让他了解即使拥有无可匹敌的领导权力，也必须在内心沉思放之四海而皆准的原则，化为有利于国计民生的施政作为。同时让他知道，所谓的指定时间不仅是接受觐见或是主持审判，还包括散步、沐浴以及和妻子的房事，总之，包括生活当中所有的行动。法老的习惯是享用精美的佳肴，食用的肉类限于小牛肉和鸭子，饮用指定分量的葡萄酒，不至于毫无理性的过量或是醉倒。一般而论，他的饮食不在于满足口腹之欲，而是要能保持健康的身体，所有的规范并非出于立法者之手，而是由经验最为丰富的医生所拟定的。

70 看起来相当奇怪，身为法老不能全然控制每天的生活，然而事实非常明显，不允许他们做出不合法规的决定，或是随心所欲处理任何事务，或是基于恶意、怨恨、愤怒或任何不公正的理由惩罚任何人，对于每一种罪行只能根据有关成文法的规定。对于这些事务依循习惯法的规定，他们不会心生不满或是感觉受到冒犯，相反的是这些法老甘之若饴，可以引导他们过最幸福的生活。因为他们相信所有其他的人，全都轻率地听从天生的激情，从事很多行动只会给他们带来伤害和危险；时常有人认为他们会犯罪，特别是他们受到爱、恨或其他情绪的支配，就会做出卑鄙和下流的行为。

在另一方面，他们要使自己的德行有所精进，如同最谨慎的人选择生活的方式，即使犯错也会减到最少的程度。法老在关系到臣民的事务方面，总是遵循合乎天理人情的正道，人民对于统治者表达明显的善意，较之对自己的亲戚更有一份挚爱之情。不仅是祭司阶层，就是埃及所有的居民,总而言之,对于自己的妻子、儿女和其他心爱之物,远不如对国王的安全那样关心。因此,埃及的大多数时候都在国王的统治之下,对于他们都可以找到相关的记录,他们维持一个秩序井然的民治政府,能够继续享受最富裕的生活,只要法律体系如同描述的那样坚强有力;再者,他们比其他民族征服了更多的国家,创造了更多的财富,用纪念物和建筑物装饰他们的国土,在各民族中稳居首位,迄今还未被超越,他们的城市布满形形色色贵重的奉献物。

71 埃及人要为一位国王的逝世举行盛大的葬礼,可见人民对于统治者怀着莫大的善意,事实上他们推崇的尊荣对死者而言已无法感受,只能将表示的诚挚程度当成可靠的证词。只要有任何一位国王崩殂,所有埃及的居民都会聚集起来为他服丧,撕裂身上的衣物,关闭庙宇的大门,停止神明的祭祀奉献,七十二天之内不得有节庆假期,他们将泥土涂在头上,胸部下面缠着亚麻织成的布条,无论男女都以两百到三百人为一群,每天两次唱出节奏缓慢的挽歌,颂扬死者在世的美德。不能吃任何生物的肉或是麦类制成的食物,必须禁绝酒和任何奢侈的行为。任何人都不认为沐浴、涂油以及使用柔软的寝具是适合的事,甚至没有人敢纵情于两性的欢愉;每一位埃及人都服行七十二天的哀悼期,如同他最心爱的子女不幸夭折一样。

就在这段期间他们为葬礼进行盛大无比的准备,到了最后一天,将装入遗骸的棺木放在陵墓的入口;他们遵循习俗的规定,要设置一个法庭,就死者一生的行为做出最后的裁决。等到每一个人都获得允许可以随心所欲发表抱怨的言辞,祭司就会一个接着一个赞扬他的高贵生涯,数量庞大的群众聚集起来参加葬礼,聆听他们所说的话,如果国王过着正直的生活,他们大声表示赞同,要是他做不到这一点,他们会发出强烈的抗议。事实上很多国王由于他们的作为与人民对立①，按照惯例会被剥夺公开葬礼的权利，由此造成的结果是继位的国王行事务求公正，不仅出于上面提到的理由，同时还害怕死后他们的肉体受到藐视以及蒙上永恒的污名。

早期国王相关的习俗变得更为重要。

72 埃及分为很多希腊人称之为州的行政单位，每个州指派一位州长负责所有事务的督导和执行。整个国家的统治阶层分为三个等级，头一个等级是祭司阶层，他们负责服侍和礼拜神明，接受教育，较一般人有更高的智力水平，受到居民给予的最大敬意。他们拥有土地②，获得的收益用来支付整个埃及的祭礼和奉献，能够援助遭受天灾人祸的民众，以及供应他们自己的需要；他们始终对神明抱有敬畏之心，所有的祭司都用同样的方式进行祭祀的仪式，通常能够代表大众的要求，即维持生命的必需品不致匮乏。

一般而言，祭司由于经常留在法老的身边，成为首先的考虑也是最重要的事务，有时他们充任国王的帮手，有时适当地衡量情况然后给予指导，由于他们富于星象和占卜的知识，能够预判未来的发展，或是向国王诵读圣书上面保存有关行动的记录，俾能获得经验，这也是极其有力的后援。有一种情况很适合希腊人，而并不见得对埃及人有用：仅仅由一位男子或妇女负起祭司的职责。须知埃及有很多祭司负责奉献牺牲和祭品，或是向神明顶礼膜拜，最后将一生最重要的工作传授给后代子孙。他们无须缴纳任何一种税赋，无论是名声还是权力都仅次于国王。

---

① 本章第63节举了两个例子，说明统治者与人民对立发生的结局。

② 公元前12世纪的哈里斯·帕皮鲁斯（Harris Papyrus），提到祭司阶层的情况，那个时候他们的数目占总人口数的2%，土地却占有15%；虽然没有提到其他方面的财产，在后续的世代增加权力是必然的结果。

这个国家的第二等级为法老,主要的工作来自他们的岁入,其中诸如支付战争的费用,供应宫廷的奢华,奖赏立功的人员,还不能用苛捐杂税让平民难以应付,因为他来自岁入的所得已经是非常的宽裕。最后一个等级由武士掌握,用来称呼所有接受征召负起军事职责的臣民,他们的工作会危及生命,必须忠于国家和职责,得到的报酬是田地,只要将田地分给他们,就会非常热心地面对战争的险恶。如果这些人不能拥有相当的财产,又怎能激起他们战斗的勇气,还要将整个国家的安全托付在他们的手里?那才是极其荒谬的事。最重要的理由还得基于事实,如果他们都很富裕,他们就会生育子女,人口大量增加,国家无须收买佣兵部队。他们的行业如同祭司,都是世袭,武士靠着祖先的光荣纪录激励英勇的精神,从孩提时期起就热心学习战阵之事,使得他们在胆识和技术方面都能所向无敌。[①]

73 自由人身份的市民还有另外的三个阶级,就是牧人、农夫和工匠。农夫从国王、祭司或武士那里租借一定期限的田地,花费全部时间来耕耘和种植,他们在很小的年纪就开始下田工作,要是与其他任何国家的庄稼人相比,他们对农事方面的项目最有经验。他们在全人类当中获得最全面的知识,一般而言就是土壤的性质、灌溉的运用、耕耘的时间和作物的收割,细节部分有些来自祖先的传授,有些来自经验的累积。牧人运用同样的法则获得相关的经验,他们的生计靠着整日在外的放牧,能够从祖先那里接受很多方法,妥善照顾和喂食受到豢养的动物,即使对这方面的事务,也不是只增加很少的兴趣;最不可思议之处在于负责家禽的农夫,他们不用惯常的禽类繁殖办法,而是抛弃母体的孵卵,凭着自己的

---

① 希罗多德《历史》第 2 卷第 164 节和后续各节,对于埃及的武士阶层有非常详尽的记载。

智慧和经验使用人工的技术,提升生产的数量,这种超越自然的方式①真是让人惊奇不已。

再者,可以得知在埃及人当中,培养工艺技术人员的方式非常勤奋和独到,带来了适度的发展和进步。他们是唯一使得所有工匠不可从事其他的职业、完全遵循法律的规定不得隶属其他的市民阶层的民族,所有的行规都来自祖先的传承,因而产生的结果是不会恶意地对待师傅,不会因政治造成分心,不会基于任何事务干预到对本业的兴趣。在其他的民族当中,可以说工匠想要有很大的发展,虽然不至于厌恶自己的职业,还是受到很多事情的吸引,像是有人要投身农业,有人要涉足贸易,或是精通两三门手艺。城邦的民主政体可以容许很多人参与,他们在市民大会当中破坏政府的工作,让别人付出酬劳作为代价,从而使自己得到利润和好处,然而在埃及人当中,任何工匠只要参与公职活动,或是投身其他的行业,就会受到严厉的惩罚。诸如此类的市民区分方式,维持在早期的埃及居民当中,所以会献身于自己的阶层,完全来自继承祖先遗留的传统。

74 埃及人对于司法不会只表示漫不经心的兴趣,而认为法庭的判决对小区的生活会产生极大的影响,可以从两方面来看这个问题。违反法律必须给予惩罚,受害的当事人应该给予救济,这是对于错误行为的矫正手段;从另一方面来看,犯罪者对法院的审判抱着畏惧之心,不能让他有贿赂或讨好的余地,他们认为这样做会使共同的社会生活随之瓦解。因此,从最重要的城市指派正人君子担任法官,用来处理整个国家的事务,就会达成心中所向往的目标。他们通常从赫利欧波里斯、底

---

① 按照亚里士多德的《动物史》(*Historia Animalium*)第6卷第2节的记载,这种人工孵化的方式是将蛋埋在粪堆里面。

比斯和孟菲利三个城市,各选派十名法官,组成的法庭就它的重要性而言,与雅典的阿里奥帕古斯会议(Areopagites)①或斯巴达的长老会议(Elders)②相比毫不逊色。

三十名法官聚会推举其中最卓越者成为首席法官,空出的法官位置由城市再派一位替补。所需的经费和津贴由国王供应,可以让法官维持生活绰绰有余,首席法官的俸禄要增加很多倍都不止。后者在他颈部悬挂一根金链,拴着一个由宝石制成的雕像,他将它称为"真理之神";首席法官无论在何地聆听诉讼,从开始就要挂起这个很小的雕像,用以表示权威的地位。整个法律的主要部分写成八卷书放在法官的前面,按照习惯原告要将他所受的冤屈,呈上书面的诉状,包括事情发生的经过,以及他所受到的损失或伤害,被告收到对手的文件后,再就整个案情和起诉要点提出书面的答辩,所能产生的结果是他没有做出这种行为,即使他有这种行为也没有犯下错误,或是他犯下这方面的过失,只是受到很轻的惩处。接着法律要求原告用书面回答法官的询问,被告要提出答辩的反证。等到两造第二次呈交书面的陈述给法庭,三十位法官的责任是立即宣布他们的意见,首席法官的责任是将"真理之神"的雕像放置在当场提出抗辩的任一两造的前面。

75 从他们的记载得知,埃及人将这种方式运用到所有的法庭程序,他们认为要是任凭辩护律师发言,就会使公正的讼案变得

---

① 阿里奥帕古斯会议创设的年代非常久远,初期的成员是整个城邦最有权势和富有的人士和贵族,德拉科(Draco)制定法律以后,原本的权力为伊菲提(Ephetae)取代。等到梭伦成为立法者,规定会议的成员必须担任过执政,从而恢复最具权势的地位,开始的时候保持委员会或会议的形式,后来才发展出最高法院的机能和职称。

② 本书第十一章第50节提到吉罗西亚(Gerousia),它是斯巴达的元老院,由30位成员组成。

是非不分；他们知道演说家有精明的策略，发言具有狡猾的魅力，被告的眼泪会带来影响，严厉的法律和明确的真相会受到忽略和蒙蔽，尽管他们对受到大家尊敬的法官具有信心，辩护律师的口才还是会发挥很大的影响力，或者是他们这些法官被他的言辞所欺骗，或者他们为演说者的魅力所折服，或者他们的心中油然而生怜悯的情绪。① 诉讼的两造要呈送书面的证词和抗辩，他们对于审判提出的论点更为正确，仅有赤裸裸事实的才会加以考虑。目的在于避免侥幸之徒得逞，不让有才华的发言者比口齿迟钝的人获得更多好处，不让训练有素者胜过无经验的人，特别是不让厚颜无耻的骗子打败热爱真理的正人君子。所有人都在平等的基础上受到公正的待遇，同时根据法律的规定有充分的时间可以运用，一方面使得辩护律师可就对方的论点加以检验；另一方面使得法官对于两造的辩驳进行合乎情理的比较。

76 我们已经提及他们的立法概念和司法程序，得知埃及的法律不仅古老而且具有一种独特的形式，与我们撰写的这本历史著作大有关系，对于喜爱阅读的人会有很大的帮助。首先要知道对伪证者的惩罚是死刑，这种人犯了两项重大的罪行——对于神明的不敬和亵渎、违背人类当中最关紧要的誓言②。再者，要是一个人走在埃及的道路上，看到有人被杀或是遭到暴力的侵犯，他能够给予援助却袖手不理，就会难逃死罪的判决；如果他确实没有能力去帮助受害者免予丧生，也要尽可能提供数据用来起诉匪徒，或是对于这些无法无天的恶行采取必要的行动；设若他无法按照规定达成法律的要求，就会受到一定数目的鞭刑，同时要

---

① 埃及人竟然对阿提卡法庭的缺失和弱点了如指掌，真是让人感到非常有趣。

② 可以与欧里庇德斯的悲剧《美狄亚》（Medea）第 412—413 行的文字做一比较：却使你用神明的名义发誓，就我看已经毫无诚信可言。

加以断食三天。任何人诬告某人犯下罪行,成为被告,受到定罪的宣告,一旦平反,将给予诬告者同等的惩罚。所有埃及人严格要求必须向行政官员提出有关生计来源的申报书,若有申报不实或获得非法①,可以给予死刑的惩处。

据说梭伦游历埃及后将当地的法律带回雅典②,设若任何人故意杀死一名自由人或一名奴隶,按照法律规定应该将他处以极刑;一方面,他们不愿出现这种情况,即人的生活条件有偶发性的异差,从而获得不同的对待方式,但要通过法律的原则管制他们的行动,所有的人都不能做坏事。另一方面,他们要找出合于人类所共有的习惯法,即使是奴隶仍然如同自由人一样,不得对他们做出犯罪的行为。有关父母杀死子女的案子,虽然法律没有明定死刑,但犯者要在城邦警卫的监督之下,将尸体抱在怀中连续三天三夜;那是考虑到父母赐给子女生命,所以才没有剥夺他们的生命,却是一个强烈的警告,让大家知道要为这种行为付出痛苦和忏悔。

子女谋弑父母要接受极其残酷的惩罚,用锋利的芦苇将他们的肉从身上割下来,一块一块如同手指大小,再放在刺荆制成的棺架上面活活烧死;须知就人类而言,暴力夺取给予生命者的生命是十恶不赦的罪行。怀孕的妇女要等分娩以后才执行死刑。很多希腊城邦也制定同样的法条,因为他们认为无辜者受到罪犯的惩罚是极不公正的,只有一个人犯罪却使两个人受罚,特别是罪行的引发出自一种邪恶的意图,还未降世的生命在智能方面不能接受同样的矫正程序。还有一个更为重要的考虑,过失的责任在于怀孕的母亲,何况子女不仅属于母亲还属于父亲,在这种情况下未出生的

---

① 可以与希罗多德《历史》第 2 卷第 177 节的说法"每位埃及人每年要向州长报告他的生活情况,要是他不能证明他的守法和正直,就会被处以死刑"做一个比较。

② 希罗多德《历史》第 2 卷第 177 节有同样的记载;普鲁塔克《希腊罗马名人传:梭伦》第 31 节,根据狄奥弗拉斯都斯(Theophrastus)权威的论点,认为是庇西特拉图而不是梭伦制定这方面的法律。

婴儿应该受到赦免。一个人可以适当地思考一下，身为法官竟然让谋杀犯保住性命，总比牵连无辜同遭大辟要适当得多。

所以与谋杀有关的法律他们认为最有成效。

77 他们的法律在有关军事方面，制定了一条惩处逃兵或违抗上官命令的罚则，虽未处死却施加最大的玷辱，若以后这些人能展现男子汉的勇气，就可以洗刷所受的羞耻，恢复原有自由发言的权利。① 因此立法者同时要建立一种观念，比起处以死刑施加羞辱成为更严厉的惩罚，要让所有的人都习惯这样的论点：做出不荣誉的事是最邪恶的行为。他认为死者对于社会没有一点价值，一个人受到羞辱丧失社会地位，要想恢复言论自由的权利，就要做出很多善行来争取大家的认同。

任何人涉及泄露军事机密给敌人的案件，法律规定的惩罚是割去舌头；举凡货币伪造者、度量衡作假谋利者、私刻印信者，或者公职的书记做不实的记载或删除涂改重要文字，或任何人受到引诱制作假文件，都应受到砍掉双手的惩处；最后我们提到犯人用身体的四肢作为犯罪的工具，所以这一部分当然会受到惩罚，直到死刑带来无法挽回的不幸；还能用来作为警告其他人的案例，使得他们不要犯下同样的罪行。他们制定的法律对女性同样严苛。如果一位男子侵犯身为自由人的已婚妇女，给予的判决是去势的惩处，考虑到所犯是单方面的不法行为，涉及三项重罪，即强暴、绑架和造成后裔的混杂；如果一位男子获得女方的同意犯下通奸罪，要接受棒棍一千杖的责打，妇人则受到劓刑；理由是女性受到勾引可以说是归于她有美丽的容貌，应该加以剥夺，使其再也不会吸引异性的眼光。

---

① 这段话的含义在于表明希腊人的自由理念和雅典人的民主真谛，暗示一个人的所作所为，能与任何其他人一样有更好的表现，这一切在于"自尊和平等"。

78 他们的法律可以管理和控制契约的履行,应该归功于波考瑞斯①。规定一个人借钱要是没有签订借据,如果他拒绝偿还债务,可以立下誓言用来免除应尽的责任。首先,这方面的着眼点在于人们重视誓词拘束力,用来表示对神明的敬畏之心,一个人要是经常立下誓言就会让别人对他难以相信,所以为了避免丧失信用不要在神明前面发誓赌咒。其次,立法者认为信任的基础在于人们对荣誉的重视,他激励所有的人培养高尚的品德,为的是在谈论到他们的时候不能否定他们的信用,再者,要是一个人受到信任无须立誓就能得到一笔借贷,等到同样的交易必须提出誓言就是不信任的表示,他始终认为这样的做法谈不上公平正直。任何人借钱签订书面的借据,付出的利息不得超过本金的两倍。

立法者对于债务人有这样的规定,仅能用个人的钱财或产业偿还应付的借贷,不容许债务人在任何情况下成为逮捕目标,债权人可以拥有债务人所聚积的他所有的财产,或为更早的持有者所接受而后传送给他的礼物;市民的身体属于城邦所有,无论战时或平时,市民都应提供他对城邦应尽的职责和义务。他认为这种情况极其荒谬:一位士兵在需要投身战斗保卫祖国的时候,竟然为了没有付清贷款被债权人拖进监狱,完全是市民的贪婪成性,才会危害到整体的安全。

梭伦②开始将一种称为“除去负担”③的法律引进雅典,他豁免所有市民的债务,那是因为他们欠下借贷,为了确保人身的安全而必须采取的手

---

① 参阅本章第 64 节。

② 梭伦(前 640—前 561 年)是雅典政治家、立法者和诗人,制定法律,进行改革,奠定民主的基础;参阅普鲁塔克《希腊罗马名人传》第 3 篇第 1 章《梭伦》。

③ 梭伦在前 594 年提出 Seisachtheia 即“除去重负”的主张,使得市民不因欠债受到奴役,让那些因为债务逃亡国外的人士能安全返国,更能让很多人重新拥有市民的权利;还有人持这种说法,欠债并没有豁免只是减少利息,还有人说梭伦让货币贬值,可以减轻债务人的负担,也可能是改用在爱奥尼亚市场通用的优卑亚货币,取代在伯罗奔尼撒的贸易当中早已运用的币制;可以参阅《剑桥古代史》第四卷第 37 页及后续各页。

段。然而某些人发生错误,并不是没有充分理由的。大多数的希腊立法者,禁止人们用武器、农具和其他生活不可或缺的物品当作借贷的保证,要是有人违背规定可以将他关进监狱。

79 埃及的法律有关偷窃的条文非常奇特。任何人可以提出请求,选择偷窃作为职业,成为窃贼首领的属下,同意要将得手的物品立即送到首领那里,任何人只要失窃就可以向他提出一份失物清单,上面列举品项、地方和时间。运用这种方法会使所有丧失的物品很快出现,只要付出失物四分之一的价格就能物归原主。因为不可能让偷窃绝迹,立法者创立一种取代的方案,只要支出少数赎金就能得到失物。

埃及人的婚姻按照习惯祭司只能有一位妻室,其他人可以多多益善,完全自行决定。① 埃及人需要养育所有的子女②,以便获得大量的人口,成为乡村和城市增加财富的主要因素。他们不会将任何一个儿童当成私生子,因为即使生母是奴隶,可以从父亲那里取得身份,埃及人认为父亲是生殖的创始者,母亲不过供应胎儿的养分和生存的位置;须知他们将生长果实的树木称为"雄性",反之则称为"雌性",这与希腊人的认知完全背道而驰。他们喂养子女采取听天由命的方式,价格之低廉真是让人难以置信;他们将手边现有的材料炖好供他们食用,还有一种百合类的花梗,放在火上烤过就能入口,或是沼泽植物的根和茎,无论是生吃或加以烹调都可以。由于这个国度的气候非常温和,大部分的儿童在养育期间,无须穿鞋子和衣服,父母将一个子女从出生抚养到成人,所需费用不会超过二十德拉克马。埃及会有大量人口这是主要的成因,基于这种事实才会拥有众多极其巨大的纪念物。

---

① 希罗多德《历史》第 2 卷第 92 节提到埃及人的习俗仍旧保持一夫一妻制,事实上有钱的资产阶级并不认同这种观念。
② 狄奥多罗斯那个时代的希腊人,未能禁绝弃婴的行为。

80 祭司教导他们的儿子要学习两种书写的方式,一种称为"圣书",一种用于普通的教学。① 对几何②和算术要给予特别的关注。这条河流使得地表的形状每年发生无穷的变化,邻人之间因为地界的无法辨识会产生很多争执,除了几何学家运用科学的方法,很准确地加以测量获得可以接受的结果外,难以解决所有的土地纠纷。算术可以用在商业和贸易方面,关系到人们的生计,还可以提供几何计算所需的数据,对于学习天文学给予不少的帮助。有关星辰的位置和排列以及它的运动,通常埃及人不管在世界上任何地方,都会将它当作小心观察的目标,他们保存所有星辰的记录直到今天,年代之久真是令人难以置信,他们从古代开始就将有关天文的研究题目,极其热心地维持下来,尤其是行星的运动、轨道和停止都非常专心地观察;因为这对活在世上的生物都带来了重大的影响,它是一切善与恶、是与非和对与错的成因。他们通常都能预测每个人在一生当中,会有哪些重大的荣枯祸福落在身上,经常能先行预告作物的歉收或丰收,或是瘟疫对人类或牲口的袭击,或是经由长期的观察获得的成果,可以提早得知地震和洪水的发生,以及彗星的来临,即使一个普通人,只要对所有事物进行持续的研究,都会有所发现。根据他们的说法,巴比伦的迦勒底人是来自埃及的移民,因为他们从埃及的祭司那习得的科学,使得他们在占星术方面享有很大的名声。

一般埃及民众在童年接受父亲或亲戚的教导,如同前面所述③,根据阶级和职业去过适合自己的生活;至于教育方面有关的读和写,埃及人只

---

① 埃及人使用三种书写的文字;第一种是象形文字,第二种是圣书文字,第三种是通俗文字,最后这一种在狄奥多罗斯时代成为最常用的文字,但是他与希罗多德一样,没有将第一种和第二种的区别何在说出一番道理。

② 几何学最早的用途是当成"地面量测"的工具,所以下面提到的"几何学家"带有"测量员"的意味。

③ 参阅本章第43、69和73各节。

让他们的小孩获得粗浅的知识,也不是全都必要,大部分只基于工作和手艺的需要。不过,提到角力和音乐,习惯上他们丝毫不予重视。① 常见的看法是角力要进行每天的训练,对于年轻人的健康没有好处,英勇的行为不过是暂时的表现,实际上会给小区带来危险;同时他们认为音乐不仅无用而且有害,因为会使听者的心灵变得优柔软弱。

81 他们为了预防疾病保持身体的健康,通常运用沐浴、禁食和催吐②等方法,有时每天实施或采取三到四天的间隔。他们认为大部分的食物对身体而言,都因吸收过量滋生疾病,因此上面提到的治疗着眼于祛除病根,这对身体的健康裨益良多。任何人参与军事行动或在国内旅行,接受医疗无须个人支付费用,医生从公共预算接受看诊的金额,有关的依据是一部成文法典,这是由古代很多名医撰写而成的。如果他们遵守法律的规定,事先读过圣书当中有关治疗的方法,还是不能拯救病患的性命,将免予控诉,也不会受到惩罚;如果他们其中任一方面违背法律的规定,就会被交付审判得到死刑的处分;立法者支持的原则是,这些治疗的方法虽然已经使用很长的时期,即使能力很强的开业医生都据以开出药方,但还是有少数医生较之这些治疗的方法更为高明。

82 埃及有关动物神圣化方面的问题,很多地方让人感到非常奇特,值得加以深入的探讨和研究。埃及人格外尊敬某些动物,不管是在它生前还是在它死后,诸如猫③、猫鼬和犬类,还有鹰和被称为

---

① 狄奥多罗斯提到角力和音乐,因为这是希腊教育最重视的两个项目。

② 参考希罗多德《历史》第 2 卷第 77 节,提到埃及人每个月当中会连续三天服用泻剂,还要加上呕吐和灌肠。

③ 希罗多德《历史》第 2 卷第 66—67 节,用很长的篇幅讨论埃及人对待猫的种种行为。

"朱鹭"的圣鸟,以及狼、鳄鱼和其他种类的动物;记述这方面的崇拜和仪式之前,合理的做法应该是先对相关的动物做一简单的介绍。

首先,每一种受到崇拜的动物,需要为它奉献一部分田地,得到的税收足够照顾和维生之用;再者,埃及人为了使子女免予疾病和灾祸、获得神明的保佑立下誓言,幼小的时候将他们的毛发剃下称出同样重量的金银,换算成钱币交给上述动物的看管人员。他们会将鲜肉切碎,大声呼唤鹰类来食用,鹰类就会飞扑下来将它攫走;喂食猫和猫鼬则将小块面包泡在牛奶里面,发出咯咯声将它们引来,或是从尼罗河捕捉鱼类切碎供它们生食,运用类似的方式供应各种动物以适当的食物。这些动物可以获得各式各样的侍奉,埃及人不仅不会加以规避或是众目睽睽之下感到羞辱,反倒是认为他们在从事最严肃的仪式和最神圣的典礼。他们对动物的崇拜表现出非常重视的神色,就连城市和四周的乡村都用各种旗帜装饰得喜气洋洋。他们对动物的侍奉被人从远处看到,就会前来加入他们的工作,或是对神圣化的动物顶礼膜拜一番。

要是他们奉养的动物死亡,就拿精细的亚麻布将它包裹起来,还要捶打自己的胸膛表达哀悼之情,接着用柏木油精和各种香料进行防腐处理,良好的质材使它散发出芬芳的气味,可以保存尸体很长时间①,再安葬在一处神圣的墓地。任何人只要有意杀害前面提到的动物,都会受到死刑的处分;任何人只要杀死猫或朱鹭这两种圣物,不论有意或无意都逃不过处死的下场;民众只要聚集起来就会对这类的罪犯极其残酷,甚至不等审判就用私刑侍候。因为他们害怕受到严苛的惩罚,任何人只要看到一只神圣的动物处于垂死的状态,很快就会退得很远,口里发出悲悼的喊叫,同时宣称他们发现这只动物已经死去。

---

① 根据希罗多德《历史》第 2 卷第 85—88 节提到尸体防腐处理的各种方式,本章使用这一种的花费较少。

这方面的迷信已经深植在他们的心头,每一个人对动物的厚爱成为持久不变、极其珍贵的情绪。在他们的国王托勒密还未从罗马人那里获得"盟友"的头衔时,人民对意大利派来的使者访问埃及时,也尽力加以讨好和恭维,因为他们害怕对方的权势,不愿让他找到抱怨或战争的借口。然而这时有位罗马人杀死了一只猫,群众蜂拥入他的家中,国王派出官员要求大家给予原谅,即便所有人对于罗马抱着惧畏之情,何况杀猫的行为纯属意外事件,但还是无法让他免予惩罚。我们提到的情况并不是传闻而是目睹,只要游历埃及就会看到这种场面。①

83 如果有人说很多令人难以置信的事情像是奇幻的传闻,下面记述的情况更是令人感到不可思议。他们提到有一次埃及的人民遇到饥荒,很多人为了满足需要铤而走险,然而没有一个人被控诉,为了活命竟然杀害神圣的动物,再者,任何人的家中只要发现有一只狗死去,全家都剃光全身的毛发,陷入哀悼之中;比这个更让人感到惊奇之处是,一幢建筑物当中储存有酒、粮食和其他生活必需品,要是发现一个这一类的动物丧生其中,他们便不再考虑用这些物品。如果他们在其他国家的军事远征行动当中发现这种情况,就会花钱赎回被俘的猫和鹰,好将它们带返埃及;有时他们还供应金钱以免旅途有所匮乏。那些与孟菲斯的阿派斯、赫利欧波里斯的纽埃斯②和门德的山羊有关的祭典,还有就是与米瑞斯湖的鳄鱼,保持在"狮子城"的狮子,这个地方他们称为李奥托波里斯(Leontopolis),以及诸如此类其他很多的祭典,埃及人经常加以详尽的叙述,只

---

① 吉本(E.Gibbon)《罗马帝国衰亡史》(*The History of the Decline and Fall of the Roman Empire*)第10章第14节,提到亚历山德拉的动乱,杀死一只视为圣物的猫,就会引起宗教的争执。

② 阿派斯和纽埃斯这两种圣牛,在下面一节有详尽的叙述。

是作者很难让没有见识过的人相信确有其事。

这些动物被安置在神圣的围场之内,由许多专业人士加以照料,喂养最昂贵的饮食,定期供应源源不绝,像是最精制的面粉或燕麦片放在牛奶里煮烂,各种用蜂蜜制成的糖果,以及烤或煮过的鸭肉,对于肉食动物则捕捉大量禽类供给它们食用,总之这一切都在不惜花费之下进行。他们始终用温水给动物沐浴,身上涂抹最名贵的油膏,在它们前面焚烧各种气味芬芳的香料,给它们穿上缝制精美的外罩,装饰华丽耀目的珠宝,还要按照它们本能的需要,经过妥善安排可以享受交尾的愉悦。再者,每一种神圣的动物都选择最美丽的雌性在旁陪伴,将它们作为它的侍妾,不惜花费很多金钱,给予最昂贵和最殷勤的照顾。

任何神圣动物的死亡,他们悲伤的程度如同失去心爱的子女,埋葬它们的方式不仅尽其所能,甚至超过家产的负担。可以举例加以说明,亚历山大崩殂以后,拉古斯之子托勒密拥有整个埃及,正巧在孟菲斯的阿派斯因为年龄老迈而亡故,光是用在葬礼方面的开销就使得庞大的经费难以负担,全责照顾它的人还要额外从托勒密那里借五十泰伦①的白银才敷支用。甚至到目前这个时代,还有一些负责管理神圣动物的人士,用在葬礼花费方面的金额不会少于一百泰伦。

84 在这里对于被称为圣牛的阿派斯,还要另外多谈一谈有关它的典礼和仪式。它的亡故要举行一场极其庄严和盛大的葬礼,祭司负责找一头年幼的公牛,身上的斑纹和毛色要与"前辈"完全雷同。民众要在寻觅中看到结果,才会中止他们的哀悼,这头牛犊在祭司的

---

① 有关泰伦的币值很难有精确的标准,要是按照本书译者那个时代的算法,1泰伦相当于1000美元或250英镑;事实上在古代1泰伦等于36000奥波银币,罗马帝国时代的船员日薪是3奥波,所以1泰伦相当一个船员的30年薪资。从而得知50泰伦是多大一笔巨款。

细心照应之下，首先被带到尼洛波里斯（Nilopolis），在那里停留四十天，住所是一条富丽堂皇的驳船，上面建有金碧辉煌的舱房，被视同神明一样引导进入孟菲斯供奉赫菲斯托斯的圣地。在这四十天当中只有妇女可以看到它，她们站在它的前面，将身上穿的衣袍拉起露出阴部，从此以后她们再也不能在这位神明的面前现身。

有人解释要用这种方法对圣牛表示尊敬，据说奥西里斯亡故以后，他的灵魂要通过这个动物，因此要在这一天，奥西里斯的化身才会及时进入继位者的体内。① 还有人认为奥西里斯死在提丰的手里，伊希斯将肢解的躯体搜集起来，放在一条用木头制成的公牛（bous）体内，上面掩盖着亚麻布，因为这层关系，所以那个城市名叫波塞里斯。很多故事都与阿派斯有关，要是谈到这些细节，会让人感觉冗长到难以忍受的程度。

85 埃及人对动物崇拜的所作所为，让人惊讶到无法置信的程度，想要找出它的根源和成因会有很多困难。他们的祭司将这个题目视为一种教义不会轻易泄露，如同我们已经说过它与神明有密切的关系②，大多数埃及人将它归为三种成因。第一个完全归于神话和寓言的领域，保持原始时代的简洁和单纯。那就是说存在于肇始之初的神明，他们的数量非常有限，就会为地面出生的人③为数众多和无法无天的行为所制服，只能使用某些动物的形状，从人类的凶残和暴虐的行为获得拯救，等到

---

① 普鲁塔克《道德论丛》第 27 章"埃及之神：伊希斯和奥西里斯"第 43 节，提到公牛阿派斯是奥西里斯充满活力的化身，降世的时候从月亮投下一道使树木结实的光线，宰杀一只生殖期间的母牛作为牺牲；阿派斯在很多方面带有与月球相似的特征，明亮的部分带有黑暗的阴影，Phamenoth（7 月）的新月初出之际，他们举行名为"奥西里斯之月"的节庆，作为春季开始的信号；参阅布吉（E.A.W.Budge）《奥西里斯和埃及的复活》（*Osiris and the Egyptian Resurrection*）第 1 卷第 60 页和 397 页。

② 参阅本章第 21 节。

③ "大地之母"所生的巨人。

以后他们在宇宙当中建立凌驾于一切事物之上的权力,出于对动物的感激,从开始就有援助和照料的责任,同时使得它们的形体成为神圣的象征,要求人类当它们在世的时候给予丰盛的奉养,死后要将它们埋葬。

第二个成因他们说是早期的埃及人,由于他们的军队缺乏纪律,在很多次会战当中被邻近的国家击败;后来他们获知,要让军队编成几个师,每个师的前面都设置标志。因此,他们说是指挥官拿崇拜的动物制成雕像,固定在长矛的上端,这种装配使得每个人知道自己在队列当中的位置。良好的部署对获得胜利做出了极大的贡献,他们认为这是动物负起责任让他们脱离困境;人民为了表示感激,养成不杀害动物的习惯,人道的风气在那个时代已经盛行,还将它们当成膜拜的目标,如同我们在前面所述,给予照顾和礼遇。

86 他们举出第三个成因与问题的争论有关,使得每一种动物都能有益于人类和他们的社会生活。例如,母牛抚养劳动者①以及拉犁使得农田的土质松软,绵羊每年生育两次,供应羊毛用来保暖以及制成端庄合体的衣物,它们的奶汁和奶酪可当食物,不仅滋味可口而且产量丰富。还有犬用来狩猎和保护人身的安全,所以他们会以其头颅当祭品,供奉被称为阿纽比斯的神明,用这种方式表示它是奥西里斯和伊希斯的保镖。不过,有人做这样的解释,伊希斯在外寻找奥西里斯期间,狗保护她免予野兽的侵害和旅客的骚扰,同时还有助于搜查的工作,还用吠叫表示对她的挚爱,所以后来举行伊希斯祭典,游行的行列用狗在前面引导,传入诸如此类仪式中则表示这种动物为人类提供了非常有用的服务。

猫的用途在于对付眼镜蛇和它那致命的咬啮,以及其他爬虫的刺伤,

---

① 指成群的公牛。

猫鼬到处搜寻刚孵出的幼鳄,压碎母鳄离开以后留下的卵,虽然这样做对它没有多大好处,但还是非常仔细和热心地尽力而为。要不然因为生出这么多的野兽,河流就会变得无法通行。就是鳄鱼本身也会被猫鼬用不可思议和让人难以置信的手法杀死,因为猫鼬在泥中滚来滚去,等到鳄鱼上岸张开大嘴睡觉时,猫鼬就跳进鳄鱼的嘴里进入肚中,很快将后者的肠胃抓破,自己毛发无损地出来,使得后者立即毙命。①

圣鸟朱鹭是毒蛇、蝗虫和毛虫之类的天敌,鹰鹫清除蝎子、角蝰和有毒的小动物,它们的咬啮和螫刺,会给人带来很大的痛苦。还有人抱持某种想法,认为雕鹫受到大家的重视和礼遇,在于它在占卜者眼里被看成一只带有征兆的鸟,可以预告埃及人即将来临的事件。还有人提到在最早的时代,雕鹫送一本绑着紫色带子的书给底比斯的祭司,书上写着有关神明的崇拜和应该遵守的礼仪;他们还加以补充,说是神圣的书记基于这样的理由,会在前额绑着紫色的丝带,插上一根大雕的翼羽。老鹰同样受到底比斯人的尊崇,把它看成拥有皇家血统的动物,有资格成为宙斯的头衔。

87 他们将山羊视为神圣,据说如同希腊人崇拜普里阿帕斯(Priapus)②,完全在于他的生殖器官,因为这种动物对于性交极为爱好;非常适合用来推崇人体的这个部位,因为具备繁衍绵延、生生不息的功能,成为兽性生活最原始的创造者。一般而论,不仅是埃及人,还有不少的民族,从仪式当中可以看出他们将阴茎当成圣物,理由是它使所有的生物拥有生殖作用;埃及的祭司从他们的父执辈那里继承世袭的职位,首先要尽的责任就是参加这些神祇的秘密祭典。他们提到潘神和萨特受到人们的膜拜,也是基于同样的理由;所以有很多民族将它们的雕像设置在圣地,特别是阳具

---

① 斯特拉波《地理学》第17卷第1节有相同的记载。
② 本书第四章第6节对普里阿帕斯进行讨论。

图腾的竖立在性质上与山羊相似,根据传统的说法这种动物对交媾最为擅长;因此,奉献者获得无数的后裔,就用这种形体表达他们的感谢。

我提过神圣的公牛像是阿派斯和纽埃斯,它们受到如同神明的礼遇,奥西里斯认为是它们应得的荣誉;一方面是它们用于农耕,另一方面是那些在世上发现作物的人,虽然因而拥有很高的名声,但还是要靠这些动物的劳力,产生的粮食不论在任何时期,都能使后代子孙继续生存和繁衍下去。红色的公牛要充当牺牲,因为这是提丰的颜色,不过,提丰阴谋杀害奥西里斯,伊希斯为丈夫报仇就对凶手处以极刑,由于提丰满头赤发颜面似火,所以红色的公牛要充当供奉给他的牺牲。他们还提到要是有人天生具备提丰的面色,在古老的时代就被国王当成祭品,杀死在奥西里斯的坟墓前面;幸好只有极少数埃及人有红色的面容和头发,绝大多数都不是本地人。所以才会在希腊人当中流传悲惨的故事,说是布西瑞斯屠杀外国人士,布西瑞斯并不是国王的名字,而是当地的语言,用来称呼奥西里斯的坟墓①。

他们还提到狼由于外形和天性与狗类似,所以才会受到他们的尊敬,特别是这两种动物彼此的差异甚微,可以经由杂交繁殖产生后裔。然而埃及人对于何以礼遇这种动物,提出另外的解释,虽然更适合于神话的领域。他们说是在很早的年代,伊希斯开始与提丰斗争,得到她的儿子荷鲁斯的支持,后来奥西里斯离开哈迪斯,前来帮助他的儿子和妻子,就化身为狼的形状。等到提丰死后,征服者要求人类尊敬这种动物,只要它显身随之就是胜利。还有人持这种说法,埃塞俄比亚人进军前来攻打埃及,有一大群狼"lykoi"聚集起来,将入侵者赶出国界,追逐他们越过被称为埃里芳廷

---

① 希罗多德《历史》第 2 卷第 45 节否认埃及人会用活人作为牺牲,但是在第十八王朝和第十九王朝留存的纪念物当中,已经证实他们会用俘虏祭神;普鲁塔克《道德论丛:埃及的神——伊希斯和奥西里斯》第 73 节,提到根据马尼索(Manetho)的记载,艾利昔亚(Eileithyia)这个城市用焚烧活人的方式祭神,为了防止谷物的歉收,受害者要选长着火红头发的人。

(Elephantine)的城市,因此那个州被命名为莱柯波利特(Lycopolite)①,这种动物当然会享有殊荣。

88 我们还是要谈一谈鳄鱼何以会被视为圣物,大多数对于这个问题何以如此解释都感到困惑,关键在于这种动物会觅食活人,甚至制定法律用来推崇神明,因为是它创造出最让人厌恶的习性。他们的答复是为了确保国家的安全,不仅要靠这条伟大的河流,更大限度是有很多鳄鱼在那里,举凡肆虐阿拉伯和利比亚的强盗,因为害怕凶恶的野兽,何况数量非常多,从来不敢游过尼罗河。如果民众要用不断的战争对付这些动物,猎人用网拖过尼罗河就可以将它们全部消灭,然而这样的情况从未发生。

对于这种野兽还有其他的记载,有人说古代一位名叫梅纳斯的国王,被他自己养大的狗群追赶,逃到曾经提过的米瑞斯湖,发生了非常奇怪的事,就是一条鳄鱼让他坐在背上,将他带到湖的对岸,为了表示感激野兽救他的性命,就在这个地方附近建立了一座城市,将它命名为鳄鱼城。他命令当地的土著要像对神明一样膜拜这种动物,同时将湖赐给它们作为栖息之地。他还将自己的陵墓建造在这个地区,是一座四边形的金字塔,同时兴建拉拜林斯深受后人的赞誉。②

按照他们的记载,每种事项都有各式各样的习俗存在,想要叙述相关的细节需要过分冗长的工作。③ 他们之所以采用这些习俗,是要在生活当中获得很大的好处,还让大家明白一些事实,就是有很多人从来不接触某

---

① 意为"群狼之城"。
② 本章第60节提到拉拜林斯的建造者是门德。
③ 希罗多德《历史》第2卷第35节,综合所有的事物以后,说是埃及的风俗习惯和法律政情,都与其他民族反其道而行。

些特定的食物。例如，某些人完全禁食扁豆，还有人不能吃黄豆，甚至有人戒绝奶酪或洋葱或其他食物，埃及有种类极其繁杂的食材，用这种方式教导人民要拒绝那些常用的种类，如果使得食用的范围因而扩大，就不致造成供应的匮乏。

还有人列举其他的成因，说是在早期的法老统治之下，民众经常反叛或是运用阴谋活动对付他们的君主，其中有一位法老非常聪明，将整个国土区分为很多部分，命令每个部分的居民应该尊敬某种动物，或是不得食用某种食物，他的想法是每一个集团的民众只尊敬自己崇拜的对象，对于其他人奉为神圣之物都加以藐视，那么埃及所有的居民从此不再同心协力。他们认为这已经达到他的目的，每一个集团的人民都会憎恨邻人，因为他们违背上面所提的自己遵守的习俗，感到深受冒犯。

89 有人对动物的神化作用，提出更充分的理由，如下所述。他们说在人类不再过野兽那种茹毛饮血的生活时，开始聚集成为生命共同体，起初还是将对方当成食物，彼此争夺和攻打不已，始终还是弱肉强食的局面；后来那些体力较差的人采取权宜的做法，聚集起来用动物作为团结的标志，接着就使得这个动物变得具有神性；然后随着时间的逝去，因为畏惧而集结在这个标志之下的群众，形成一个有组织的团体不再受到藐视，同时也没有任何人敢向它发起攻击。等到每个人都做同样的事情，整个族群就会分裂成为许多组织严密的团体，在这种情况下，每一种动物获得属于神明的崇敬，就应该对这个团体的安全负起责任，尽可能提供最大用途的服务；时至今日埃及有很多彼此差异甚大的团体，每个团体只尊敬最早予以神圣化的动物。

一般而论，埃及人比起所有其他民族，对于上天赐给的福分更能表示这是莫大的恩典，因为他们始终怀着一种观念，认为向恩主回报他们的感激,将是生命当中最为重要的源头活水;可以明显看出基于这样的缘故,埃及人跪俯在法老的面前,推崇他是真正的神明;在另一方面,却又坚持某种信念,认为某些神慧(divine providence)并非没有影响力,所以这些人才能拥有最高的权位;他们感到自己真有意愿和实力去承认最大的福分带有神性是毫无问题的事。

如果我们在神圣的动物这个题目上用去过多的篇幅,至少可以表示人们对于埃及人的习惯,始终充满好奇之心。

90 任何人要是得知埃及人对死者的那种尊敬,那么对他们的习俗的特殊之处,就不至于感到过于的惊讶。他们之中只要有人逝世,死者所有的亲人和朋友,就会将泥土涂抹在头上,在城市里面奔走哀号,直到遗体下葬为止。不仅如此,服丧期间不得沐浴、饮酒、享用美食或穿着光鲜的衣物。这里有三种葬礼的等级:奢华、适度和简陋。他们说第一等要花费一泰伦的银两,第二等是二十迈纳,最末一等的价格非常便宜。有些人处理尸体是熟练的工匠,他们基于家庭的传统所以才有专业的知识;会对死者的亲属展示一份价格表,里面包括葬礼所有的项目,询问客户希望尸体的处理使用何种方式。等到各种细节谈妥签订一份协议书,他们取走尸体再转交给特定的人士,经过长久的服务已经习惯于这种工作。头一位是所谓的画线者,这时尸体放在地面,只能在它的左胁画出切口的位置和长度;根据法律规定有位叫作剖开者的工匠,用一把埃塞俄比亚出产的石刀①切开腹腔,接着要马上跑着离开,因为这时在场的亲友会去追

① 希罗多德《历史》第 2 卷第 86 节把同样的名字给这种刀,他从各方面叙述尸体防腐和制作木乃伊的过程,没有狄奥多罗斯那样详尽,石刀用的材料可能是黑曜石或燧石,经常在存放木乃伊的墓穴中找到。特别是古代的宗教仪式运用如此原始的工具,参阅《圣经·旧约·约书亚记》第 5 章第 2 节:"那时,耶和华吩咐乔舒亚说:'你制造火石刀,第二次给以色列人行割礼。'"

赶他,都会投掷石块打他,不断用粗鲁的言辞咒骂他,还要将亵渎神圣的罪名安在他的头上,因为在他们的眼里,任何人只要对属于这个族群的同胞,不论是运用暴力给予伤害还是让他的尸体受到凌辱,都会成为大家痛恨的对象。

被称为香料防腐者的人士不管从哪方面来看,都深受大家的尊敬和礼遇,以纯净无瑕的身份经常陪伴祭司参加各种活动,进出庙宇可以通行无阻。等到尸体整个剖开以后,他们聚集在一起开始工作,其中一位将手从切口伸进腹腔当中,除了肾脏和心脏,要将所有器官一一摘取,另外一位清理者将已经拿出的内脏,用棕榈酒和香料洗涤干净。通常他们会小心处理整个躯体,要花去三十天以上的时间,首先使用冷杉精油以及进行其他准备的步骤,然后涂抹没药和肉桂,名贵的香料不仅可以让尸体保存很长的时间,还能让它发出芬芳的气味。等到完成防腐的工作就会将尸体交还死者的家属,无论是躯体还是四肢都保持原来的状态,甚至连眼睫毛和眉毛都丝毫不乱,整个身体的外形没有任何改变,容貌的特征都能分辨出来。这可以解释很多埃及人为何要存留祖先的尸体,有些是亡故在他出生数代以前的,放置在精心装饰的小室,面对面相互保持凝视的姿势;他们可以看到每位祖先的身体和容貌,还能够体验一种奇特的乐趣,像是这些死者仍旧活在相互凝视之中。

91 等到遗体准备入土为安,家属将葬礼的日子通知法官以及死者的亲戚和朋友,非常庄严地宣告他去世的信息,说是某人"正在渡过大湖"。四十二位法官①集合起来,座位排成半圆形,一种被建

---

① 死者要在阴间面对 42 个法官或陪审员,一一宣称他没有犯下这些法官所审判的罪行,可以参阅《死者之书》(*Book of the Dead*)第 125 章。

造出来用以渡过湖泊的名叫"巴瑞斯"（baris）①的船，现在开始下水，专门从事这项服务的人员已经预先准备，负责的船夫用埃及话称他为卡戎（Charon）。出于这个原因他们坚信奥斐乌斯曾经游历过埃及，可以为这些习俗做见证，只不过虚构有关哈迪斯的记载，论及它的来源各有不同；不过，这部分我们在下面要进行更深入的讨论。②

无论如何，巴瑞斯下水放进湖中，装放遗体的棺木安置在船上之前，法律允许任何一位市民对这位过世的人提出检举。只要有人亲自出面控诉死者，说他带领大家过邪恶的生活，判官当众宣布他们的决定，遗体就不能进行合乎习俗的葬礼；要是原告有不实的指控会受到严厉的惩处。一旦没有出现举发者或者发觉出面的人是诽谤的诬告，所有的亲人都会停止丧事的哀悼，开始大声赞誉死者在世的言行。的确，有关他们的祖先，要是如同希腊人那样就会不置一词；他们所持的观念是所有的埃及人生而平等，而后会对每个人在幼年受的训练和教育再加以评估，对于成年期他们会详述他的正直和公平，还有他的自制和其他的美德；恳请地府的神明接受他与正人君子做伴的要求，群众高呼赞同并且颂扬死者的光荣，像是以后他要在哈迪斯的身旁与义士度过永恒的岁月。

有人拥有私人的地下墓室可以存放遗体（木乃伊），如果在自己家中无法新建专用的墓室，可以将棺木直立起来，靠在坚固的墙壁上面。如果受到控诉不能下葬或是欠债，为了遗体的安全，他们就将木乃伊放在家中，直到死者的子孙变得更为发达或是还清债务或是官司平反，可以办理一个延后的盛大葬礼。

---

① 尼罗河的平底船仍旧使用这个名字，参阅希罗多德《历史》第 2 卷第 96 节。
② 参阅本章第 95 节。

92 埃及人认为自己的父母和祖先得到应许,可以进入永恒的家园,这时要极力对他们加以推崇和赞誉,同时视之为最神圣的责任。他们还有一种习俗是对于逝世的父母,要确保遗体的安全不受借贷的影响;无法偿还债务会带来最大的耻辱,剥夺死者安葬的权利。大家钦佩建立这种习俗的人士,他们尽最大可能要将仁慈和卓越的品质,灌输到所有居民的身上,不仅靠着生前的谆谆教诲,还有死者的葬礼和挚爱的照顾。希腊人传承他们在这些方面的信念,运用过于虚幻的故事和令人难以置信的传奇,尊严授予正人君子,邪恶小人接受惩罚。

因此,相关的记载不仅无法驱策人民过最好的生活,反而受到毫无见识的人给予的嘲笑而变得一无是处。但是在埃及人当中,这些事并不归属于神话领域,人们可以亲眼看到经过衡量的惩罚施加在恶人的身上,好人得到敬重和礼遇;在他们生命当中的每一天,无论是邪恶小人还是正人君子,都在提醒他们应尽的义务,这种方式对人类而言是最为有利的矫正手段,可以起到出人意料的作用。我的意见是一定要保有最好的法律,不仅仅使人们变得富足,更是成为奉公守法的国民。

93 我们必须说到埃及出现立法者,源于制定了罕见而特殊的习俗。埃及在很早的年代即建立起定居的生活,根据神话的记载称为神明和英雄的时期,他们提到纽埃斯①首先说服民众运用成文法,只知道这个人是一个立法者,并不热心公益,没有什么建树。按照传说他公开宣称法律是他接受赫尔墨斯的给予,保证它是最大福分的成因,如同希腊人所能得到的好处;他们说这很像迈诺斯在克里特岛,以及莱克格斯在拉斯地蒙人当中的作为,因为前者说他的法律来自宙斯,后者则是来自

---

① 本章第 43 节和第 45 节有梅纳斯(Menas)这个名字,看来 Mneves 是它的变体拼法,参阅魏德曼的《埃及史》第 163 页。

阿波罗。在其他的民族当中也有类似的传说,这种策略的运用可以达到良好的功效,也使得人们更加信服。还有一些记载,提到雅利安人(Arians)札什劳底(Zathraustes)①说是精灵"Good Spirit"赐给他法律;有一个名叫杰提(Getae)的民族,他们声称自己会长生不老,查摩克西斯(Zalmoxis)②断言他们的女神赫斯提亚亦复如此,以及在犹太人当中,摩西(Moyses)说神将法律交给他,是向伊奥(Iao)③恳求才能得到的。他们一方面相信有助于人道慈悲的概念极其崇高而且充满神意,另一方面认为群众看到立法者是如此庄严和拥有莫大的权力,就会无条件服从他们制定的法律。

　　埃及人说第二位立法者是萨西契斯(Sasychis)④,一个学识极其渊博的人,对于现存的法律分门别类加以增添,制定最正确的仪式用来敬拜神明,发明几何原理原则,教导他的同胞分辨天空的星辰,同时观察它们的运行。他们告知的第三位就是身为法老的塞索西斯⑤。他在所有埃及国王当中,不仅战争方面拥有最卓越的成就,还能运用法规统治武士阶层⑥,大家齐心合力遵守军纪,达成作战求胜的要求。他们说第四位立法者就是波考瑞斯王⑦,他是一位智者,运用无比灵验的技巧,订立所有的规章以抑制国王的权力,确保将要签署的法律能够正确无误;他在法庭做出判决的时

---

①　Zathraustesd 的字形与古代伊朗人查拉图斯特拉(Zarathustra)的名字很接近,后来才演变成琐罗亚斯德(Zoroaster)。
②　希罗多德《历史》第 4 卷第 93 节和后续各节,对于查摩克西斯或盖比列吉斯(Gebeleizis)这位神明有更详尽的叙述,还说杰提人所以不死,是因为他们认为死亡不过是去与查摩克西斯见面而已。斯特拉波《地理学》第 7 卷第 3 节提到查摩克西斯这个人,说他曾经是毕达哥拉斯的奴隶,希罗多德说他知道这件事,只是不相信其中的情节。
③　这个字的发音有点像希伯来文的上帝(Yahu);可以参阅《圣经·旧约·诗篇》第 68 篇第 4 行:"你们当向上帝唱诗,歌颂他的名耶和华(Jah)。"
④　萨西契斯是希罗多德《历史》第 2 卷第 136 节中的阿苏契斯(Asuchis),与第四王朝的法老希普西斯卡夫(Sheseskaf)是同一人,参阅霍尔《近东古代史》第 127 页。
⑤　参阅本章第 52 节和后续各节。
⑥　参阅本章第 72 节。
⑦　前面的 45、64 和 78 各节都提到这位法老。

候是如此睿智，对很多司法案件的处理是如此卓越，直到今天还保存在大家的记忆当中。他们还加以补充说他的身体非常虚弱，受到病痛的影响，成为最贪婪的国王。

94 根据记载，在波考瑞斯之后的国王当中，阿玛西斯对法律表现出关切之意，制定规范用来治理各州以及整个埃及的行政区域。从流传的故事中可知他精明睿智，德行高超且清廉公正，虽然他没有皇家的血统，但埃及人还是授予他九五之尊之位。他们还提到伊利斯（Elis）①的市民，对于办好奥林匹亚运动会极其重视，派遣使者不远千里前去求教②如何才能保持公正不阿的态度，他的答复是："伊利斯人不要派选手参加竞赛的项目。"虽然萨摩斯的统治者波利克拉底（Polycrates）与阿玛西斯建立了友谊，但当到前者开始压榨市民和留在萨摩斯的外国人时，据说阿玛西斯立即派遣使者，前去叮嘱他要有所节制，波利克拉底对此不予理睬，埃及国王写信给他要断绝双方的友谊，这时彼此之间只有敌意存在；他说他不想很快就陷入悲伤之中，因为他知道统治者要是维持暴政，立即就会面临不幸的命运。他们提到阿玛西斯受到希腊人的称誉，一方面是他的德行高洁，另一方面是他对波利克拉底所说的话非常灵验。

第六位就是泽尔西斯的父亲大流士（前521—前486年），他要求自己应该重视埃及的法律，因为他对前任国王康贝西斯的无法无天感到无比的恼怒，从而表达对埃及的圣地所秉持的态度，决定过纯洁的生活，对于神明永抱虔诚之心。他结交埃及的祭司作为朋友，参与神学的学习课程和圣书

① 伊利斯位于伯罗奔尼撒半岛的西部，濒临爱奥尼亚海，境内有奥林匹亚圣地，能长期维持和平的局面。

② 有关阿玛西斯的事迹可以参阅第67节。希罗多德《历史》第2卷第160节提到伊利斯人派出使者一事，不过，这位埃及国王的名字叫作普撒米斯（Psammis）。

上面记载的事务,当他从圣书当中得知古代的法老有伟大的心灵,用善意对待他们的臣民时,便仿效他们的生活方式,基于这样的缘故,他赢得了最大的光荣,在所有的国王当中只有他活在世上的时候,就被埃及人奉为神明;等到他过世以后,如同埃及古代那些严格遵守法律进行统治的法老,受到同样的尊敬。

他们认为法律系统能够通行于整个陆地,源于上面提到的人物所进行的工作,扩展到其他民族当中使他们获得伟大的名声;他们还提到没过多久,那些与善行有关的制度就会发生变化,这是王权的世袭传承为马其顿人征服和摧毁之后出现的情况,虽然仅此一次而已。

95 现在我们要检验这些事项,就必须列举一些希腊人,他们在古老的时代前去埃及游历,熟悉当地的习俗和知识,后来才会以智慧和学术知名于世。因为埃及的祭司会详细叙述圣书的记载,所以早期才有奥斐乌斯、缪西乌斯(Musaeus)、米连帕斯(Melampus)和迪达卢斯(Daedalus)等人前去拜访他们,还有就是诗人荷马和斯巴达的莱克格斯;随后有雅典的梭伦和哲学家柏拉图,以及萨摩斯的毕达格拉斯和数学家优多克苏斯(Eudoxus)①,加上阿布德拉的德谟克利特和开俄斯的厄诺庇德。所有这些人前往游历的证据,祭司都能指出来,有些是他们的雕像,或者某些地方或建筑物②用了他们的名字,还能由这些人追求和研究的学问加以证实,他们认为所有在希腊人当中受到赞誉的事物,都是从埃及传入的。

例如,奥斐乌斯随伴在埃及各地的漫游,带回充满奥秘的祭典和酒神

---

① 尼多斯人优多克苏斯是柏拉图的弟子,天文学家、地理学家和数学家,已经证实他留在埃及相当长时间。

② 按照斯特拉波《地理学》第17卷第1节的记载,曾经指出柏拉图和优多克苏斯停留赫利欧波里斯(Heliopolis)期间所居的房子。

的仪式，还有他身处地狱的经验，对这方面的传说有详尽的叙述。有关奥西里斯的仪式与狄俄尼索斯大同小异，就是伊希斯与德米特也非常类似，只是名字经过转变而已；诸如邪恶之徒受到哈迪斯的惩罚，义士居住的区域，各种奇异的概念都是幻想的虚构之物，却能在大众之间流行开来，这些连同埃及的丧礼习俗也为奥斐乌斯原封不动地搬了过去。例如赫尔墨斯这位灵魂的引导者，按照古老的埃及习俗，载运阿派斯的尸体前往某一个地方，将它交给戴着色贝鲁斯（Cerberus）面具的人，就在奥斐乌斯将这种观念在希腊人当中传播开来以后，荷马追随其后，有诗为证①：

> 塞勒尼亚的赫尔墨斯手握金杖，*
> 将求婚者的灵魂召唤到他身旁。

接着他还说起②：

> 他们经过奥逊努斯的溪流以及
> 闪烁之岩太阳之门和梦幻之境，
> 最后抵达阿斯弗狄尔的青草地，*
> 居住无数幽灵都是死者的亡魂。

　　他们称为"奥逊努斯"③的河流，因为在他们的语言当中，埃及人会把尼罗河叫作奥逊努斯；所谓"太阳之门"就是指赫利欧波里斯这座城市；"青草地"这个虚构的居所，是濒临阿奇洛西亚（Acherousia）湖的一个地

---

① 荷马《奥德赛》第 24 卷第 1—2 行。
② 同上的第 11—14 行。
③ 荷马在他的诗篇中都将尼罗河称为伊吉普都斯（Aegyptus）河。

方,长满莲花和芦苇的湖泊靠近孟菲斯,这个沼泽地区的四周都是青葱的牧场。同样的解释可以用来陈述死者的住处就在此地,因为埃及最多和最大的陵墓位于这里,特别是死者需要摆渡运过尼罗河和阿奇罗西亚湖,将他们的遗体安葬在这里的地下墓室之中。

其他有关哈迪斯的神话流传在希腊人当中,连同衍生的习俗现在还为埃及人奉行不渝。像是运送遗骸的船只被称为"巴瑞斯"①,旅客要付费给船主,埃及人的发音后者听成了卡戎。据说接近这个地区有一座赫克特(Hecate)的庙宇名叫"暗黑",还有科赛都斯(Cocytus)和列什(Lethe)的"门楼",顶上覆盖排列整齐的青铜瓦片②。还有其他的大门,诸如真理之神的庙宇,它的门口竖立着一尊无头的正义女神雕像。

96 我们从神话中得知,很多事物源于埃及人,它们的名字仍旧保存,原有的习俗继续流传。例如阿康苏斯人(Acanthi)的城市,它的位置在渡过尼罗河往利比亚的方向,离孟菲斯的路程是一百二十斯塔德,那里有三百六十个祭司,每天派一个人背着有孔的破水瓮,到尼罗河去汲水带回去③;这与奥克努斯(Ocnus)④的神话所要表达的意义相去不远,经常可以在他们的节日当中看到实际的演出,一个角色在末尾编一条长绳,却有很多人越过他去将它解开来。他们说是米连帕斯将埃及的仪式带到希腊,就用狄俄尼索斯的名义举行祭典,凡是与克罗努斯(Cronus)以及巨人之战有关的神话,换句话说就是发生在神明身上的事情,都已如实

---

① 参阅本章第 91 节,其实希腊文的 baris 就是"船"。
② 这些青铜瓦片可以将光线聚集起来,形成"太阳之门",这是引用自荷马的诗句。
③ 这种说法可能出自达劳斯的 50 个女儿,她们死后被判罪,要用有破洞的瓮汲水进行永不休止的工作。
④ 希腊的奥克努斯是阴间另一种人物,他一直在编织一条绳索,然而在他后面有一条看得见的驴子,用同样的速度将他编好的东西吃进肚里。

记载。

　　他们提到迪达卢斯模仿埃及人建成被称为拉拜林斯的迷宫,仍旧保存到我们的时代,有人说它的原型是门德①所建,也有人归功于马鲁斯王,这些都是早在迈诺斯统治之前很多年所发生的事。埃及的古老雕像各部分的比例,迪达卢斯运用到希腊人当中,可以说是完全相同。迪达卢斯在孟菲斯的赫菲斯托斯神庙建造美丽的山门和通道,从而成为众望所归的显赫人物,获得允许可以为自己设置一尊木像,他亲手制成放在庙宇里面;再者,他能拥有极高的名气在于过人的智慧,等到他发现很多创见以后,获得封神的荣誉,在孟菲斯附近一个小岛上面建立的迪达卢斯神庙,迄今仍旧矗立,这个地区的民众都去顶礼膜拜。

　　他们为了证明荷马曾经在埃及现身,不惜列举很多支离破碎的证据;特别是一种有治疗作用的饮料,可以让人忘记所有过去的恶行,海伦在麦内劳斯的家中送给特勒玛克斯(Telemachus)服用。看来对于被诗人称为nepenthic②的药物,已经获得相当广泛的认知,他才说这是海伦从埃及的底比斯带回国的东西,什昂(Thon)的妻子波利旦娜(Polydamna)送给她的礼品;他们承认甚至直到今日底比斯的妇人仍然使用这种效力极强的疗法,还提到古代有一种药草可以平息愤怒和安抚忧伤,现在仅有戴奥斯波里斯的女性将其当成仙丹灵药;他们还补充说明,底比斯和戴奥斯波里斯就是同一座城市。再者,当地的土著按照传统,将阿芙罗狄忒称为"黄金的爱神"③,靠近城市有一个地方被称为摩孟菲斯(Momemphis),意为"金色阿芙罗狄忒"的平原。神话当中叙述宙斯和赫拉的调情,以及他们前往埃

---

　　① 参阅本章第 60 节。
　　② Nepenthic 意为"安神止痛",可以参阅荷马《奥德赛》第 4 卷第 220—221 行:她听完就将一种药剂掺进酒中,饮下以后可以忘怀忧愁和哀痛。
　　③ 荷马的史诗对阿芙罗狄忒始终用这个称号。

塞俄比亚的旅游,这些同样得自埃及的记载;每年埃及人都将宙斯的神龛抬着渡过尼罗河到达利比亚,过了几天以后又将它带回来,像是神明离开埃塞俄比亚归返故土;为了便于神明的寻欢,在他们的节日聚会当中,祭司将宙斯和赫拉的神龛抬到高处,将各种花卉遍撒在地面。①

97 他们提到莱克格斯、柏拉图和梭伦都将很多埃及的习俗,引用到制定的法律条款当中。毕达格拉斯从埃及人那里习得有关神明的教条,还有他的几何定理和数的概念,以及灵魂的轮回和转移。他们肯定地表示,德谟克利特②花了五年的工夫,从他们那里接受天文学的教导,获得很多有关的知识。厄诺庇德③是埃及的祭司和天文学家,一起度过同样长的时间,学习其他学问,如太阳的轨迹,是一种倾斜的运行路线,与其他星球的运转方向完全相反。优多克苏斯就像其他人那样与他们一起研究天文学,他将大量有用的知识在希腊人当中传播,从而获得了极其响亮的名声。

古代最出名的雕塑家是里库斯(Rhoecus)的两个儿子特勒克利斯(Telecles)和狄奥多鲁斯(Theodorus),他们曾经在埃及逗留相当时日,后来为萨摩斯的人民制作阿波罗的木质雕像④,奉献给德尔斐的太阳神神庙。根据记载,这个雕像的一半是特勒克利在萨摩斯制作的,另外一半是由他

---

① 狄奥多罗斯对于荷马行文的风格一直念念不忘,像是《伊利亚特》第14卷第346行及后续各行的诗句:宙斯用手将他的爱妻赫拉抱起,他们两人的身下是神圣的土地,长着青葱的芳草和美丽的花卉,沾着露水的百合、水仙和蔷薇。

② 阿布德拉的德谟克利特是公元前5世纪最著名的科学家,也是《原子论》的著者。

③ 开俄斯的厄诺庇德是公元前5世纪的数学家和天文学家,他观察到黄道的倾斜,我们现在得知是23.5度(更精确的数字是23度27分08.26秒)。

④ 这是供奉起来作为膜拜之用的雕像。

的兄弟狄奥多鲁斯在以弗所（Ephesus）①制作的，两部分结合起来配合得如此完美，就像是整件艺术品成于一人之手。这种分工合作的方式在希腊人当中未曾见过，一般而言是仿效埃及人的手法。因为雕像的对称比例在艺术家的眼中，并不见得与外观的容貌完全吻合，希腊人表达的方式就是如此，他们只要把石材安置妥当，经过分配工作以后开始着手雕塑，在最初的阶段定出比例，从最小的部分到最大的单元，将整个身体的结构分为二十一个部分，后来还要加上整个的四分之一②，能够表现出完美的人物雕像，都要靠对对称的比例有适当的安排。因此，只要工匠确定雕像的大小和规模，就可以划分成各种尺寸进行细部的作业，每个人负责指定的工作和范围，然后精确接合起来，这种系统所具备的特性真是让人感到无比的惊讶。③ 萨摩斯的木质雕像符合埃及人精巧的方法，就是将它从头顶到下部锯成两半，使得雕像从中间分开，两个部分彼此在每一点都能严密地配合。他们还说这座奉献物的绝大部分与埃及的雕像相似，诸如两只手臂很僵硬地垂放两侧，两腿分开像是跨步前进的模样。

我们对埃及的详尽叙述，着重历史记载的情况和值得提出的事物，就这方面来看已经是绰绰有余；根据本章在开始之际提出的构想，要按照次序陈述历史的记载和流传的事迹，下一章的起首部分由亚洲的亚述人（Assyrians）充当主角。

---

① 以弗所是12座爱奥尼亚城市之一，位于小亚细亚的利底亚，靠近卡伊斯特鲁斯（Caystrus）河口。

② 现代学者对于"二十一部分……整个的四分之一"这段文字，无法做出任何解释。

③ 埃及和希腊的工匠对于雕像的制作，由于所用的材料不同，运用的手法必定有很大的差异，埃及很多纪念物都是体积庞大的石质雕像，当然无法像木质雕像那样分为不同的部分，再用精巧的技术将它组合起来。

第二章

亚洲诸国

1 本书第一章的重点是埃及,举凡神话当中提到的神明以及尼罗河的特性,还有这条巨川的奇异之事,以及埃及的陆上情况、古代国王的言行事迹,接着依序说明金字塔的结构,名列世界七大奇观之首,然后讨论与法律和法院有关的事务,埃及人将动物视为神圣的由来;他们对待死者的习俗,希腊人注意到他们拥有的知识,所以会访问埃及学到很多有用的事物,带回希腊再加以发扬光大。我们在本章要叙述亚洲古代发生的重大事件,开始的时期起于亚述人拥有统治的权力。

最早的时代,亚洲的国王都是本地出生的人士,提到他们没有显赫的事迹和个人的姓名,能够保存在回忆之中。亚述国王尼努斯(Ninus)首次经由历史的传承,让大家记得他完成的伟大事功,我们费了一番功夫才对他有了详尽的记录。他天生就是一个战士,要发挥勇猛奋斗的精神,供应武器给身体最强壮的年轻人,让他们接受长时期的训练,习惯战争的辛劳和危险。等到他集结一支实力强大的军队,就与阿拉伯国王阿里伊乌斯(Ariaeus)建立同盟关系,当时在他的麾下拥有人多势众的勇士。总之,这个国家爱好自由独立,绝不会屈服于外来的统治者,因此,无论是稍后的波斯国王还是那个时代最有权势的马其顿人,都无法将奴役的工作强加在他们的头上。须知外国的军队很难在阿拉伯这个地区进行征战,一方面是因为沙漠的阻绝,另一方面是因为缺少水源,仅能从相隔甚远的水井供应饮水,它的位置非常隐秘,只有当地土著知道。①

不过,亚述国王尼努斯联合盟友阿拉伯的统治者,率领大军前去攻打与他相邻的巴比伦人,现在的城市巴比伦那时还没有建立,这个地区之内有其他名声响亮的城市;居民对于战争带来的危险没有经验,外来的敌人很快征服面积广大的疆域。尼努斯规定归顺的人民每年缴纳定额的贡金,只有被俘的国王和子女遭到处决。接着他的大军入侵亚美尼亚(Armenia),有几个城市受到掠夺和蹂躏,他让居民感受到恐怖的打击;他们的国王巴扎尼斯(Barzanes)不敌对方,带着很多礼物前去迎接,公开宣布他会遵从尼努斯的任何命令。尼努斯对他宽宏大量,不仅让他继续统治亚美尼亚,还让他像朋友一样供应亚述军队所需的人员和物资。他的权势愈来愈大,将战火带进米地亚,身为国王的法努斯(Pharnus)率领阵容强大的军队出来迎击,吃了败仗,丧失了大部分的士兵,夫妻二人和七个儿子都被俘虏,全部用磔刑处死。

---

① 阿拉伯和它的民族在本章第48节及后续各节有完整的叙述。

2 尼努斯的工作在这方面获得丰硕的成果,处于塔内斯(Tanais)
河①和尼罗河之间大部分的亚洲地区,只有臣服在他强势的作为
之下;一个人一旦处于无往不利的状态,成功的进展就被视为理所当然,就
会激起更为旺盛和难以餍足的野心。虽然他会指派一位朋友出任米地亚
省的省长,却让自己负起更艰巨的任务,要征服亚洲的国家,在十七年的戎
马生涯当中,除了印度和巴克特里亚,所有地区都奉他为最高的统治者。
没有一位史家记载这些国家之间的战事,也没有提到他所征服的民族,我
们只能从尼多斯的帖西阿斯②撰写的著作里面,简略了解到主要国家之间
的重大事件。

提到这些滨海地区以及其他以海洋为边界的国家,我们得知尼努斯征
服埃及和腓尼基,接着就是内叙利亚、西里西亚、庞菲利亚和吕西亚,卡里
亚、弗里基亚和利底亚,然后将特罗德、海伦斯坡、普罗潘提斯、俾西尼亚、
卡帕多西亚以及蛮族建立的国家,置于他的统治之下,他们居住在潘达斯
的海岸更远到达塔内斯河流域,他还成为卡杜西人(Cadusii)、塔派里人
(Tapyri)、海卡尼亚人(Hyrcanii)、德朗吉人(Drangi)、德比西人(Derbici)、
卡曼尼人(Carmanii)、乔隆尼伊人(Choromnaei)、波卡尼人(Borcanii)、帕昔
伊人(Parthyaei)的领主,入侵遥远的国度像是波斯、苏西阿纳(Susiana)和
卡斯庇阿纳(Caspiana),据说他还进入极其狭窄的隘道,它被称为里海之
门。很多其他较小的国家被纳入他的版图之内,要想说清楚只会浪费很多
笔墨。巴克特里阿纳的远征非常困难,特别是它拥有大量爱好战争的武
士,他在吃尽千辛万苦以后,对巴克特里阿纳人的战争一直拖延下去,最后
只有放弃徒然无益之事,率领大军班师回到亚述,选择一个形势极其卓越

---

① 现在的顿河。
② 帖西阿斯是公元前5—前4世纪的医生,后来在波斯的宫廷服务,成为阿塔泽尔西
兹的御医,给后世留下很多有关医学和历史的宝贵资料。

的地方，建立了一座伟大的城市。

3 尼努斯之前没有一个国王能比他创立更多的丰功伟业，现在他急着想要建造一个壮观的首都，有人居住的世界当中没有任何现存的城市比它更为庞大，只要他完成这个艰巨的任务，以后很难有一位统治者可以轻易超越他所树立的标准。因此，他用丰富的礼物和战争的掠夺品，推崇阿拉伯国王的荣誉和名声，打发他和他的军队返回自己的家园，然后从各地集结他的部队和所需的材料，就在幼发拉底河畔建起一座长方形的城市①，雄伟的城墙使它成为守备森严的金城汤池。两个长边每边的长度是一百五十斯塔德，短边有九十斯塔德，周长达到四百八十斯塔德。他对这座城市始终兴趣盎然，抱有无穷的希望，无论是城墙一周的长度还是它的雄伟程度，以往还没有人找到可以相比的对象。城墙的高度有一百英尺，宽度足够三辆马车并列疾驰，它的塔楼有一千五百座，高度达到两百英尺。他要亚述人和所有其他国家愿意前来的民众，在此地定居下来，其中以亚述人构成居民的多数而且权势最大。他把自己的名字尼努斯给予这座城市，整个辖区将大部分邻近地区包括在内，全都分配给外来的移民。

4 尼努斯在城市建好以后，又对巴克特里阿纳发起一场远征作战，这时他娶塞米拉美斯②为妻，须知塞米拉美斯是有史以来，名声最为显赫的妇女，首先需要谈一谈她发迹的来龙去脉。

叙利亚有一座名叫阿斯卡隆（Ascalon）的城市，离它不远处有一个大

————————

① 尼尼微（Nineveh）这座城市位于底格里斯河的东岸，而非幼发拉底河。斯特拉波《地理学》第 16 章第 1 节提到它要比巴比伦"大一些"，周长是下面所说的 360 斯塔德。

② 希腊和罗马的传说当中，都把塞米拉美斯当成著名的神话人物，韦尔斯（Wells）《希罗多德评论》（*A Commentary on Herodotus*）第 1 卷第 143 页，说她无论在战争还是情欲方面，都成为亚述的叶卡捷琳娜二世。

湖,湖水很深,盛产各种鱼类。岸边有个地方供奉一位知名的女神,叙利亚人称她为德西托(Derceto)①,长着妇人的面容,而身体是鱼的形状,为何会出现这种情况,当地最有学识的居民提到下面这个故事:阿芙罗狄忒受到德西托无礼的冒犯,就在暗中施法让女神对一位年轻英俊的信徒,心中燃起难以止息的欲念,许身给这位叙利亚人,还为他生下一个女儿,后来她为罪恶的行为深感羞辱,杀死尘世的恋人将婴儿丢在遍地岩石的沙漠,自己在懊悔和悲痛之余,投身到湖中将身体变成一条鱼。叙利亚出于这个原因,就从那天开始禁食鱼类,并且将这种动物当成神明顶礼膜拜。

女婴遭到遗弃的地方有大群鸽子在筑巢,谈起它们养育婴儿的过程,非常奇特,令人感到不可思议。有些鸽子用翅膀覆盖在婴儿的身上,密密遮住让她保持温暖,他们还提到只要牧牛人和管理员离开,其他的鸽子就用喙吸取牛奶然后一滴一滴喂到婴儿口中;等到她满周岁需要固体食物,它们就啄下小块的奶酪供应足够的营养。等到管理员回来看到奶酪的边沿有咬啮的痕迹,感到很奇怪就加以注意,于是发现了这个婴儿的存在,特别是她的长相极其甜美,就抱回农舍交给皇家牧场的总管,这个人的名字叫作森玛斯(Simmas);因为森玛斯没有儿女,所以就将捡回的婴儿当成自己的女儿,给予非常周到的抚养,同时为她取名叫塞米拉美斯,这与叙利亚语的“鸽子”发音非常近似,从这时开始叙利亚的居民都将这种鸟类视为女神的化身。

5 这就是传闻当中有关塞米拉美斯出生的情况。她长到了适婚的年龄,远比其他的少女更为美丽动人;这时国王的宫廷派出一位官员,前去巡视皇家的牧场,这个人的名字叫作昂尼斯(Onnes),开始被纳入国王的政务会议,是受到器重的成员,后来奉派成为统治整个叙利亚的总督。他

---

① 腓尼基人给她取了另外一个名字阿斯塔特(Astarte)。希罗多德《历史》第 1 章第 105 节,将阿斯卡隆的女神称为“上天的阿芙罗狄忒”。

住在森玛斯的家中,见到塞米拉美斯,为她的美色着迷,因此他恳求森玛斯将少女嫁给他成为合法的妻子,好将她带到尼努斯在那里定居下来,后来她给他生了两个儿子,就是海阿佩底(Hyapates)和海达斯披斯(Hydaspes)。塞米拉美斯拥有一种特质,就是能够保持美丽的容貌,使得她的丈夫成为唯命是从的奴隶,昂尼斯之所以在仕途能够一帆风顺,源于对她言听计从绝无违背之处。

此时国王已经完成首都的兴建,何况这座城市还用上了自己的名字,又发动战争要入侵巴克特里阿纳人的疆域。他对自己的实力和情况了如指掌,也知道对方有很多地方凭借地理的形势不容许敌军接近;他从受到统治的地区征召数量极其庞大的士兵,由于他在较早期的战役当中,经常兵力处于劣势,所以决定这一次要以多达数倍的优势,出现在巴克特里阿纳的城墙前。等到大军从四面八方赶来,根据帖西阿斯在他的历史著作中指出的,兵员数目是一百七十万步卒和二十一万骑兵,装上镰刀的战车不少于一万零六百辆。

第一次听到这样庞大的军队真是让人不敢置信,但要是考虑亚洲面积之大以及上面居住人口之多,并不是没有这种可能。即使没有注意到大流士率领八十万大军①,前去攻打锡西厄人,以及泽尔西斯渡过海洋入侵希腊,所率兵力还要大得多②,也应该想起不久之前在欧洲发生的事件,那么他会很快相信这种情况。举例来说,西西里的狄奥尼修斯仅仅在叙拉古人的城市,出战的人数就有十二万步卒和一万二千骑兵,有四百艘战船从唯一的港口出航,其中有些甚至是四层桨座或五层桨座战船③。就在汉尼拔时代之前的罗马当局,对于战争规模的庞大有先见之明,征集所有在意大

---

① 希罗多德《历史》第 4 卷第 87 节,提到的兵力舰队除外是 70 万人。

② 参阅本书第十一章第 3 节。

③ 狄奥多罗斯认为读者都应该很清楚,狄奥尼修斯时期(公元前 4 世纪)的三层桨座战船是标准的形式,用来构成舰队的主体。四层桨座和五层桨座的战船是更大的等级。大型船只当然要配置更多的人手,根据波利比乌斯(Polybius)《历史》(Histories)第 1 卷第 26 节,公元前 3 世纪罗马的五层桨座战船,乘载 300 名划桨手和 120 名船员。

利适合服役年龄的男子,包括市民和盟友在内,总数只比一百万稍微少一点。要是谈到居民的数目,就是整个意大利都无法与亚洲的一个国家相比。① 有人想要估算古代亚洲国家的人口数量,只能依据留下的废墟加上合理的推测,事实上很多古代的城市都已落到残破的状态,就是当前的城市有些还是无法避免陷入类似的困境。

6 尼努斯攻打巴克特里阿纳的大军,由于进入这个国度的困难以及关隘的狭窄,进军之际被逼得只有区分为几个纵队。整个巴克特里纳地区,有许多较大的城市居住着众多的人民,其中以皇宫所在地的巴克特拉(Bactra)最为著名,无论是它的面积大小和卫城的守备强度,在在都是首屈一指,其他城市无法望其项背。他们的国王奥克西阿底(Oxyartes),征集所有兵役年龄的男子,总数达到四十万之众,率领军队在关隘的进口迎敌,只让尼努斯的大军最前面一个纵队进入他的国家,等到他认为已有足够的敌军来到广阔的平原,就将部队排成会战的队形,接着展开一场激烈的战斗,巴克特里阿纳人将亚述人打得大败而逃,追击一直到达可以俯视战场的山岭,大约有十万敌人被他们杀死。等到后来整个亚述大军全部抵达,巴克特里阿纳人无法抗拒优势的敌军,开始从一座城市退到另一座城市,每个团体都打算防守自己的家乡。因此尼努斯很容易征服这些城市,其中只有巴克特拉因为守军的实力强大,战争的武器装备供应充足,所以他无法运用猛攻的方式一举占领。

围攻作战变得旷日持久,塞米拉美斯的丈夫正在国王麾下服务,思念自己的妻子,派人召唤她来到前线。她拥有的高明见解、英勇刚毅和其他种种特质,对于她的出人头地有极大的贡献,抓住机会就会展现她那种与

① 波利比乌斯《历史》第 2 卷第 24 节,估计那个时代(大约前 225 年)罗马和盟邦的兵力是 70 万名步卒和 7 万名骑兵。

生俱来的才能和本领。首先,她要进行很多天的长途跋涉,身穿一袭长袍让人无法辨识男女。这种服装非常适合她的需要,旅行在炎热的地区能保护皮肤不会晒黑,可以很方便地去做她想做的事情,简而言之,后来吸引年轻的小伙子加以仿效,米地亚人在统治亚洲的时候,就是身穿塞米拉美斯所用的长袍,接踵而来的波斯人亦复如此。① 塞米拉美斯来到巴克特里阿纳以后,仔细观察围攻的部署情况,注意到作战是在平原和容易发起袭击的地方进行,没有人前去攻打形势险要而又防备森严的卫城,所以配置的守军经常离开自己的岗位,前去援助下方受到强大压力的城墙。因此,在与她同来的士兵当中,有些人攀登遍布岩层的高地已成习惯,她带着他们通过一个非常困难的峡谷,等到夺取部分卫城以后,就对下方平原正在攻击城墙的部队发出信号,城市的守备部队因为制高点被敌人占领,丧失斗志离开城墙,放弃所有获得拯救的希望。

首都被用这种方式夺取以后,国王对这位妇人的能力感到极其惊讶,先是赐给她很多名贵的礼物,后来为她艳丽的容貌神魂颠倒,想要说服她的丈夫出于自愿将她让给他。为了回报他的成全和善意,国王将自己的女儿索桑妮(Sosane)嫁给他为妻。这个人将国王的恩典视为可耻的羞辱,尼努斯对他施以威胁,除非立即接受他的命令否则要剜去他的眼睛。昂尼斯一方面是畏惧国王的恐吓,另一方面是他热爱自己的妻子,整个心智陷入疯狂的状态,用一根绳索自缢而死。塞米拉美斯名正言顺地获得皇后的头衔。

7 尼努斯获得巴克特拉的金库,里面装满无数的金银财宝,等到处理完有关巴克特里阿纳的事务和解散军队后,才能班师还朝。后来塞米

---

① 米地亚人与希腊人的服装最大的差别,在于从头部向下套的长袍,两只包住手臂的长袖,加上长裤和马靴。斯特拉波《地理学》第 11 卷第 13 节中,就希腊人的立场对他们的穿着表露不屑一顾的神情。

拉美斯为他生了一个名叫奈尼阿斯(Ninyas)的儿子,接着是尼努斯的崩殂,留下他的妻子成为统治整个国家的皇后。塞米拉美斯将尼努斯埋葬在皇宫附近,在他的坟墓上面建立非常高大的封土堆,根据帖西阿斯的记载,它的高度有九斯塔德而宽度是十斯塔德。因此,城市位于沿着幼发拉底河的平原上面,在很远的地方,就能看到这座外形像卫城的小丘,虽然米堤亚人灭亡亚述帝国①以后,整个尼努斯被夷为平地,据说直到今日这座土堆还巍然屹立。

塞米拉美斯运用天赋的才华,胸怀伟大的抱负,赢得的名声远超过以往的帝王,处心积虑要在巴比伦建立一座城市。等到拥有全世界第一流的建筑师加上技艺高超的工匠,各项必需的准备工作非常齐全后,她从整个帝国征集两百万人来完成这项浩大的工程。② 她让幼发拉底河从城市的中间流过,绕着城市有一道城墙,相隔适当的距离建造巨大的塔楼,根据尼多斯的帖西阿斯在著作中的记载,这道城墙的长度是三百六十斯塔德③;至于克莱塔克斯(Cleitarchus)④和而后某些随着亚历山大渡海来到亚洲的人士,他们认为城墙的长度应该是三百六十五斯塔德⑤,这个数字与一年当中的天数相等。经过改进使用沥青作为燃料,可以很快在窑内烧出大量

---

① 在前612年。

② 从下面的叙述可知,特别对希腊人而言,巴比伦让他们产生深刻的印象,亚里士多德《政治学》(*Politics*)第3卷第3节,提到巴比伦就它的周长来说不是一座城市而是一个国家。更为古老的城市因为赛纳克里布(Sennacherib)的洗劫(大约前689年)已经完全损毁,不过,同是这位统治者进行修复的工作,后来几位亚述国王更是不遗余力,迦勒底人尼布甲尼撒(Nebuchadrezzar,前605—前562年)把巴比伦装点得花团锦簇,成为亚洲最伟大的城市。

③ 大约40英里。

④ 克莱塔克斯是科洛奉的历史学家狄侬(Dinon)之子,也可能是埃及人,追随亚历山大大帝东征的学者,后来在埃及国王托勒密的宫廷中服务,昆蒂良说他的办事能力很强然而作品的可信度不高,西塞罗在《布鲁图斯》这篇演说辞当中,指责他对提米斯托克利做了不实的记载。

⑤ 希罗多德《历史》第1卷第178节提到巴比伦的城墙长度是480斯塔德,斯特拉波《地理学》第16卷第1节说是385斯塔德,后来的编辑根据手抄本的错误写为365斯塔德,或许这个数字具有特殊的意义,所以沿用下去,就是克莱塔克斯和奎因都斯·克尔久斯(Quintus Curtius)《亚历山大大帝战史》(*History of Alexander*)第5卷第4节提到巴比伦,也都同意后面这个长度。

砖块,她建造的城墙据帖西阿斯的说法有五十寻的高度,有些后来的作者提出修正说是五十肘尺①,宽度足够两辆马车在上面并驾齐驱;塔楼的数量是二百五十座,它们的高度和宽度比照所在的城墙更为高大和宽阔。要是考虑到四周城墙的长度,塞米拉美斯竟然构建数量甚少的塔楼,其实这也没有什么奇怪的,因为城市有很长一段距离为沼泽围绕,可以提供足够的天然防护,所以决定在这些位置不必建造塔楼。这道城墙和里面可以居住的区域之间,留上一条有两百英尺宽的道路。

8 为了加速这项重大工程的进行,她按照每一斯塔德的长度,分配给她的朋友,供应足够的材料和人力,在他们的亲自督导之下,一年之内完成赋予的任务。他们能以最快的速度完成被指派的工作,她感到非常满意,然而个人并没有丝毫放松,要求自己负起责任架设一座五斯塔德长度的大桥②,位置选在河流最窄的地方,要在河床上面用非常有技巧的方式,构建沉陷土中成列的桥墩,两者相距为十二英尺。用铁箍将作为桥墩的石块非常紧密地结合,再浇入熔化的锡让铁箍连成一体③,桥墩有一侧受到激流的冲击,就构建边沿为圆形的分水角转变水流,接着逐渐缩小桥墩的宽度,使得分水角的尖端能够分化溪流的冲力④,圆形的边沿可

① 两个数字分别是300英尺高或者75英尺高。希罗多德《历史》第1卷第178节提到的高度是2000皇家肘尺(大约335英尺)。

② 这座"有记录最古老的石桥"的若干桥墩已被发现,每个桥墩的长是21公尺,宽是9公尺,间距是9公尺。有一块尼布甲尼撒的铭文把这座桥梁的兴建归功于他的父亲纳博波拉萨尔(Nabopolassar),参阅柯德维(R. Koldewey)《巴比伦的考古挖掘》(*The Excavations at Babylon*)第197—199页。

③ 应该是让"石块与石块以及石块与铁箍"连成一体。使用铁箍和石块之间的接缝钉,加上灌入的锡汁,这是古典时期希腊建筑术常见的工法,巴比伦用沥青作为黏合剂,经常在砖块之间发现鸽尾形的木箍,参阅柯德维《巴比伦的考古挖掘》第177页。

④ 从遗留的桥墩残迹可以看到它的北侧呈凸状,然后急剧收缩成为锐利的尖端,朝向西边水向下流的方向。

以减轻受力的程度。这座桥梁用巨大的棕榈原木作为桥柱，上面铺上杉木和柏树制作的横梁，它的宽度有三十英尺，要求的技术水准要超过塞米拉美斯其他的工程项目。她在河流的每一边兴建造价昂贵的码头①，宽度与城墙相等，长度却有一百六十斯塔德。

　　塞米拉美斯在河的两岸分别兴建皇宫，位置正好在桥的两端，她的打算是在这个地方可以瞰制全城，掌握最重要地区的关键位置。幼发拉底河通过巴比伦的中央向南流去，其中一座皇宫面对东升的朝阳，另外一座面对西沉的落日，构建的花费已到极尽奢侈华丽的程度。就这个面西的皇宫来说，用数道城墙加强守备的力量，第一道也是最外层城墙，一周的长度有六十斯塔德，花费大量金钱用烧制的砖块构筑而成。里面是第二道圆形的城墙②，使用晒干的砖块，上面刻着各种野生动物的浮雕，涂上缤纷的彩色，外形非常神似且生动；它的周长是四十斯塔德，有三百块砖的宽度，根据帖西阿斯的记载，高度约为五十寻，附属的塔楼高达七十寻。最里面是第三道圆形的城墙，包括一个卫城，它的周长是二十斯塔德，整个结构的高度和宽度超过中间那道圆形城墙的容积。无论是塔楼还是城墙都装饰着各种类型的动物，制作极其精巧，丰富的色泽和写实的风格，表现出狩猎的场面，描绘的细节栩栩如生，每种野生动物的大小约为四肘尺。在这些图案当中，塞米拉美斯骑在马背上面，对着一只豹投出标枪，她的丈夫尼努斯在她的身旁，手执长矛与一头狮子拼死搏斗。③ 在这道城墙上面她设置了三道大门，其中两个大门是用青铜制作的，它的开启和关闭靠着机械装置。

---

　　① 参阅希罗多德《历史》第 1 卷第 180 节（译者经查原书，并没有这方面的记载）。
　　② 柯德维在《巴比伦的考古挖掘》第 130 页，特别加以说明这不是一道"圆形的城墙"而是一道"环状的围墙"，其实这两者有何差别还是说不清楚。
　　③ 柯德维在《巴比伦的考古挖掘》第 129—131 页，证实他称之为波斯建筑物的皇宫，还挖出三道圆形城墙（或围墙）的遗迹。与这一段叙述非常吻合之处，是在一些上釉砖块的碎片上面，发现打上追捕野兽的印记，还找到一片绘着女性面容的珐琅，要是根据帖西阿斯的记载，这就是塞米拉美斯的画像。

位于河流西岸的皇宫,无论是它的面积还是宏伟的程度,较之东岸的皇宫都大为逊色。虽然它的城墙使用烧成的砖头,但周长只有三十斯塔德,竖起尼努斯和塞米拉美斯以及官员的青铜雕像,用来取代各种动物的浮雕,其中有一座是宙斯的神像,巴比伦人将他称为贝拉斯(Belus)[①]。还有战争场景和各种狩猎的描绘,充满动感的画面让看到的人满怀愉悦。

9 后来塞米拉美斯在巴比伦选择一个低凹的地方,修筑一个正方形的贮水池,每一边的长度有三百斯塔德,使用的材料是晒干的砖块和沥青,它的深度达到三十五英尺。她将河水引导到贮水池,就在两个皇宫之间建造一个地下的通道,全用烧成的砖块,通道两边所建的有拱形天花板的房间,上面用加热的沥青作为防水涂料,它的厚度竟然有四肘尺。通道的墙壁厚度是二十块砖,高有十二英尺,除了筒状穹顶不计,通道的宽度是十五英尺。她要整个工程在七天之内完成,再让河水流回原来的河道,等到水位漫过通道以后,塞米拉美斯无须渡过河流,就能在两个皇宫之间自由通行。通道的两端设置青铜的大门,一直保存到波斯人统治的时代。

她在城市的中心盖了宙斯的庙宇[②],前面提到巴比伦将这位神明称为贝拉斯。史家对于宏伟的神庙有不同的记载,因为年代久远整个建筑物倒塌圮绝,相关的事实早已殒灭无踪。大家都认为它的特色是格外高耸,迦勒底人用作天文观测,可以精确记录星辰的升起和沉没。整个建筑物的结

---

① 希腊人将这位神明称为巴比伦的贝尔·玛达克(Bel-Marduk)。

② 下面接着要提到雄伟的伊特米纳纳基(Etemenanaki)金字塔形神殿或多层塔,是用"天和地作为基石"。按照希罗多德《历史》第1卷第181节的记载,建起一个8层的高塔,恩结(E.Unger)《巴比伦》第191页证实它只有7层。雄伟的建筑高度将近300英尺,就时间来说很像希伯来神话提到的巴别塔(Tower of Babel),参阅《剑桥古代史》第1卷第503页及后续各页。

构富丽堂皇,使用的材料是沥青和砖块,塞米拉美斯在它的顶端,设置了三座用金箔装饰的雕像,这三位神明分别是宙斯、赫拉和雷亚。宙斯雕像给人的印象是上身挺立正在迈步向前,高度有四十英尺,重量是一千泰伦;雷亚端坐在黄金宝座上面,重量与宙斯概约相等,他的膝前站着两个狮子,附近还有体形巨大的银制的蛇,每一个的重量是三十泰伦。赫拉是重达八百泰伦的立像,她的右手握住一条蛇的头,左手拿着一面令牌,上面镶嵌名贵的宝石。三座雕像的前面是一张金光闪烁的长桌,四十英尺长、十五英尺宽,重量是五百泰伦。桌上放置两个酒杯,每个的重量是三十泰伦。有两座香炉,每座重达三百泰伦,以及三个混酒钵,其中一个属于宙斯所有,重量是一千两百泰伦,剩余两个是六百泰伦。所有这些后来都成为波斯国王的战利品被他们运走①;无论是皇宫还是其他的建筑物,全都经不起岁月的摧残,只留下一片废墟;事实上这个时候的巴比伦,只有很少一部分有人居住,城墙里面大部分区域还是用来耕种的田地。

10 据称,除了卫城,就连空中花园的建造,都不是塞米拉美斯的旨意,而是后来有位叙利亚的国王,为了取悦他所宠爱的妃子,才有这样大的手笔;他们说这位宠妃是波斯人,向往高山上的草原,请求国王模仿自然的风光,设置一个人工美化的花园,成为波斯最出名的陆上景观。② 公园③的每个边向外延伸四百英尺,经由步道向着倾斜的花园走去,就像是来到一个小山的侧面,几个主要部分的结构彼此用阶梯相连逐渐高升,整个工程的外貌如同一座露天的舞台。顶端的平台建好以后,在

---

① 波斯人攻占巴比伦是在公元前539年。

② 巴比伦国王迦勒底人尼布甲尼撒二世(在位期间前605—前562年)的妻子阿米希娅(Amyhia)是米地亚的公主,"空中花园"就是为她所建。

③ Paradeisos 即"花园"这个字借用波斯文,意指有森林围绕的地方。

它下面构筑的回廊,用来承载整个花园的重量,沿着步道可以一阶一阶向上走去;位于上方的顶层楼座有五十肘尺高,屋顶成为公园地势最高的地面,它与城市圆形城墙的雉堞处于同一水平。夹壁的建造花了巨额的费用,它的厚度有二十二英尺,两个夹壁之间的通路只有十英尺宽。楼座的顶部覆盖十六英尺长的石梁,包括重叠的部分有四英尺宽。用石梁构成的屋顶上面铺着一层芦苇,夹杂大量的沥青,接着是晒干的水泥砖砌成的楼面,最上层覆盖铅板,用来防止土壤当中的水分渗漏到下面。堆积的土层非常深厚,就算最高最大的树木都可以让它的根有伸展的余地;平整的地面种植各式各样的花草树木,无论是巨大的体形还是鲜艳的花色,都让看到的人叹为观止。这些楼座彼此之间会相互超越,都能接受充足的阳光,里面容纳各种类型的皇家住所;其中有一个楼座设置中空的铅框,让光线从最上方的地面射了进来。机械装置将大量的河水汲起成为花园的水源,没有人能从外面看到它是如何运作的。我也听说这个花园是时期更晚的工程杰作。[①]

11 塞米拉美斯沿着幼发拉底河和底格里斯河,同样开发其他的城市,她为那些从米地亚、帕里塔西尼(Paraetacene)和所有邻近地区带来货物的商人,建立贸易站和市场。有人提到幼发拉底河和底格里斯河,在亚洲所有河流当中,显赫的名声仅次于尼罗河与恒;它们发源于亚美尼亚的山区,两者的源头虽然相隔两千五百斯塔德,分别流经米地亚和帕里塔西尼,但进入美索不达米亚(Mesopotamia)以后相距甚近,所以

---

① 柯德维《巴比伦的考古挖掘》第 91—100 页,证实一座有拱顶的建筑物,连带它的 "空中花园"位于尼布甲尼撒皇宫的一角;还要强调几点意见:a.这座建筑使用切割的石材,巴比伦其他地方很少见到;b.位于建筑物中间的墙壁非常厚,用来承受很重的负荷;c.城市的废墟发现很多遗迹,一口留存的水井包括三个相邻的汲水转轴,两端突出的部分与水桶的提柄所系的长绳相连,这些设备可以用来供应花园所需的用水。金(L.W.King)《巴比伦史》(*A History of Babylon*)第 45—50 页,虽然认同这些强有力的论点,但还是希望能给这个花园找到更适合的位置。恩结在《巴比伦》第 216 页接受柯德维提出的证明。

使得整个地区获得这样的名字。① 接着它们通过巴比伦最后注入红海②。两条巨川流经广大地区,给从事贸易的人提供很大的好处,事实上河流沿线到处是生意兴旺的贸易站,对于提升巴比伦尼亚的名声做出了很大的贡献。

塞米拉美斯从亚美尼亚的山区开采一块石材,有一百三十英尺长,宽和厚都是二十五英尺,成群结队的骡子和公牛将它拖到河边,放置在很大的一个特制的木筏上面,顺着水流将它运到巴比伦;她将它竖立在最有名的大街上,所有从旁边经过的人,看到以后都露出吃惊的神色。有些人根据它的形状和功能,将这块巨形纪念物称为方尖碑③,可以列入世界七大奇观之一。

12 虽然巴比伦尼亚有很多独特的景观值得一看,但没有比这个国家获得大量沥青更让人感到惊奇的了;沥青不仅成为建筑物的材料,有广泛的用途,同时它的消耗极其巨大,所以很多人聚集在生产地④,需要多少就可以拿走多少,没有任何限制,干燥以后可以取代木头当成生火的燃料。即使有成千上万的人将它运走,也看不出它的储存量有减少的样子,可以获得的来源可以说是没有穷尽。再者,靠近矿物的来源有一个通气孔,并不很大,却具有特别的力量,喷出一种浓密的硫黄蒸气,所有的生物只要接近就会产生致命的效果,遇到以后结束生命之快真是让人感到难以置信;虽然屏气可以阻止毒气对呼吸器官的侵犯,但这也不过片刻的时间,等到

---

① Mesopotania 意为"两河之地";其实这两条河并没有流经米地亚和帕里塔西尼,只是在米地亚和波斯之间流过。

② 应该是波斯湾。无论是狄奥多罗斯还是希罗多德(参阅《历史》第 1 卷第 1 节),都把亚洲南边的海域称为"红海"。我们所称的"红海"在狄奥多罗斯而言,称为阿拉伯湾,参阅本书第一章第 33 节。

③ Obelisk 即"尖形方碑"可以昵称为 Obelos,即"铁锥"。

④ 希罗多德《历史》第 1 卷第 179 节,提到从幼发拉底河的支流艾斯(Is)河到巴比伦,一共是 8 天的旅程。

恢复原来的呼吸他们就会遇害身亡;可以看到身体立刻肿胀像是鼓了起来,特别是肺部的形状更加明显。渡过河流有一个湖泊,湖边的土壤非常坚实,任何人要是对它没有认识贸然进入湖中去游泳,即使是很短的时间,会发觉被某种力量拖向湖的中心;等到他开始振作精神想要救出自己,尽全力回头游向岸边时,却发现已经徒然无益;他的脚部开始麻痹,接着及于腿部和鼠蹊,最后是全身僵硬没有感觉,然后沉到湖底,过不多久成为浮起来的尸体。

有关巴比伦的奇特之处,已经说得够多了。

13 大兴土木告一段落后,塞米拉美斯又率领大军向着米地亚前进。抵达巴吉斯塔努斯(Bagistanus)山①以后,就在山麓设置营地,计划建造一个位于平原的花园,周围长度是十二斯塔德,里面有一个水量很大的泉源,可以用来灌溉栽种的植物。巴吉斯塔努斯山是一座奉献给宙斯的圣山,面对花园的一面有拔地而起的悬崖,它的高度有十七斯塔德。她将绝壁最下面的部分打磨光亮,制作成一个大型的浮雕,表现的景象是她的身旁排列一百个手执长矛的士兵。同时她在这个悬崖上面,用叙利亚文②刻出以下铭文:"塞米拉美斯和她的军队带着背负重荷的牲口,从平原筑起一道长堤以越过天险,即使再困难的地形都安然无恙。"

从此地开拔来到米地亚一座名叫乔昂(Chauon)的城市,她注意到高原

———————

① 历史上最早提到这座山岭的名字是巴吉斯塔努斯,现在被称为贝赫斯吞(Behistum),上面设置了一座"亚洲之门"的关卡,位于巴比伦和伊克巴塔纳之间,有一条古老的大道通过该地;狄奥多罗斯从它的命名意为"神明的地方"或"神明",仍能保持最早的形式受到大家的膜拜。重要的铭文如同楔形文字的罗塞塔(Rosetta)石碑,上面记载康贝西斯统治之下,公元前516年发生大规模的动乱,大流士打败叛军的经过。山岭从地面耸立高达500英尺,巨大的雕像代表叛变的省长,一共两位随伴国王左右,大流士在善神阿胡拉曼达(Ahuramazda)的神圣符号前面,表现出毕恭毕敬的姿态。参阅金和汤普森(R.C.Thompson)合著《大流士大帝在贝赫斯吞的碑文》(*The Inscription of Darius the Great at Behistum*)。

② 应该是亚述人使用的楔形文字。

上面有一块岩石,它的高耸和巨大令人感到吃惊。她还要建造另一个面积更大的花园,还让这块巨岩位于它的中央,为了满足她极其奢华的品位,要在巨大的岩石上面,构建几座昂贵的厅堂,住宿在其中可以俯瞰花园的林木,以及驻扎在平原上的庞大军队。她留在人间的乐园很长一段时间,享受纸醉金迷的生活,她害怕被人剥夺最高的权力,所以不愿缔结合法的婚姻,选出一些最英俊的士兵充当面首,凡与她有私情的人都落到灭口的下场。

接着她进军的方向是伊克巴塔纳,到达一座名叫察西乌斯(Zarcaeus)①的山岭,从此地延伸很多斯塔德的距离,到处都是悬崖和深渊,使得行程要绕过一个很大的圈子。因此,她显示出莫大的毅力和抱负,一方面可以留下永恒的纪念物,一方面可以缩短行程和时间;于是她凿穿悬崖填平低凹的地方,花费很大的财力物力修建一条很短的道路,直到今天还被称为塞米拉美斯大道。到达位于平原的城市伊克巴塔纳后,她建造华丽的宫殿,无论从哪方面来看,她对这个地方都极为重视。由于城市缺乏水源供应而且郊外没有溪流,她克服困难不惜花费总算解决了这个问题。离开伊克巴塔纳大约十二斯塔德有一座名叫奥龙特斯(Orontes)的山岭,地形崎岖而且山势高峻,从山麓到绝顶的直线距离是二十五斯塔德。在山的另一边有一个大湖,可以将水引进人工河道,庞大的工程要穿过这山岭的底部,输水渠道有十五英尺宽、四十英尺高,湖水流入以后使得整个城市获得充分的供应。这是她在米地亚最伟大的建树。

14 她巡视波斯和其他国家,从而得知她的统治遍及整个亚洲地区。无论在何处她都凿穿山脉和悬崖绝壁,修筑造价昂贵的道路;她在平原构建巨大的封土堆,有的当成坟墓安葬过世的将领,有的在它的顶部兴建城市。她的习惯是无论在何处扎营,总是要堆起一个小土封,将她的御

---

① 就是现在的扎格罗斯山脉(Zagros Mts.)。

帐设在上面，可以清楚地观看宿营的情况。她在亚洲各地普遍兴建诸如此类的工事，有些还能保留到今日，大家都称之为"塞米拉美斯的烽火台"①。

随之她视察整个埃及，大部分利比亚地区都已归顺，她亲自前去求取阿蒙（Ammom）②的神谶，想要知道神明对于她的后事会有什么指示。根据史实的记载，给她的回答是她要在世间消失，亚洲的民族会给予不朽的荣誉，后来她的儿子奈尼阿斯阴谋篡位，神谶提到的情况全都兑现。等到从这些地方回来以后，她又去巡视埃塞俄比亚的大部分地区，所有的征服行动都是为前往探望这片令人惊讶的土地。他们提到这个国家有一个方形的湖泊，它的周长不过一百六十英尺，湖水的颜色有如朱砂，甜美的滋味如同年份久远的醇酒，不过，它的后劲非同小可，据说任何人饮下几杯，就会陷入神志不清和口吐谵语的状态，指责自己过去在暗中犯下的罪行。不过，有人并不相信这些事情会发生。

15 埃塞俄比亚的居民埋葬死者要遵守很特殊的习惯，他们将尸首涂满香料，四周注入很厚的一层透明物质，然后置放在一根石柱上面，任何人只要从旁边走过，都可以透过玻璃看到死者的遗体。希罗多德③也有这方面的记载。尼多斯的帖西阿斯公开宣称希罗多德信口开河，他对这

---

① 这个地区散布的很多土墩成为引人注目的景观，从狄奥多罗斯那个时代一直保存下来，他想用这种方式来解释它的成因，其实都是古代留下居住位置的遗址。

② 这是西瓦（Siwah）绿洲的宙斯——阿蒙神庙，本书第十七章第 50 节提到这个地方，亚历山大的拜访是当时的重大事件。

③ 这与希罗多德在《历史》第 3 卷第 24 节的记载还是有很大差异的。他说要先让尸体干缩，再在上面涂一层石膏，用笔描绘一番看起来就像活人，然后，"装进用 hyelos 制作的空心柱子里面"。非常难以了解何以有些翻译者和注释者会将 hyelos 这个字说成"瓷器"，因为希罗多德还说"这种物质可以从地下大量开采，加工也很容易"。希罗多德的时代可能是指一些透明的石头，或许是雪花石膏，可以参阅特罗布里奇（M.L.Trowbridge）《古代的玻璃在文献学的研究》（*Philological Studies in Ancient Glass*），所以狄奥多罗斯的时代 heylos 就是用来称呼"玻璃"的。斯特拉波《地理学》第 17 章第 2 节，同意狄奥多罗斯的说法，埃塞俄比亚人有一种埋葬的方式，就是将"玻璃注入"死者的身体。

一部分有下面的说明。尸体的确是涂抹了香料,赤裸的外观四周并没有注入玻璃,因为经过火化以后遗体全部损毁,已经没有保存的必要。还有一种办法倒是很合理,他们用黄金制作一个中空的雕像,将尸首放进去以后,再将玻璃的熔液灌入其中,完全准备妥当以后,将这个人形的棺木放置墓中,透过玻璃可以看到闪闪发光的黄金,用这种方式表达对死者的怀念。他说富豪权贵就用这种埋葬方式,景况较差的人使用银质的雕像,穷人则用陶土制作;至于玻璃是人人都可采用的,因为类似的安排在埃塞俄比亚屡见不鲜,知道它在居民之间非常盛行。有关埃塞俄比亚人奉行不渝的习俗,以及这个国度的风土人情,我们在后面会叙述最重要和值得记录的项目,还会提及他们在古代的言行以及神话和传说。①

16 塞米拉美斯处理有关埃塞俄比亚和埃及的事务,等到一切安排妥当以后,她率领部队回到亚洲的巴克特拉。由于她拥有庞大的军队,且又历经相当时日的和平,所以对于发起战争建立功勋抱着莫大的兴趣。她得知印度是世界上最大的国家,拥有最富裕和最美好的土地,她的目标是入侵印度进行一连串的战役行动②。那个时候印度的国王是史塔布罗贝底(Stabrobates),士兵多到无法计算的程度,在他的麾下还有很多战象,供应的装备和配件极其华丽光彩夺目,会战当中排列的阵势让敌人感到恐惧。印度是一块美不胜收的大地,许多河流纵横其间供应灌溉用水,使得每年有两次收成。生活的必需品非常丰硕,居民可以享受它的赐予不致匮乏。据说这个地区的天候真是风调雨顺,人民从未经历饥馑的灾祸或谷物的歉收。这里的大象多到让人无法相信,它们的勇气和体力

① 本书第三章第5节及后续各节,就是照着这样去做的。
② 古代的作者对于这些战役始终抱着存疑的态度,参阅斯特拉波《地理学》第15卷第1节。

远超过在利比亚的品种;其他像是金、银、铜和铁莫不如此,特别是在它的边界出产宝石,数量很多而且种类繁多,对于人类享用奢华和财富的程度,没有任何物质能够比它做出更大的贡献。①

塞米拉美斯对于当前情况已经获得细部的数据,虽然对方并没有做出任何冒犯她的事情,但她还是亲率大军要对印度人发起战争。她知道自己需要一支战力强大的军队,派遣信差分赴帝国的所有行省,命令总督征集身强力壮的年轻人,按照每个民族的体形大小,供应定量的粮食配额;接着下令要制造崭新的铠甲,立即分发到大家的手里,穿戴起来显得光鲜令目,这在巴克特拉已经是第三年的准备工作。她从腓尼基、叙利亚、塞浦路斯和所有沿海的地区,召集所有造船的工匠,供应大批木头和各种材料,下令制造用在河流上的船只,这些都可以拆开来搬运。印度河是地区最大的河流,成为王国的边界,所以需要大量的船只,有些用来渡过河流当成最方便的通道,有些用来防御印度人所能发起的攻击;靠近河流的地区不出产木材,所需的船只要从巴克特里阿纳经由陆地带过去。

曾经提过她由于缺少战象所以战力处于很大的劣势,现在她想到一个策略就是要找出可以替代的动物;因为印度人始终抱一种想法,就是除了印度在其他地方不会有大象存在,她希望在这方面能给印度人带来惊慌的打击。因此她选出三百头黑色的公牛,杀死以后将肉分配给负责制作模型的工匠,将皮缝起来里面填充稻草,制成的代用品从外形来看,所有的细节完全肖似要模仿的动物。每一具模型派一个人照顾,还有一匹骆驼负责运输,架设起来再从远处看过去就像真正的大象。工匠从事制作模型的工作,是在一个四面有高墙围绕的宫廷,只有一道门,受到很严密的看管,没有一个工作人员可以出去,也没有外人可以进入。她的命令是不让外人看

---

① 本章第 35 节及后续各节对于印度的详尽的叙述。

到他们的工作,有关模型的信息就不会传到印度人的耳中。

17 分配给船只和野兽模型的准备时间是两年,到了第三年她将各地的部队集中到巴克特里阿纳,根据尼多斯的帖西阿斯在著作中的记载,这支大军的兵力是三百万步卒、二十万骑兵和十万辆战车。还有乘坐骆驼的士兵手执四肘尺长的利剑,这些驮兽也有十万之众。用在河流上的船只可以拆开来,放在骆驼的背上在陆地运送,制造的数量是两千艘,骆驼用来搬运战象的模型,前面已经提过;士兵带着他们的马匹接近这些骆驼,使它们习惯以后不再对这些凶狠的野兽产生畏惧的心理。[1] 很多年以后马其顿国王帕修斯(Perseus)[2],在一场决定性会战之前也有同样的作为,因为罗马人从利比亚带来了声势惊人的战象[3]。从这件案例产生的结果,可以得知整个工作展示的热情和智慧,但在作战当中没有产生应有的效用,就我们的记载来说对于塞米拉美斯的做法,认为没有达成她预想的成就。

而印度国王史塔布罗贝底得知对手有极其庞大的军队,加上对于战争已经有万全的准备,于是渴望能在各方面都胜过塞米拉美斯。首先,他用

---

① 参阅恺撒的《恺撒战记·阿非利加战记》第 72 节,恺撒的手下对于战象(裘巴国王有一百多头战象参加作战)的体形和数量始终感到恐慌,最后找到解决的办法,恺撒下令从意大利运几头过来,让士兵熟悉这种猛兽的外观和习性,知道身体哪些部位容易受到投射武器的伤害。

② 帕修斯(前 213—前 166 年)是马其顿王国最后一位国王,第三次马其顿战争的皮德纳会战发生在公元前 168 年 6 月 22 日,罗马将领伊米斯·包拉斯赢得最后的胜利,帕修斯被俘后在罗马的凯旋式中亮相,受尽羞辱,于两年后亡故。

③ 前 171—前 167 年的第三次马其顿战争,波利艾努斯(Polyaenus)《战略》(Stratagem)第 4 卷第 20 节,说到帕修斯(Perseus)制造战象的木头模型,还让一个人在当中模仿它们发出如同喇叭一样的音响,过了一段时间使得马其顿的马匹习惯罗马军队里面战象的形状和吼声。拜占庭史家佐纳拉斯(Zonaras)《史纲》(Historical Epitome)第 9 卷第 22 节中还说这些模型上面涂上油膏发出难闻的味道。

芦苇造成四千艘河船，因为沿着河流和沼泽地区都盛产这种植物，它长得非常粗大，一个人用手臂都无法将它抱拢①，据说这种船只还有另外的好处，就是它所用的材料不会腐烂。再者，他非常关切武器装备的准备情况，巡视整个印度，征集更多的部队，就数量而言让塞米拉美斯自叹不如。他猎获野象较以前增加很多倍都不止，用来部署在他的战线之中，全都配置各种装备，打扮得旗帜鲜明，在作战当中发挥震慑敌军的作用；大批背负塔状载具的战象向前发起攻击，所表现的气势和强度完全是人类的力量无法衡拒的。

18 他完成所有的战争准备工作后，派遣信差去见正在长途跋涉的塞米拉美斯，指控她将要成为发起战争的侵略者，虽然她现在还没有造成任何伤害；在他的信函当中说了很多中伤诽谤的话，如同一个号角手让她的邪恶为众人所知，请求神明出面为他做证，提出的威胁是在打败她以后，要对她施以残酷的磔刑。塞米拉美斯读了来信，用毫不在意的口吻说道："印度人不妨先试一试我们有多英勇。"等到她的部队进军抵达印度河，发现敌军的船只对于会战有万全的准备，她要求属下火速将船只组装起来，指派训练精良的水手负责驾驶，就在河中冲向对手的阵线，步卒沿着河岸部署，接着投入战斗，双方的士气高昂，杀得难分难解，最后塞米拉美斯获得胜利，敌军有上千艘船只遭到摧毁，不少印度人成为俘虏。战胜使她得意忘形，征服河中的岛屿与上面的城市，从而捕获十万名奴隶。

印度国王在绪战失利以后，率领军队离开河流，表面看来像是因为畏惧而撤退，实际上是想引诱敌军渡过印度河。塞米拉美斯的进展如同她预

---

① 狄奥多罗斯在本书第十七章第 90 节提到印度的树木，说是四个人拉起手都无法将它围住，斯特拉波《地理学》第 15 卷第 1 节，根据麦加昔尼斯（Megasthenes）的权威说法，有些芦苇的直径达到 3 肘尺甚或 6 肘尺。

料的那样顺利,跨过河流架起一条花费很大的长桥,可以将所有部队渡越过去,然后她留下六万人马保卫这座浮桥,率领其余的军队前去追击印度人。战象的模型在前面领导前进,使得对方的探子能向国王报告,在她的军队当中同样有为数众多的同类野兽。她的欺骗并不是抱着消极的希望,谁知结果竟然适得其反:等到有人奉派前来侦察她的动静,回去报告让印度人知道她的军队当中有大量的战象,他们对于发现的情况感到茫然不知所措,何以会有大量野兽能够陪伴前来更是让他们困扰不已。不过,这种欺敌行为不可能一直隐瞒下去为不可能保持很久的秘密,有些塞米拉美斯的部队,忽略夜间巡视营地的任务,出事以后害怕受到惩罚,就投向敌人的阵营并且指出印度人犯下的错误,就是以为对方同样有大批战象。印度国王获得宝贵的情报,激起强烈的斗志,将敌人运用模型一事通知他的部队,然后出兵面对亚述人排出进击的阵势。

19 塞米拉美斯同样部署她的军队,就在两军即将接近之际,印度国王史塔布罗贝底派出骑兵和战车,远在本队前方的位置。皇后不屈不挠地抵抗骑兵的攻击,因为她所虚构出来的战象,以相等的间隔位于主力部队的前方,印度人的马匹冲杀过来的时候,对它们感到一阵胆怯。这些模型在相当距离以外看起来就像真实的动物,印度人的马匹对它们非常熟悉,所以它们的冲锋还是保持英勇的姿态,等到更近传来的气味让马匹感到陌生,还有很多不同的地方加起来的效果,使得它们不知所措陷入混乱之中。因此,有些印度人被他们的坐骑抛到地上,还有很多人因为马匹不听缰绳的指挥,留在鞍具上,被乱糟糟地带进敌军的阵线。

这时塞米拉美斯率领精锐的先锋进入战场,非常有技巧地运用获得的优势迫使印度人大败而逃。虽然败退的人马向着战线的方向逃走,但史塔布罗贝底坚定的决心丝毫不受影响,下令排成阵势的步卒前进接敌,保持战象位于前列的位置,他自己位于右翼。猛兽在这里的进攻最具威力,用令人畏惧的方式向前冲向皇后,她这时正好位于国王的正面。其余的战象有了效法的榜样,塞米拉美斯的军队只能阻挡猛兽的攻击很短的时间;这种动物的体形巨大却很灵巧,具备无畏的勇气和自信的蛮力,任何想要抵抗它们的人员,最后的下场都是死无葬身之地。因此,出现了一次运用各种方式的大屠杀,有的被它们的脚活活踩死,有的被它们的长牙戳穿身体,还有很多人被它们的长鼻扔到空中,大量的尸体堆集起来,致命的危险产生无法克制的惊惧,只要亲身经历这种恐怖场面的人,就再也没有勇气坚守他们的阵地。

全体战斗人员转身逃走,印度国王紧追塞米拉美斯,不断在她的后面发起攻击。首先他将她当成用弓箭瞄准的目标,接着用标枪向她的后背猛刺,这些都只能从她的身旁一掠而过,因为塞米拉美斯在疾驰之中,逃过快要加身的伤害,追逐者的坐骑在速度上稍有不如。大家逃向浮桥使得众多人员被迫通过一个狭窄的空间,有些皇后的士兵因为相互践踏丧失生命,或者死在骑兵的铁蹄之下,步兵被迫挤成一堆,真是混乱不堪。印度人尽全力在后面猛追不放,由于大家的过度紧张和恐惧,桥上出现极其拥挤的情况,很多人从桥的两侧跌落河中。就塞米拉美斯的立场来说,等到大部分会战的幸存人员渡过河流获得安全,她就下令砍断将浮桥连在一起的系绳,浮桥立即在很多位置断裂开来,上面还有为数众多在后追击的印度人,激流或许出于偶然将他们带走,最后的结果是造成很多印度人丧失性命。塞米拉美斯总算获得安全,敌人受到阻止不愿渡河向她发起攻击。印度国王在获胜以后仍旧保持不主动出击的姿态,那是上天的征兆对他有所指示,占卜官的解释是他不得渡河,塞米拉美斯在交换俘虏以后,处于损失三分之二兵力的困境,只得领军返回巴克特拉。

20 后来过了一段时间,她的儿子奈尼阿斯用某位宦官作帮凶,暗中进行叛逆的行动,她始终记得阿蒙给她的预言和告诫①,没有惩处阴谋分子,反而将王国交给奈尼阿斯,要求全国的总督服从他的命令。她很快销声匿迹如同神谶预为告知,已经白日飞升成为神明。有人杜撰了一个神话故事,说她化身为一只鸽子,一群降落在她住处的禽鸟陪着她飞走,所以亚述人才会将鸽子视为神明加以膜拜,这是塞米拉美斯经过神化以后带来的影响。这位女士成为皇后,统治除了印度以外整个亚洲地区,就用上面提到的方式结束她的一生,那时她是六十二岁,在位已有四十二年。

有关塞米拉美斯的事迹,全都来自尼多斯人帖西阿斯的记载;阿昔尼乌斯(Athenaeus)②和其他史家,说她是一位容貌艳丽的娼妓,靠着美色赢得亚述国王的宠爱。开始的时候她在皇宫没有崇高的地位,后来宣布她是合法的妻室,她说服国王让她拥有五天的帝王特权③,塞米拉美斯黄袍加身接受令牌,第一天举行盛大的庆祝典礼以及安排豪华的宴席,说服部队的指挥官和朝廷的显要与她合作;第二天民众和最为显赫的市民前来向皇后致敬的时候,她逮捕丈夫将他关进监狱;她是一个野心勃勃而又胆大无畏的妇女,一直以皇后的身份据有国王的权力,完成很多丰功伟业直到年迈为止。我们发现史家对于塞米拉美斯的一生有不同的评价,有关的记载

---

① 参阅本章第 14 节。

② 原注说不知阿昔尼乌斯是何许人,其实他是公元前 3 世纪初叶出生在埃及的希腊人,著有 15 卷的《知识的盛宴》(*The learned Banqueters*),是一部百科全书式的作品,内容包括生活、习俗、艺术、科学、文学和历史各方面,洛布古典文库(*Loeb Classical Library*)有它的 7 册英译本。本书第一章的注释曾经引用他的著作。

③ 这种传说可能是巴比伦尼亚地区古代的一种习俗,发生在新年的节庆期间。最显著的特色就是一位即将处死的罪犯,在这 5 天当中可以穿起国王的袍服,坐在宝座上面颁布敕令,甚至与国王的侍妾交媾,等到享受短暂的特权以后,施以笞刑再斩首示众,参阅弗雷泽(J.G.Frazer)《黄金的绞刑架》第三部"垂死的神明"(*The Golden Bough*, *Pt*. Ⅲ, *The Dying God*)第 113—117 页。

不仅前后矛盾而且相互抵触。

21 塞米拉美斯逝世以后,尼努斯和她所生的儿子奈尼阿斯继承宝座,施政的方针较为温和而且宽大,因为他无法像母后那样喜爱战争从而激励积极进取的精神,须知他的时间全都消磨在皇宫里面,除了服侍他的妻妾和宦官外从不接见朝臣,享受奢华和闲暇的生活,规避任何痛苦和烦恼,终其一生的目标是达成一种万事顺利的统治,沉溺于肉欲的欢乐之中可以不受任何限制。再者,考虑到君权的安全和害怕他的臣民心怀不轨,他依据惯例每年从各行政区召来固定数目的士兵和一位将领,然后将这支从所属各民族征兵编成的军队,全部配置在都城的外围,然后他在每个行政区指派一位最受信任的人担任指挥官,直接对他负责,服行各种勤务;等到这一年快要结束,他照原来的方式召来同样数量的第二支军队,前面那支军队解散返回自己的家乡。

实施中央集权的策略获得的丰硕的成果,使得所有的臣民对于统治者充满敬畏之心,因为不论何时都可明确看到在营地待命的一支大军,准备惩治那些聚众作乱或不听命令的叛徒。每年重新征召和遴选士兵的办法是他所创始的,在使将领和所有的部队指挥官彼此变得非常熟悉之前,他们之中每一个人应该与其他人保持隔离的状态,任务完成以后各人回到自己的家园;长久在军营服役让指挥官对于作战的技术具备丰富的经验,同时助长了他们骄傲自大的心理,不加抑制就会提供机会从事叛乱的活动,或者运用阴谋的手段对付他们的统治者。事实上任何人都没有在皇宫外面见过国王,无人知道他在过奢华的生活,每个人将他尊为无所不在的神明,大家的心中一直对他敬畏有加,无论是态度还是言语都不敢稍有怠慢和疏忽的地方。

这样一来他只要在每个行政区指派将领、省长、财务官员和法官,加上他对所有事务的安排和处理,即使他生活在尼努斯,不离开都城一步,任何时候还是能够掌握绝对的优势。其余的国王都拿他作为榜样,父子相传直到萨纳帕拉斯(Sardanapallus)为止,其间的统治有三十代之久;等到亚述帝国落到米堤亚人手里(前 612 年),后来又延续一千三百年①的岁月,尼多斯的帖西阿斯在他的《历史》第二卷中有详尽的叙述。

22 本章无须提出每位国王的名字和在位的时间,他们的统治毫无作为,根本没有加以叙述的必要。有一件事被记载下来:亚述人派出一支同盟军队,在泰索努斯(Tithonus)之子门侬(Memnon)的指挥之下,前去支持特洛伊人的作战行动。据说这时亚洲的统治者是图塔穆斯(Teutamus),他是塞米拉美斯之子奈尼阿斯的第十二代继承人,希腊人在阿格曼侬指挥之下发起远征行动(大约是前 1190 年),前去攻打特洛伊,须知这时亚述人控制亚洲已经超过一千年。特罗德国王普瑞安是亚述国王的诸侯,战争给他带来难以承受的压力,派遣使臣觐见图塔穆斯恳求出兵援助;亚述国王派出一万名埃塞俄比亚人,同样数量的兵员以及两百辆战车来自苏西阿纳,任命泰索努斯之子门侬为将领。② 泰索努斯在那时已经担任波斯的将领,也是国王的宫廷当中声望最高的总督,壮年的门侬无论作战的英勇还是高贵的气质,各方面都能出人头地。他在苏萨的上城兴建的宫殿,直到波斯帝国的时代都能矗立不倒,后来这个地方用他的名字被称为门侬尼亚;再者,他在整个国度筑成公用道路,直到现在还使用门侬尼亚这个称呼。

---

① 亚述的国王最早从公元前 2500 年起,就已经留下他们的名字。

② 希腊最古老的传说提起埃塞俄比亚人就说他们是"最遥远的民族",住在奥逊努斯这条溪流的旁边。希罗多德《历史》第 7 卷第 70 节,说到"东方的埃塞俄比亚人",其实他的意思是指亚述人。柏拉图《法律篇》685c,论及亚述人向特洛伊派遣援军。这种出自真实历史的记载,狄奥多罗斯在本书第四章第 75 节又回转到神话的范畴,竟说泰索努斯是劳美敦的儿子和普瑞安的兄弟,他的旅行到达"遥远东方的埃塞俄比亚",曙光女神为他生了一个名叫门侬的儿子。等到传统开始将如同荷马史诗的英雄埃塞俄比亚人放在利比亚,门侬前往埃及与底比斯发生密切的关系。

那些与埃及接壤的埃塞俄比亚人对此表达了不同的意见,他们认为门依是他们的同胞,也是当地的土著,还指出一座古老的宫殿到现在的名字还是门依尼亚。不管怎么说,记载提到门依率领两万步卒和两百辆战车,前去帮助特洛伊人对抗希腊联军的攻击;英勇的行动和在战斗中杀死很多希腊人,使得门依受到各方的赞扬,因最后中了帖沙利人的埋伏而战死沙场;总算埃塞俄比亚人找到他的尸体加以火化,带回骨灰交给泰索努斯。有关门依的数据来自皇家的记录,这些都是蛮族所持的说法。

23 亚述最后一位国王萨达纳帕拉斯是帝国奠基者尼努斯第三十代继承人,要比从前所有的帝王都奢华和怠惰①。还有一些事没有提到,像是所有居住在皇宫外面的人都无法见他一面,始终过着妇女那样的生活,整天在侍妾的陪伴下把所有的时间花在纺织紫色的羊毛上面,他喜爱女性的服饰和打扮,面孔和身体涂抹交际花使用的白粉和油膏,使得自己比起奢华的妇女更为柔美精致。他甚至要让自己说话的音调都像妇女,在他的狂欢宴饮当中不仅提供美酒佳肴,力求满足大家的口腹之欲,还要对待男子如同妇人一样追寻爱情的愉悦;他对于情欲的放纵无视性别,毫无节制,滥交的行为完全丧失羞耻之心。

即使这一生是如此淫乱、荒谬和邪恶,最后他还为自己写作了一首挽歌,交代王位继承人在他死后刻在墓碑上面;原来的诗句使用外国语言,后来一位希腊人将它翻译出来如同下述:

---

① 有关萨达纳帕拉斯荒淫无道的记载,无法见诸史实,就狄奥多罗斯而言也没有这个必要,可以参阅本章第 25 节及后续各节。经过考证我们得知辛夏里什孔(Sin-shar-ishkun)是亚述最后一位国王,值得登上英勇祖先遗留的宝座,他用全副精力想要挽救已经回光返照的帝国,参阅《剑桥古代史》第 128 页及后续各页。

你非常清楚自己是世间的凡夫俗子，

　　飞翔的心要在狂饮的盛宴寻找欢愉；

　　只有死亡的来临使你不再得到乐趣。

　　一旦权力超越尼努斯的伟大统治者，

　　这时的我一文不值有如地上的尘土。

　　我拥有的一切只是享受世间的生活，

　　那是我的饮食、任性和爱情的喜悦，

　　除此可将人类的幸福全部留在后面。

因为他是一个拥有这种性格的人，当然会用羞耻的方式终结自己的生命，进而使得整个亚述帝国陷入绝灭的处境，须知历史上没有任何一个国家，就统治的期限而言比它延续更为长久的时间。

24 事实如此①：米堤亚人阿巴西斯（Arbaces）以作战英勇和品格高贵受到各方的器重，成为米堤亚人分遣部队的将领，每年奉派前往都城尼努斯。服行勤务期间他与巴比伦尼亚的将领结成好友，受到对方的怂恿要推翻亚述帝国。这个人的名字叫作毕勒西斯（Belesys），在祭司当中享有很高的声望，当时的巴比伦尼亚人把这些祭司称为迦勒底人。毕勒西斯对星象和占卜有很深的造诣，经常向民众预告未来的事情，都能正确无误，因此，他拥有极其珍贵的天赋才华，当然会受到大家的钦佩。米堤亚人将领现在是他的朋友，毕勒西斯预知他会成为国王，接着统治萨达纳帕拉斯名下所有的疆域。阿巴西斯对这个人的话很感兴趣，如果未来的情况确如所言，他承诺让毕勒西斯担任巴比伦尼亚的省长；就他个人来说，

_____

　　① 事实的真相与下面的记载有很大的差异，尼尼微早在米地亚人赛阿克萨里斯和迦勒底人纳博波拉萨尔发起联合攻击之前已经陷落在敌人手里。

可以进入一个由其他国家的指挥官所组成的联盟，不断前去邀请他们参加饮宴和社交聚会，与他们每个人都建立友谊，岂不就像是一个人会有神明派出信差前来相见，难免在惊愕之余感到扬扬得意。

他决定去觐见国王，希望能了解他的生活方式。因此他将一个金碗当成礼物送给宦官，获得允许可以觐见萨达纳帕拉斯；他在很近的距离之内观察到他的奢华腐化和优柔寡断，当然会藐视国王是不值得考虑的对手，只有迦勒底人指出奋斗的方向，才是他应该掌握的重点。这件事让他得出一个结论，就是他要毕勒西斯组成一个谋叛团体，这时他煽动米堤亚人和波斯人高举起义的旗帜，毕勒西斯要说服巴比伦尼亚人参加叛乱的行动，同时保证能从阿拉伯的指挥官那里得到帮助，因为这位指挥官是他的朋友，只有严密地控制才能获得成功。

他们在国王的军队当中一年的服役期满①，新来的兵力到达后接替原来的任务，更换下来的人员通常会回到自己的家乡，这时阿巴西斯说服米堤亚人攻击亚述王国，波斯人愿意加入起义的行动，条件是让他们得到自主的权利②。毕勒西斯开展同样的工作，激励巴比伦尼亚人为自由而奋斗，同时派出一位使者前往阿拉伯，争取当地负责军事的指挥官，一位与他交情很深的朋友，加入对亚述人的攻击。一年的时间快要结束了，所有的首要分子征集大量士兵，接着率领所有的人员前往尼努斯，表面上依据惯例接替任务，其实是要摧毁亚述帝国。等到四个行政区的部队集结在一个位置，整个兵力达到四十万人，这时他们集结在一个营地里，召开会议讨论最佳行动方案，准备付诸行动。

---

① 参阅本章第 21 节。
② 不再接受亚述人的统治。

25 　萨达纳帕拉斯得知发生兵变的信息,立即率领其他行政区派
　　　来的分遣部队,前去镇压已经举事的叛乱分子。双方在平原
发起一场会战,叛军战败而且损失惨重,被迫退往离尼努斯七十斯塔德
的山区;后来,他们再度来到平原准备作战,萨达纳帕拉斯集结他的军队
前去迎击,派出传令官到叛军的营地前面,做出下面的宣示:"任何人只
要杀死米堤亚人阿巴西斯,萨达纳帕拉斯给予他两百泰伦的黄金作为酬
庸,要是有人能够将阿巴西斯活捉解押过来,可以获得双倍金额的奖励,
同时指派他担任治理米堤亚的总督。"对于杀死或活捉巴比伦尼亚人毕
勒西斯的人,答应赐给丰厚的报酬。没有人理会他给出的悬赏,国王只
有下令会战,结果杀死了很多叛军,受到追击的残部只有退入设置在山
区的营地。

　　阿巴西斯遭遇两次战败已经丧失斗志,就与他的朋友开会商议而后
的行动。大部分人员的主张是退回各自的国家,占领坚固的据点,尽可
能做好准备工作以利于此后的战争;巴比伦尼亚人毕勒西斯坚持原来的
说法,说神明用各种征兆给予承诺,他们经历艰辛苦难会让起义行动获
得最后的成功,他尽其所能鼓舞大家的士气,说服所有人员面对未来的
危险。接着第三次会战国王再度获胜,占领叛军的营地,追逐败逃的敌
人直到巴比伦尼亚的边界,阿巴西斯作战极其勇敢,杀死很多亚述人,自
己也受了伤。现在他们吃尽战败的苦头,一次比一次更为严重,所有的
指挥官都已放弃胜利的希望,准备在自己的家乡分散开来,好避开当局
的搜捕。毕勒西斯在露天度过无法入睡的夜晚,尽自己所能观察天空的
星象,然后对那些失去希望的人说出他的意见:"你们只要等候五天就会
得到外来的帮助,整个情势将会发生重大的变化;我长期研究星象,已经
看出神明预告给我们的事项。"他恳求大家再等几天,可以测试他在这方
面的造诣,以及神明所要表达的善意。

26 于是他们受到召唤返回原地,一起等候这段规定的时间,信差带来一支大军即将接近的消息,这是巴克特里阿纳派出的分遣部队要向国王报到,正在全速赶路之中。阿巴西斯决定采取最短的快捷方式,去与他们的将领见面,一并带着部队快速前进,即使无法用言辞说服巴克特里阿纳人参加起义,还可以用武力强迫他们听命,结果这些新来的人无论是指挥官还是整个部队,很高兴听到提出自由权利的要求,全部在同一个位置开设营地。

出现这些情况的时候,亚述国王并不知道巴克特里阿纳人的背叛,还为他过去的胜利感到兴高采烈,一切放任不加理会,分给士兵供作食用的家畜、大量酒类和各种补给品。因此,整个军队都在狂欢饮宴当中,阿巴西斯从一些逃兵那里得知目前的情况,营地的敌人痛喝美酒,所有的防务完全松弛,所以要发起攻其不备的夜袭。这是有组织有准备的团体对无组织无准备的人员展开的突击,他们很快占领整个营地,很多士兵遭到杀害,其余人员都被赶进城市。国王战败以后就将军队的指挥权授予王后的兄弟盖勒米尼斯(Galaemenes),自己负责处理城市内部有关事务。叛军将部队排列在城市前面的平原,在两场会战中击败亚述人。不仅盖勒米尼斯被杀死,对抗的部队也在败逃当中有不少人遇害,他们在呐喊声中攻进城市,迫使残余的人员跳入幼发拉底河,敌人被消灭殆尽。遭到屠杀的人数是如此众多,以致河水混合流入其中的血液,鲜红的颜色经过很长的距离都没有消退。再者,国王关闭城门会使自己被围得水泄不通,很多行政区开始叛乱,他们都倒向争取自由的阵营。

萨达纳帕拉斯知道整个帝国陷入最危险的处境,就将他的三个儿子和两个女儿,连带大量金银财宝送到帕夫拉果尼亚(Paphlagonia)①的总督科

---

① 帕夫拉果尼亚位于小亚细亚北部,沿着黑海海岸,希腊人在此建立很多殖民地,亚历山大大帝将这个地区分别纳入俾西尼亚和潘达斯的疆域。

塔(Cotta)那里,所有臣民当中这个人对他最为忠心耿耿。这时他派出信差去见各地方的行政长官,要求他们派出勤王之师,并且着手应付围城作战的准备工作。从他的祖先那儿流传下来一个预言:"除非河流首先要与城市作对,否则没有一个敌人能用强攻猛打的方式夺取尼努斯。"因此,他认为这种事绝不会发生,所以怀抱很大的希望要忍受围攻的痛苦,等待属下派来的部队。

27 叛军为起义的成功感到得意扬扬,加紧围攻作战的遂行,由于城池的坚固他们对于城内的人民不能发生任何作用;那个时代还没有出现投射石块的弩炮或是挖掘坑道的掩盖①或是推倒城墙的撞车。再者,由于国王事先有所防范,城内的居民储备的粮食非常丰富。因此城市受到包围一直延续下去,他们进行的攻击已有两年之久,夺取城墙的战斗一直持续下去,阻止城内的居民离开免得减少粮食的压力;到了第三年,经过一场连续多日的豪雨以后,幼发拉底河的河水暴涨,洪流淹没城市附近地区,长达二十斯塔德的城墙遭到冲垮。

国王认为神谶的指示即将兑现,一向平静无事的河流成为城市的对头,只有放弃苟全性命的希望。为了不让自己落在敌人的手中,就在皇宫里面搭起一个巨大的火葬堆②,将他的金银财宝和贵重物品堆积在上面,火葬堆的中央建起一个房间,将所有的侍妾和宦官关了进去,然后他让自己加上这些人和整个皇宫为烈焰吞没。叛军得知萨达纳帕斯自焚的信息,从倒塌的城墙当中打开一条通道,接着占领整个城市,他们让阿巴西斯穿

---

① 原文的"掩盖"是用 tortoises 这个字表示的,就是罗马人的 testude,即"龟甲阵",使用非常坚固、可以移动的棚架或屋顶,在它的下面获得保护进行对壕作业的挖掘工作,本书第二十章第91节提到他们用棚架保护攻城撞车的操作,对比之下获得很大的成效。

② 狄奥多罗斯对火葬堆的描述全部摘录自帖西阿斯作品,阿昔尼乌斯《知识的盛宴》第12卷第38节记载的内容,同样来自帖西阿斯的文章,可以提供更多相关的细节。

上龙袍成为国王,交给他统治国家的最高权柄。

28 即位的国王对于帮助他打下江山的将领论功行赏,让他们分别担任各个地方政府的省长,巴比伦尼亚人毕勒西斯曾经预告阿巴西斯会成为亚洲的国王,现在来到后者的面前,提醒国王不要忘记他有优异的服务,要求兑现在起义开始时的承诺,将巴比伦交给他负起统治的责任。他特别提出解释说是起义的大业一度陷入困境,他对贝拉斯立下誓言,一旦萨达纳帕拉斯战败、皇宫为大火吞噬,他会带着此地的灰烬前往巴比伦,用它在河边撒上一圈成为供奉神明的圣地,他要建起一个高耸的土岗作为阿巴西斯永恒的纪念碑,可以供航经幼发拉底河的人士凭吊,因为是这位英雄推翻亚述人长达一千余年的统治。他之所以提出这样的要求,那是因为他从一位宦官那里得知真相,这位阉人逃得性命后去见毕勒西斯,提到有关金银之事并且要他保守秘密。皇宫以及所有居住在内的人员全部葬身大火,阿巴西斯对这件事的内情一无所知,同意他带走这些灰烬,同时豁免巴比伦应缴的贡金。

毕勒西斯征集船只带着实际上就是金银的灰烬,立即要向巴比伦开航;这时国王获得告发毕勒西斯的信息,将他以犯下欺诈的罪行加以逮捕,指派战时的将领担任法官,经过法院的审判得到死刑的定谳;国王的心胸宽大,希望在统治的初期获得仁慈的美名,让毕勒西斯获得免予生命危险的自由,能够继续保有他带走的金银;不仅如此,他也没有剥夺统治巴比伦的职位,这是最早答应的酬庸,说是他过去的服务非现在的错误所能抹杀。仁慈的行为和宽厚的胸怀遍传各地,使得他赢得属下的忠诚和响亮的声誉,大家认为一个人对于犯错者展现睿智的处理方式,确实够资格登上国王的宝座。阿巴西斯对于城市的居民显示温和宽厚的一面,将他们迁往乡村,同时发还私人的财产,然后再将尼努斯这个城市夷为平地。然而留在火葬堆里的金银价值数千泰伦,经过收集处理带往米地亚的伊克巴塔纳。

亚述帝国从尼努斯开始持续三十代,时间长达一千三百年,最后如同上面所述灭亡在米堤亚人的手里。

29 我们应该简单研讨巴比伦的迦勒底人以及在古代的情况,那些有价值的报道不应略而不提。迦勒底人是巴比伦最为古老的居民,他们在政府部门如同埃及的祭司一样占有同样的地位;奉到指派要去服侍神明,所以会把一辈子的时间用在学习和研究上面,因而在天文学领域受到最高的赞扬。他们主要的职业是成为预言家,对于未来的事务有未卜先知的本领,在某些情况下他们可以举行禳禊的仪式,或者办理燔祭的典礼,以及各种魔法和咒语相关的事项,使得人们能够改运达成避凶趋吉的要求。他们精于鸟卜和详梦的技术从而解释各种预兆的意义。还有就是肠卜的运用以及动物内脏检试术,使得他们在这一方面获得惊人的成就。

他们为了精通这些事物所接受的训练并不尽然相同,所以希腊人也追随他们的程序和方式。迦勒底人对这些项目进行有系统的研究,学习的过程在家庭里面进行,父亲会将所有的本领倾囊传授给自己的儿子,等到学成以后用来服务于城邦和社会。因此,他们的教师都是自己的长辈,所以在教导方面师傅会尽心尽力,不会有任何保留,同时在受教方面徒弟会专心一致努力学习,对于师傅的教导内容具有坚定不移的信心。再者,他们从儿童时期就接受这方面的教育,所以会有很深的造诣,从幼年开始的学习容易吸收而且领悟力强,有更多的时间投入这方面的研究。

希腊人的做法有点背道而驰,学生必须学习大量的课目,没有落实高深研究的准备,只能勉强进行,就时间来说已经太迟,即使辛苦工作到相当程度,谋生的需要产生的干扰,也让他们心灰意懒,弃之若敝屣;到处都有少数明智之士，所以不愿着手进一步的研究，在于他们不断追求有利可图的打算，通常想对最重要的学说和教条进行改革，而不是遵循前辈经历的途径。造成的结果是蛮族对于同样的事项能够坚持到底，所有的细节保持严密的掌控，这时的希腊人倒是适得其反，目标在于他们的工作要能获得好处，他们始终想要开办新的学校，为了思考最重要的事项因而彼此纠缠不休，使得他们的门人弟子始终保持相互抵触和矛盾的观念，他们的人生总是摇摆不定而且优柔寡断，缺乏坚定的理念以致无法相信任何事情，使得他们的心灵陷入混乱，因而流离失所。不管怎么说实情就是如此，一个人只要仔细检验最有名的学校，即使主事者是哲学家，就会发现每个人对最基本的学理都有不同的看法，甚至坚持完全对立的意见。

30 迦勒底人的论点是世界具备永恒的性质，没有肇始也没有带来毁灭的终结；再者，宇宙的性质和遵循规范的安排完全凭借神意，今天无论在上天发生任何情况，接着会在任何场合都能通行无阻，没有偶然的因素也不是自发的行为，完全基于神明确切不移而又坚持到底的决断。他们长时间观察星球，注意到它的运动以及彼此之间产生的影响，比起任何别的民族都更为精确，可以预告人类在未来会发生的很多事情。据说他们认为最重要的项目是研究五大行星的影响力，他们称之为"解释者"①，要是将它当成个别的星球还不如将它们视为一个团体，其中以希腊人所称的克罗努斯②最为突出，能够预兆更多的事件，也比其他的星球更加重要，他们将它称为赫留斯（Helius）之星，鉴于还有四个星球是阿瑞斯、阿芙罗狄忒、赫尔墨斯和宙斯③，这些都是我们的天文学家所认定的方式。

① 下面的解释使人类明了神明的意愿。
② 就是农神萨顿（Saturn）。
③ 四位神明代表火星、金星、水星和木星。

之所以会将五大行星称为"解释者",那是因为鉴于所有其他星球有固定的位置,遵从单一的圆形轨道进行有规律的行动,只有这些可以借着每一个特有的运转方式,指出未来发生的事件,用来解释神明对人类所做的企图和打算。迦勒底人特别提到,它们有时升起,有时沉没,还有它们的颜色,会将未来事件的征兆给予愿意仔细观察的人;因为有的时候它们显示威力强大的狂风暴雨,有的时候是极度的炎热,有的时候是彗星的出现,或者是日食或月食,甚至发生剧烈的地震,总之所有的情况源于大气层的影响,产生的结果有好有坏有利有弊,不仅对于整个人类或地区,它的对象还包括国王和个人。

根据他们的说法,这些行星运行轨迹的下方有三十个星球[①],它们获得的名称是"参与咨议的神明";其中一半俯视地球上方的区域,另一半是地球下方,无论是人类还是上天的事务全都包括在它的范畴之内;还说每十天上方有一颗星球被当作信差派到下方的星球当中,同样在地球下方的星球当中有一颗来到上方,运用永远不会改变的轨道确保它们有固定的动作。他们说这些神明当中有十二位拥有主要的职权,迦勒底人拿每一位的名字来称呼一年的月份或是当成黄道十二宫的符号。虽然在这些符号当中,太阳、月亮和五个行星都有它的行程,但太阳完成它的循环是一年,月亮用一个月的时间运行一周。

31 按照他们的说法,每颗行星都有它特定的运行途径,而且它的速度和周期都有变化和差异。这些星球相对于当事人出生的日子,就好与坏或成与败发挥最大的影响力;主要是从这些行星的性质以

----

① 根据布克-雷克列奎(Bouche-Leclercq)《希腊的占星学》(*L'astrologie Grecque*)第 43 页的叙述,狄奥多罗斯对于两个截然不同的体系,发生混淆带来很多困扰,一个体系是巴比伦的占星学将黄道的 360 度,每 10 度指定一个星辰成为它的统治者,所以会出现 36 个星辰的名字;另一个体系就是埃及将 30 个星辰视为神明,一个月的 30 天,每一天由一位神明负责主持。

及对它们的研究,他们知道会有哪些事故发生在人类身上。他们可以预先告知无数国王的功绩,即使是打败大流士的亚历山大,以及后来成为国王的安蒂哥努斯(Antigonus)和塞琉卡斯·尼卡托(Seleucus Nicator)都包括在内,当然这几位大人物认为与他们有关的预言只是碰巧猜对而已。有关这些情况我们会在适当的章节再做详尽的介绍。[①] 再者,他们可以预测一般人士的穷通祸福,竟然如此准确,只有受到证实才会对它的灵验感到惊讶,进而相信它能超越凡人所拥有的权力。

越过黄道十二宫的循环他们指出其他二十四个星球,其中一半位于北部,另一半在南部,可以目视的星球指派给活在世上的人,他们认为看不见的星球已经临近死者,所以他们将这些星球称为"宇宙的法官(审判官)"。月亮的运行要比上面提到的星球都要低,它之所以最靠近地球、它的重量最轻、完成一周的行径所需的时间非常短促,并不是因为它的速度快,而是它的轨道没有多长的距离。他们同意希腊人的论点,说它的光来自反射以及它的食来自地球的阴影。不过,对于日食他们提出说服力极其薄弱的解释,不敢擅自加以预测或是精确指出发生的时间。再者,他们斩钉截铁地说地球的形状有如一艘船或是一块洼地,真是一种极其奇特的观点,无论他们对于地球和所有位于苍穹的天体提出任何言之有理的说法,在经过充分的讨论以后,我们都感到与历史上很多事实无法兼容。

不过,一个人还得保有持平之论,人类当中只有迦勒底人能够彻底掌握天文学的知识,他们对这方面的研究也用力最深。要是按照他们陈述的情况,说是迦勒底人对研究宇宙的天体,竟然花费无数的年月,让人听来简直无法相信竟会这样久远;因为依据他们的计算,直到亚历山大渡海到亚洲(前334年)为止,这段时间是四十七万三千年,可见他们在极其古老的

---

① 有关亚历山大和安蒂哥努斯的预言,分别参阅本书第十七章第112节和第十九章第55节。

时代就开始观察星辰。

　　有关迦勒底人的说法我们都感到满意，至于有些事项并不适合希腊的历史，大家也无须感到奇怪；我们已经将米堤亚人推翻亚述帝国这段史实交代清楚，为了避免节外生枝我们应该回到原来的主题才对。

　　32　古代的史家对于米堤亚人的伟大帝国有不同的论点，我们有义务将这些相异之处加以比较，从而找出真相之所在。生活在泽尔西斯时代的希罗多德①有这样的记载：亚述人统治亚洲五百年结果被米堤亚人征服（前612年），过了很多世代没有出现国王，主张拥有最高的权力，然而城邦国家能够享有自行支配的权利，它们的政府采用民主政体的方式；最后过了很多年，有一个人名叫赛阿克萨里斯（Cyaxares）②，因为行事公正享有很高的声望，被大家推选为米堤亚人的国王。他是第一位让邻近的民族归顺他的统治，使得米堤亚人成为跨越东西的伟大帝国的缔造者；接着他的后裔扩展疆域，将很多国家纳入他们的版图，一直要到阿斯提吉斯（Astyages）王朝为居鲁士和波斯人征服（前549年）。我们在开始要综合列举最重要的事件，而后要根据发展的期程一一进行细节的叙述；按照希罗多德的记载，赛阿克萨里斯被米堤亚人推选为国王，是在奥林匹亚17会期第2年（前711—前710年）③。

------

　　①　波斯国王泽尔西斯在位时间是前486—前464年；希罗多德是生在前490—前480年这十年之间。希罗多德《历史》第1卷第95节及后续各节的记载，提到亚述人统治亚洲500年才被米堤亚人推翻。
　　②　希罗多德说是阿斯提吉斯之前，米堤亚人还有三位国王就是戴奥西斯、弗拉欧底和赛阿克萨里斯。狄奥多罗斯在这里提到的赛阿克萨里斯，其实就是希罗多德在《历史》第1卷第96节所说的戴奥西斯，但是狄奥多罗斯在本书第8章第16节，提到一位戴奥西斯，说他是"米堤亚人的国王"。
　　③　希罗多德把戴奥西斯（狄奥多罗斯所说的赛阿克萨里斯）的登基说成公元前699年（参阅韦尔斯《希罗多德评论》第1卷第383页），要是阿斯提吉斯被居鲁士打败发生在公元前549年（参阅《剑桥古代史》第4卷第7页），那就不应该是前面所说的公元前550年。

另一方面,尼多斯的帖西阿斯在世的时候,居鲁士发起远征行动前去攻打他的兄长阿塔泽尔西兹(前401年)①,成为阶下囚,后来因为高明的医术受到阿塔泽尔西兹的宽恕,安享十七年的荣华富贵②。波斯人遵守某项法律的规定,要对古老的史实留下完整的记载,帖西阿斯说他根据皇家的资料,仔细检查每位国王的事迹,等到完成历史的著作就在希腊发表。这就是他留下的记录:我们在前面已经叙述③米堤亚国王阿巴西斯击败萨达纳帕拉斯,绝灭亚述帝国,在亚洲拥有最高的权力,他在位二十八年;由他的儿子毛达西斯(Maudaces)继承宝座统治亚洲五十年之久。后面几位国王在位的时间,分别是索萨穆斯(Sosarmus)三十年、阿特卡斯(Artycas)五十年、阿比尼斯(Arbianes)二十二年和阿提乌斯(Artaeus)四十年。

33 阿提乌斯统治期间,米堤亚人和卡杜西人之间爆发了一场大战,原因如下。波斯人帕逊德(Parsondes)以英勇、智慧和种种美德受到众人的赞誉,他是国王的朋友,也是皇家会议最具影响力的成员。国王做出某项决议使得他受到很大的损害,于是他带着三千步卒和一千骑兵前去投奔一位卡杜西人,这位显赫的人物在当地有很大势力,还将自己的姐妹许配给帕逊德为妻。他在成为叛徒以后说服整个民族争取自由权利,由于他的英勇被选为将领。等到得知一支大军集结完毕即将前来征讨,他使得卡杜西人达成举国俱兵的要求,就在进入国土的隘道前方设置营地。根据大家的说法他的兵力不会少于二十万人。虽然米堤亚国王阿提乌斯带来的人马多达八十万人,但帕逊德还是在会战中击败对方,杀死

① 色诺芬的《远征记》叙述了小居鲁士和他的兄长争夺天下的史实。
② 根据普鲁塔克《希腊罗马名人传》"阿塔泽尔西兹"第11节及后续各节,这个时候的帖西阿斯已在国王的随从行列。
③ 参阅本章第23节及后续各节。

敌军达五万人,将其余的军队赶出卡杜西人的疆域。

他的功勋广受赞誉,为当地的民众推选成为国王,接着不断入侵米地亚,整片国土的每个地区都受到他的蹂躏。他的声望到达巅峰,年迈即将逝世之际,就将王位的继承人叫到他的身边,吩咐未来的国王立下誓言,卡杜西人绝不会终结对米堤亚人的敌意,特别提到双方要是谈和,就会将他的世系和整个卡杜西人的族群,带往万劫不复的境地。所以,卡杜西人基于这样的缘故,与米堤亚人有不共戴天的仇恨,他们绝不向米地亚的国王降服称臣。一直要到居鲁士将米堤亚人的帝国转变为波斯人的帝国,卡杜西人才会俯首听命。

34 帖西阿斯接着叙述,阿提乌斯逝世以后,阿特尼斯(Artynes)统治米堤亚人二十二年,随后阿斯蒂巴拉斯(Astibaras)在位四十年。后者的统治期间帕提亚人(Parthians)开始叛变,基于信任将自己的国家和城市托付到萨凯伊人(Sacae)手里。这样一来引起萨凯伊人和米堤亚人之间的战争,一直延续很多年,发生很多次会战。双方都有相当的损失,最后讲好条件同意和平,就是帕提亚人应该臣属于米堤亚人,只是两个民族保有原来的财产,成为永久的朋友和同盟。

这个时候的萨凯伊人受一个名叫查瑞娜(Zarina)的妇女统治,她拥有献身战斗的勇气和积极进取的精神,提到办事的效率更是无人能及,须知这个民族经常出现很多勇气百倍的妇女,她们愿意与自己的良人分担战争的危险,据说她最引人注目之处在于她的容貌极其艳丽,无论她有所图谋还是动手执行都同样受到大家的尊敬。邻近的蛮族胆大妄为,摆出傲慢的态度,他们想要奴役萨凯伊人,于是查瑞娜出兵征服他们,同时在自己的国土上引进文明的生活,在各地建立很多城市,总之要让所有的民众能过更加幸福和快乐的日子。因此她的同胞在她逝世以后,感激她的恩惠和怀念她的美德,就在国内为她兴建了一个前所未有的庞大陵墓,这是一个三角形的金字塔,每一边的长度是三斯塔德,高度是一斯塔德,在最上面是一个尖顶;陵墓里面安置着一座她的雕像,极其巨大宏伟而且金光闪闪,他们将属于英雄的所有荣誉赐给她,声望之隆和地位之高已经超越她的祖先。

帖西阿斯继续叙述,米堤亚国王阿斯蒂巴拉斯年事已高,在伊克巴塔纳亡故,他的儿子阿斯潘达斯(Aspandas)继承遗留的宝座,希腊人称他为阿斯提吉斯。后来他为波斯人居鲁士击败,王国落到波斯人的手里。我们要在适当的时机叙述更为详尽的细节①。

有关亚述人和米堤亚人的王国,史家的记载并不尽然相同,提出的论点各有见地,我们认为在这方面的叙述已经绰绰有余;现在我们要讨论印度以及那个大陆上的各种传说。

35

印度的疆域是四方形,它的东边和南边是汪洋大海②,北边有高耸的伊摩杜斯(Emodus)山脉,隔开相邻的锡西厄地区,这里居住的锡西厄人一般被称为萨凯伊人;它的第四边转向西方,印度河成为明显的国界,这条河是仅次于尼罗河的巨大水体。整个印度的庞大面积从东到西延伸二万八千斯塔德,从北到南的距离为三万两千斯塔德。由于幅员是如此广阔,太阳在夏季运转的行程③,在这里较之世界上任何地方要有更大的量度。印度角(Cape of India)有很多地方的日晷看不到指针投下的阴影,到了夜间大熊星不会在天空露面;在最遥远的南方甚至连牧夫座

---

① 这些都是第九章叙述的内容。
② 是指印度洋。
③ 太阳在天空的行程发生回转是在每年的夏至即 6 月 22 日,再进行到 9 月的秋分,相应于地球的部分是在北回归线和赤道之间。

的大角星(Arcturus)都失去踪迹,他们说到了这里物体的影子都会落向南方①。

印度有许多连绵不绝的高大山脉、分布浓密的森林以及形形色色的果树,拥有许多面积广大、土地肥沃的平原,纵横的河川供应丰富的水源,带来美丽的景色。大部分的国土可以获得良好的灌溉,适合的季节使得作物每年可以两熟;印度栖息的动物数量极其庞大,无论是陆上动物还是鸟类,显著的特点是体形硕大和孔武有力。他们饲养的大象数量最多,而且体形雄伟,只有这里才能供应所需的食物,印度的品种较之利比亚所产具有各方面的优势,土著从旷野大量捕捉它们经过训练供作战之用,可以得知军队获得胜利,它们扮演着相当重要的角色。

36 居民的食物供给非常充足,他们的身高体重都能超越其他的民族;还有就是他们呼吸纯净的空气以及饮用质量最佳的水源,结果是他们从事各种工作都有精湛的手艺和熟练的技术。他们的土地经过农耕可以收获大量粮食以及栽种各种果木,地下有丰富的矿脉和露头能够生产所需的矿石,已经发现很多金和银,就是铜和铁也不在少数,还有锡可以用于装饰以及制作器械和马匹上面的马具。此外像是德米特的谷物②以及全印度都会生长的粟米,河流供应大量的水源用于灌溉,大量生产而且质地最佳,还有稻米和被称为bosporos③的作物,以及更多可以作为食物的各种植物;大多数都是这个国家原有的品种。至于各种可以食用的果实和丰美的草地,数量庞大的动物可以维持生存所需,要想全部交代清

---

① 参阅斯特拉波《地理学》第2卷第5节,提到"举凡处于回归线和赤道之间的区域,投下的影子会出现朝北或朝南这两个方向……因而这个区域的居民被称为安斐西亚人(Amphiscians)"。

② 是指小麦。

③ 是一种粟米,斯特拉波《地理学》第15卷第1节将它称为bosmoron。

楚，那真是一项冗长而繁重的工作。

所以他们才说因为这样的关系，印度不会遭到饥馑的灾难①，即使出现粮食的短缺还是可以让人果腹。因为这个国度每年有两次雨季，他们与其他民族一样利用冬季的雨水进行播种，可以获得大麦和小麦之类的谷物，等到夏至开始第二个雨季，他们种植水稻、bosporos、芝麻和粟米；大部分年头印度人可以顺利获得两次收成，他们从来不会全盘落空，种植的作物即使有一种歉收，其他已经播种的项目也快要成熟。加上原野到处生长各种果树和菜蔬，以及沼泽地区盛产根茎植物，味道甜美，可提供居民大量食物。印度的平原从河川获得植物生长需要的湿气，而且降雨的期间极其规律更令人吃惊，这是一种固定不变的循环，每年夏天吹起的季风带来丰富的雨水，炎热使得沼泽地区的根茎植物很快成熟，特别是甜美的甘蔗带来丰硕的收成。

再者，印度人的习俗是乐于捐助，使得他们不会缺乏食物；特别是就其他的人类而言，入侵的敌人会破坏田地，使其成为无法耕种的荒原，然而在印度人当中只有土地耕种者被视为神圣不可侵犯，他们即使在战线附近工作也不会有任何危险。虽然两军基于敌意发起战争相互残杀，然而他们不会伤害那些耕种土地的人，认为他们是所有人的恩主，他们不会放火烧光对方的田园，也不会砍倒果树毁损作物。

37 印度这个大陆有很多条可以通航的巨川，它们发源在北方的山区，流过平坦的国度；其中有很多条河流与恒河（Ganges）汇合，相互连接成为一个巨大的水网。恒河的宽度有三十斯塔德，从北向南流注入大洋，甘德瑞迪（Gandaridae）这个部族位于印度的东部，他们拥有为

---

① 对于一般而且延续很久的饥荒而言，这种说法可能没错；佛教徒经常记载由于旱灾或水患引起粮食的缺乏，参阅《剑桥印度史》（*The Cambridge History of India*）第一卷第203页。

数众多而且体形壮硕的大象,就以恒河作为西方的边界。外来的国王从未能占领这片国土,他们对这种巨兽的数目和力量始终怀有恐惧之心。事实上马其顿的亚历山大即使征服整个亚洲,在所有民族当中也只对甘德瑞迪人不敢轻启战端,当他击败其他的印度人以后率领全军来到恒河河畔,得知甘德瑞迪人的军队有四千头战象时,他放弃了与对方一决胜负的念头①。

位于北部的印度河是一条与恒河不相上下的巨川,注入大洋形成印度在西面的边界,它的河道流经广大的平原地区,接纳很多条可以通航的河流,其中以海帕尼斯(Hypanis)河②、海达斯披斯(Hydaspes)河和阿昔西努斯(Acesinus)河最为知名。除此以外还有无数条河川纵横其间,使得整个大地有无数的花园,以及种植各式各样的作物。自然科学家和学生对于众多的河流和充沛的水源,提出下面的成因:他们说印度四周的国家像是锡西厄、巴克特里亚和亚里阿纳(Ariana),它们的地势要比印度为高,可以从四面八方聚集所有的水体,向着下面地势较低的国度排放,逐渐使得整个地区变得非常潮湿,产生很多条河流。印度所有的河川当中有一条西拉(Silla)河,它发源于同名的喷泉,出现极其特殊的性质,可以说全世界绝无仅有,即它的水面不承载任何漂流物,全都会沉到河底。

38 我们曾经说过,印度的面积广大,习惯上却是一个不可分割的整体,虽然有很多不同的民族,但没有一个发源于外国的土地,可以说都是土生土长的原住民;他们不接受外人前来建立殖民地,本身

---

① 本书第十七章第93节记载这件事的来龙去脉。亚历山大并没有到过恒河的水系,误以为印度河的支流索特列治河就是恒河。

② 本书第十七章第93节和阿瑞安(Arrian)《亚历山大远征记》(*Anabasis of Alexander*)第5卷第24节,都将它称为海发西斯(Hyphasis)河,就是近代的作者都使用这个名字。只有斯特拉波《地理学》第15卷第1节将它叫成海帕尼斯河,奎因都斯·克尔久斯《亚历山大大战史》第9卷第1节称为海帕西斯(Hypasis)河。

也不派遣移民到其他的国家。根据他们的神话,最古老的人类拿地上长的野生果实当成粮食,拿当地动物的皮毛作为保暖的衣着,做法就像希腊人一样,没有什么不同。逐渐发明一些用在生活上面的手艺和技术,需要本身就会表示出创造的方式,自然界为了达成全面的帮助,就将双手、语言和睿智的心灵授予人类。①

印度最有学问的人士提到一些神话,可以在这里叙述它的要旨大意:古老的时代,这个地方的居民,分散开来的家庭按照部落的形式聚集成为村庄②,狄俄尼索斯率领一支实力强大的军队,从西部地区来到他们这里;他横越整个印度大陆,那时还没有一座知名的城市能够反抗他的进军。等到极其闷热的季节来到,狄俄尼索斯的士兵感染时疫耗尽所有的精力,以睿智著称的领导者率领军队离开平原来到多山的国度;当地的习习凉风和出自源头的清澈流泉,使得军队免予疾病带来的苦难和伤亡。这个地区的名字叫作米罗斯(Meros),于是希腊人将一个与神明有关的故事传给他们的后代子孙,说是狄俄尼索斯在大腿(meros)③上面获得休养生息。

后来他能分享给印度人所拥有的知识,让他们学会如何储存收获的粮食,同时将酿酒和其他与生活相关的技艺传授给对方。再者,他成为许多知名城市的奠基者,就是将村庄聚集在位置适当的地区,还教导他们膜拜神明以及引进法律和法院;简单地说,他成为很多重要工作的推荐者,就像一位神明接受不朽的荣誉。他们提到他的军队当中还带着一大批妇女,在与敌人堂堂正正开始会战的时候,就会响彻敲锣打鼓的声音,须知那时还

---

① 本书第一章第 8 节出现相似的文字。

② 亚里士多德让我们知道,城邦的兴起是家庭经过村庄这个中介组织所产生的聚集。在这种情况下,印度人在这方面的演进已达到第二阶段,如同狄俄尼索斯在下面的陈述,第一阶段是村庄聚结成为城市,第二阶段是使得市民过上美好的生活。

③ 宙斯应塞梅勒的要求,在他来临的时候表现出神明的威严,于是一时闪电大作雷声隆隆,她在受到惊吓之余肚中怀着宙斯的骨肉发生流产,宙斯就将这个婴儿狄俄尼索斯放在他的大腿上面,给予庇护直到完成发育。但是现在的作者都不同意米罗斯的位置。

没有发明号角。接着他统治整个印度达五十二年之久，直到老迈之年寿终正寝。他的儿子继承宝座，后来再将统治的权力顺利交给他们的后裔，过了很多世代以后，最高的君权全部土崩瓦解，城市接受民主制度的政府。

39 印度山区的居民提到与狄俄尼索斯和他的后裔有关的神话。他们还说赫拉克勒斯出生在印度人当中，描述他的外形如同希腊人一样，携带一根棍棒，披着狮皮。再者，他们还想告诉我们，说起他的体格强壮和骁勇善战，真是举世无人可以相提并论，最大的责任是要清除陆地和海洋的凶狠野兽。他娶了很多妻室，生下很多儿子，却只有一个女儿；等到他的儿子长大成人，他将印度按照男性继承人的数量划分很多区域，指派每个儿子都成为国王，教育唯一的女儿能够负起皇后的权责。① 他成为不少城市的兴建者，其中名气最大和人口最多的城市，他命名为帕利波什拉(Palibothra)。他在这个城市建起壮观的皇宫，同时安置众多居民，为了加强防务挖掘又深又宽的护城壕，引来河流灌满所需的水源。

赫拉克勒斯离开人世以后享受不朽的声誉，他的后裔虽然很多世代都拥有王室的统治权，完成很多丰功伟业，但他们没有越过边界征讨别的国家，也没有派出移民在其他的民族当中建立殖民地。过了很多年以后大多数城市采用民主政体，虽然在某些部族当中君王的统治还能维持下去，直到亚历山大的时代来临，他越过海峡来到亚洲（前334年）。

印度人的习惯对他们具有特别的意义，其中有一项得到古代的智者大力倡导，至今仍然最受大家的赞誉，就是在任何环境下不能制定让人成为奴隶的法律，所有的人基于平等原则获得自由和尊重。他们认为唯有既不统治别人也不受别人的统治的观念，才能适合所有的环境，让大家享受美

---

① 阿瑞安《亚历山大远征记》第8卷(标题:印度)第8节,对这件事有详细的记载,提到他的女儿名叫潘达娅(Pandaea)。

好的生活方式;如果说制定法律是为了建立平等的基础,却又在社会的交往上形成不平等,这岂不是很荒谬的行为?

40 整个印度的社会体制可以分为七个阶层①。第一阶层是智者,人数最少,却最受尊敬。智者对于国家和社会免除所有的服务,与其他任何人都没有主从和上下的关系。普通市民可以向他们提出请求,一件是奉献牺牲,这是大家终生要尽的义务;一件是为死者主持葬礼仪式,这样做能够证明他们受到神明的宠爱,特别是有关阴曹地府的事项他们的经验极其丰富,当然这些服务可以获得贵重的礼物和尊敬的赞誉。再者,他们只对全部印度人提供最重要的服务,年度开始受到邀请来到悉诺德(Synod)大神的面前,预告当年的雨水、干旱、季风、时疫以及任何对于倾听者大有帮助的事情。无论是小民还是国王得知未来的情况,都可以先行准备,以免临时措手不及。智者的预言要是犯下错误②,除了受到公众的谴责没有其他的处罚,同时在他的余生要一直保持沉默。

第二阶层是数量比其余人员要多的农夫。他们免予作战的责任和对国家其他的服务,献出全部的时间和精力用于田间的工作;两国交兵或是发生内斗都不能有伤害农夫的行为③,大家都将他们当成提供食物的恩主。因此,从来不受摧毁和蹂躏以及种满作物的土地,就会供应居民充足的粮食。所有的农夫带着他们的妻子儿女终生耕种不息,只能留在乡村,不能搬进城市。他们耕种的田地要向国王缴纳租金,因为全印度都是皇家的产业,不允许私人拥有土地;通常支付给皇家金库的租赁费用是岁入的

---

① 印度的阶层或种姓制度在斯特拉波《地理学》第 15 卷第 1 节和阿瑞安《亚历山大远征记》第 8 卷第 11 节都有说明,可以参阅《大英百科全书》(*Encyclopaedia Britannica*)"Caste"这个项目。
② 斯特拉波《地理学》第 15 卷第 1 节,说是智者不得犯错"三次"。
③ 参阅本章第 36 节。

四分之一①。

牧牛人和牧羊人居于第三。一般而言,只要是牧人就不会住在城市或乡村,他们的一生都要以帐篷为家;这些人也是猎人,要供应所需的禽鸟,还得清除为害大众的猛兽。他们听从召唤带着热情使得印度成为农耕之地,仍然有数量庞大的各种野兽和鸟类,它们食用农夫播撒的种子和成熟的果实。

41 第四阶层是工匠。他们之中有些是制造铠甲和兵器的人,或是为农夫供应耕种的农具或是从事其他所有行业,提供周到的服务。他们不仅免缴税赋,还能从皇家金库获得定额的口粮。

第五阶层是负责作战的军事人员。他们的人数居第二位,和平时期过着闲散松弛和无所事事的日子。皇家金库支付所需经费维持战争所需的士兵、马匹和战象。

第六阶层是调查人员。这些人走遍印度各地去探听和检查所有的事务,回来以后向国王提出报告,有关地方的事务交给官员去处理。

第七阶层是精英分子,他们的功能是做出决定以利于战争的遂行。这个团体的人数很少,有高贵的家世和最受赞誉的智慧;这些人是襄赞国王的顾问、处理政府事务的官员和调解纠纷的法官,总之,他们从这个阶层找出社会的中坚和领导人物。

一般来说这些群体和阶层的存在,会使印度的国家成为分散的架构。再者,任何人不得娶另外阶层的妇女为妻,亦不可以从事非本阶层的职业或工作,诸如一个士兵就不得成为一个农夫,一个工匠亦不得充任一个哲学家。

----

① 是指土地上面生产作物出售的金额。

42 印度地区拥有众多体形壮硕而且力大无穷的战象。据说公象与母象的交配与马或其他四足兽并无不同之处;它的怀孕期间最短也要十六个月,有的情况会长到十八个月不等。大多数生存的年岁与人类当中享有高寿者相若,也有少数能在世上活两百年。

他们会从印度人当中指派官员负责照顾外国人,不让这些异乡的来客受到任何委屈;外籍人士只要生病他们会派医生治疗并给予妥善的看护,亡故以后安排埋葬事宜并将死者的财产全部转交家属。他们的法官对发生争执的事项进行精确的审理,运用公正的法律程序处理犯罪的恶行。

我们对于叙述印度以及它在古代的情况,就上面的篇幅而言应该感到满意。

43 我们接着要讨论锡西厄人,他们居住的国土与印度相邻。这个民族在开始的时候只占有很小一个区域,后来逐渐增加权势和力量,由于他们大胆进取的精神据有更多的领地,他们的国家发展出强大的统治能力变得名闻遐迩。当初他们居住在阿拉克斯(Araxes)河①流域,整个部族的人数不多,难免被藐视。最早有位国王是伟大的勇士,拥有高明的将道和统御的才华,四处征战使得他的疆域远到高加索山脉,沿着大洋如米奥蒂斯湖②,直到西边的塔内斯河③成为自然的边界。

锡西厄人到后来才有神话,说是地球的泥土里面迸发出一位处女,身体的上半部分是一位妇女,下半部分是一条蛇,她与宙斯交媾生出一位男婴名叫西瑟斯(Scythes)。宙斯的儿子后来享有崇高的声望,整个部族用他的名字称为锡西厄人。这位国王的后裔当中有一对兄弟,都能以英勇的行

---

① 现在的阿拉斯(Aras)河。
② 现在的亚述海。
③ 现在的顿河。

为受到大家的赞扬,一位叫帕卢斯(Palus),另一位是纳庇斯(Napes)①。他们两人拥有显赫的地位和响亮的名声,平分王国,都享有统治的权力,后来形成两个部族,分别是帕利人(Pali)和纳帕伊人(Napae)。经过相当时间这些国王的后代子孙,由于骁勇善战和精通兵法,征讨的区域越过塔内斯河抵达色雷斯,他们的部队还要从另外的方向进军②,势力范围延伸到遥远的地区,将埃及的尼罗河③全都包括在内。

他们奴役位于色雷斯人和埃及人之间的许多民族以后,锡西厄人建立了庞大的帝国,它的疆域到达东边的大洋,另外一面是里海和米奥蒂斯湖;这个民族在拥有更为强大的实力和著名的国王以后,有一个部落用他的名字叫作萨凯伊人,另一个被称为马撒吉提人(Massagetae),还有亚里马斯庇人(Arimaspi),以及其他部落用同样方式所获得的称呼。就是这几位国王使得被征服的民族要搬到其他的地方建立家园,这里面有两处是非常兴旺的殖民地:有一处的人口主要成分是亚述人④,他们迁往的地方位于帕夫拉果尼亚和潘达斯之间,另外一处的移民来自米地亚,定居的区域沿着塔内斯河,这个民族获得梭罗玛提人(Sauromatae)的别称。过了很多年以后,梭罗玛提人的势力变得极其强大,他们蹂躏锡西厄人大部分的领土,所有被征服的居民被他们屠杀殆尽,原来肥沃的田地成为一片荒漠。

---

① 希罗多德《历史》第 4 卷第 8 节及后续各节,提到类似的故事,只是身为父亲的赫拉克勒斯有阿加色努斯(Agathyrnus)、杰洛努斯(Gelonus)和西瑟斯(Scythes)这三个儿子。

② 它的含义是指通过黑海的南部。

③ 这次入侵的行动发生在前 630 年到前 625 年之间,锡西厄人占领巴勒斯坦全境,根据希罗多德《历史》第 1 卷第 105 节的记载,他们被桑米蒂克斯逐出埃及。《圣经旧约·耶利米书》第 4—5 章对北国的敌人有栩栩如生的描述。

④ 就是斯特拉波《地理学》第 12 卷第 3 节提到的"白种叙利亚人"。

44 锡西厄地区发生这些事件以后出现一个改革的时期,妇女由于格外英勇成为帝国的统治者。这些民族的女性与男性一样接受战争的训练和考验,就作战的英勇和无畏的气概而言,她们在各方面并不逊于男士。杰出的妇女是很多丰功伟业的创造者,不仅在锡西厄,与它相邻的地区亦复如是。例如,那个时代最伟大的统治者波斯国王居鲁士,率领一支阵容强大的军队前去讨伐锡西厄,锡西厄人的皇后不但将波斯人打得七零八落,还俘虏居鲁士施以磔刑①的处分;等到亚马孙人组成国家享有英勇善战的盛名,他们不仅出兵占有邻近的区域,就连大部分的欧洲和亚洲地区都受到他们的统治。至于就我们的立场来说,因为已经提过亚马孙人,再加以讨论不会感到吃力或陌生,甚至还要再提一下,它的内容之所以让人感到不可思议,在于非常类似地来自神话的故事。

45 前面已经有这方面的记载,沿着瑟摩敦河②这片国土,主权落在一个民族的手中,这里的妇女拥有最高的统治大权,她们如同男士一样要从事战争的各种勤务。这些妇女当中有一位拥有皇家的权势,她之所以出人地头在于作战的英勇和身体的强壮,负责征集一支由妇女组成的军队,训练她们使用兵器,发起作战行动征讨邻近的民族。她的经验更为丰富、声望更加显赫,入侵邻国,讨伐一个又一个敌对的民族,运道如同高涨的潮水使得她无往而不利。她为奋发进取的作为感到极其骄傲,就给自己加上"战神之女"的称号;却让男子负起纺纱织布和原来应由妇女担任的家事。她所制定的法律,明订由她率领妇女全力获得战争的胜利,对于处于卑下地位的男子她给予抑制或奴役。

她们对待子女的方式是,凡是男孩就让手和脚成为残废,不能担负战

---

① 居鲁士之死有很多不同的记载,大家都同意他在帝国东部边境的作战中阵亡。

② 位于潘达斯地区,参阅斯特拉波《地理学》第12卷第3节。

争的工作;对于女婴就要将她的右边乳房用烧灼的方式除去,免得在成年以后突出在胸前;这也是她们获得亚马孙人这个称呼的成因①。总之,这位皇后引人注目的地方在于她的智慧,以及担任将领指挥大军的能力,同时她在瑟摩敦河的河口,建立了一座名叫提米西拉(Themiscyra)的重要城市,还在城内兴建了一座宏伟的皇宫;再者,她在作战行动当中特别注意纪律的要求,开始的时候她征服所有的邻国直到塔内斯河。据说这位皇后完成了上面提过的丰功伟业,后来在一场会战当中发挥大无畏的精神,像一位英雄人物在沙场上壮烈牺牲。

46 皇后的女儿继承王位,受到母亲的激励在很多方面表现得更为优异,例如她要求少女从幼年开始锻炼体魄,加强她们的军事训练和操演。她还为阿瑞斯和被称为陶罗波卢斯(Tauropolus)的阿特米斯②,举行盛大的祭典和节庆,然后进军讨伐位于塔内斯河对岸的地区,逐次征服所有的民族直到色雷斯;她带着大批战利品班师返国,为上面提到的神明兴建壮观的庙宇,由于她对臣民的统治宽大而且仁慈,从他们那里接受异口同声的颂扬和赞美。她还在另一边发起作战行动③,拥有亚洲很大部分的土地,将遥远的叙利亚包括在势力范围之内。

他们的记载继续下去,提到这位皇后逝世以后,家族的妇女一代接着一代继承王国的宝座,她们的统治非常出色,使得亚马孙人的国家拥有权力和名声。这些事件过后经过很多世代,当权的妇女极其卓越的行为,获得的崇高赞誉已经传遍人类居住的世界,据说阿尔克米妮(Alcmene)为宙

---

① 亚马孙这个字的字源来自"乳房的形状",后来变成"没有乳房",是为了不要妨害到拉弓的姿势,就将右边的乳房割除。本书第三章第53节有完整的叙述。

② 可以从优庇里德的悲剧《伊菲格纳亚在奥里斯》(*Iphigeneia among the Taurians*)得知陶瑞斯的阿特米斯有关的事迹。

③ 位于黑海南部的地域。

斯所生的儿子赫拉克勒斯,受到优里斯修斯(Eurystheus)的派遣,要完成的功业是取得亚马孙人希波利特(Hippolyte)的腰带①。他着手军事行动,在一次重大的会战中赢得胜利,不仅击溃亚马孙人的军队,还俘虏希波利特和她的腰带,使得整个国家被灭亡。邻近的蛮族认为这个民族已衰败,感到对手已经不足为惧,记取当年受到她们的伤害,就对她们发起不断的战争,亚马孙这个种族绝灭的程度连在此地生存的痕迹都无法留下。

据说赫拉克勒斯对她们发起征讨以后又过了若干年,正当特洛伊战争的时代,阿瑞斯的女儿平瑟西丽娅(Penthesileia)是幸存的亚马孙皇后,因杀死一位亲人犯下亵渎神圣的罪行②,逃离自己的国土加入特洛伊人的阵营,与希腊人作战。她在赫克托阵亡以后杀死很多敌手,骁勇善战为她赢得很高的名声,但还是无法击败强敌,丧生在阿基里斯手里。他们说平瑟西丽娅是最后一位以英勇著称的亚马孙人,未来没有希望的种族一直没落下去,直到丧失所有的活力;等到后来只要有作者描述她们的武德,人们就会认为亚马孙人在古代的事迹都是杜撰的故事和传说。

47 我们已经提到位于亚洲北边的区域,看来交代的事项都很妥当,现在讨论海帕波里安人(Hyperboreans)③,依据传说所留下的记载,并没有自外于我们原定的目标。这些数据都已被写进古老的神话,赫卡提乌斯(Hecataeus)和其他人士都说那个区域要越过凯尔特人(Celts)的土地④,那是大洋当中一个面积并不小于西西里的岛屿。据说这

---

① 这是赫拉克勒斯的十二功业之一,参阅本书第4章第16节。

② 奎因都斯·西麦那乌斯(Quintus Smyrnaeus)《特洛伊的陷落》(*The Fall of Troy*)第1卷第24节,提到她在狩猎当中向一头公鹿投掷标枪,结果误中她的姐妹希波利特因而致死。

③ 海帕波里安这个民族的得名来自"居住的地方已经越过北风的吹袭",希腊人最早透过凯尔特人才熟悉不列颠和上面的居民。本章的阿波罗可能是凯尔特人的日神波万(Borvon),阿波罗的"圣地"就是石器时代留下的遗迹——著名的巨石阵(Stonehenge)。

④ 就是高卢。

个位于北方的大岛上面住着海帕波里安人,得到这个名字是由于他们的家园受到 Boreas"北风"的吹袭;这个地方的土壤非常肥沃,可以生长各种作物,温和的气候使一年可以两熟。再者,还有与下面的传说相关的事项:勒托(Lato)①出生在这个岛上,阿波罗要比其他神明更受推崇和膜拜;这里的居民看起来像是阿波罗的祭司,每天都用歌声和祈祷不断颂扬这位神明。岛上还有一块广阔的圣地奉献给阿波罗,为他兴建一座富丽堂皇的庙宇,有着圆形的外观,装饰无数用来还愿的祭品。再者,这里有一座城市奉献给阿波罗当成圣地,众多的居民都是西塔拉琴的乐师;他们不断地在神庙用这种乐器演奏,为了推崇和荣耀阿波罗的美德,异口同声地唱着颂扬神明的赞美曲。

我们得知海帕波里安人有一种独特的语言,而且他们对希腊人极其友善,其中又以雅典人和提洛人②为甚,这是古老时代留下来的传统。神话提到某些希腊人前来游历海帕波里安,向神明奉献非常珍贵的还愿祭品,上面有希腊字母刻出的铭文。古代同一时候,有一位名叫阿贝里斯(Abaris)③的海帕波里安人来到希腊,代表他的同胞向提洛人表达建立亲戚关系的意愿。他们还说从这个岛上所看到的月亮,好像与地球的距离要近一些,它所发出灿烂的火焰出现在我们的眼中。有的记载提到神明每隔十九年要去访问这个岛屿一次,这与天上的星辰完成运行一周回到起点的周期完全相同,因此希腊人将十九年的时长称为"米顿年(Year of Meton)"④。神明现身的时刻从春分开始到昴星团(Pleiades)的升起,这期间每个夜晚都要

---

① 宙斯使她成为阿波罗和阿特米斯的母亲。

② 提洛这个岛屿从希腊文明最古老的时期开始,就是膜拜阿波罗的主要祭祀地方。

③ 阿贝里斯看来是一个神话人物,很多作者说他能够御箭飞行,越过河流和海洋,如同女巫骑在扫帚杆上。

④ 本书第十二章第 36 节提到"米顿周期"。雅典在前 422 年产生这种概念,用来调和太阴年和太阳年之间的差异,前者一年有 365 天,后者的时长经过计算是 365 又 5/19 天,因为最后这个分母的关系,才出现 19 年的循环周期,可以参阅丁斯摩尔(W.B.Dinsmoor)《雅典在希腊化时代的执政》(*The Archons of Athens in the Hellenistic Age*)第 320—321 页。

弹奏西塔拉琴和跳舞，用这种方式表现他对完成这项工作很愉悦。这个城市的国王和圣地的监督都被称为波里阿迪（Boreadae），因为他们都是波里阿斯（Boreas）的后代子孙，职位的继承都由这个家族负责。

48 我们对于这个题目已经有所交代，现在要转到亚洲其他尚未叙述的部分，特别是阿拉伯更值得我们的重视。这个地区位于叙利亚和埃及之间，包括很多习性相异的民族。阿拉伯人居住在这个地区的东部，还有一个名字叫作那巴提安人（Nabataeans），整片国土大部分区域都是没有水源的沙漠，只有很少的农田可以种植作物。他们就像一群土匪过着杀人越货的生活，邻近的地区都会受到他们的抢劫和掠夺，很难用战争对他们进行征讨和镇压。因为这是一个缺水的国度，据说他们在相隔适当的距离挖井，位置保密，不让其他的国家和民族知道，只要组成团体退到这个地区就能避开危险①。因为他们知道隐藏水源的位置，可以从井中汲水获得充分的供应；那些在后面要将他们赶尽杀绝的民族，由于不知道水井的位置就会出现缺水的严重后果，在有些情况下这些追兵陷入绝境而灭亡殆尽，即使局势更加危险他们还能保有自己的家园，只是要克服重大的困难和遭受很多的灾祸。

阿拉伯人的国土没有受到战火的侵袭，始终不会被其他的民族所奴役；再者他们在任何时候都没有人可以高高在上，所有的人民继续维持独立自主的形态。不论是古代的亚述人，还是后来的米地亚人和波斯人的国王，以及更为优势的马其顿人，都无法制服阿拉伯人使他们成为听命的奴隶；即使这些强权率领大军前来攻打他们，也没有办法达成所望的企图。②

---

① 本书第十九章第94节详细记载阿拉伯人在这方面的准备，关系到安蒂哥努斯对那巴提安人发起的远征行动。

② 参阅本书第一章第5节。

那巴提安人的领地有一个高崖①,形势险要而且很难接近,他们利用居高临下的优点加强防务,能够安全存放他们的财物。

那里还有一个面积很大的湖泊②,出产大量沥青,从而获得不少的税收。它的长度有五百斯塔德,而宽度是六十斯塔德,湖水带有难闻的恶臭味道,非常苦,没有鱼类和任何动物能够生活在其中。虽然注入很多条淡水的河流,但还是无法改变原有的特性。这个臭气冲天的湖泊会给他们带来很大的好处,因为湖的中心每年会喷出大量沥青③,有时流出的宽度到三百英尺,有时只有两百英尺;住在湖泊四周的蛮族通常看到出现较大的流量称为"公牛",要是流量较小则称为"母牛"。沥青会浮在湖水的水面,要是从一段距离以外看过去很像一个岛屿,事实上沥青发生喷出的现象,土著根据经验早在二十天之前就已得知;湖泊四周很多斯塔德距离以外的人,都对风吹来的臭气感到无法忍受,就是当地那些用金、银和铜制作的器具都会丧失原来的光泽。等到所有的沥青喷发出来,这些器具会很快恢复原状;它的四周地区受到高热和恶臭的影响,使得居民的身体衰弱,容易生病,带来的后果是寿命非常短。

这个地方很适合棕榈树的生长,遍布在河流通过或者运用泉水施加灌溉的原野。据说这个地区某一个山谷④有香胶树,从而可以获得很高的收益,这种树在其他有人居住的世界都不能生长,医生将它用于疾病的治疗方面,使得它的售价极其昂贵。⑤

---

① 就是佩特拉(Petra)这个城市(Petra 意为"岩石"),参阅本书第十九章第 97 节和斯特拉波《地理学》第 16 卷第 21 节。

② 这个湖泊就是死海,可以参阅斯特拉波《地理学》第 16 卷第 42 节和后续各节。

③ 死海喷出的沥青有时候会漂流到岸边。

④ 就是位于耶哥利(Jericho)的约旦(Jordan)山谷。

⑤ 斯特拉波《地理学》第 16 卷第 2 节,简略提到如何从树木上收集树脂,这种树脂可能就是《圣经》上面提到"基列(Gilead)的香膏"。

49 阿拉伯有一个地方①与无水的沙漠相邻,却大相径庭,不仅土
地肥沃、物产丰富,而且还有更好的东西,这个地方被称为阿
拉伯·菲利克斯(Arabia Felix)。因为芦苇②、灯芯草③和其他带有香料气
味的植物非常茂盛,一般而言,每一种芬芳物质的来源都是叶片,这块土地
最显著的特性在于带有各种香味的树液,能从树木的各个部位分泌出来;
因为乳香和没药是敬拜神明最适用的物质,只生产在这个最遥远的地区,
要运到整个有人居住的世界。还有 kostos④、cassia⑤、肉桂和其他同样性质
的植物⑥,这些东西在其他民族看来是如此珍贵,只能加以爱惜,用在神明
的祭坛上面。而由于此地的田野和丛林大量生长,实际的用途是当成炉灶
中生火的柴束;特别是在其他的民族当中只能找到很少的分量,在这里却
用来供应家庭的材料,当成奴仆使用的床垫。

再者,据说肉桂的用途格外广泛,还有松脂,即带有香气的松节油,产
量很大,山区的森林遍布银枞和松,还有杉和腓尼基杉⑦以及 boraton⑧ 之
类高大的树木,这里还有很多种果树带有甜美的气味,产生的液汁和香气
使得接近的人都感到愉悦。整个地区的特性就是空气当中都是浓厚的馥
香,在阿拉伯某些区域可以从地下挖出带有香甜味道的矿脉,形成规模格
外庞大的采石场,提供各项工作,他们从这里获得建筑房屋所需的石材。
等到天上的降雨落到屋顶上面,渗入的水汽产生侵蚀作用,使得石材的接

---

① 从本章第 49 节到 53 节的文字都是摘录自波赛多纽斯(Posidonius)的著作。
② 这是狄奥弗拉斯都斯《植物志》第 9 卷第 7 节提到的甘蔗。
③ 这是狄奥弗拉斯都斯《植物志》第 9 卷第 7 节提到的姜科植物。
④ 学名 Saussurea Lappa。
⑤ 学名 Cinnamomum iners。
⑥ 指芳香类的植物。
⑦ 狄奥弗拉斯都斯的《植物志》第 2 卷第 12 节对这两种杉树有清楚的辨别。
⑧ 指桧木。

合处凝固起来①,成为一块结实的墙面,变得更为坚牢。

50 阿拉伯的矿产直接获自地下的黄金,被称为"无须经火"②,与其他民族采取矿砂熔解以后得到的成品大不相同;这种天然金块的大小有如板栗,颜色火红,工匠可以用来作为托子,装上宝石后就是最名贵的饰物。这片土地上面有无数的牲畜,很多部落选择游牧生活,认为可以过更好的日子,不必靠农耕带来的谷物,他们的牲口供应的食物更为丰富。提到与叙利亚接壤的边境栖息着无数凶狠的野兽;狮子和豹不仅数量很多,而且较之利比亚的同种体形更要硕大,为害民众的程度也更为严重,除此以外还有著名的巴比伦虎。

有一种栖息的动物是两种形态和习性的混合,它的名字 struthocameli 就是一种暗示,它是鸟类③和骆驼结合在一起的体形,大小如同刚刚出生的骆驼,头上生长着硬而直的羽饰,一双很大的黑眼睛,要是从外形和体色来看与骆驼几乎无法分辨清楚。它长着很长的颈脖,然而头部的喙很短,收缩成为尖锐的三角形。它的双翼覆盖着美丽的羽毛,两只强壮的大腿由分趾的脚部给予支持,它的外形看起来像是陆上动物而不是一种鸟类。因为它的体重使它无法升空和飞翔,但还是能够快速掠过地面,等到它被骑在马背上的猎人追赶的时候,会用它的脚如同投石器一样,向着追逐者掷出石块,力道之大会使人受到严重的伤害。要是它发觉无法逃脱或是受到包围,会把头藏在沙土或草丛之中,其实这样做并不像人们认为的它是那样的愚蠢和固执,只要自己看不到别人,那么别人也看不到自己,而是它们

---

① 或许是用于屋顶的黏土。

② 不要经过精炼的程序可以直接使用。

③ 手抄本上写的是"一只鹅",阿瑞安《追猎》(*Cynegetica*)第 3 卷第 483 节,说 struthocameli 这种动物具备骆驼和"鸵鸟"(strouthos)的习性。

知道头是全身最脆弱的部分，为了安全要找到一个可靠的庇护所；自然女神是一位最卓越的导师，她让所有的动物能够保存自己和后裔的生命，就把与生俱来爱惜生命的本能根植在它们的身体内部，使得繁殖绵延的世代经历永恒的循环得以生存下去。

51 他们所说的 camelopards① 从它的名字知道是两种动物的混合体。从它的体形来看要比骆驼小，而且颈脖较短②，要是看它的头部和眼睛的位置很像一头豹；虽然它的背部隆起很像骆驼，然而它的皮毛和颜色与豹很类似；它们要模仿这种野兽的天性同样拥有一条很长的尾巴。这里还栖息着 tragelaphoi（羚羊）、bubali③ 和其他种类的动物，都是两个形态混合起来构成一个身体。自然界的造物是如此千变万化，有关所有这些情况都想交代清楚，那是一项极其冗杂的工作。这块土地在南风的吹拂之下感受到太阳的威力，基于这样的缘故成为生命最重要的源头活水，因而养育出无数色彩缤纷、形体各异的动物，所以埃及会出现鳄鱼和河马，埃塞俄比亚以及利比亚的沙漠会有不计其数的大象、形形色色的爬虫、凶狠无比的野兽以及长度惊人的巨蛇，还有印度的大象，在体形、数量和凶猛度方面更是难以比拟。

52 太阳的影响力是如此强大，不仅使得这个国度产生的动物彼此之间的形体大不相同，还有各种在地面露头的宝石更是五

---

① 可以直译为"驼豹"，其实它就是长颈鹿。

② 应该联想到"很长的颈脖"才对。阿加萨契德说它的颈子很长可以够到树木的顶端，将那里生长的树叶当成食物。公元前3世纪亚历山德拉曾经在公众面前展示长颈鹿，尤利乌斯·恺撒在公元前46年将这种动物带往罗马，可以参阅笛欧·卡休斯（Dio Cassius）《罗马史》（*The History of Roman*）第43卷第23节。

③ 可能是一种羚羊。

颜六色,闪烁着明亮的光芒。我们听说岩石的结晶非常坚硬,是由很纯的水所形成的,不是寒冷带来的凝固作用,而是天上的火施加强制的力量,所以它们不会毁损变质,等到发生吸附作用就会产生很多的色泽。例如,他们所谓的 smaragdi① 和 beryllia②,被发现在铜矿的竖坑里面,它的颜色来自浸泡在富含硫黄的泉水当中,还有 chrysoliths③ 的产生源于一种雾气的蒸发,完全是太阳的热力发挥的作用。我们听说有一种东西被称为"假金",用岩石的结晶浸泡其中,再经过人工的烈火炼制而成。还有暗红色的宝石④所具备的特性,是受到光线的影响,据说根据它的硬度施以或大或小的压力,就会产生不同的颜色。据说不同的鸟类得到的色泽也是基于这种理由,像是有的种类出现在眼中是深红色,其他的种类彼此之间显示不同的色度;有些鸟的外貌火红,有些是鲜黄,有些是翠绿,还有一些鸟在对着光线转动的时候成为金色。总之,产生的色泽不仅种类繁多,而且差异极大,就像天空出现的彩虹,它的成因完全在于太阳的光线。

这些事实可以让自然界的学生肯定所能获得的论点,就是上面提到的物体会有很多的颜色,一致认为这是热力对它的造物加以染色所能达成的功效。太阳是生命的源头活水,经由它的协助才会产生各式各样的物种。他们还说无数的花卉有不同的色彩和地球上面有各种颜色,太阳就是它们的成因和创造者;凡人的手艺在物质的世界要模仿太阳的工作,遵从自然界给予的教导,要把不同的颜色和光泽施加在物体上面。他们继续表示,光线产生色彩,同样像是果实的香气以及它们的汁液带有特殊的味道,像是动物有不同的体莆和各种形状,像是地球表现的特色在于太阳的热力,

① 可能是翡翠。
② 绿宝石(beryl)是 beryllia 这个词的缩写。
③ 意为"黄金石",可能是一种黄玉。
④ 指石榴石、红玉和红宝石之类的宝石。

使得肥沃的土地和水变得温暖,授予生产的能力带来彼此大相径庭的造物。因此,无论是帕罗斯(Paros)①的白色大理石还是其他受到人们赞誉的玉石,都能够与阿拉伯所产的名贵宝石相提并论,特别是它有明亮的纯白光泽和最大的比重,还有光滑细致的表面更使其他宝石难望其项背。如同我所说的那样,广阔的国土上很多部分会有特性,一切都是太阳的影响,它的热力使得物质变得坚硬,它的干燥使得物质受到压缩,它的光线使得物质看起来灿烂夺目。

53 鸟类的族群亦复如此,它们接受温暖的气候,轻盈的体形②使其成为可以飞行的动物,羽毛的颜色来自太阳的影响,特别是这些地方就在阳光的直接曝晒之下。例如,巴比伦尼亚的孔雀全身遍布各种色泽,叙利亚最遥远的边区栖息着鹦鹉、紫色的鹬鸟、珠鸡,还有其他极其鲜艳和五颜六色的动物。这些理由可以运用到地球上面处于同样气候的所有国家,诸如印度、红海、埃塞俄比亚和利比亚的某些地区。东部比较肥沃,能够培育更为高贵的大型动物;至于利比亚的其余地区,产生的动物就形状和性质而言与风土和气候息息相关。

至于树木也是同样的情况,利比亚的棕榈因为干旱长的果实很小,内叙利亚(Coele-Syria)被称为 caryoti 的椰枣硕大、甜美,而且多汁。阿拉伯和巴比伦尼亚的椰枣长得更大,长度达到六指,像柠檬一样黄,有的是深红或者紫色,看起来让人感到愉悦,吃在嘴里带有蜂蜜的味道。棕榈的树干长得很高,表面光滑,有耸立在上方的树冠,虽然它们都是一丛丛的叶片长在顶端,但是它们的形态和位置的安排各有不同;有些复叶向四周分散成

---

① 帕罗斯是赛克拉德群岛当中面积第四的岛屿,风景优美,被称为"爱琴海的女儿",位于雅典的东南方相距约 200 千米。

② 参阅本书第一章第 7 节。

为一个很整齐的圆形,是从树干的中心点迸发出来的,好像它钻出破裂的树皮一样,长着如同成串葡萄的果实;还有一种情况就是簇叶从顶端向着一边低垂,外形如同一个闪耀火光的灯台①;或者是它们的复叶从两边向下弯曲;或者加上树枝形成双重的排列,就像主干上面戴一顶簇叶制成的王冠,表现出栩栩如生的模样。

54 阿拉伯整个南边的部分都叫作菲利克斯,至于内陆的阿拉伯人几乎全是游牧的部落,他们的选择是过逐水草、住帐篷的生活,放养难以计数的牲口和家畜,营地设置在无边无际向外延伸的旷野上面。位于这个部分和阿拉伯·菲利克斯之间的地区如同前面所述②是无水的沙漠;它的位置是在西部,却被广大无垠的沙漠形成天然的阻绝,经过这里的商客如同在大海上航行的水手,他们可以从大熊星的位置直接定出要走的路线。阿拉伯其余的部分位于面对叙利亚的边界,这里无数的农民和各种类型的商贾,从事季节性的交换,商品可以互通有无,让双方可以各取所需而归。阿拉伯还有一部分沿着大洋,位置还在阿拉伯·菲利克斯的上方,这个地区的河流纵横,到处都是积水不退的池塘,连接起来成为向外延伸的广大沼泽。除了河流带来的水量还有夏季的降雨,他们用来灌溉大部分的土地,种植的作物每年可得到两次收成。这个地区栖息着很多象群和其他巨大的陆上动物,重量倍增的动物发展出特殊的体形;必须强调各种家畜的数目真是令人吃惊,特别是牛和绵羊都长有大而肥的尾巴。

这片土地上面养育着数量惊人的骆驼,不同的种类,无论是全身无毛还是粗毛蓬松,都长有两个驼峰,沿着背脊一前一后,所以被称为 dituloi③。

---

① 狄奥多罗斯那个时代使用的灯,一头是油嘴另一头是把手,这才是适当的比喻。
② 参阅本章第 48 节。
③ 即双峰驼(Bactrian camel),学名 Camelus bactrianus。

有些用来饮用它的奶汁或是宰杀以后吃它的肉,使得居民在这类食物方面获得充分的供应,有些经过训练,背部负重可达十 medimni① 的小麦,可以承载五个人伸开四肢躺在如同卧榻的驼峰上面。还有腿较短而且躯体稍为纤细的单峰驼,要是大步全速行进每天能走很长的距离,特别适合商队通过无水的沙漠地区。这种动物在战场上面可以背靠背坐两位弓箭手,一个用来对付阵线前面的敌人,一个掩护后方不受对手的偷袭。

有关阿拉伯和这块土地上面的物产,我们已经用去很长的篇幅,报道这么多的事情是为了使喜爱阅读的人感到愉悦。

55 我们扼要叙述南方大洋当中发现的岛屿②以及很多让人感到惊奇的故事,首先要介绍这个重大发现的成因和它的来龙去脉。有一个名叫伊安巴卢斯(Iambulus)③的希腊人,从幼年开始勤奋求学苦读不辍,他的父亲是个商人,逝世以后由他继承遗留的事业。他和同伴前往阿拉伯盛产香料的内陆地区④,在旅途当中为一群强盗抓走,开始他与一位同时被掳的人奉派放牧牛羊,后来他与同伴成为某些埃塞俄比亚人的俘虏,被带到埃塞俄比亚的海岸地区。他们用绑架或诱骗的手段获得外国人,以对这片土地达成净化消灾的要求。住在那里的埃塞俄比亚人要奉行古代传下来的习俗,就是神明颁布的谶言都有明确的指示,只要过了二十代或六百年的时间,通常一代可以算成三十年,就得找到两位人士当成禳禊祈福的工具,要为他们建造一艘大小适合、强度能在大海经得起暴风

---

① 大约是 14.5 蒲式耳或 900 磅。

② 这个岛屿可能是锡兰,现在被称为斯里兰卡。就下面记载的情况,看来像是一个不知名的作者,在叙述一个神话中的民族,过着充满乌托邦的理想生活。

③ 除了文中描述的文字,我们对这个作者可以说是一无所知。

④ 自古以来索马里兰就是"生长香料的国度",根据斯特拉波《地理学》第 1 卷第 2 节,认为这个地方是在阿拉伯,狄奥多罗斯也保持这种看法。

雨的船只,仅仅两个人就很容易操纵,然后装上足够两人维持六个月的粮食。于是伊安巴卢斯和同伴上船,根据神谶的命令扬帆出海。

土著命令两人的航向是南方;据说他们会到一个充满欢乐的岛屿,人民具备和善仁慈的天性,可以在那里过着幸福的日子。他们用同样的方式提到,要是他们派去的人能够平安抵达岛屿,那么整个民族都会享受六百年和平和幸福的生活;如果这两位对于苍茫的大海感到胆战心惊,不愿前去返航回来,不管是邪恶之徒还是祸害国家和人民的罪犯,都要受到极其严厉的惩罚。他们说埃塞俄比亚人在海边聚集举行盛大的宴会,向神明奉献昂贵的祭品,将花冠戴在两个使者的头上,祝福他们找到岛屿能为国家消除灾难,然后他们启程出发。这艘船在大海上面航行,受到暴风雨的吹袭长达四个月,最后将他们带到预先告知的岛屿;它的轮廓是圆形,周长有五百斯塔德。

56 等到他们在海上的航行快要靠近岛屿时,有些土著前来迎接,将他们的船只拖上陆地;岛上的居民聚集起来,对于外乡人的抵达感到十分惊讶,他们的接待非常友善,让来人分享这个国度所有的生活必需品。岛民无论是身体情况还是言谈举止,要与有人居住的世界我们这一部分的人大相径庭;他们的面貌和体形看起来都很类似,高度超过四肘尺,所有的骨骼都能弯曲到最大极限,只要放松就会恢复原状,像是四肢全部由肌腱构成。他们的身体非常柔软,却比我们更为强壮有力;如果他们的手里抓住任何东西,没有人能够从紧握的手指中将它抢走。他们只有头发、眉毛、眼睫毛和下巴的胡须,其他部位不长一根毛发,全身上下如此光滑纤细除了他们真是没有见过。他们的容貌显得清秀俊美,身材的外形非常匀称而且四肢修长。他们的耳朵所占的面积要比我们大很多,就像紧贴着头颅的两片瓣膜。

最特殊的地方是他们的舌头,部分出于与生俱来的造化之功,部分由于过分注意的人工修饰,原来就是从舌尖有一段距离的分叉,他们还将里面的部分尽量拉开,结果从它的底部就成为两根舌头。因此,他们对于声音的运用真是多才多艺,即使是人类过于人工化的语言,或是各种鸟类非常复杂的啁啾,都能模仿得惟妙惟肖,总之,他们可以复制任何极其特殊的声音。其中最令人感到不可思议之处,在于一个人可以同时与两个人交谈,无论是回答问题还是讨论当时的情况,他用分叉的一根舌头与一个人交谈,第二根舌头与另外一人寒暄。

我们听说那里的气候最为温和适宜,因为他们居住的地区有赤道通过,就不会感到炎热或寒冷。再者,岛上的果树所结的果实全年都会成熟,甚至诗人都会如此表示①:

> 梨子成熟还有梨子,
> 苹果以后又是苹果,
> 葡萄一直长个不停,
> 无花果年年都丰收。

白昼的时辰和夜晚完全相等,太阳经过天顶使得所有的物体在正午不会投下阴影。

57 他们继续说下去,岛民的群体生活基于亲戚的关系和政治的组织,用这种方式聚集起来的亲属不会超过四百人;成员把时间都花在放牧的草地上面,整个国土供应所有生存所需的东西;因为这里的土壤肥沃,气候温和,无须耕种自然生产的粮食数量之多足够他们的需要。例如有一种芦苇遍布各处,抽穗以后长成外形很像白色 vetch② 的果

---

① 荷马《奥德赛》第 7 卷第 120—121 行,用来描叙斐亚赛人(Phaeacians)的田地。
② 可能是指稻米。

实,将它收割下来浸泡在温水里面,直到它变成鸽蛋大小的谷粒;经过压碎以后用力摩擦①,将它做成面包形状,经过烘培可以食用,带有非常香甜的气味。据说岛上到处都有泉源,温热的泉水用来沐浴可以解除身体的疲劳,清凉的饮水入口甘美对于健康有很大的好处。

再者,居民对于每一种学问都有广泛的兴趣,特别是天文学更为擅长;他们使用的文字有二十八个字母,运用方面要按照发音的实际情况,只是字形只有七种,每种有四个不同的变化。他们的书写不像一般从左到右平行的行,而是从上到下垂直的列。我们听说居民的寿命很长,甚至在世上能够活到一百五十岁,得知他们当中大部分都没有生病的经验。任何人的身体有了残疾或是久病不愈,按照铁面无情的法条,必须自求了断,不得苟且偷生。还有一种法律要求他们在世上只能活规定的岁数,等到期限来到用一种非常特殊的方式寻求解脱,岛上生长着一种植物,只要人躺在下面,就会安详入睡再也不会醒转过来。

58 据说他们没有婚姻,只是共有所有的子女,不论是谁生下的子女都属于全体,他们给予的爱护和照顾完全相等②;就是对婴儿的哺乳也都是轮流负责③,甚至连母亲都不知道谁是她所生的后裔。因此,他们之间没有任何的竞争和敌对,他们不会体验到居民的倾轧和口角,他们始终将内部的和睦当成最重要的事务。

我们听说与他们生活在一起的动物,体形较小却令人感到不可思议,这源于身体的特性和血液的能量。它们有圆滚滚的躯体,看起来很像海龟,外表有明显的结构,是两个斜形的黄色块状条纹,每个结构的两端各有

---

① 用以除去外层的糠皮。
② 等于柏拉图重要理论的起死回生。
③ 没有母亲,只有小区共有的奶妈。

一只眼睛和一张嘴巴,因此它能用四个眼睛观看以及使用同样数量的嘴巴,然而收集的食物只能经过一根食道,所有吞进去的营养全部流入一个胃。同样像是其他的器官和所有的内脏都是单一的类型。环绕身体四周的下方有很多条腿,可以随心所欲地向任何方向运动。他们说这种动物的血具有非常奇特的能量;身体的任何部分要是遭到切断,可以马上分泌胶质将它连接起来。甚至一只手或是其他的器官出现切除的情况,用它的血就能再度黏合成为一体,条件是切除的部分仍旧新鲜没有腐败;还有一件事千真万确,就是身体没有连接起来的部分,营养的来源可以维持居民的生存所需。每一个群体的居民都要养一只鸟,它的体形很大而且有个性,作为测试幼儿胆识和体质的工具,要他们分别乘坐在大鸟的背上,要是能够忍受在天上飞行的危险,就认为值得继续养育下去,只要发生呕吐或是感到惊慌就会遭到抛弃,觉得这种体质没有必要在世上活更长的岁月。

　　每个群体当中年纪最长者自然而然负起领导的责任,他的职位等于国王,所有的成员都会服从他的指示;第一位这样的统治者依据法律从事工作,当他生命结束的时候已经是一百五十岁,接着由在世最老的人继承首长的位置。岛屿四周的海面无论是涨潮还是退潮都会产生强大的海流,同时这里面的海水尝起来带有甜味。我们听说天上的星辰像是大熊星之类,在这里都落在地平线下无法看到。这样的岛屿一共有七个,它们的面积没有多大差别,彼此之间的距离都很相近,全部奉行同样的习俗和法律。

59 所有的居民都能享用供应充足的粮食,收成的各种作物都是岛上天然生长的产品,根本没有耗费任何人力和时间,然而他们对于天赐的福分不会任意浪费而是有所节制,情愿过着简朴的生活,只会取用维持生命所需的食物。他们的饮食都是自行准备,肉类只有烧烤或水煮,像是用专业的烹调制作佳肴美食,或是使用酱汁和形形色色的调味品,都是前所未闻之事。

他们膜拜凌驾在所有事物之上①的神明,还有太阳以及各种天体。他们使用各种器具捕获大量的鱼类以及为数不少的飞禽。这里还有不计其数的野生果树,到处都有橄榄树和葡萄,可以制成橄榄油和葡萄酒。我们听说岛上的蛇体形硕大,但对居民无害,它的肉可供食用,而且味道鲜美。他们的衣物来自某种芦苇,茎秆的中间含有一种绒毛物质②,非常柔软,而且质地洁白,收集所需的材料与压成粉末的贝壳混合,制成紫色的衣服,穿起来让人耀目生辉。这个岛上的动物具备如此奇特的性质,不仅让人大吃一惊,而且感到难以置信。

我听说他们的用餐要依循下面的安排:不可以在同样的时间或者一直吃同样的食物;明确规定在固定的日子里面,有一天应该吃鱼类,另外一天应该吃飞禽,有时是陆上动物的肉,有时则是橄榄和最简单的小菜。他们轮流从事负责的工作,用来提供彼此的需要;有些人要去捕鱼捉鸟,有些人要完成各种手艺,还有人要从事其他工作,除了老年人可以获得豁免,大家对群体的服务形成一定期限的循环。举行祭典和办理节庆大家全都参加,齐声唱出赞美歌和朗诵颂扬的言辞,他们用这种方式对神明顶礼膜拜,其中以对于太阳的推崇最为虔诚,为这些岛屿和他们自己都取上这个名字③。

他们在退潮的时候为死者举行葬礼,沿着海岸将他们埋在显露出来的沙滩,等到涨潮就会带来更多的沙堆积在上面。他们说芦苇可以供应他们所需要的养分,这种植物在茎秆的直径超过一指以后,每逢满月这个量度就会增加,开始亏缺就会成比例地减少。温泉流出来的水带有甜味,经常

---

① 可以指大气层、以太或苍穹。
② 可能就是棉花。
③ 意为"太阳的岛屿和子女"。

饮用让人获得健康的身体,只要不与冷水或酒混合起来,就会保持它的热度不会冷却。

60 叙述继续下去,伊安巴卢斯和他的同伴与这个民族相处了七年,还是被视为教授邪恶习性的罪犯,违背个人的意愿,遭到土著放逐。两人将原来的小船修好就被迫离开,居民在船上装满粮食使得他们在海上的航程能够持续四个月之久。后来他们在印度一个沙质的沼泽地区遭到海难,他的同伴丧生在大浪之中,只有伊安巴卢斯寻路到达一个村庄,然后土著带他经过几天的旅程,前往一座名叫帕利波什拉的城市觐见国王。由于国王一直对希腊人都很友善,而且学识非常丰富,他认为伊安巴卢斯值得给予诚心诚意的欢迎;他终于获得安全通行的保证,历经很多地方来到波斯,最后一路平安返回希腊。

伊安巴卢斯把备尝苦难的所见所闻撰写下来,还要加上他在印度经历的情况,事实上那个时代所有的人,对于遥远的异国都极其陌生和无知。就我们的立场而论,本章的开始已经有明确的交代,应该在此做一个结束。

第三章
北　非

1 本书前面两章当中，第一章的内容叙述埃及早期国王的事迹，以及从神话得知他们膜拜的神祇；同时还讨论尼罗河和他们的物产以及当地的动物，真可以说是种类繁多，难以备考；进而描述埃及的地志、居民的习俗以及法庭的法律。第二章的内容是亚述人在古代亚洲建立的功勋，有关塞米拉美斯的生平和权势，兴建巴比伦和许多城市的过程，以及率领大军征讨印度的始末；接着记载迦勒底人观察星辰、阿拉伯极其美妙的土地、锡西厄的王国、亚马孙人和海帕波里安极北之地。虽然我在前面已经提过埃塞俄比亚人、利比亚人和亚特兰蒂斯人，但本章对于有关的事项还要增加更多的情节。

2 史家提到埃塞俄比亚人是人类当中最早出现的民族,还说要想证
实这种论点是极其简单而又明显的事。埃塞俄比亚人不是从外
国来到此处的移民,而是当地的土著,从他们得到"原住民"①这个称呼,就
知道这种说法非常准确,何况所有的学者都能接受。再者,他们居住在阳
光直射之地,从所有可能的情况来说,他们是地球上最早繁殖出来的人种,
这点可以不证自明;太阳带来的温暖使得潮湿的地表变得干燥,孕育的生
命②形成宇宙的生殖作用,从而合理认定最接近太阳的地区最早出现活生
生的造物。据说他们起初受到教导要对神明永存颂扬和敬畏之心,从而制
定奉献牺牲、进香游行、节庆祭典和其他各种仪式用来顶礼膜拜神祇;有关
他们的虔诚已经有著作在海外的人士当中传播,说埃塞俄比亚人保持燔祭
的习性源于他们最喜欢讨好天国。

大家将这位证人称为诗人,不仅年高德劭,而且在希腊人当中最受尊
敬;他在《伊利亚特》一书中表示宙斯和其余的神明,全都要亲身前往埃塞
俄比亚,享受每年定期举行的祭典和盛宴,因而写出下面的诗句:

> 宙斯在昨天来到海洋的边界有诸神的随行,
> 参加埃塞俄比亚人的宴会受到武士的欢迎。③

特别提到埃塞俄比亚人备受诸神的宠爱,那是因为他们对神明永保虔诚之
心,何况他们从未经验外国入侵者带来的统治,自古以来始终保持自由独
立的状态,彼此都能和平相处,虽然很多实力强大的统治者对他们发起战
争,但没有一位成功,都是白费工夫。

---

① 土生土长没有迁移的民族。
② 参阅本书第一章第 7 节。
③ 荷马《伊利亚特》第 1 卷第 423—424 行,这是帖提斯对她的儿子阿基里斯所说的话。

3 可以举例说明,据说康贝西斯(Cambyses)[①]率领一支大军前来攻打他们,结果丧失所有的部队,自己陷入绝大的危险当中;塞米拉美斯虽然以功勋和成就赢得很大的名气,但等到进入埃塞俄比亚很短一段距离,便决定放弃攻占这个国家的意图;还有赫拉克勒斯和狄俄尼索斯,他们曾经讨伐整个有人居住的地球,真可以说是战无不胜,只有征服位居埃及上面的埃塞俄比亚时最后的结局是铩羽而归,一方面是当地土著有虔诚的信仰和无畏的精神,一方面是进攻的路线造成通行的极大困难。

他们还说埃及人是从埃塞俄比亚派出去的移民,奥西里斯(Osiris)就是成立殖民地的领导人物。一般而论,他们维持某种说法,宇宙形成之初埃及不是陆地而是海洋;由于后来尼罗河的洪水从埃塞俄比亚挟带泥沙,沉淀下来逐渐造成陆地。还有陈述的论点把埃及的陆地全部归于河流的泥沙形成的冲积作用,就他们的意见来看,尼罗河的出海口是最确凿的证据;每一年都有新的淤泥不断堆积在河流的入海口,可以明显看出海面向后撤退,陆地的面积不断增加。由于埃及人都是外来的移民,所以大部分现存的习俗仍旧保持埃塞俄比亚人古老的方式。例如,民众相信位居九五之尊的国王都是神明,非常重视他们的葬礼,还有很多其他事务的处理都与埃塞俄比亚人类似,诸如雕像的式样和字母的形状都根据埃塞俄比亚的原型;埃及人通常有两种书写的字体[②],一种被称为"通用体",每个人都可以学习,另一种是"圣书体"[③],只有埃及的祭司能够了解,经由他们的父执辈给予的教导,可以得心应手地运用,当成一种神圣的技艺不得向外人泄露,然而在埃塞俄比亚人当中,每个人都能运用"圣书体"的文字。

再者,他们持同样的看法,祭司阶级在这两个民族当中有崇高的地位;

---

① 有关这次战役可以参阅希罗多德《历史》第3卷第25节。
② 参阅本书第一章第80节及其注,里面提到书写的字体有三种。
③ 通常将它称为"简化的象形文字"。

任何人从事服侍神明的工作都要保持清洁的身体①,就像埃塞俄比亚的祭司要将胡须刮除干净,他们穿相同的服装,手执看起来没有差别的木杖,它的外形如同耕田的犁,除了他们只有国王有资格携带;国王头戴高耸的毡帽,顶端的尾部有一个结,四周环绕着蛇形的饰物;这种符号表示的意义是任何人若胆敢攻击国王,他的下场则是遭遇致命的蛇吻。② 他们提到古老的过去还涉及很多其他相关的事情,那些被他们派出去成立殖民地的移民,后来全都变成埃及人,这部分与我们的叙述没有多大关系,暂且略过。

4 我们提到的埃塞俄比亚字体在埃及人当中被称为象形文字,为的是只要讨论他们的古物,就不应该有任何疏忽和省略。可以发现他们的文字的造型,采用和模仿了各种动物、身体器官以及工具的外貌和形象,最后一项特别着眼于木匠的工具;他们的书写方式并非借着音节的彼此相连表示经过思考的概念,而是运用物体所能代表的意义经由复制或绘图的手法,有助于明确无误的记忆。可以举例说明,他们绘出一头老鹰、一条鳄鱼、一条蛇,或是人体的四肢五官诸如一只眼睛、一只手、一个面孔和其他类似之物的图像。

那么他们用老鹰来表示任何东西的快速和敏捷,因为这个动物长着翅膀可以用很快的速度飞行。绘成图形的概念可以假借恰当的隐喻然后加以转注,适合于所有具备快速性质以及成为敏捷的事物,所谓名正言顺就是这个意思。鳄鱼是一个符号,用来表示邪恶,眼睛是正义的看守和身体的警卫。对于身体的四肢五官而言,右手有着向外伸出的五指,表示生计的获得和维持,左手和紧握的手指是对财产的保有和看管。同样的方法可

① 他们要参加各种祭典和举行斋戒的仪式。
② 眼镜蛇是神圣的冠状头饰,成为北部王国的信物。

以合理运用到其余的记号,可以象征身体的五官、工具和所有其他事物;每一种品项都有与生俱来的意义,要特别留心仔细分辨,他们的心灵经由记忆的长期运用还要加以训练,等到他们习惯所有书写出来的物体才能养成阅读的本领。

5 埃塞俄比亚人的习俗,其中有不少就大家的看法,认为与其他人类有很大的不同,特别是在国王的推选方面。例如,祭司从他们的成员当中先要选出最高贵的人士,同时也要从这个团体里面选出神明,一个人要合于祭司制定的条件成为其中一分子,然后经过大家的推举才能成为国王;最直截了当的方式是把他看成神明给予膜拜和崇敬,相信统治权之所以托付给他是神意的安排。选出来的国王要拥护符合法律要求的体制,他的言行要遵守古老的传统。任何人要是违背从最早就获得大家认同的习俗,一致的做法是不能赞成也不能惩罚。他们还有一个不成文的规定,就是国王不能处死他的臣民,即使这个人已经被判处死刑而且应该接受这种惩罚,他可以派出随从带着一个死亡的信物送给定罪的人,罪犯看到警告立刻返家自行做一了断。

按照希腊人的习惯做法,一个人要是逃离本土来到邻近的国家,即使原来已经犯罪,除非将他强制遣返归国,否则绝不会同意给予他任何惩罚。他们提到一个人得到国王送来的死亡信物,想要立刻逃出埃塞俄比亚,他的母亲得知这个消息,就用腰带绑住他的颈子,这时他不敢举起手来反抗,只有让她勒住直到窒息身亡,大义灭亲的处理方式可以使家属免遭更大的羞辱。①

———————

① 希腊人将绞刑看成屈辱的死亡,埃塞俄比亚人认定逃亡异国更为可耻。

6 所有这些习俗当中最令人感到不可思议之处,在于关系到国王的死亡。① 祭司在麦里(Meroe)把时间花在膜拜神明上面,运用各种仪式赞扬他们的崇高和伟大,等到获得一致的理念就会下达最具权力和不容置疑的命令,派遣信差送给国王交代他准备后事不得有误。还要加以补充说是神明对他们有所表示,凡夫俗子对于上苍的嘱咐不可放肆置之不理。他们对于这种命令附带其他的论点,国王之所以会接受源于愚蠢和没有经验的性格,这经由古老而且难以除掉的习惯养成,他不知道用何种论点去反对这种无须运用强制力量的指示。

早期的国王必须服从祭司,受到控制不在于军队或者实力,而在于国王非常迷信,才会运用理性的权力将他们置于束缚之下;就在托勒密二世统治时期(前285—前246年),埃塞俄比亚国王厄加米尼斯(Ergamenes)受过希腊的教育,对于哲学很有研究,成为第一位有勇气对这种命令不予理会的君主。他登上国王的宝座发挥大无畏的精神,率领士兵进入一个很难接近的地方,那里有一座埃塞俄比亚人用黄金建造的神庙,杀死所有的祭司废除过去的习惯,处理所有的事务按照自己的意愿下达命令。

7 那些与国王的友人有关的习俗令人感到奇怪,据说还能坚持到今天。其中有一项规定是国王无论出于何种原因使得身体受到损伤,所有他的随员都要心甘情愿接受完全雷同的痛苦,大家认为国王有一条腿因为残废成为瘸子,他的朋友却有健全的四肢是极其羞耻的事,他们从皇宫出来除非能像国王那样跛着脚,否则就不能追随在他的后面。这让人感到惊奇,就一般的看法,坚定的友谊在于分享忧愁和悲伤,要能够同甘苦、共患难,而不是将身体的意外损伤都包括在内。

---

① 斯特拉波《地理学》第17卷第2节,对下面叙述的情况有类似的记载。

他们还说起一种习惯，身为随护要是能为国王牺牲性命，可以证明他们之间有真正的友情。他们还加以补充，基于这个缘故在埃塞俄比亚人当中，很不容易对国王发起阴谋叛逆的活动，因为他的友人与他在安全方面完全是息息相关、生死与共。他们认为凡是居住在首都①、位于岛上的麦里以及邻近埃及边界的人士，无论是阶级还是地位都具有更大的优势。

8 埃塞俄比亚人还有很多其他的部落，有些沿着尼罗河居住在两岸的陆地或是河中的岛屿上面，有些位于阿拉伯的边界地区②，仍旧有很多人栖身在利比亚的内陆。他们之中绝大多数特别是沿着尼罗河居住的人，从外貌看来都有黑色的皮肤、扁平的鼻子和鬈曲的头发。他们的心灵极其残暴凶狠，展示着无情的兽性，无论是他们的习气还是身体，还是像野兽一样保持最长的指甲，彼此之间不可能存有慈悲的人道精神。他们说话时带着刺耳的尖锐声音，没有受过教育的熏陶和培养，无法像人类当中其他族群一样能够过文明的生活。要是拿我们的习惯加以考虑，会与他们有极大的差异，这令人感到吃惊不已。

谈到他们的武器，有些人使用粗牛皮制作的盾牌和短矛，还有人用没有附投掷索的标枪和四肘尺长的木质硬弓，有时为了多管闲事就会乱射一通，等到把箭全部消耗完毕就用木棍进行最后的战斗。他们会将妇女武装起来，同时定出服役的年限，大多数按照习俗会在嘴唇上面套一个铜环当成饰物。她们没有衣物可以穿着，终其一生都是保持裸体，只有在太热的时候会随手拿一些东西用来遮住阳光，还有人割下羊皮的末端和尾巴，围

---

① 他们的首都名叫纳帕塔。
② 这个地区位于尼罗河和红海之间，参阅本书第一章第 63 节及其注释。

绕腰部将下身掩盖起来,低垂的部分像一个帘幕可以遮住私处①;有人使用家畜的皮,制成宽松的罩袍,连胸部都可以遮盖,她们将头发编成辫子,豢养的绵羊由于土地的特殊性质无法生产羊毛。

他们主要的食材是来自水中的植物和种子,都是长在湖泊或沼泽地区的野生品种,有人采摘某些树木非常柔嫩的叶丛当成食物,也可以在中午的时候用来遮盖身体,这种方式让他们感到凉爽。还有人播撒芝麻和莲花②的种子,还有人靠着芦苇带有甜味的根茎获得营养。不少人经过训练使用弓箭射下很多鸟类,可以用来满足饮食的需要;绝大多数人的一生要靠着牛群提供的肉、牛奶和奶酪过活。

9 住在麦里四周的埃塞俄比亚人对于神明内心存在两种见解:他们相信其中一些像是太阳、月亮和整个宇宙,具备某种永恒和不朽的特质,认为其他那些人虽然难免一死,但要是凭着他们的德行和赐给全人类的恩惠,还是可以享有永生的荣誉。例如,他们尊敬伊希斯、潘神,还有赫拉克勒斯和宙斯,认为这些神祇非常特别,是人类的恩主。还有少数埃塞俄比亚人不相信有任何神明的存在③,太阳上升的时候他们用大声的诅咒加以反对,结果受到大家的敌视,只有逃到其他地方的沼泽去避难。

他们提到,与死亡有关的习俗与其他民族也有很大的不同;有些人的处理方式是将尸首丢进河里,认为这是最好的埋葬;还有人拿一杯酒洒在

---

① 对于这种装束的含混记载,靠着斯特拉波《地理学》第 17 卷第 2 节的描述得以澄清,因为他对狄奥多罗斯用于这段文字的来源,抱着不以为然的态度。斯特拉波提到埃塞俄比亚人时说:"有些人保持赤裸的模样,还有人在腰部围着一小块羊皮,或是用羊毛编织而成的腰带。"并没有像狄奥多罗斯在本节叙述的情况。

② 参阅本书第一章第 34 节。

③ 斯特拉波《地理学》第 17 卷第 2 节,提到埃塞俄比亚人居住的地方靠近热带地区。

遗体①上面，就将它放在自己的家中，他们感到死者的容貌为家属所熟悉，彼此血缘的联系不会被亲人所忘记；有些人将尸首放在陶土制作的棺木里面，埋葬在寺庙四周的环状区域之内，他们认为与死者立下的誓约具备最强的约束力。

有些人将帝王的宝座授予容貌最英俊的人，认为最高的权力和美丽的长相都是天命所归的表征，还有人将统治的职位托付给管理牛群最细心的照顾者，觉得只有这种人才会对他的臣民呵护备至；还有人选择英勇的战士担任国王，对外的征讨可以发挥最大效果，只有他们能够接受荣誉带来的奖赏。

10 利比亚这片国土有一部分沿着尼罗河②，是风景最为优美的地区；食物的产量丰富而且种类繁多，天气要是过于炎热可以从它的沼泽得到调节，等于提供最适当的撤退位置，从而成为利比亚人和埃塞俄比亚人相互争夺的粮仓，双方为了据有它的主权展开连年不断的战事。这里也是众多大象的群栖地，据说在它上方的国度是广大而且水草丰美的牧场；沿着河流的两岸延伸着无穷无尽的沼泽平原，生长的各种谷物有丰硕的收成。因此，他们只要尝到灯芯草和芦苇的味道，由于食物的甜美和可以抛弃人类用以谋生的工具，就仍旧留在这里；也是出于这个原因，居民被迫要逃离这个地区，过着游牧生活，成为帐篷里的居住者，总之，他们拥有的优势可以为整个国度的范围定出界限。我们提过那里有成群结队的野兽，现在因为缺乏食物离开内陆地区，原来生长万物的地面变得极其干旱，那是过分炎热和缺乏水源造成的，流经此地的河川和泉水都已干

---

① 本书第二章第 15 节对这种习惯有更详尽的叙述。
② 利比亚在尼罗河的西岸。

涸,用来作为粮食的植物都已枯萎,变得更加稀少。

据说在这个地区的野兽当中,蟒蛇的体形硕大到不可思议的程度,而且数量很多,会在水坑里面用更大的力量攻击大象,身体旋转起来绕住对方的腿部,不断的束缚之下勒得愈来愈紧,直到最后这只凶狠的野兽全身满是口沫,承受不住压在身上的重量而倒在地上。因此,聚集的蛇群吞食倒地大象的肉,之所以很容易制服这只猛兽源于它的行动非常困难。至于这些蛇何以没有追随习用的食物,跟着大象越过我们提过的河流进入沿岸的地区,还是一个未解之谜,他们说是蛇的体积庞大,要避开这个国家地势平坦的部分,通常它们的巢穴在山脚下面的峡谷里,那里有很深的山洞能容纳很长的躯体,因此它们对这个地区已经感到习惯,就再也不会离开。自然女神是所有动物的导师,有关这方面的事务都能用心教授。

我们对于埃塞俄比亚人和他们居住的土地,已经做了充分的交代。

11 很多史家曾经写出有关埃及和埃塞俄比亚的著作,对于他们所能获得的成效要深入辨别清楚,其中有些文字要让不实的报道获得大家的认同,还有人为了存心欺骗读者杜撰很多故事,这些当然不值得相信。例如,尼多斯的阿加萨契德(Agatharchides)①的著作《历史》第二卷讨论的主题是亚洲,加上以弗所的阿特米多鲁斯(Artemidorus)②编辑的《地理学》第八卷,还有那些家住在埃及的作家都有很多的记载,这些我在前面都已经提过,整体而言他们的叙述都很正确。我们为了在游历埃及期间成为目睹的证人,结交了很多祭司,还与不少来自埃塞俄比亚的使

---

① 尼多斯的阿加萨契德是公元前 2 世纪的历史学家和地理学家。

② 阿特米多鲁斯是希腊的地理学家和旅行家,活动的时间约在公元前 2 世纪末期,曾经游历地中海的周边地区,作品是 11 卷《地理学》,经常为斯特拉波引用,现在只有留在他人作品当中的残句存世。

臣,趁着他们还在埃及的时候,进行各方面的谈话;小心查证每项史料以及检验史家记载的重大事件,务使我们撰写的著作都能采纳他们的意见,所有的论点全都获得大家的认同。

我们必然会讨论那些生活在埃及以南以及红海①四周的民族,即使埃塞俄比亚人的住处是在西方,我们对这种说法仍然感到满意。至于我们的作品当中最早提到黄金是从这个地区挖掘出来的,同样觉得并没有什么不妥当的地方。

12 位于埃及的尽头以及与阿拉伯和埃塞俄比亚接壤的边区,有一块地方出现很多大型的金矿,可以保证贵重金属的产量非常庞大,却要带来更多的痛苦和高昂的代价。② 质地黑色的土壤出现大理石③的露头和矿脉,纯白的色泽无可比拟,拥有闪闪发光的特质,在这里负责管理的监工要在无数工人流血流汗之下才能发现黄金。埃及的国王将有罪的囚犯和捕获的战俘送到金矿的矿区,还有那些受到不实指控或惹起君王愤怒被打入监狱的人,全都无法免除发配边疆的命运,不仅是这些人,有时还将所有的家属包括在内,使用这种手段可以对犯罪的人施加痛苦的惩罚,还能保证从他们辛劳的工作获得巨额的收入。经过判决要走上这条不归路的人,不仅数量极其庞大,而且都被打上脚镣,他们到达这里要日夜不停地工作,得不到任何休息,受到严密的看管,没有逃脱的机会;警卫都是外籍士兵,说着不同的言语,一直看管这些工作的囚犯,没有人能够与他们交谈或者经由接触建立友谊,所以无法收买任何一位禁卒。

———————————

① 这里的红海是指波斯湾和南方的海域。
② 可以参阅本书第五章第35节对西班牙同一类型矿场的叙述。
③ 应该是石英石。

带有黄金的露头①质地极其坚硬,他们首先要用烈火在上面烧灼,等到裂开再用双手进行后续的工作;较为柔软的岩层屈服于长期的作业,无数不幸的可怜虫用榔头将它打得粉碎。整个作业交由熟练的工头负责,他们能够辨别岩石的成分②,指出来交给劳工开采,选派力气最大的人负责极其艰辛的工作,他们要用巨大的铁锤打碎石英石构成的矿石,这种任务不需要技巧,完全是蛮力,还要在地下的岩层当中开掘隧道,不要保持一条直线而是顺着矿脉的走向,那种闪亮的岩石很容易分辨出来。由于地下通道的低矮和曲折,因而这些人都工作在黑暗之中,所带的灯火绑在他们的额头前面;大多数时间他们随着岩层的性质③改变身体位置,将矿石挖出来以后,通过层层的障碍运到地面;在一个严苛的监工随时给予鞭打之下,这种辛劳的工作没有片刻的停息。

13 还没有长大成人的儿童,经由隧道进入采空岩石所形成的走廊,努力拣拾已经打为碎片的矿石,将它搬运到出口外面的露天堆积场。这里的工人年龄都在三十岁以上④,将开采的矿石放一定的量在石臼当中,然后用铁杵猛烈地撞击,直到将它们打成如同豌豆一样大小的颗粒。这时候妇女和老人从他们那里接收这样大小的矿石,投入很多成排的磨床之中,每一个磨床由两到三个人一组负责拉动石磨,然后将大量的矿石经由不断的工作磨碎,最后它的材质全部如同最细的面粉。

他们当中没有人有照顾自己身体的机会,没有衣物可以穿着用来遮羞保暖,处于极端困苦的环境使得大家丧失同情心,没有人会关心不幸的可

---

① 露头的地面质地是前面所说的"大理石",才会使用高温烧灼的方法。

② 主要在于知道它的含金量。

③ 含金的岩层在形成之初因为地壳的剧烈变动,极其曲折,不停地改变方向。

④ 要是根据阿加萨契德《论红海》(*On the Erythraean Sea*)第26节的记载,狄奥多罗斯应该说工人的年纪"不会超过"30岁。

怜虫。对于生病、伤残或年迈的人,或是力气弱小的妇女,绝不会给予仁慈宽厚或停工休息,所有的人毫无例外都要在鞭打之下从事他们的工作,直到禁不起虐待,在痛苦不堪当中丧失性命为止。可怜的不幸者由于受到的惩罚是如此残酷,认为未来的遭遇可能比起现在更加可怕,看来真是生不如死,死可以带来最后的解脱。

14 技术熟练的工人接收成为粉末的矿石,现在开始进行最后的工作:将矿石放在稍微倾斜的大木板上面,一边注水一边不断用棍棒对大理石①的粉末加以搅拌,其中的土质成分与水混合起来顺着倾斜的木板向下流走,只有黄金因为它的重量仍旧留了下来。等到重复这种动作若干次以后,开始用手很柔和地摩擦,再用结构松散的海绵轻轻地施压,用这种方式除去湿透的土质成分,直到剩下的东西都是很纯的金屑。最后交由另外的熟练工匠处理,将固定成色和重量的半成品放进陶瓷里面,混合一块质量成等比的铅,还有盐和少量的锡,加上一些大麦的麦麸;将陶瓷的盖子封紧以后,再很仔细地用泥土涂满整个瓷身,放进土窑里面连续用烈火烧五天五夜;时限结束以后让陶瓷冷却,其他物品都已消失不见,剩下赤足的纯金,施工的过程中只有很少的损失。

黄金的炼制要经过大规模的作业程序,得到的成品运到埃及最遥远的边界。就我个人的意见,自然女神已经很清楚地表示,黄金的生产是极其辛劳的工作,提供周全的保护非常困难,拥有它的热情真是莫之能御,对它的运用始终在快乐和痛苦之间来回摇摆。

发现这些矿藏已经非常古老,早期的国王已完成开采的工作。我们现在要讨论的民族,居住在阿拉伯湾②或者特罗格迪底的海岸地区,以及埃

---

① 参阅前面第 12 节及其注释。
② 红海。

塞俄比亚部分地区,那里要面对从头顶直射下来的阳光以及经常刮起的南风。

15 我们要提到的第一个民族是伊克西欧法吉人(Ichthyophagi),即"食鱼者",他们居住的海岸从卡玛尼亚(Carmania)和基德罗西亚(Gedrosia)①一直延长到最远的极限阿拉伯湾;那里有一个向外伸展不知多少距离的岛屿,它的一端位于海湾的出口,被两块大陆所包围,一边是阿拉伯·菲利克斯,另外一边则是特罗格迪底人的领地。蛮族当中有些人还是全身裸露,妇女和儿童对他们而言如同牛羊家畜,他们的认知和感觉只有肉体的欢娱和痛苦,从来不会想到世上有羞耻或荣誉的事。他们的住处沿着岩石的海岸,不会离海太远,这里有深邃的谷地、崎岖的山峡和非常狭窄的通道,自然女神用曲折的侧方支流加以分隔开来,所有的支流从它的天然条件来说适合他们的需要,土著用巨大的石堆堵塞通路和出口,这种方式像是带着网子去捕鱼。

海洋的涨潮形成的激浪猛烈冲刷陆地,一天发生两次,通常在第三和第九时辰,高升的潮水覆盖全部岩石海岸,加上连续和汹涌的巨浪,会把各式各样不计其数的鱼类带上陆地,开始的时候鱼群沿着海岸到处游动,徘徊在隐匿的地方和低凹的位置寻找食物;等到涨潮的时刻来到,流动的海水慢慢越过成堆的石块和峡谷,鱼群还是留在后面的低凹位置。这个时候大量土著带着他们的妇女和小孩,像是在一个命令的指挥之下,全部在岩石的海岸集合起来。蛮族会分成几个团体,整理好队伍发出一阵呐喊,冲进指定的地方,好像他们出乎意料地来到这些猎物的前面,妇女和小孩捕捉靠近岸边的小鱼,将它们丢到陆地上面,身强力壮的男子用手对付那些

---

① 大约是现在的波斯东南部和被称为俾路支(Baluchistan)的地区。

大鱼,深海带来的物种体形庞大,很难制服,不仅有 sea-scorpions①、海鳗和鲛鱼,还有海豹②和很多其他种类的鱼,无论是外形还是名称都很陌生。他们捕捉这些海洋里的动物不需要武器和手工具的帮助,只用尖锐的羊角刺穿它们的躯体,或是用带有锯齿的石块将它们砸伤;自然女神需要教导人类熟知各种事物,如同她让大家运用自己的方式,抓住到手的机会绝不放松,希望能够好好加以利用。

16 土著捕获大量各种鱼类以后,将它们带到面向南方的岩石上面加以烘烤,石头在阳光照射之下变得极其炽热,将鱼平铺在上面只要很短的时间,再将它们翻转到另一边,过一会儿工夫用手抓住鱼的尾巴将它提起用力地摇晃。鱼肉经过加热变得柔软,就会脱落,鱼头和背脊骨被丢在旁边很快成为一大堆,我们在后面还会提到这些废弃物还有其他的用途。将鱼肉放在光滑的石板上面,很小心地用脚将它踩一阵子,然后把枣树③的果实与它混合起来;经过加工以后成为一大块胶质的食物,看来这种方式会产生很好的味道。最后,所有的材料全部踩得非常均匀,将它们制作成小型砖块的式样,再放在阳光下面曝晒;等到变得完全干燥以后,他们会坐下满足口腹之欲,进食的时候不会按照重量分配或者加以限制,完全在于每个人的意愿,要吃多少就吃多少,他们无论何时都有充足的储存可以立即供应所需,看来像是"海神"波塞冬已经取代"耕种女神"德米特的使命。

海面出现大浪,来势汹汹地冲向陆地,狂暴的波涛一连很多天淹没岩

---

① 或许是学名 scorpaena scrofa 的鱼类,阿昔尼乌斯《知识的盛宴》320D 提到这种鱼,古利克(Gulick)联想到"杜父鱼"倒是名实相符。

② 或许是学名 phoca monachus 的海洋动物,荷马《奥德赛》第 4 卷第 404 行有这样的诗句:成群长着蹼足的海豹睡在老海神的四周。

③ 或许是鼠李属一种灌木。

石的海岸,没有人能接近极其危险的地区。这个时候食物变得缺乏,他们首先是搜集贻贝和牡蛎,有的非常巨大,重量可以达到四迈纳①,他们用大石块打碎外壳,然后吃下它的肉,味道很像生蚝。刮起来不停的风使得海洋的水面在相当时期之内始终高涨,在无法应付的情况下,不能从事原来的捕鱼工作,这样一来只有靠着采集贝类过活。等到贝类已经罗掘一空,他们还记得成堆的鱼骨;从中间选出多汁和带肉的部分,连所有的关节全部敲开,放进口中立即用牙齿咬嚼,虽然最硬的部分要用石块将它打碎,但由于过去已经吃过,所以早有准备,他们的生活水平很像在巢穴当中度日的野兽。

17 他们用上述的方式可以获得极其丰硕的干燥食物,对于那些带有水分的食材,运用起来让人感到不可思议,而且难以置信。他们非常勤勉,用四天的时间搜寻和捕捉海洋供应的食物,整个部落非常高兴地大吃一顿,彼此用不成腔调的歌声相互唱和;为了下一代的出生,他们可以与任何遇到的妇女交媾,特别是食物获得容易,已经放在手边,可以放松下来,没有值得操心的事。到了第五天整个部落急着到山麓寻找饮水,那里有甜美的泉源,游牧民族用来供应他们的牲口。他们的行程如同放牧的牛群,所有的人都发出大声的叫喊,不是发音清晰的说话,而是混乱的喧嚣。对于他们的子女来说,妇女始终把婴儿抱在手里,身为父亲只做长大以后要做的事情,年龄在五岁以上的小孩在父母的陪伴之下向前行进,他们一边走一边很高兴地玩耍,他们将享受最甜美的东西所带来的愉悦。

这个民族的天性如同处于更为恶劣的环境当中,满足他们的需要所带来

---

① 大约重 4 磅;希腊的迈纳是重量单位也是币值单位,是指重 341 克的银,1 磅的重量是 454 克,所以 1 迈纳的重量将近 1 磅。

的好处攸关生死,除此以外没有比这个更大的乐趣。他们只要抵达游牧民族供应饮水的地方,马上让他们的肚子喝得发胀,回程的路上因为体重增加,一副没有力气继续前进的样子。这一整天他们没有进食,每个人像是吃饱食物躺在地上,连呼吸都很困难,看起来如同一群喝醉酒的人。不过,到了第二天他们又开始吃鱼,可以说他们一辈子都周而复始地过着这种生活。

位于海峡内侧的海岸地区,那里的居民所过的生活已经交代清楚,虽然比起世界上我们这个部分的居民,生活必需品在很多地方明显短缺和不足,但是由于他们的食物非常简单而又清淡,所以很少生病。

18 位于海湾之外那些海岸地区的居民,我们发现他们的生活比起刚刚提到的民族,所带来的惊奇更是令人感到不可思议,亦即他们具备的特性:对于口渴和痛苦没有感觉。虽然他们受到命运的逼迫从适合居住的地区被赶到不毛之地,所有的饮食来自捕到的鱼,但他们还是不需要潮湿的食物。他们吃的鱼还是生冷的状态,含有的汁液并未除去,看来实在是不需要带有水分的食物,特别是他们还没有饮酒的概念。他们对于最早靠着运道分配给他们的食物已经感到满足,仅仅想到能够避开缺乏食物所带来的痛苦就是最大的幸福。①

最令人感到吃惊的事,也是他们较所有人占有更大优势的地方,就是他们缺乏感情到难以让人置信的程度。然而很多埃及商人航行通过红海,直到今天仍旧如此,经常远道而来,抵达伊克西欧法吉人的土地,他们同意我们的叙述。虽然这些居民是人类的一分子,却对痛苦没有任何感觉。托勒密三世②的嗜好是狩猎,对当地发现的大象有很大的兴趣,派出一位名叫西迈阿斯

---

① 这是伊壁鸠鲁学派的理论。参阅卢克里久斯(Lucretius)《论万物的本质》(*On the Nature of Things*)第 2 卷第 20—21 节。

② 托勒密三世优儿吉底(Ptolemy Ⅲ Euergetes),在位期间前 246—前 221 年。

(Simmias)的友人,秘密前去侦察狩猎的情况,出发的时候带着足够的供应品,如同尼多斯的史家阿加萨契德的记载,他沿着海岸对整个国度做了完整的调查。

他①说那个地区有"无感觉"的埃塞俄比亚人②,根本不会饮酒,从他们的习性来看也没有这种需要,所持的理由如上所述。他还提到通常他们不会与其他国家来往,外来的民族即使接近他们的海岸,对当地人也不会造成任何影响,他们只是专心凝视来人,没有表示任何情感,甚至神色都不会发生变化,摆出一副视若无睹的模样。要是有人拔剑向他们挥舞,他们不会转身逃走,就是受到侮辱或是殴打,也不会表现出激动的态度,大多数人不会同情受害者的遭遇或者产生愤恨的情绪;从另一方面来看,有时儿童和妇女在他们的眼前遭到屠杀,他们仍旧抱着"毫无感觉"的态度,不会表现出激怒或怜悯的态度。总之,他们对于最骇人的恐怖仍然无动于衷,脸色保持稳定不变,顶多不过点头示意而已。

据说他们没有语言的表达能力,仅能用手势把所需要的东西指出来。最奇怪的事莫过于海豹与他们生活在一起,它们的捕鱼完全模仿人类运用的手法。彼此之间信任的程度连巢穴的位置和幼兽的安全都可以置之不顾;他们与不同种类的动物来往,仍然保持和平的态度和正当的行为,不会犯下任何过错和恶行。这些部落从很早的年代开始,就遵守看来奇特的生活方式,它的形成在于历经很长时间的习惯,或是在环境的压力之下对生存必需品的要求获得满足。

---

① 阿加萨契德的著作是狄奥多罗斯写作本节的主要数据源,可以参阅《论红海》第41节。

② 是指东部的埃塞俄比亚人,参阅本书第二章第22节。

19 这些部落的住处并不全都相似,习惯上他们的房舍都会根据四周环境的特性,进行相当的调整和修改。例如,有些人把家安置在山洞里面,开口的选择都是朝着北方,靠着较深的阴影和微风的吹拂变得更为凉爽一点;要是面向南方使得洞内的温度有如烤箱,过分的炎热会让人不敢住进去。还有一些人找不到面向北方的洞穴,可以收集散布在海边的鲸鱼肋骨,这种材料在当地极其丰富,他们用这些肋骨在两边交错排列起来①,弯曲的部分彼此相接,再将新鲜海草编织起来铺在上面当成顶盖②。这样一来,等到拱形的结构全部完成以后,就是最炎热的天气也能让他们感到舒适,自然女神把需要强加在他们的头上,经由自我学习的过程可以获得这门技术。

伊克西欧法吉人找到住处的第三种方法有如下述。这个地区生长着很多橄榄树,有时候连它们的根都会受到海浪的冲刷,生长稠密的叶丛,果实很像味道很甜的板栗。③ 他们将这些树编结起来,成为一个连续有遮盖的树荫,可以在这个非常特别的帐篷里面过日子;他们一天之中花在海中与花在陆地的时间大致相等,这使得他们能过愉快的生活。避开阳光要靠树木的枝叶投下的阴影,消除地区的炎热只要不断地在海浪中洗涤,加上阵阵和风的吹拂,使得他们的身体感到舒适和凉快。

我们还要谈一谈他们第四种栖身的方式。从最为古老的时代开始,这里堆积的大量海藻如同一座小山,永不停息的海浪将它们冲上岸来,与沙土混合起来变得非常坚硬。他们在海藻堆里挖出一个人高的地道当成房间,保留上面的部分当成屋顶,下面与两个开口相连成为进出的通路。④

---

① 这种构建的方式很像美洲印第安人用木杆架起来的圆锥形帐篷或小屋。

② 斯特拉波《地理学》第 15 卷第 2 节也说他们的住屋是用鲸鱼的肋骨建造的,还提到波斯湾有很多"喷水的鲸鱼"。

③ 这种果树与橄榄大相径庭,应该是另外一种植物。

④ 斯特拉波《地理学》第 16 卷第 4 节,说是"食龟者"才有这种习俗和处理死者的方式。

他们住在地道当中非常凉爽,可以免除过分炎热带来的烦恼,就在涨潮的浪涛淹没海岸之际,大家都要忙着捕捉落入天然陷阱的鱼群,住在这里的人可以抓住时间很快冲上前去;等到退潮他们一起回到房间里面去享用他们的渔获。他们对死者的"埋葬"是将尸体留在潮水最低的位置,只要开始涨潮就将它抛进海里①。伊克西欧法吉人最后的归宿是葬身鱼腹,看来"食鱼者"在世间的生活,就是遵循单调的方式进行永无止境的轮回。

20 伊克西欧法吉人有一个部落的住处非常特殊,等于给大家出了一个难题,要是有人能够解答必定感到自豪;他们之中有些人将住家安置在陡峭的绝壁上面,这些人不可能在开始就能接近,因为上面有高耸的岩石向外突出,所有的位置都处于垂直的状态,三面都是难以靠近的悬崖,进出的通路全部遭到切断。另外一面全部被海水包围,无法步行通过,也不能使用木筏,谈到船只他们更没有那种概念。

考虑到这些条件所以会成为难题,留给我们唯一的解答,在于他们是无须外求的原住民,发生的根源就在此地,能够经验到没有起点的竞争,早已存在于时间的开始。如同某些物理学家宣称的所有自然现象②全都真实无虚;只是有些事物的知识我们无法达到能够理解的程度,至少对于所知的情况加以说明不会受到阻止,也有可能为听到的事项所说服,只是这样做绝不会发现真相。

21 我们要谈一谈所谓的奇洛诺法吉人(Chelonophagi)即"食龟者"以及他们的生活方式所具备的性质。这个群岛位于大洋之中却又靠近陆地,包括许多面积很小而且地势低下的岛屿,无法获得种

---

① 虽然海葬是将尸体抛到海里,但还是有一定的程序和仪式。
② 参阅本书第一章第 6 节。

植或野生的粮食。成列的岛屿彼此首尾相接，由于怒涛在外围受到阻挡，带来风平浪静的海面，大量海龟停栖在整片海域，可以从各方面获得天然的保护。它们夜间在水很深的海底寻找食物，白天聚集在岛屿之间的广大区域，浮在海面睡觉的时候背上的壳朝着太阳，看在眼里很像一些翻覆过去的船只；它们的数量多得吓人，有的比起最小的捕鱼艇还要大一点。居住在群岛上面的蛮族，抓住机会在海中向着这些海龟安静地游过去；等到他们从两侧接近其中一只以后，一个人从一边将它拖下去，还有一个人在另外一边将它举起来，直到这个动物的全身翻转过去。然后抓紧它的两侧，整个猎物落到他们的手里，保持平衡不能让它翻过身来，这时它就无法发挥自然界赋予它的能力，再也不能逃走或是潜入深水之中；另外一个人手拿一根绳子绑在它的尾巴上面，游到海边再将海龟拖上陆地，旁边等候的人出来帮忙将它杀死。

他们从岛屿的岸边猎取海龟以后，宰杀完毕将体内的肉全部割下来，放在太阳下面曝晒很短一段时间，然后当成充饥的粮食，他们用它的外壳当成船只航向大陆，目的是取得生存必需的饮水，还有就是将它架起来外壳向上，成为可以遮蔽风雨的住处；看来像是自然女神只提供单一的好处，却让这个民族能够满足很多方面的需要；同样一件天赐的礼物却为他们带来食物、容器、住宅和船只。

距离这个民族不远的海岸居住着一群蛮族，过着靠天吃饭的生活，食物的来源是搁浅在陆地的鲸鱼，有时发现这种巨大的动物带来丰硕的给养，等到供应中断他们遭到严重的匮乏；食物的稀少迫使他们要啃食长在肋条终端部分的软骨。

以上是我们摘要叙述伊克西欧法吉人所属几个部落的生活方式。

22 巴比伦尼亚①边界的海岸有一个地区,农耕发达,居民过着文明生活,鱼类非常丰富,远超过当地土著所能捕获的数量。他们沿着海滨将芦苇一根接一根插进水中,再将它们交互地编织起来,就像沿着大海的边缘架设一张渔网。整个结构在全线装上很多大门,就像编织非常紧密的柳条篮②,再用铰链钉在柱子上面,很容易随着海水的流动向前或向后开启。涨潮的时候向着海岸滚动的海浪会让入口的大门全部张开,退潮向后的激流让活动的门户紧闭起来。因此它在每天都能自动地操作,海面上涨使得深处的鱼随着潮水通过大门进到里面,退潮出口关闭,它们无法通过编得很密的芦苇。经常可以看到的结果是海洋的旁边留下成堆在那里蠕动的鱼,大家所要做的工作是不费力气地将它们捡拾起来。他们到手极其丰富的生存必需品如同获得大宗的定额收入。

这里的地面非常平坦而且低下,还有一些居民挖出很宽的沟渠,长度可以达到数个斯塔德,将海水引到私人的田产上面,在入口的地方装上柳枝编成的大门,涨潮打开让海水流进内陆,等到潮水改变方向就将大门关上。海水从大门的间隙流了出去,鱼就留在沟渠里,经过他们的控制等于将活鱼储存在里面,任何时候只要他们高兴要去抓多少都没有问题。

23 我们现在要讨论的民族住在巴比伦尼亚和阿拉伯湾③之间的海岸,还要提到与它相邻的国度。莱佐法吉人(Rhizophagi)即"食根者"的国土靠着阿莎(Asa)河④,位于埃及上方的埃塞俄比亚境内;这

---

① 狄奥多罗斯想到"省"会用巴比伦尼亚作为名字,所以巴比伦尼亚省的辖区包括波斯湾的北部海岸,甚至延伸到它的西部海岸,到达遥远的阿拉伯无人居住地区,参阅本书第十八章第6节。

② 这些容器编得非常紧密,用来装水都不会漏掉。

③ 就是红海。

④ 阿加萨契德《论红海》第50节将它称为阿斯塔巴拉(Astabara)河,斯特拉波《地理学》第16卷第4节称它为阿斯塔波拉斯(Astaboras)河。

些蛮族在邻近的沼泽挖出芦苇的根用水冲洗；等到处理干净以后用石块将它全部捣碎，直到所有的材料没有留下硬块成为很黏的胶状物质，然后将它揉成球状大小可以用手拿起来，再将它放在太阳下面晒干，成为他们一辈子赖以为生的食物，最大的好处是绝对不致匮乏，能让他们过着与世无争的生活。

虽然如此，他们还是逃不过会被狮子猎食的命运；因为这里天气极其酷热，猛兽离开沙漠来此寻找阴凉的地方，当然会捕捉较小的动物当成食物。所以此地经常发生惨剧，埃塞俄比亚人来到满布沼泽的地面，就会被这些兽王当成口中的食物；他们没有能力抵抗强壮而又凶狠的狮子，特别是无法获得武器的帮助，坦白说要不是自然女神施以援手，整个族群最后的下场是陷入绝灭的困境。天狼星①从天际升起的时候，料想不到的平静就会很快降临，整个地区出现成群的黑压压的蚊虫，活跃的程度真是难以想象，人类泡在沼泽的水池里面不会受到骚扰，所有的狮子都会逃出这个地区，不仅是蚊虫的叮咬，还有不断的嗡嗡声让它们无法忍受。

24 下面还有两个民族就是他们所称的海洛法吉人（Hylophagi），即"食树者"，史朴马托法吉人（Spermatophagi），即"食果者"。后者在夏季到森林里面捡拾大量掉落地上的果实，无须费力劳动又能获得足够的养分，只是在一年其余的时间，他们依赖一种植物最嫩的部分过活，它的名字叫作 bounias②，生长在阴暗的峡谷，虽然有很硬的茎秆，但缺乏所需粮食时可以当成代用品。不过，海洛法吉人带着妻子和儿女一起去找食物，爬到树上折断柔软的枝干和叶丛，靠它维生。这种攀缘而上直到树冠

---

① 希腊人称为希流斯（Sirius）星。
② 就是"法国芜青"，学名 Brassica Napus。

的方式，在他们看来根本不在话下，旁人看到很难相信他们竟然会这样做；他们就像鸟类会从一棵树跳到另一棵树上，在最柔弱的树枝上面通过也不会遭到任何危险。那是因为他们的身体极其灵活而且轻巧，即使脚下滑倒，靠着手的紧握还是能够化险为夷。如果他们偶尔从高处跌落地面，由于身体很轻，不会受到多大的伤害。每一根多汁的树枝他们会用牙齿嚼得粉碎，吞入胃里就很容易消化。

部落的男子终其一生都是全身赤裸，因为他们所要交媾的妇女属于整个团体所有，同样看待自己的后裔是大家所共有的子女。他们彼此之间为了争地盘发生打斗，使用的武器是木棒，可以用它将敌人击毙，然后肢解死者的身体。大多人的死亡来自长期的饥饿耗尽全身的精力，等到他们的眼睛发生目翳的症状，身体会被剥夺使用这种感觉器官的需要。

25 埃塞俄比亚人的国土还有一部分为他们所称的赛尼吉人（Cynegi），即"猎人"据有，他们的人数不算很多，生活方式从他们的名字可以得知。他们的国土受到野兽的肆虐变得一无是处①，只有少数几条水势很急的溪流，因为害怕凶狠的猛兽睡在森林里面，每天清晨将武器整备妥当前往邻近的水池，他们开始一直藏身在树丛当中，从自己在森林里面的位置始终保持很高的警觉。到了最为炎热的时候，野牛、豹和形形色色的野兽都来喝水，特别是高温之下它们变得口渴难忍，经过痛饮以后腹部发胀，变得行动迟缓，要躺下休息，这些埃塞俄比亚人从森林里跳了出来，手里拿着用火烤硬的木棒、石块和弓箭，不费多大工夫就将它们杀死。他们聚在一起用这种方式出猎，要拿猎物的肉来填饱肚皮，虽然经常他们自己也会被更强壮的动物杀害。由于野兽在体力上面占有优势，他们

---

① 意为不适合农耕的生活。

的斩获大部分还要靠智取。

要是有很长的时间他们的出猎没有收获,就将从前保留下来的兽皮泡在水里,然后放在小火上面烘烤,等到生皮表面的毛发全部烧焦,切割开来分给大家充饥,在迫不得已的情况下这种食物也能满足需要。他们训练男孩使用弓箭的技术,只有射中目标才能获得食物。等到他们长大成人在这方面拥有惊人的本领,须知饥饿的痛苦可以教出最高明的学生。

26 距离这片国土还很遥远的西部地区,那里的埃塞俄比亚人被称为猎象人(Elephant-fighters),其实他们就是专业的猎户。他们居住的区域地面布满灌木丛林,所有的植物全部浓密地生长在一起,猎象人在出猎的时候,非常仔细地侦察大象进出的小径和喜爱停留的地方,观测的位置是最高的树上;要是出现象群他们就不敢轻举妄动,因为这样做毫无成功的希望,要是一头大象落单他们就会下手,用一种胆大到令人吃惊的方式进行攻击。

等到这头闲逛的野兽快要接近一棵大树时,猎象人乘机躲在树的背后,趁着它通过这个地方的刹那之间,用双手抓住大象的尾巴,双脚用力顶住它左侧的胁部;他的肩膀挂着一把斧头,极其锋利,而且轻到只用一只手就可以挥动,这时他用右手紧握斧头猛砍大象的右腿,在不断的挥击当中只能用左手保持身体原来的位置。猎象人用一种令人感到惊讶的快速动作执行任务,须知这是两者之间生存的竞赛,除非大象死亡否则猎人绝难活命,这种情况不允许出现另外的结局。猛兽在脚筋遭到砍断之前,有时它不必转过身体只是在受伤的地方停下来,倒在地面就让背上的埃塞俄比亚人没有活命的机会,有时它将这个人挤在一块岩石或一棵树上不能动弹,再用自己的重量去猛压直到他死亡为止。

不过在多数情况之下,大象在极度的痛苦和紧张之下,没有想到转身对付攻击者,只是越过平原一味地奔逃,这时猎象人用他的斧头砍在同一位置,等到斩断一条腿猛兽就完全瘫痪。大象倒地不动以后虽然未死,但他们聚集起来用刀将猎物臀部的肉割下来,很快就可以饱餐一顿①.

27 还有一些居住在近处的土著,狩猎大象无须自己暴露于危险之中,完全靠着狡猾的计谋制服对方的蛮力。这种动物在进食完毕以后,习惯上是躺在地上睡觉,运用的方式与其他的四足兽大不相同;沉重的大象不可能靠着弯曲膝盖使得整个躯体倒向地面,需要倚靠在一棵树的树干上先休息接着才能躺下入睡。因此这棵经常被它倚靠的大树,受到它的摩擦,上面会沾着泥土,再加上四周的地面,可以看到它的脚印和很多其他的痕迹,因此埃塞俄比亚人只要找到这个位置,就知道大象会在这里过夜。

他们来到这棵树的前面,在接近地面的位置用锯子锯树,不能把它完全锯断,只要稍为用力靠上去它就会倒下来;然后擦除他们来过这里的痕迹,在这个动物接近之前先行很快离开,等到傍晚大象的肚里装满食物,来到习惯上常来的地方,等到它用全部的体重倚靠在树干上面,立即连带这棵树全都倒在地上,庞大的身体如果不能立即起来,倒下以后仍旧整夜保持背朝下躺卧的姿态直到死亡。② 天亮以后埃塞俄比亚人聚集起来锯断

---

① 英国著名的探险家和尼罗河源头的发现者贝克爵士(Sir S.W.Baker),1861 年在阿比西尼亚即埃塞俄比亚的蓝尼罗河上游狩猎,见到当地土著阿拉伯人哈姆兰(Hamran)部落的猎象人出猎,这些专业的猎人被称为"执剑者",他们手执长剑而不是斧头,用同样的方式杀死大象。

② 斯特拉波《地理学》第 16 卷第 4 节对于猎象有类似的记载,因为"它的腿是一根没有关节无法弯曲的骨头";尤利乌斯·恺撒《高卢战记》(Gallic War)第 6 卷第 27 节,提到赫西尼安(Hercynian)森林有一种叫麋的动物,它们的腿没有关节或接骱,只要跌倒就爬不起来,所以日耳曼人用同样的方式猎取它们。坦伦特(J.E.Tennent)《锡兰自然史》,提到无论古代还是中世纪,仍然持有一种观念,就是象的腿没有关节。

树干将它移开，他们根本不用冒任何危险就能杀死硕大的猛兽，于是他们在这里架起帐篷留了下来，直到将这个倒毙的动物全部吃完才离开。

28 居住在这个部落西边的埃塞俄比亚人被大家称为西密人（Simi）①，从那里再向南走是斯特鲁索法吉人（Struthophagi），即"食鸟者"的部落。当地有一种鸟像是混合着陆上动物的特性，可以解释它用的名字带着双重的意义。这种动物的体形并不小于最大的鹿，自然女神给它一根长长的颈脖和一个圆滚滚的躯体，全身覆盖着羽毛。它的头很小，看起来一副弱不禁风的样子，却长着强有力的腿部和坚硬的足趾。它的身体过重，无法在空中飞翔，却比其他所有的动物都跑得更快，仅用足趾的尖端接触地面；最特别的地方是它高举一双翅膀迎着风奔跑，就像一艘船的帆全部升了起来；它的脚能像投石器一样，用极其怪异的方式，投出大小可以握在手里的石块，保护自己不受追击者的侵害。当它在空气平静的时候遭到追逐，翅膀很快低垂下来，不能运用自然女神给予它的优势，因为这样就很容易被追上成为俘虏。

由于这种动物在地区内数量之多说起来让人难以相信，蛮族总是想尽办法去捕捉它们，这样一来会有很好的收获，不仅用它们的肉当成食物，就是它们的皮和毛都能制作衣服和寝具。埃塞俄比亚人当中所谓的西密人与这种动物不断进行战争，身为人类的西密人在攻击者的环伺之下无时无刻不陷入危险的境地，然而能够用来进行防卫的武器只有瞪羚的角而已；这个地区的瞪羚数量极多而且容易捕获，它的角长而尖锐，倒是非常实用。

29 离开这个部落不远的沙漠边缘住着阿克瑞多法吉人（Acridophagi），即"食蝗者"。他们的体形较小，而且非常瘦削，皮

① Simi 意为"扁平鼻"。

肤像漆一样黑得发亮。春天刮起强劲的西风和西南风,从沙漠带来多到难以用言语形容的蝗虫,有较大而且不常见的体形和颜色可厌又污秽的翅膀。他们终生都用来源丰富的蝗虫当不可或缺的食物,用一种非常特殊的方法来捕捉它们。他们的领地沿着边界延伸着一条峡谷,不仅很宽很深,而且长达数十个斯塔德;他们在里面放满来自森林的木头,这个地方多的是这种材料;等到我们在前面提到的风开始刮起来,像云层一样的蝗虫快要接近,土著分散开来遍布整个峡谷,将堆积在里面的柴束点火燃烧。

　　大量带有刺激性的浓烟升到空中,正要飞越峡谷的蝗虫受到烟雾的阻止,降落到地面以后所能活动的区域只是很小的范围,对它们进行消灭的工作持续数天的时间,蝗虫的尸体堆积如山;再者,这片土地上面散布着为数甚多的盐水湖,所有的人将水运到峡谷里面的虫堆旁边,接着将蝗虫浸泡在盐水里面到适当的程度,使得它带有适口的美味,还能防止腐败,可以长时间地储存。[①] 整个民族的食物在目前或是以后只有这些东西,因为他们没有可以放牧的牛群,他们生活的环境并不靠近大海,同时他们的手里没有任何可用的资源;他们的身体很轻而且脚程很快,只是生命何其短促,年纪最大的人不会超过四十岁。

　　他们终结生命的方式不仅极其奇特,而且格外令人同情。等到快要接近老年时,他们的身体就会长出带有翅膀的虱子,有着极其怪异而凶狠的形态以及令人作呕的外观。苦难的发作开始在腹部和胸部,很短的时间就会蔓延全身。首先的不适在于痒得难受,自己要不停地抓搔,疾病在这个时刻要是产生疼痛的感觉,全身就像获得解脱一样感到满足。过了这个阶段以后,寄生虫在身体里面不断繁殖,数量愈来愈多,最后来到身体的表面,连带稀薄的体液大量流出,产生的刺痛已经不堪忍受。病人承受这种

---

① 斯特拉波《地理学》第 16 卷第 4 节,简短提到土著的习俗和生活的方式。

恶疾带来的极其剧烈的痛苦,甚至会用自己的指甲抓裂身体的皮肤,一直不停地呻吟和哀泣。如同用他的手撕开身体一样,无数的寄生虫在那里钻进钻出,想要将它们拔出来是徒然无用的工作,由于它们的后代子孙不停地继续流了出来,就像容器上面被刺穿几个洞一样。这个不幸的可怜人之所以终结生命,在于这种恶疾使得他的身体完全烂掉,真是何其凄惨的下场。之所以会遭遇大祸临头的厄运,可能源于他们的食物具备特殊的性质或者是气候。

30 沿着这个民族的边界延伸出一片国土,面积广大而且土地肥沃,有很多适宜放牧的草原;然而这里没有居民,也不可能有人进入;然而此地从最早开始已经知道有部落定居,只是到了后来由于丰富的雨量以及与季节不相配合,滋生无数有毒的蜘蛛和蝎子。史家[1]提到如此众多的害虫愈来愈猖獗,虽然居住在此的民众联合起来消灭自然界的大敌,但由于庞大的数量已经无法控制,加上它们的叮咬带来的毒液使人很快死亡,只有放弃祖先遗留给他们的土地和生活方式,逃离这个可怕的地区。

对于这样的陈述我们不必觉得惊奇或是难以置信,在整个有人居住的世界我们经由可靠的历史,得知很多比这个更让人感到不可思议的事物。诸如意大利有个地方,平原上面繁殖大量田鼠,驱使某个民族离开自己的家园;米地亚有个地方的鸟类多到语言难以形容的程度,居民播撒在田地里的种子都被它们啄食一空,迫使他们只有移迁到其他民族的土地上;还有奥塔瑞亚特人(Autariatae)[2]特有的案例,说是青蛙最初产生在云层里

---

① 参阅斯特拉波《地理学》第 16 卷第 4 节;伊利安(Aelian)《动物史》(*History of Animals*)第 17 卷第 40 节;普里尼(Pliny)《自然史》(*Natural History*)第 8 卷第 29 节。
② 伊利里亚地区一个民族;贾士丁(Justin)《历史的谴责》(*Historiae Philippicae*)第 15 卷第 2 节,提到他们因为这种缘故遭到驱逐。

面,等到它们像惯常的降雨一样落到人民的头上时,他们被迫搬离土生土长的故乡,为了安全逃到现在居住的地方。

要是一个人不能从历史的阅读当中了解这些事情,那也应该知道赫拉克勒斯完成十二项功业赢得了不朽的荣誉,其中一项是驱逐斯廷法利亚(Stymphalian)湖的鸟群①,如果不是数量极其庞大又算得上什么功业?再者,利比亚某些城市变得人烟绝迹,那是因为成群的狮子从沙漠里面跑出来残害居民。

史家的记载让大家感到惊奇,要是一个人采用怀疑论的态度表示异议,那么可以用这些例子来答复他的质疑;我们必须按照原计划继续进行写作,对于正在叙述的题目暂时停止讨论。

31 这一部分的国土在南方的边界,当地的居民是希腊人曾经说过的塞纳-马恩省摩吉人(Cynamoli),即"饮用母狗奶汁者",从蛮族的语言当中得知,提到的阿格瑞伊人(Agrii),即"野蛮人"与他们住得很近。他们的邻居留着大把胡须,豢养成群凶恶的狗用来满足生活的需要。夏至开始直到仲冬这段时间,印度人看到多到无法计算的牛群,聚集在他们的国土上面,理由何在还是无法确知;没有人知道它们的逃走是因为受到大量食肉兽的攻击,或者是缺乏食物才离开自己的地区,或者是其他的天然灾害所引起,虽然发生了很多令人吃惊的事情,但受到影响的族群并不了解这些事情的来龙去脉。阿格瑞伊人没有足够的精力照顾为数众多的牛,只有让狗群负起责任猎取无主的家畜,到手以后割下新鲜的肉马上吃掉,剩下的用盐腌好储存起来。他们还可以猎获很多其他的动物,

---

① 希腊的神话提到斯廷法利亚湖有一群铁翅、铁嘴、铁爪的怪鸟为害人畜,赫拉克勒斯用赫菲斯托为他制造的铜钹惊起鸟群,然后用弓箭将它们一一射杀。

完全依赖狗群的勇气和毅力,使得他们可以以肉食维生。①

这些民族当中最遥远的部落位于南方,虽然具备人类的形状却过着野兽的生活;不过,我们仍旧要讨论两个民族:埃塞俄比亚人和特罗格迪底人(Trogodytes)。有关埃塞俄比亚人我们在相关的章节已经有详细的介绍,现在要谈一谈特罗格迪底人。

32 我们提到的特罗格迪底人就是希腊人所说的诺玛兹(Nomads)部族,带着他们的牲口过着游牧生活,每个团体都有自己的暴君,他们的妇女如同儿童都为大家所共有,仅有的例外是暴君的妻子;如果有任何人与这位妇女发生关系,统治者对他施以罚锾是一定数量的羊只。等到伊特西安风刮起的时候,整个国度会降下豪雨,他们靠着家畜的血液和奶汁维生,将它们混合起来稍微煮沸就可食用。这个季节过后极度的炎热使得牧场的草变得枯萎,他们撤离走向沼泽罗布的区域,要为放牧的土地彼此发生打斗。他们定期吃掉年岁很大或者生病的牛羊,无论什么时候他们都要靠放牧的牲口维生,他们不会把任何人当成自己的父母,至于公牛和母牛或者公羊和母羊倒是可以;他们把豢养的家畜称为父亲或者母亲,因为它们供应每日的饮食,至于生下他们的人反而没有负起责任。

普通平民饮用枣树的果实制成的汁液,他们为统治者准备的饮料来源是某些花朵,就像我们新酿的甜葡萄酒味道恶劣难以入口。他们赶着牲口逐水草游牧,避免长期停留在同一地区。他们除了腰部围着一块兽皮全身赤裸;再者,所有的特罗格迪底人如同埃及人都会割去包皮,除了那些被称为 colobi② 的特殊人物,他们对于这种经验应该是不置可否;只有这些人全

① 斯特拉波《地理学》第16卷第4节提到可以用狗来猎取牛;阿加萨契德《论红海》第60节和伊利安《动物史》第16卷第31节,都说这些蛮族在缺乏肉食的时候,会饮用母狗的乳汁。

② 意为"去势者",这些人的生殖器官全部被割除。

都住在海峡①里面,他们还是婴儿的时候就有人用剃刀将他们的生殖器全部切除,不像其他的民族仅仅忍受割掉包皮的痛苦。

33 谈起特罗格迪底人使用的兵器,被称为麦加巴里(Megabari)的武士,配备覆盖生牛皮的圆盾和包着铁头的木棍,其他人携带弓箭和长矛。再者,他们的葬礼与所有其他民族完全不同,要拿枣树的枝条制成的绳索,将死者的颈部和双腿紧紧绑在一起,然后将尸首放在土堤上面,大家用游戏的方式捡起石头向他丢掷,直到堆满以后看不到遗体为止,最后将一根山羊角插在石堆上面然后离去,对于死者没有表示依依不舍的感情。他们彼此之间会发生打斗,并非像希腊人那样争夺土地或是声称对方犯下恶行,都是为了使用牧场的权力,几乎经常如此。他们在争执的初期会相互投掷石块,或许会有人受伤,接下来要诉诸弓箭的威力。看来不用片刻工夫就有很多人丧失性命,因为他们不断练习,都是百步穿杨的射手,加上瞄准的目标全身赤裸没有铠甲的保护。战斗的终止要靠年纪较大的妇女,她们冲进发生火并的现场,用自己的身体为战斗者提供保障,何况她们还受到大家的尊重;这个民族的习俗是不能伤害处于冲突情况的任何一位妇女,所以她们的出面使得剑拔弩张的情势马上缓和下来。

一个人要是年老无法伴随家畜一起行动,就在自己的颈脖上面拴一根绳子,将它绑在一条公牛的尾巴上面,出于自动自发的方式结束自己的生命;如果有人故意迟延不肯做个了断,部落任何一位成员可以基于个人的意志,用打着活套的绳索缚住这个人的颈子,当作一个善意的行动,提醒他要做出最后的决定。要是有人发生事故变成残废或是患有不治的疾病,根据他们的习俗同样不能苟且偷生;他们认为任何人要是没有活下去的价

---

① 海峡就是红海的入口。

值,还对世间的事物依依不舍是极其可耻的行为。因此每一位特罗格迪底人看起来都有强壮的身体,正处于英勇奋发的盛年,据说他们的年龄没有人能超过六十岁。

我们对于特罗格迪底人的叙述已经够多了;读者当中要是有人对于故事的情节感到极其奇特因而无法相信,或是对于提到的生活方式,觉得极其怪异而无法接受,这时他可以考虑一下与锡西厄的气候进行比较,就会发现两者之间有何其巨大的差异,那么他对于这方面的叙述就不会有太多的意见。

34 例如我们与锡西厄人的气候情况,两者的差异竟然如此巨大,要是进一步地考虑更为严峻的对比,它们之间真是天差地别,远超过可以相信的程度。可以举例说明,那些位于北方的国家,酷寒使得最大的河流全部冻结起来,很厚的冰层可以让军队轻易地渡过,沉重的大车能够在上面通行;酒和其他的液体变成冰块,要用刀子将它切开。不错,还有更奇怪的事,一个人穿的衣服被剥光以后,他的四肢因严寒而脱落,眼睛就会瞎掉,再也无法视物,临时生火都不能得到妥当的保护,甚至青铜雕像都会发生龟裂。他们还提到某些季节有的地区出现很厚的云层,却不会发生闪电和雷声;还有很多事情比起这些更让人觉得不可思议,之所以难以相信是不了解当地的情况,即使对这些都有实际的经验,等到发生以后还是无法忍受。

埃及最遥远的边界以及特罗格迪底人的区域,中午最炎热的时候,有些站在一起的人彼此之间都无法看得清楚,那是空气受到压缩变得浓密的缘故;任何人在户外行走要是不穿鞋子给予保护,赤裸的腿部很快会出现水泡。他们对于饮水有很急迫的需要,炎热很快消耗身体里面的液体,得不到水分的补充就会丧命。要是将食物加一点水放在铜质的容器里面,放在阳光下面，即使没有架起木柴生火，它还是很快就会煮熟。即使如此，我们提到这两个地方的居民①，对于降临在身上极其恶劣的情况绝对没有逃避的念头，事实上完全相反，他们放弃那种一厢情愿的想法，免得被迫要去尝试不同的饮食和生活方式。看来每个地区的人都已经习惯于掌握那些能够超过别人的长处。他们从婴儿时期开始就花很多时间，要去克服天气给他们带来的艰困和苦难。

　　国家之间的风土人情是南辕北辙、大相径庭，彼此分隔的距离并没有很大的空间。住在米奥蒂斯湖②附近的锡西厄人，生活在严霜和冰雪之中，很多士兵乘坐商船离开苦寒之地，得到顺风的帮助只要十天就可以抵达罗得岛，再到亚历山德拉仅仅四天，告别这座人口众多的城市，沿尼罗河③溯航十天来到埃塞俄比亚。因而，从有人居住的世界最冷的冻原来到温暖的南国，如果行程没有耽搁或是中断也不过二十四天的工夫。因此，气候在很小的间隔距离内竟然有巨大的差异，所以当地居民的身体以及他们的饮食和生活方式，要是与我们大不相同这也没有什么奇怪之处。

35　　我们已经讨论过这片国土的主要现象，以及那些令人感到不可思议的生活方式，现在按照次序要提到当地的野兽，特别是我们认为最为重要的种类。

　　其中一种由它具备的特征可命名为犀牛（rhinoceros）④的动物，勇猛和力气与大象有点相似，只是体形没有那样高大，却有韧度最强的外皮，颜色像是漆黑的乌木⑤。鼻孔上端突出一只向上翘的角，如同铁一样坚硬。它

---

① 这两个地方是指锡西厄和特罗格迪底。
② 现在的亚述海。
③ 这段航程可以用红海来取代。
④ 意为"长着尖角的鼻子"。
⑤ 名叫"乌木"，实际上是淡黄色。

会与大象争夺栖息的地区，事先利用岩石磨利它的锐角，公开打斗时它会用角像一把剑切破大象的肚皮，将它的肉全部撕裂开来。它采用这种搏斗的方式让对手流尽鲜血，因而很多猛兽被它们杀死。如果大象避开犀牛攻击肚皮的企图，就伸出象鼻抵住它的额头，然后发挥体力的优势，很容易运用长牙将它戳几个透明窟窿。

特罗格迪底人和埃塞俄比亚人的领地上面，还有一种名叫 sphinxes①的动物，就外表的形象来看，与描绘的图画没有多大差别，只是毛发更加蓬松一些，它们的性格很温和，带有几分狡猾的模样，会听从命令，接受有系统的训练。

这个动物得到的名字是 cynocephali②，身体就像一个天生畸形的残废，发出的声音像是有人在那里呜咽啜泣，它的性子很野，根本无法驯服，低垂的眉毛带着一种阴郁和愠怒的容貌，母兽最特殊的性质是终其一生都会将养育幼兽的子宫安置在身体的外面。

叫作 cepus③ 的动物具备美观的外形和优雅的动作，从而得到这个名字，除了体形很小像是瞪羚以外，它长着狮子一样的头颅和花豹一样的身体。

所有动物当中肉食性的野牛性格最为粗暴，力大无穷，最难制服。体形要比成为家畜的牛更加硕大，快速的脚程可以与马匹媲美，血盆大嘴张开直到耳后。它有火红的皮毛，眼睛像狮子一样锐利，在夜间闪闪发光，一双尖角是维护生存最重要的武器，平时如同它的耳朵那样不停地摆动，到了与敌人战斗之际保持稳定不变的姿态。它的体毛生长的方向与其他动物大相径庭。再者，它是一种很奇特的猛兽，拥有充沛的体力和坚强的斗

---

① 一种体形很大的狒狒，学名 *Papio sphinx*。
② 意为狗头，这是神圣的犬面狒狒，学名 *Papio hamadryas*。
③ cepus 是一种长尾猴，通常使用 cebus 这个名字更能解释它所具备的特性。

志,它会攻击最强悍的动物,要让受害者的肉成为口中的食物。它会摧毁当地土著无数放牧的牲口,会与成群的牧人和猎犬进行激烈的搏斗。谣传它的皮硬到刀枪无法穿透,不管怎么说,虽然有很多人试图加以活捉,但是始终无法让他们驯服接受豢养。如果它掉进陷阱或是运用别的手段将它捕获,那么它就会处于暴怒的状态最后窒息而死,它不会为妥善的照料而放弃自由成为驯养的家畜。因此,特罗格迪底人始终认为它是最强而有力的猛兽,看来自然女神授予它狮子的勇气、骏马的快捷、野牛的蛮力,虽然铁是自然界已知最强硬的东西,但就连铁质的器具都无法使它降服。

埃塞俄比亚人称为 crocottas① 的动物混合了狗和狼的习性,具备凶狠和畏惧的双重性格,它的牙齿极其有力,胜过所有动物,不论多么坚硬或巨大的骨头它都能轻易咬碎,任何吞进胃里的东西它都有办法消化。这种野兽的身上出现不可思议的情况,就是有人提到它能模仿人类的说话声调,就我们的立场认为不足采信。

36 上面提到的部落居住的地区靠近沙漠,非常容易受到各种蛇类的侵害,特别是它们数量之多真是不可思议。某些作者说是曾经见过长达一百肘尺的巨蛇,任何人都会认为他们在那里信口雌黄;其实他们还添加了一些情节更为惊人的故事,真是完全无法取信于人,他们说这个国度的地势平坦,可以看成一个面积广大的平原,只要这些巨蛇聚集起来就是一大堆,彼此头尾相接盘绕成为圈子,从地面升起远远看去如同一座山丘。我们刚刚提到大量的野兽或许有人并不同意,现在还是要说清楚,确实有最大的爬虫被装在准备好的笼子里面,带到亚历山德拉,出现在众人的眼前,这里要详细叙述捕捉它的过程和有关情节。

---

① 可能是一种鬣狗或土狼。

托勒密二世①对于猎取大象情有独钟,举凡能够捕获最为凶狠的猛兽都会给予重赏,为了满足自己的嗜好情愿花费大量金钱,不仅在于获得大批战象,就是任何新奇的从未见过的野兽,只要能够充实希腊人的知识,就会得到他的赞许。某些猎人看到国王是如此慷慨,相关的报酬是如此巨大,于是相当数量的高手聚集起来,下定决心要冒着生命的危险捕捉一条巨蛇,带往亚历山德拉,活生生出现在托勒密的眼前。他们进行的工作非常艰巨而且令人感到惊讶,良好的运道有助于他们的成功,也是大家尽心尽力应得的收获。他们看到一条三十肘尺长的巨蛇,留在一个积水的池塘附近;大多数时间它的身体盘旋起来动都不动,等到出现一只前来这个地方解渴的动物,它很快从等待的位置突然猛蹿出去,用它的上下颌咬住猎物,然后卷起躯体紧紧绕住,看来受害者显然无法逃脱最后的命运。

他们认为蛇的体形细长而且行动迟缓,希望用活套和绳索控制它的反抗,行猎在开始的时候充满信心,认为所有应该注意的事项都在掌握之中;等到他们逐渐接近猎物的时候,感到愈来愈紧张和害怕。看到巨蛇火红的眼睛和吞吐的舌信伸得很远,听到粗糙的鳞片摩擦发出可憎的声音,而且通过树林迅速迎上前来,他们注意到它的牙齿极其巨大,它的嘴显出狰狞的外貌,还有盘旋成为一堆所据有的高度。他们因为害怕变得面无人色,胆战心惊之下只敢将活套投向它的尾部,巨蛇在绳索接触到身体的一刹那,急速的转动是如此有力,发出咝咝的声音吓得他们呆若木鸡,身体蹿到空中高过最前面那个人的头部,张开大嘴将他咬住,就这样活生生地吞吃他的肉,第二个牺牲品是在逃走当中被它卷住,将他拉过去再旋转身体,用

① 托勒密二世弗拉迪法斯,在位期间前285—前246年。从本节和狄奥克瑞都斯《颂词》第2首67—68行的叙述,知道他对于野生动物抱着极大的兴趣。有一份前257年的草纸文件证实他将家畜的新品种引进埃及,这份文件上面记载了阿蒙尼姆人的酋长从约旦河的东岸前来见他,带给国王的礼物是马匹、猎犬和一些经由野驴杂交得到的家驴。

它的腹部将他紧紧绕住不放。所有其他人员受到恐惧的打击，为了生命的安全只有赶快逃走。

37 这些猎人还是没有放弃捕捉巨蛇的企图，期望从国王那里得到的报酬和好处远超过危险，他们知道达成目标要靠智能和计谋，根本不可能用力量将它降服，经过试验获得的结果有如下述。他们用芦苇编成一个紧密的圆形笼子，形状很像渔夫使用的渔筌，只是尺寸很大，可以容纳整条巨蛇的身体。然后他们侦察它进出的洞穴，记下它出去觅食和返回的时间，它的习惯是尽可能提早捕食其他的动物。他们用大块石头和泥土堵住老洞的洞口，然后挖一个地下的坑道靠近它的巢穴，再将芦苇编成的笼子放置在那里，笼口正对着原来那个洞的开口，一切准备妥当等待巨蛇进入陷阱。

他们动用弓箭手、投石手和许多骑兵，还有号角手和其他必需的器具，为的是不让巨蛇回到原来的巢穴，因为它来到近处颈部升到空中，比起骑兵更能拥有居高临下的优势。这一大群聚集起来的猎人都不敢接近，前一次落在他们身上的灾祸，像是给大家提出警告不得妄动；很多人开始在远处对着它拉弓射箭，当然都能命中单一而又庞大的目标，再加上骑士现身还带着一群胆大的猎犬，还有不停吹奏的号角响彻云霄，这样一来使得巨蛇感到害怕。因此，它只有退向经常使用的巢穴，他们在后面紧跟不放，因为不知道是否还有其他的地方可用。等它来到原来的洞口发现已被堵塞，这时整个人群一起行动，大声的喊叫加上兵器的撞击，还有号角手的出现，使得它感到混乱和畏惧。

巨蛇找不到藏身之地，备受猎人逼迫带来的压力，看到在附近准备好的笼子，逃进笼口想要获得安全的庇护。就在编好的笼子开始容纳巨蛇尚未盘绕的躯体时，一些猎人采取机敏的行动一跃而上，乘着它没有转过身面对出口之际，很快关闭笼口用绳索绑紧，他们记得要完成奸诈的计谋一定要掌握时效，不能因为装置的巨大和它的长度有所延误；他们将编好的笼子拉起来在下面装妥滚轮接着拖离水底。巨蛇被限制在狭窄仅能容身的空间之内，一直发出反常而且可怕的咝咝声，试着用牙齿去破坏四周围绕它的芦苇，这时所有的人都怀着一个念头，就是不能让巨蛇脱困而出，否则所有的规划全部落空。大家在恐惧之余马上将装蛇的笼子放在地上，拿起长矛去戳巨蛇的尾巴，让它感到痛苦以便转移注意力，不再用牙齿撕咬编成笼子的芦苇。

他们带着巨蛇到达亚历山德拉当成礼物呈献给国王，那些听到故事不敢相信的人，现在亲眼看到令人目瞪口呆的实物。将剥夺巨蛇的食物当成手段用来除去它那暴烈的习性，使它逐渐变得更加驯服，这样的过程难免会使人啧啧称奇。托勒密按照猎人的功劳发给他们大批奖金，将巨蛇留下来豢养，驯化以后可以接受调教，任何前来王国游历的外乡人，见到不可思议的景象全部惊叹不已。因此，鉴于出现在公众面前的这条蛇的体形竟然如此巨大的事实，我们就不能怀疑埃塞俄比亚人所说的话，那些传播的报道到达更为广大和遥远的异国，不能认为只是杜撰的无稽之谈。

他们提到在国内看到的蛇是如此巨大，可以吞食母牛、公牛以及同等体形的动物。甚至在会战当中与大象对阵交锋，可以用身体缠绕大象的腿阻止它的前进，或是抬起蛇颈越过象鼻让它的头直接对着大象的眼睛，这是因为蛇的眼睛带有火热的特性，发出像闪电一样明亮的光芒，使得大象盲目看不见东西，然后将它拉倒在地面，受到制服的敌人就会成为它们口中的食物。

38 我们经过检视发现对于埃塞俄比亚和特罗格迪底以及相邻的地区，最远到达因为过分炎热无人居住的蛮荒之境，还有红海的海岸①和大西洋向着南方延伸的疆域②,都已经有了充分的交代,现在必须对阿拉伯湾③加以叙述,原来都有档案留存的文书,部分来自保存在亚历山德拉的皇家记录,部分是亲眼去过该地的人提供的数据。因为有人居住的世界当中这一部分以及不列颠群岛周边的北部地区,就人们的一般常识而论可以说完全陌生毫无认知。须知极北以海洋为边界的地区因为严寒所以无人居住,等到我们记述恺撒立下盖世功业的时候,就会对这个地区进行更为深入的讨论;他将罗马帝国的疆域延伸到最为遥远的部分,要把这一片从前无人得知的广大地区纳入历史的叙述当中。④

　　这里所说的阿拉伯湾对着大洋⑤的开口是在很远的南方,然后向北的海域伸展的距离就长度而言有很多斯塔德,最深处的底部被阿拉伯最远的边界和特罗格迪底的国土所包围。这个海湾的出口和它的底部宽度都是十六斯塔德⑥,要是从潘诺穆斯(Panormus)的港口到对面的大陆,战船的航程是要行驶一整天。海湾最宽的地方是在特西乌斯(Tyrcaeus)山⑦和马卡里亚(Macaria)岛之间,两个大陆在此处已经无法通视。从这一点开始宽度逐渐减少,继续变得细长而狭窄直到它的出口。一个人要是沿着海岸航行来到很多地方,都是位于细长的岛屿上面,它们和大陆之间隔着一条狭窄的水道,这里的海流会涨得很高,带有强劲的流速。一般而论这些就

---

　　① 是指波斯湾和相邻的海岸。

　　② 狄奥多罗斯用 Atlantic 这个字来称呼"大西洋",因为这个字的来源是 Atlas,这是位于北非的一座山脉,应该与西方的大洋没有多大关系,地理学家伊拉托昔尼斯在前 200 年的时候,就用 Atlantic 当成环绕整个无人居住世界的广大海域正式使用的名字。

　　③ 红海。

　　④ 参阅本书第一章第 4 节。

　　⑤ 是指印度洋。

　　⑥ 斯特拉波《地理学》第 16 卷第 4 节和其他的学者,都说这个海峡在德尔(Deire)的宽度有 60 斯塔德(大约是 12 千米),如果它是连接红海和亚丁(Aden)湾的曼达布(Mandab)海峡,那么它的宽度就有 30 千米。

　　⑦ 我们对潘诺穆斯港和特西乌斯山都一无所知。

是阿拉伯湾最明显的特征和背景。

我们的立场是要从最遥远的区域着手，那么起点就是海湾最深处的底部，然后分别沿着它的两侧经过大陆向前航行，有关这一部分我们必须加以叙述，尤其有很多方面值得做进一步的讨论。我们先从它的右侧①开始，海岸附近住着特罗格迪底人的部落，最远到达内陆的沙漠地区。

39 旅程②从繁荣的城市阿西尼（Arsinoe）扬帆出发，沿着右边的大陆向前航行，在很多地方发现无数的溪流从悬崖上面注入大海，水质带有苦涩的咸味。有人在通过这些水路以后进入广阔的平原，旁边矗立着一座高山，带有赭石的颜色，要是一直凝视它一段时间，会让眼睛受到刺激出现失明现象。再者，山麓的边缘有一个名叫阿芙罗狄忒的港口，它有一个曲折的进出航道。海港的前方③排列三个岛屿，其中两个遍布橄榄树，有的地方提供凉爽的浓荫，另外一个岛则是童山濯濯，栖息着为数众多的被称为 meleagrides④ 的鸟类。接下来是一个很大的海湾名叫阿卡萨都斯（Acathartus）⑤，向外伸出一个很长的半岛，越过狭窄的颈部可以将船只运到另一边的海面。要是沿着这个地区的海岸航行就会抵达一个岛屿，它位于大海当中，与大陆保持一段距离，延伸的长度有八十斯塔德；它的名字叫作欧法奥德（Ophiodes）⑥，过去岛上到处都是各种可怕的蛇类，得到这个称呼真是名实相符，后来都城在亚历山德拉的埃及国王，花了很大的力气消灭为害甚烈的毒蛇，须知过去这个岛屿看不到任何一个动物。

① 就是西边和埃及这一侧。
② 斯特拉波《地理学》第 16 卷第 4 节，对于海湾（红海）的叙述也是按照这个顺序。
③ 斯特拉波《地理学》第 16 卷第 4 节说这些岛屿离开海岸一段距离，阿加萨契德《论红海》第 60 节却说三个小岛都在海港之内。
④ Meleagrides 是珠鸡。
⑤ Acathartus 意为"有暗礁的危险"。
⑥ Ophiodes 意为"多蛇之地"。

国王对这个岛屿会有这样大的兴趣,我们应该说明它的理由何在,那就是这里出产一种透明有如玻璃的宝玉,带有极其美丽如同黄金一样的光泽。因此在严密的守卫之下,任何人未经获得授权一律不准登上岛屿,派驻的警卫可以处死违反规定的人员。后者的人数不少,使得生存的条件极其恶劣。为了防止宝石被人偷走,岛上不能留下一艘船只;再者,因为害怕国王严厉的惩处,任何人航行经过此地总要保持一段距离;要是运进来的粮食很快消耗完毕,这里的陆地绝对找不到其他的谷物。因此,无论何处都只有很少的糊口之物能够留下来,村庄的居民全都坐在地上等待船只的到达,这样才能运来粮食,要是受到耽误和迟延,就会使最后的希望面临破灭的命运。

我们提过的宝石蕴藏在岩层里面,白天因为令人窒息的炎热,加上明亮炫目的阳光无法将它辨识出来,夜幕降临它的光芒在黑暗中闪耀,很远的地方就可以看到,经过标示就能将它找出来。岛上的警卫用抽签的方式决定他们负责看守的地区,只要看到宝石发出的光芒,就用同样大小的容器将它盖住,到了白昼来到标示好的地方,开始切割这个地方的岩层,将获得的成品交给技术熟练的工匠,进行适当的处理和打磨。

40 航行经过这个地区以后,看到海岸上面居住着很多伊克西欧法吉人,还有无数过着游牧生活的特罗格迪底人。然后出现具有各种特色的山脉,沿着它的山麓一直来到索特里亚(Soteria)港①,最早的希腊水手在此地得到安全,才给它取了一个这样的称呼。离开这个地区再向前行,海湾变得收缩起来向着阿拉伯这边弯曲。同时可以发现这个地区具有的特性使得整片国土和海洋的自然条件都发生变化;从海上看过去

---

① Soteria 意为"安全"。

大陆没有升起的高地,都是低凹的平原,海水下面的浅滩测出深度不会超过三寻,还反出碧绿的色泽。据说这并不是海水的本色,而是水下生长着大量的海草和海藻。船只只要装置摇橹就能向前航行,因为浪涛经过很长距离的翻滚,它的威力已经大减,再者,平静的海域可以提供极其丰盛的渔获;渔船上面乘载大象①当成适用的工具,要靠它才能拖起沉重的网,已经有大量的鱼落到网中,要是没有大象的帮助,渔夫就会面临巨大而可怕的危险。

他们利用风的力量全速向前航行,经常整夜受到吹拂不会停下来,有时会撞到岩石使得船只损毁,有时会搁浅在部分淹没的海岬上面。水手无法从船只的两舷越过海面,因为水的深度超过人的身高,他们试着用撑杆救出遇险的船只,但还是起不了作用,即使他们能从破船上面逃出来,一切还是无济于事,让人最感困扰的地方在于无论在岛屿还是海岬,手边还是没有其他的船只可以让他们离开;整个地区非常荒凉,要想看到有人乘船从这里渡过去,实在是极其渺茫的事。这种灾祸更为严重之处在于波浪很快将大量沙子冲向船体,很快就会堆积在周围有如一个土堤,使得这艘船像是凝结起来一样变成坚实的地面。

这些人陷入很难挣脱的灾难之中,刚开始只是怪罪运气不好,才会面对一个毫无反应的旷野,但还是不会放弃获得拯救的希望。经常会有高涨的潮水浮起搁浅的船使人脱离困境,像是舞台用机关送出来的"解围之神"②,突然之间大家从极端的危险之中得到解救。等到上天的援手没有降临到这些人的头上,他们的食物出现匮乏和不足,强壮的人会将弱者丢

---

① 根据斯特拉波《地理学》第16卷第4节的记载,这个地区的南边不远处有一座名叫托勒迈斯(Ptolemais)的城市,托勒密二世弗拉迪法斯建在接近猎取大象的位置。

② 希腊上演的悲剧要是在情节上有的地方无法自圆其说,舞台就会用一种机械装置将神明送到大家的面前,经由他大施法力,所有的问题都能迎刃而解。

进海中,人数的减少可以降低粮食的消耗,会让幸存的人延长活命的时间。最后等到他们抹去心中所有的希望,比起那些早死的人,他们的亡故更为悲惨;后者在这个时刻还要看自然女神的安排,要按照很多不同的艰辛困苦来分配他们的死亡,终究还要忍受延长更久时间的酷刑,才能获得允许可以终结自己的性命。

失事的船只用令人怜悯的方式剥夺所有水手的生命,遗留的残骸仍旧保存很多年都不会腐蚀,就像很多个纪念碑埋在四周围绕的沙堆之中,它们的桅杆和桁架仍然向上矗立,让远处看到的人士深受感动,就会同情和怜悯葬身其间的船员。国王命令要将灾难的证据留在现场,提醒水手要加强注意提高警觉,确认这个地区稍有不慎就会带来毁灭的后果。伊克西欧法吉人当中有些成员住在附近,他们从祖先那里接受记载,加以保存并且继续流传下去,提到附近的海面发生大规模的退离现象,简单地说就是沧海变成桑田,怒涛一直向着相对的方向不停后退,原来位于深处的地面全部露出来可以看得清清楚楚,不久一股巨大的潮水开始回涌,整个海域又恢复原来的状态。①

41 一个人想要离开这个地区,沿着海岸的航行从托勒迈斯(Ptolemais)可以到达陶里(Tauri)的普罗蒙托里斯(Promontories),我们曾经提过这个遥远的地方,那是在前面谈起托勒密猎取大象的时候②;海岸从陶里开始转向东方,夏至那天第二个时辰太阳投下的阴影要落在南边③,我们认为这种现象根本不符合事实④。他们说起这片国土

---

① 大家只要看到这一段叙述,就会记起摩西率领以色列人渡过红海的神迹。
② 参阅本章第 18 节,不过,那里没有提到托勒迈斯和陶里的普罗蒙托里斯。
③ 6 月 21 日那天早上 7 时,影子要是投向南方,表示那个地方位于北回归线之南。
④ 红海的纬度在北纬 13 度和 30 度之间,整个海域有三分之一位于北回归线以南,所以与事实完全吻合。

从西毕安(Psebaean)山脉流出很多条河川,广大的平原使得它们纵横交错,这里生长的锦葵、水芹和棕榈,体形硕大到令人难以置信的程度;还有其他形形色色不为我们所知的菜蔬和果实,只是吃到口里淡而无味。

向着内陆延伸的部分到处都是大象、野牛、狮子和形形色色强壮有力的猛兽。海上的通路受到一些岛屿的阻隔,虽然这里没有耕种,得不到粮食,倒是可以供应各种鸟类当作食物,有的外形非常特殊,带有鲜艳的颜色。大海过了这里变得很深,出现的各式各样的海中怪物都有惊人的体形,除非有人凑巧落到它的背鳍上面,否则不会给人带来伤害,因为它们没有能力去追逐水手,只要从海中升起就会被明亮的阳光弄瞎它的眼睛。这里是特罗格迪底国度已知最遥远的部分,当成边界的山脉,过去的名字叫作西毕安。

42 现在我们要走另外一边,就是对面形成阿拉伯海岸的大陆,叙述的起点是海湾最深处的底部。这里为佩拉吉斯(Pelagius)①的波塞冬兴建了一个祭坛,所以才取了波塞迪昂(Poseideion)②这个名字,托勒密派遣亚里斯顿(Ariston)前来此地,是为了探勘与遥远大洋相连的阿拉伯海岸。经过阻隔难行的内陆来到这里的沿海地区,自然资源极其丰富,深受当地土著的喜爱,之所以被称为"棕榈丛林"在于这里种植着无数此一种类③的树木,生产的果实有丰硕的收成,对于享受和奢华的生活做出非比寻常的贡献。

那些在它四周的国度缺乏充分供应的水源,加上向南倾斜的地势,使

---

① Pelagius 意为"大海"。
② 罗马人称它波塞迪姆,现在的名字是拉斯-穆罕默德,位于西奈半岛最南端的顶点,参阅斯特拉波《地理学》第 16 卷第 4 节。
③ 是指枣椰树。

得天气极其炎热;这个地方到处都是森林,适中的位置对于完全荒凉的区域可以供应所需的食物,所以蛮族将它视为圣地也是顺理成章的事。不少泉水和小溪在这里奔流,再冷的天气也不会降雪,使得整个陆地的两侧保持常绿的状态,美丽的景色真是令人心旷神怡。这里有一座年岁久远的祭坛,由坚硬的石材所筑,上面有以古代字母刻出的铭文,没有人能够正确念出它的语音,更无法了解它的意义。一位男士和一位妇女拥有终生的职位,共同负起管理和照料圣地的责任。当地的居民有很长的寿命,他们害怕野兽的肆虐,将睡觉的床设置在森林里面。

航程经过"棕榈丛林"以后来到一个岛屿,它的位置距离陆地向外突出的海岬不远,之所以获得福凯伊(Phocae)①这个名字,在于一种动物将栖息地安置在岛上,这种动物的数量极其庞大,只要看到聚集的地方就会让人惊奇不已。海岬向外延伸到岛屿的前方,它的对面据说是佩特拉(Petra)和巴勒斯坦(Palestine);杰瑞安人(Gerrhaeans)和米尼安人(Minae-ans)从上阿拉伯将乳香和其他各种香料运到此地。

43 接下来的海岸地区最早是玛拉奈提人(Maranitae)在此居住,后来被他们的邻居格林达尼斯人(Garindanes)取代。后者用下述方法确保他们的领土:上面一节提过的"棕榈丛林"每四年要举行一次盛大的庆典,邻近的民族从四面八方蜂拥而来,对于圣地的神明,用妥善饲养的骆驼当成"百牲祭"的牺牲,还将当地的水带回自己的故乡,传说提到举凡饮用的人都会健康。玛拉奈提人出于这个原因集合起来前去参加庆典,格林达尼斯人发起袭击,将留下的人员全部杀光,对于离开"棕榈丛林"返家的群众设下埋伏,使得整个部落无一幸免;等到这个国度的居民全

---

① Phocae 意为"海豹"。

部被清除干净,他们瓜分占领的平原,在丰美的草地上放牧他们的牛和羊群。这段海岸只有少数几个港口,却被几座巨大的山脉分隔开来,航行经过的人看到优美的风景和山岚的变化,无不感到赏心悦目,为之赞叹不已。

航行经过这个国度以后接着就是利阿奈底(Laeanites)湾①,四周有很多阿拉伯人聚集的村庄,他们得到的称呼是那巴提安人(Nabataeans)。这个部落占领大部分的海岸,向着内陆延伸,不是一个蕞尔小国,人民数量之众难以形容,家畜牲口之多令人难以置信。这些人在古代拥有重视公正的美德,对于放牧的家畜所能提供的食物感到满足,后来亚历山德拉的国王开辟海上路线让商船可以通航,当地的阿拉伯人不仅攻击遭受海难的幸存人员,还要配备私掠船将旅客当成猎物,效法潘达斯②的陶里人那种野蛮暴虐和无法无天的恶行,不过,没有多久,他们在外海被一些四层桨座战船捕获,受到严酷的惩罚是应得的下场。

越过这个区域是一片平坦而且水源充足向前伸展的陆地,到处都是纵横交错的河流水道,遍布狗齿草、lucerne 和有一人多高的莲蓬。牧场的范围广大而且水草丰盛,不仅豢养的牛和羊群数量惊人,还有大批野骆驼、鹿和瞪羚在上面觅食。成群的狮子、豺狼和花豹离开荒漠前来捕食这些猎物,牧人不论日夜要提高警觉,做好充分的准备预防它们的攻击;这样一来土地原本具备的优点变成给居民带来不幸的成因,可见自然女神将美好的事物授予人类的同时也带来祸害。

44 这个平原位于海岸的边缘,接着是一个性质非常特殊的海湾,顶端深入陆地延伸的距离有五百斯塔德,巨大的峭壁将海湾

---

① 狄奥多罗斯转向北方进入现在的阿卡巴(Akaba)湾,斯特拉波《地理学》第16卷第4节中将它称为伊拉奈底(Aelanites)湾。

② 指黑海和黑海南岸地区。

团团围了起来,曲折的进口很难避开在上面的制高点,有一块岩石突入海中形成航道的阻碍,使得船只无法扬帆进出海湾。强劲的海流从外面急冲进来,通常引起风向的改变,澎湃的浪涛拍打滨海的岩岸,轰鸣和怒吼的声音在悬崖绝壁之间回响。海湾四周陆地的居民是巴尼佐米尼斯人(Banizomenes),猎取各种野兽当成日常的食物。当地一座庙宇拥有非常神圣的地位,受到所有阿拉伯人的尊敬和膜拜。

接下来我们提到的海岸旁边有三个岛屿,这段海岸提供为数甚多的港口。第一个岛根据历史的记载成为供奉伊希斯的圣地,现在已经人烟绝迹,岛上遗留着古代建筑物的石基以及残存的石柱,上面刻着蛮族方言使用的文字;另外两个岛屿同样没有居民,所有三个岛全都生长浓密的橄榄树林,只是与我们栽培的种类有所差异。越过这些岛屿是延伸大约一千斯塔德的海岸,到处都是高耸的悬崖,船只航行通过会带来很多困难,因为绝壁的下方缺乏防范风浪的港口,再则没有停泊的位置可供水手抛锚保持船只的稳定,海员处于危险和紧急的情况之下,没有天然的防波堤可以提供安全的庇护。

有一条山脉的走向与海岸平行,岩石构成的绝顶非常陡峭,达到令人畏惧的高度,它的山脚在很多地方是从海面突出的尖锐岩架,后面是底部侵蚀非常厉害的曲折峡谷,彼此与海面相连的通道已经非常深邃,有时冲进来有时退回去的拍岸浪涛,气势惊人,发出轰隆的雷鸣之声。有个地方的巨浪撞击庞大的岩石,激起很高的浪花,形成一大堆的泡沫,在另一个地方冲进的波涛被峡谷吞没,高涨的水体带来可怕的骚动,任何人都不愿接近这些地方,仅仅是畏惧就有使人丧失性命的感觉。

在这里的海岸居住的阿拉伯部落是萨穆狄尼人(Thamudeni);接下来就与一个很大的海湾相邻,离岸不远散布着许多岛屿,从外表看起来很像我们的爱契纳德(Echinades)群岛①。海岸的后面是无数黑色的沙丘,向外延伸的范围就长度和宽度而言几乎没有边际。经过这段单调的航程以后,可以看到一块狭长的陆地以及围成的港口,查穆萨斯(Charmuthas)在历史上享有很高的名气,被认为是具备各种优点的良港。靠后面有一道天然的防波堤,稍微偏向西方形成一个海湾,不仅它的形状让人感到不可思议,而且它所能提供的好处没有其他的港口能比拟。

森林密布的山脉沿着海岸伸展,就像长达一百斯塔德的圆环围绕海港,进口有两百英尺宽,广阔的港区可以容纳两千艘船,风平浪静,可以不受天候变化的袭扰。更大的好处是供应充足的用水,一条急湍的河流注入港区,它的中央有一个小岛,丰富的水源能够满足灌溉花园的需要。总之,它非常类似迦太基那个名叫科松(Cothon)的港口,我们在适当的时机②会对它的优点继续进行详细的讨论。无数的鱼群聚集起来从大海进入港口,因为海湾的风平浪静以及内陆有淡水流入,成为鱼类最好的栖息地。

45 要是一个人从海岸的边缘经过,看到这个地方的后面是五座山岭,高高升起成为彼此分离的走势,它们的山峰尖锐而且陡峭,姿态如同野兽的岩石坐落在顶端,整个外形像是埃及的金字塔。随后来到一个圆形的海湾,每一边都有很大的海岬护卫它的安全,两者之间的中线上面升起一座梯形的山丘,位置最高的地方为神明兴建的三座庙宇,希腊人对此一无所知,当地土著前来膜拜,香火不绝。接着是一段阴暗潮湿的海岸,时常看到奔腾而下的溪流,来自泉源的水质清澈而甜美;附近一座名叫查比努斯(Chabinus)的高山,覆盖着浓密的森林,长满各种类型的树木。

---

① 现在被称为克特佐拉里斯(Kurtzolares)群岛,位于科林斯湾。
② 可能在本书第三十二章。

这片土地上毗邻高山区域居住的阿拉伯部落被称为迪贝人（Debae）。他们是豢养骆驼的牧人，使用这种动物服行各式各样的勤务，他们生活至关紧要的需求都与它们有密切的关系，例如，他们骑在骆驼的背上与敌人交战，它们载运各种货物便于完成远程的贸易，供应奶汁当成日常的食物，想要穿越整个国家也要乘坐善走的骆驼。这个地区的中部有一条河流将大量金屑带到下游，在它的河口可以看到金光闪闪的淤泥。当地的土著对于淘金毫无经验，他们对于外乡人非常客气，当然不是所有来到此地的人士都受到殷勤的接待，只有皮奥夏人和伯罗奔尼撒人成为他们的贵宾，原因是赫拉克勒斯与他们的部落在古代建立的情谊，他们继承祖先留下的传说，用神话的形式一直保存下来。

随后来到的国土上面居住着阿利拉伊人（Alilaei）和盖桑迪人（Gasandi），他们都属于阿拉伯民族。没有邻近地区那样炎热，天空经常密布温暖而又浓厚的云层，带来大量的降雨和及时的风暴，使得夏季的天气变得较为凉爽舒适。这个区域的土地肥沃，物产丰富，由于当地的土著缺乏经验，即使获得认同还是无法推行农耕的工作。他们在地下的坑道中寻找黄金，这里的蕴藏量极其丰富，完全是自然状态下聚集起来的产品，不是熔化金屑以后结成的块状，从它发现的原始情况将它称为"未经提炼"的黄金。要是谈到自然金块的大小，最小的要比一般的谷粒①要大，最大的要比皇家坚果小一点。块状的黄金可以当成饰物戴在手腕上和颈部，在上面穿洞以及配上透明的宝石。黄金是贵重的金属，在这个地区的产量丰富，反倒是铜和铁很稀少，商人用相等重量的黄金交换铜或铁制作的器具。②

---

① 原文的 puren 是指橄榄、石榴和葡萄之类水果的种子，大小不一，很难来作为衡量的标准，改用"谷粒"比较适合；下面提到的皇家坚果是产于波斯的胡桃。

② 狄奥多罗斯的说法与阿加萨契德在《论红海》第 96 节的记载并不相同，后者说他们用一份黄金换取三份的铜或两份的铁；参阅斯特拉波《地理学》第 16 卷第 4 节。

46 过了这个民族栖身的地区,见到他们所称的卡贝人(Garbae),接下来是萨比人(Sabaeans)这个阿拉伯人当中人数最多的部落。他们居住的部分国土被称为"阿拉伯的至福之地"(Arabia the Blest)①,出产的大部分物品在我们看来都很珍贵,放牧的各种牲口和家畜的数量多到无法形容。整片土地上面弥漫着天然的甜美气味,因为所有的植物都以馥郁的馨香取胜,它们在这里长得极其茂盛。诸如整个海岸都出产所谓的香胶,还有 cassia② 和一种具有特殊性质的草药;后面这种草药处于新鲜的情况时,对于眼睛有明目和消炎的功效,要是保持一段时间开始枯萎就不能发挥治疗的作用。整个内陆地区都是浓密的森林,高大的乔木出产乳香和没药,还有棕榈和芦苇,以及肉桂树和其他拥有甜美气味的芳香植物;因为它们的种类太多有些根本无法辨识,无法一一列举它们的名称和特性。须知香味经由鼻孔刺激每个人的嗅觉,似乎是一种圣洁的体验,要超越文字叙述的能力。

的确如此,有人沿着海岸航行,离开陆地已有相当路途,仍然难以摆脱芬芳所能提供的享受,夏季每当风从岸上吹来,就可以发现没药和其他香料植物,在靠海这一部分向外伸展出来,发散它们那种浓郁的香气;出于这个原因那些香气熏人的草药,干燥以后存放多年还保有原来的味道,当然它的效能仍旧以花卉全开的时候更为新鲜和有力,可以直接钻进嗅觉最敏感的部分。微风带来芬芳植物挥发出来的物质,对于接近海岸的旅客而言,这里飘浮着一种混合起来的香气,产生的影响是让人感到愉悦、充满异国的情趣、促进身心的健康,这些都是由最好的成分构成的,这些树木的制品即使没有砍成碎片,还能运用特别的力量将香气挥发出来,就是将它装在容器里面储存起来,也不会变成不同属性的对象。这主要取决于它的新

---

① 罗马人称之为阿拉伯·菲利克斯(Arabia Felix)。
② Cassia 就是一种中药"桂皮"。

鲜程度,神圣的性质能够保持纯洁和不受污染。因此那些闻到独特馨香的人士,如同享用神话当中提到的佳肴,由于这种芬芳的气味是如此甜美,可以说没有其他任何名字能配得上它。

47 虽然如此,命运女神即使将至善的福分赐给这个地方的居民,还是留下让人发泄嫉妒的机会,珍贵的礼物伴随有害的东西,须知他们一直享有美好的运道,难免对神明产生藐视的心理,稍微加以惩罚也是对他们的一种警告。香味最浓的森林里面有许多体色深红的小蛇,长度不过一 span①,咬人即无药可救;它们的攻击是跳到被害人的身上,咬啮以后的离开是把身体弹得很高,只在皮肤上面留下一点血迹。土著还会遇到很特殊的情况,就是他们的身体会患上一种慢性病变得极其虚弱。等到身体为一种未曾稀释和带有刺激性的物质所渗透,就与体内的器官结合起来停留在多孔的区域,随着心神衰败下去,到难以治愈的地步,因此他们在罹患这种顽疾的病人身边,燃烧黑色的沥青和山羊的长须②,用性质完全相反的焦臭味来压制外来过分甜美的香气。所谓的善行是让人类得到帮助和感到愉悦,这方面的尺度与数量和状态有关,要是不能掌握适当的比例和正确的时间,即使再大的恩典也得不到任何好处。

这个部落的主要城市名字叫作萨比(Sabae),坐落在一座山岭的顶端,当地的国王以代代相传的方式继承王位,人民给予他们的尊荣混合善意和灾祸,虽然表面上像是过着幸福的生活,却将很多不应由自己负责的行为强加在他们身上,稍有疏忽就会带来不幸,甚至离开皇宫都是违法的过错,根据某些古老的神谶给予的指示,群众对犯罪的国王可以用乱石将他

---

① 指手掌张开从拇指尖到小指尾的长度,大约 9 英寸或 22 厘米。
② 斯特拉波《地理学》第 16 卷第 4 节,提到用这种方法除去浓香造成的困扰;古代的作者没有提到这种疾病。

击毙。

　　整个部落在财富和享受奢侈生活方面,远超过邻近的阿拉伯人和所有其他的民族。他们用最高的价格交换或出售商品,使用的通货要求重量应该最轻,所有的交易他们只接受白银当成兑换的标准。因此,他们处于与世隔绝的位置,很多世代以来没有遭受战火的蹂躏。这个国度盛产金银,特别是皇宫所在地的萨比,他们拥有各式各样由黄金和白银制作的浮雕酒杯,卧榻和铜鼎都安装银质的脚架,摆设和家具的费用贵到难以想象,大厅环绕着壮观的石柱,有些镀金显得富丽堂皇,有些在柱头上面安置银质的装饰物品。他们的房舍即使是天花板和门窗,都使用黄金制作的方格和饰板①,上面镶嵌密集的做成图案的名贵宝石,看起来富丽堂皇,而且造价之高极为惊人。因为有些部分他们使用的材料是黄金、白银或象牙,加上炫耀的宝石和那些人们认为最值钱的东西。

　　事实上这些人民享受幸福的生活没有受到干扰,是因为很多世代以来,他们对于贪婪的人而言变得极其陌生,须知后者认为别人的财富是神明赐给他们的应许之物②。这部分的海域看起来一片苍白,奇特的现象让人感到惊讶,想要找出它的成因。附近有很多富裕的岛屿上面的城市都没有筑起城墙,这里的家畜和野兽皮毛都是白色,不管什么种类的雌性动物头上不会长角。各地的水手来到这些岛屿做生意,特别是一座位于印度河岸的城市,从波塔纳(Potana)发航来此的船只更是为数众多,这座城市的建造者是亚历山大,他想在大洋的海岸有一个水师基地。

　　有关阿拉伯的至福之地和它的居民,我们的叙述希望能让大家感到满意。

---

① 有些饰板安装在很深的凹壁之内。
② 原文为"赫尔墨斯的礼物",意为神明的报酬和天降的运道。

48 我们对于出现在天上的奇特现象,竟然在这个地区可以看到,不能略而不提,就此跳过。根据我们的记载,最令人感到不可思议之处,要与大熊星座有关,会在航海者当中引起很大的困扰。他们提到在雅典人称为 Maimakterion 月①(11 月)的月初,大熊星座的七颗星直到第一时辰②都看不到一颗,到了 Poseideon 月③(12 月)即使是第二时辰都无法见到,在随后的月份当中它们逐渐在航海者的眼中消失④。对于其他的天体而言,他们说行星也有同样的情况,比起出现在我们眼前的形体像是更大一点,就是它的升起和降落也都大不相同;太阳在刚刚升起不久不再发射光线,就在黑夜继续下去的时候,太阳出乎所有人的意料突然现身发出明亮的光⑤。

在可以看到太阳之前,这个地区根本没有白昼可言,他们说来到大海的中央眼里会出现很像一个炽热烧红的煤球的东西,放出巨大的火花,整

---

① 阿提卡地区将 Maimakterion 月算为一年第 5 个月,相当于我们的 11 月。[译按:希腊每个城邦的月份有不同的称呼,雅典将一年分为 12 个月,开始的月份是 7 月,各月的名称: Hekatombaion(7 月),Metageitnion(8 月),Boedromion(9 月),Pyanopsion(10 月),Maimakterion (11 月),Poseideon(12 月),Gamelion(1 月),Anthesterion(2 月),Elaphebolion(3 月), Mounichion(4 月),Thargelion(5 月),Skirophorion(6 月)。]

② 希腊人使用时辰当成夜晚的时间单位,冬季和夏季夜晚的时间长短不一,通常冬季的夜晚有 3 个时辰,夏季分为 5 个时辰。

③ Poseideon 月是一年第 5 个月,相当于我们的 12 月。

④ 公元前 2 世纪的阿加萨契德《论红海》,狄奥多罗斯从这本著作中获得有关的资料,举凡北纬 15 度的地区,大熊星座第一颗星(Alpha 星)在每年的 11 月 1 日,从地平线升起的时间大约是下午 8 时 45 分,因此下沉是在夜间第一时辰。不过,提到这颗星在 12 月 1 日要到夜间第二时辰才升起,这种说法并不正确,因为它升起的时间是在下午 6 时 40 分。事实上大熊星座的升起,不是狄奥多罗斯所说的随着月份迟延,它的时间应该是提早。

⑤ 这是一种曙光或暮光的现象,它的出现主要依据大气层的条件因而纳入天文学的范畴。持续时间的长短要视大气层的深度、清晰度和密度、观察位置的纬度和高度以及每年的日期而定。希腊的航海者发现他们从希腊向着赤道航行很少出现曙光,事实上在赤道地区曙光持续的时间最短。(译按:这也可以说是一种极光,只是观察位置的纬度还是太低了一点。)

个形状不像圆锥①，倒是与圆柱很类似，只是看起来它的顶部稍为稀薄一些；再者，它在第一时辰之前不会发亮也没有光线射出，如同一堆火已经在黑暗中熄灭。到了第二时辰，它的形状像一面圆盾，发出的光格外明亮和炽热。它到达天顶向下沉降的过程当中，有关这一切就会出现与前面完全相反的显示。有些观察家看到一种奇异的光线②照亮整个宇宙，这一段时间似乎少于两小时，尼多斯的阿加萨契德（Agatharchides）的记录是三小时。当地土著的意见，这是最令人感到愉悦的时间，由于太阳的逐渐向西沉落就会降低炎热的程度。

有关世界其他部分的风，通常都是西风、西南风、西北风或东风；埃塞俄比亚就不会吹南风，土著根本不知道有这回事。在特罗格迪底地区和阿拉伯，它们刮起来的时候格外炎热，会引起森林的火灾，使得人的身体变得更加衰弱，要在阴凉的茅屋寻找庇护。不过，北风使得所有的人都会感到舒适，它们可以到达有人居住的地球的每一部分，带来更为凉爽的天气。

49 上述事件经过验证，现在适合对靠近埃及边界居住的利比亚人进行讨论。无论是塞伦（Cyrene）的周边、叙蒂斯（Syrtis）还是内陆，这些区域居住的利比亚人分为四个部族；他们所称的纳萨摩尼斯人（Nasamones）住在南边的部分，奥斯契扎伊尔人（Auschisae）在西部，玛马瑞狄伊人（Marmaridae）占有埃及和塞伦之间一个狭长的地带，一直向着海岸延伸，马凯伊人（Macae）是人数最多的部族，住在叙蒂斯周边地区。我们刚刚提到的利比亚人要是农民就会拥有土地，能够生产大量的粮食，如果是逐水草而居的牧人，就会维护他们赖以为生的牲口和家畜；无论是

---

① 阿加萨契德在《论红海》第 105 节，提到"形状像是铁饼"。
② 阿加萨契德在《论红海》第 105 节，说是发生在太阳刚升起的时候。

务农还是放牧的团体都有国王,他们并非过着野蛮的生活,或是与接受文化和教养的人有很大的差别。不过,第三个团体不必听从国王的命令,他们的行动没有任何约束,甚至毫无正义可言,经常对外进行不断的抢劫,从沙漠里面发起难以预料的攻击,带着任何可以到手的掠夺物,迅速撤回原来出发的位置。

所有属于第三团体的利比亚人所过的生活如同野兽,他们的日子都奔波在开阔的蓝天之下,蛮荒的求生模式真是艰苦备尝。他们对于文明世界的食物或衣着根本无法获得,只能靠着羊皮遮身和保暖。他们的首领没有可以统治的城市,只有在靠近水源的地方建起高塔,将大量掠夺而来的战利品储藏在里面。他们要求成为臣属的民族每年立下誓言,必须服从他们的权威,任何人只要降服都会成为盟友,他们会加以保护,要是对他们的指示置之不理,开始是以处死作为威胁,接着有如一群强盗向对方发起抢劫。使用的武器适合当地的国土的情况和生活方式,因为他们的身体较轻,而且居住的国度大部分都是平原,面对四周环伺的危险只携带三根长矛和一皮袋的石块,他们没有刀剑、头盔和其他任何披挂,因为他们的目标是在追逐和退却的时候,始终保持敏捷的姿态和快速的行动。因此他们特别擅长跑步和投石,利用训练和习俗的优势得到充分的发展,最后成为本能。总之,他们在与外来的民族打交道的时候,从来不守诚信的原则,也毫无道义可言。

50 塞伦这个城市的周边很大的区域,土壤非常肥沃,带来极其丰硕和种类繁多的物产,不仅生产大量小麦,还拥有面积广大的葡萄园、种植橄榄的果园以及天然的森林,所有的河流都能充分运用。在延伸到南方边界的地区发现可以生产硝石的矿藏,这里没有开化,而且缺乏水源,外形看来如同海洋;加上四周沙漠环绕和毫无变化的陆地景观,无穷无尽的荒漠一直延伸下去,最后终结在一个极难出入的地区。因此这里看不到一只鸟或是除了瞪羚和野牛以外任何一种四足兽,没有植物以及任何可以使人看起来悦目的东西,通往内陆全部都是连绵不断的沙丘。即使它所及的范围是如此辽阔,要想过文明的生活也会缺乏所有必需的条件,至于达到蛮荒的程度源于蛇类的众多和体形的庞大,特别是一种名叫cerastes①的毒蛇,被它咬到会带来致命的后果,最可怕的地方是它的颜色如同沙土;基于这个缘故它们平躺在地面时很少人能分辨出来,绝大多数人都是不注意踩到它,就会遭到无法预料的危险。再者,古代的记载提到这些蛇曾经侵入埃及很大一部分地区,正好位于沙漠的下方,结果变成人烟绝灭的蛮荒之地。

利比亚的疆域在越过叙蒂斯以后,有一个地方极其干燥,因而寸草不生,经常发生一些怪异的现象。在某个时候处于平静无风的特别状态,天空当中可以看到聚集起来的幻影,形状像是各式各样的动物②,有的始终留在原地,有的开始飘浮游离,有时会从一个人的前面慢慢退走,有时又跟在后面不停地追逐,其间出现千奇百怪的变化,由于这些体形都极其巨大,没有经验过这种场面的人,突然遭遇都会感到惊慌和恐惧,那些在追逐当中被幻影超越的人,身体像是受到包围出现一阵寒意和抖颤,外乡人不熟悉这种情况,就会恐惧到无法动弹的程度。当地土著已经司空见惯,对于这种现象不予理会。

---

① 意为"长角的蛇"即"角(蝰)"。
② 参阅亚里斯托法尼斯的喜剧《云层》第 346—347 行:"难道你从未远远看到天空上方的云,如同豹或狼或羊或牛或变幻的马人?"或者卢克里久斯《论万物的本质》第 4 卷第139—142 行:"巨人表现出逃走的姿态带着投下的阴影远行,有时像庞大的峻岭和悬崖向下的崩塌和坠落,脱离山区向前旅游会为太阳的运行赶了过去,接着又是一些怪物在推扯和拖动其他的积云。"

51 举凡不信者对于看过海市蜃楼的人认为是在说一个充满幻想的故事,自然科学家试图说明它的成因:据说这个地区只要风没有刮起来,或者风势轻微无力,空气是如此平静不会产生任何移动和飘浮,因为这里没有森林密布的山谷或是浓荫处处的低地,地面更是不会隆起形成山丘;此地没有大河巨川流过,整个国度都是植物不会生长的不毛之地,地表当然没有向上升腾的水蒸气。然而所有这些不利的条件,经过他们的解释以后,知道反而易于促成气流的产生和聚集。

沉闷的大气层延伸到干燥的大地,看到的现象是出现潮湿天候才有的积云,水汽的凝结会有种种不同的形状;科学家告诉我们同样会发生在利比亚,模糊的形体出于空气的凝聚和压缩。等到幻影受到微弱而缓慢的风驱赶前进,向着高处上升形成颤抖不停的波动,就会影响其他性质类似的物体,随后是风的平息,一切又静止下来,重量的关系开始向着地面下降,要是时机凑巧,原来的形体没有受到外力的驱散,偶尔会用这种方式依附在人或动物的身上。空气形成的幻影会向两个方向移动,要指出这部分没有取舍的自由的意志,不可能存在于无灵魂的事物上面,能够自由自在地逃走或追赶。

然而人或动物并不知道因为空气的关系,本身要负起幻影移动的责任;如果人或动物正在前进,就会使得身体前面的空气受到压迫向前运动,所以幻影被逼得后退,看起来像是逃走的模样。要是我们后退,它们在对面的方向就会追随,那是身体留下的真空造成空气的填补,形成的气流使得幻影向前移动,如同它在追赶着我们;如果我们突然停止不动,它碰撞到实质的目标就会破裂开来,向着四周分散的时候,只要是接触到身体,就会引起一阵寒意。

52 我们提到这些地区的时候,对于相关的事项经过验证都能据实叙述,现在要讨论古代的亚马孙人在利比亚所留下的历史记载。大多数的人都会相信,亚马孙人曾经居住在潘达斯的瑟摩敦(Thermodon)河周边地区①;另外还有更为确凿的情况,利比亚的亚马孙人在更早的时候建立起显赫的功绩。即使有很多读者看过这本历史著作,知道他们对于提到的民族不是一知半解就是全然陌生。

亚马孙人这个族群在特洛伊战争之前很多世代就已经消失不见,鉴于瑟摩敦河周边地区的妇女奋发耀武扬威的精神是这个时间不久之前的事,要说后面这个广被人知的民族,能够继承前者的名声也不是没有道理,虽然前面这个民族因为时间的久远,大多数人根本不知有这回事,不过就我们这方面的意见,很多早期的诗人和史家,就是后来的学者也不在少数,曾经提到利比亚的亚马孙人,所以我们尽力搜集他们的事迹加以概述,撰写的方式完全遵循狄奥尼修斯(Dionysius)②的手法,他用在"阿尔戈英雄号"和狄俄尼索斯的史籍当中,还有很多发生在古代更早的其他事项。

利比亚曾经有很多妇女当家做主的族群,她们不仅黩武好战,而且发挥男子汉大无畏的精神,在整个地区获得极其响亮的名声;例如,从传说得知戈尔根人(Gorgons)的部落,据称帕修斯(Perseus)与她们之间发生战争,须知戈尔根人因为英勇无敌拥有极其显赫的地位,事实上宙斯的儿子③,成为当代最有权势的希腊人,发起战争对付这些妇女能够获得胜利,可以说是他最伟大的功绩。可以让任何人拿来证明我们所提到的妇女,是何等杰出而且拥有莫大的权势。我们能够这样写的先决条件,是她们具备一种让人感到惊奇的卓越和突出,要是拿来与现在的女性做一比较,她们的英

---

① 参阅本书第二章第44—46节。

② 这位狄奥尼修斯的绰号 Skytobrachion 即"皮匠",公元前2世纪中叶住在亚历山德拉,平生写出很多神话的浪漫传奇,很多为狄奥多罗斯摘录,像是亚马孙人和亚特提斯人的叙述(本章第56、57、60、61各节),狄俄尼索斯生于利比亚(本章第66—73节)以及阿尔戈英雄号的冒险行动(本书第四章第40—45节)。下面的记载是古老的希腊神话当中,能够融合民族特性而且内容合情合理的一个极其卓越的实例。

③ 就是帕修斯。

勇和男子汉的气概,更是达到登峰造极的地步。

53 我们听说这些情况过去曾经发生在利比亚的西部,有人居住世界的边缘有一个受到妇女统治的族群,遵循一种与我们大相径庭的生活方式。根据他们的习俗妇女负起武备和战争的责任,需要在军中服役一定的年限,这期间要保持处女的贞操;等到她们完成在战场应尽的义务,这时才与男子交往还要生育子女,只是所有的官职和城邦的军国大事全部掌握在女性手里。不过,她们的男子就像我们这些已婚的妇女,全部时间花费在家庭事务上面,听从妻子给他的指示并且贯彻执行,他们不参加军事行动和公众事务,更不必尽一个拥有市民权①的小区责任,他们的美德就是不要反对女性的一切作为。他们的子女自呱呱落地就交由丈夫抚养,喂食牛奶或按照婴儿的年纪调制适当的食物;要是出生一个女婴,就要用烙铁烧灼她的胸部,在成人之前停止它的发育,她们认为上身矗立的双乳,战斗的时候是很沉重的累赘;事实上就是因为她们丧失乳房所以被希腊人称为亚马孙人②。

如同神话所叙述的情况,她们的家是在一个岛屿上面,位于西方,所以得到赫斯披拉(Hespera)这个名字,这个岛坐落在名叫特瑞托尼斯(Tritonis)的沼泽当中。沼泽的位置靠近大洋,四周环绕着陆地,由于特瑞顿(Triton)河注入其中而得名;它与埃塞俄比亚的距离也很近,有一座最高的大山位于它和海岸之间,俯视大洋的雄伟姿态被希腊人取名为阿特拉斯(Atlas)山。上面提到的岛屿面积相当宽广,到处都是长满水果的果树,使得土著能够大饱口福。他们拥有众多的牲口像是山羊和绵羊,要拿奶汁和肉作为维生的食物;一般对于谷物的食用并不普遍,那时还没有发现农耕

---

① 所谓市民权是"自由发言的权利"。
② 参阅本书第二章第45节及相关的注释。

带来的好处。

亚马孙人这个族群最大的长处是英勇过人，从事战争的征伐极其热衷，最早展开的行动是征服岛上所有的城市，其中只有麦内(Mane)因为具备神圣的性质，以及它的居民都是埃塞俄比亚的伊克西欧法吉人，能够逃过入侵行动带来的灾难；只是该地曾经产生巨大的火山爆发，能够拥有许多希腊人称之为 anthrax、sardion 和 smaragdos 之类的宝石①；接着她们降服很多相邻的利比亚人和游牧的部落，就在特瑞托尼斯沼泽里面建立了一座很大的城市，根据它的形状取名为契罗尼苏斯(Cherronesus)②。

54 亚马孙人从契罗尼苏斯出发着手最为冒险的行动，抱着渴望的心情要侵略有人居住世界的其他部分。根据流行已久的传说，他们要前去征讨的第一个民族，就是那个地区居民当中文明程度最高的亚特兰蒂斯人，他们的国家非常富强，拥有很多兴旺的城市；我们听说神话学将神明出生的地方放在他们之中，这个地区的位置沿着大洋的海滨延伸很长的距离。有关这些部分都能获得希腊人的同意，他们在传说当中经常提及，至于谈起诸神的出生，我们在后面还要详细说明它的始末③。

据说亚马孙人的皇后迈里纳(Myrina)聚集一支军队，整个兵力是三万步卒和三千骑兵，特别是她们在战争当中喜爱使用骑兵，可以说已经到达非常罕见的程度④。她们为了保护装具不致损坏，就在外面包上巨蛇的皮，这种动物产在利比亚，有极其庞大的体形，还把坚硬的蛇皮用在防御武

---

① anthrax 是指暗红色的宝石，像红玉、石榴石和红宝石；sardion 将猫眼石和光玉髓之类宝石包括在内；smaragdos 泛指翡翠和绿宝石。

② Cherronesus 字意为"半岛"，或许这座城市位于从沼泽当中伸出来的山脊上面。

③ 参阅本章第 56 节及后续各节。

④ 这样的陈述让人感到奇怪，因为骑兵仅占总兵力的十分之一，可能是数字的位置有错应该掉转才对。

器、刀剑和长矛上面;她们使用弓箭同样得心应手,不仅在正面迎战用来打击敌军,还能用在退却逃走的时候,转身向后射杀追兵收到良好的效果。进军亚特兰蒂斯人的疆域,在一次决定性的会战当中击败色纳(Cerna)的居民,追随败逃的敌人进入城墙,将整座城市掌握在手里;她们实施恐怖的手段来威胁邻近的民族,对于战俘的处置极其严苛,所有成年的男丁全部毙命在刀剑之下,儿童和妇女被当成奴隶,全城被夷为平地。

等到色纳的居民沦入悲惨的处境为他们的族人所周知以后,据说亚特兰蒂斯人受到惊心动魄的打击,接受投降的条件将所有的城市交给对方,宣称他们对于所有的命令全都奉行不渝,身为皇后的迈里纳为了对亚特兰蒂斯人表示善意,不仅与他们建立友谊的关系,还在被夷为平地的旧址上面兴建了一座崭新的城市,为它命名用上自己的名字;它的市民是释放的战俘和愿意前来定居的土著。亚特兰蒂斯人将价值连城的礼物奉献到她的面前,经过表决发布公开的敕令赠予她最崇高的荣誉,她要回报所接受的礼遇和殷勤,特别承诺要对他们的国家格外仁慈和优容。

由于当地土著与戈尔根人始终有不断的战争,从他们的得名知道这群人住在边界上面,总之,这个民族一直在等待机会要来伤害他们,据说迈里纳答应亚特兰蒂斯人的要求,要入侵戈尔根人的疆域加以报复。等到戈尔根人出兵前来阻止对方的进军,就与亚马孙人发生了一场大规模的会战,后者占了上风,杀死大批对手,捕获的战俘不少于三千人;其余的败军逃到某个森林地区寻求庇护,迈里纳运用纵火的手段想要灭绝整个族群,最后还是无法达成企图,只有撤军回到本国的边界。

55 这时亚马孙人因为战无不胜感到自满,夜间就会松弛应有的警觉,被俘的妇女对守卫发起袭击,那些自认是征服者的佩剑被她们拿走,很多人遭到杀害;最后,大批援军从四面八方赶来,英勇搏斗的战俘遭到屠杀,不留一个活口。迈里纳为死亡的同伴举行盛大的葬礼,搭起三个火葬堆以及在地面建立三个巨大的长形土堆作为坟墓,直到今天还被称为"亚马孙土堤"。戈尔根人不久以后再度变得强大,第二次的降服是败在宙斯之子帕修斯的手里,这时统治他们的皇后是美杜莎(Medusa);最后戈尔根人和亚马孙人这两个族群还是被赫拉克勒斯灭绝,那时他游历西部地区在利比亚建立石柱①,下定决心要成为整个人类的恩主,要是他让任何一个国家受到妇女的统治,对他而言真是不够光彩的记录。故事里面还提到特瑞托尼斯沼泽的消失不见,那是发生一场地震带来的结果,使得向着海洋的部分陆地变得支离破碎。

迈里纳征讨利比亚大部分地区,经过这片国土进入埃及,她与伊希斯(Isis)之子荷鲁斯(Horus)签订了一份友好的协定,荷鲁斯这时担任埃及国王,等到她攻打阿拉伯人获得的结果是杀死对方很多人,接着就是征服叙利亚;西里西亚人带着礼物出来迎接她的到来,答应服从她的命令,她对主动降服的民族给予自由的权利,直到今天还听得到"自主的西里西亚人"这种表示藐视的称呼。她用战争的手段征服居住在陶鲁斯地区的族群,这个地方的民众素以剽悍著称于世;接着她通过大弗里基亚的山地向下走来到海边②;然后她占领大片区域沿着海岸直到开库斯(Caicus)河③,就把最后的战场当成边界。她要在用武力赢得的领土上面,选择适合的位置大兴土木,结果出现为数甚多的城市,其中一座使用她的名字④,其余来自担任重要指挥官的妇女,诸如赛麦(Cyme)、披塔纳(Pitana)和普里恩(Priene)⑤。

---

① 参阅本书第四章第 18 节。
② 指地中海。
③ 这条河川流经帕加姆(Pergamum)注入爱琴海。
④ 这座城市是位于迈西里(Mysia)的迈里纳(Myrina),参阅斯特拉波《地理学》第 13 卷第 3 节。
⑤ 小亚细亚西南滨海地区的爱奥尼亚、卡里亚和吕西亚,分别有三座最重要的城市都用这三个名字。

这些城市都是沿着海岸设立的,还有很多城市配置的地区是向着内陆延伸。她占领一些岛屿,特别是在列士波斯岛兴建一座名叫米蒂勒尼(Mitylene)的城市,这个名字来自她的姐妹,曾经陪伴她参加所有的战役。后来就在她征服其他岛屿的时候,率领的舰队遭遇了一场猛烈的暴风雨,就向"诸神之母"①祷赐给她们安全,结果被风将她带到没有人烟的群岛当中的一个岛屿;她为了听命于睡梦中看到的幻影对她的指示,就在岛上为女神划出一块圣地,建立祭坛,奉上大量的牺牲和祭品。她给岛屿取了一个名字叫作萨摩色雷斯(Samothrace),翻译成希腊语的意义是"神圣之岛",有些史家说它以前被称为萨摩斯,由于有段时期色雷斯人在上面居住,所以才改名为萨摩色雷斯。不过,就在亚马孙人回到大陆以后,神话提到众神之母喜爱这个岛屿,迁移某个民族定居该地,还有她自己那些儿子就是众所周知的科里班底(Corybantes)家族,将他们的仪式托付给他们的父亲保管,特别交代不能让别人知道;同时她所创设的神秘祭典现在就在这个岛上举行,制定法律使得圣地享有崇高无比的特权。

就在这个时候,色雷斯人摩普苏斯(Mopsus)受到国王莱克格斯(Lycurgus)放逐,带着一支由亡命之徒组成的军队入侵亚马孙人的领土,随着摩普苏斯一起行动的还有锡西厄人夕庇卢斯(Sipylus),他在色雷斯相邻的锡西厄受到同样的处分。发起一次决定性的会战后,夕庇卢斯和摩普苏斯占了上风,亚马孙的皇后迈里纳连同大部分的军队,都在战场上惨遭屠杀。就在几年的时间之内,色雷斯人继续赢得会战的胜利,幸存的亚马孙人最后再度撤回利比亚。正如神话提到的,只有利比亚的亚马孙人才会结束作战行动。

---

① 应该是大地之母才对,就是罗马人称为 Magna Mater(Great Mother)的西比莉(Cybele),大地之母的崇拜起于弗里基亚,公元前 2 世纪初期传入罗马,后来因为西卜林神谕集(*Sibylline Books*)的风行一时,所以她的香火更为鼎盛。

56 我们已经提过亚特兰蒂斯人的事迹,特别是他们的神话曾经
谈起神明的出生,再加说明倒也没有什么不妥的地方。事实
的确如此,即使从希腊的神话获得的情况也没有多大的差异。亚特兰蒂斯
人当时的居处是在大洋的边陲区域,拥有大片肥沃的土地,较之邻人更为
尊敬神明,因而享有响亮的名声,他们在对待外乡人表现出人道的精神,据
说诸神就在他们当中降生来到世间。他们认为希腊诗人当中最显赫的人
物①,也都同意他们的说法,所以他让赫拉如此表示:

> 我要前去探视无穷大地的尽头,
>
> 从奥逊努斯那里找到神的根源,
>
> 高声颂扬特齐斯是众神的母亲。

他们的神话有下面的记载:他们最早一位国王是乌拉努斯(Uranus),
将分散居住的人类聚集起来,进入有城墙给予保护的城市,使得他的臣民
停止没有法纪的行为,不再过茹毛饮血的生活方式,为他们发现食用耕种
获得的谷物,以及如何储存供应而后的需要,还要加上不少有利于人类的
事物;他开始征讨有人居住的地球上大部分区域,特别着重它的西部和北
部。他对星辰的观察一直保持专注和审慎的态度,能够预知整个世界很多
将要发生的事情;以太阳和月亮的运行作为基础,让民众获得年和月的时
限间隔和计算,教导他们得知年复一年季节的推移。绝大多数的民众并不
知道星辰要遵行不变的规律,对于他预测事件的发生感到不可思议,认为
这个人已经具备神明的性质才能教导相关的事项,等到他通过大家对他的
期许,就让他获得不朽的声誉;总之,完全在于他对人类施予的恩惠以及他

---

① 希腊最伟大的诗人就是荷马,这几句诗引用自《伊利亚特》第 14 卷第 200—202 行。

对星辰获得的知识;然后他们将他的名声转向上天的事务,认为他熟悉星辰的升起和沉没,以及所发生在苍穹的一切情况,还有就是他的恩惠让他获得很多殊荣,较之当代人士占有更大的优势,接续而来的时代他被大家称为宇宙的国王。

57 乌拉努斯有很多妻室,为他生下四十五个儿子,其中有十八个是泰提亚(Titaea)所生,每一个都有显赫的名字,组成一个团体,就从他们的母亲那里获得泰坦的称呼。泰提亚拥有睿智的心灵,善行和恩泽广施所有的民众,她逝世以后受她帮助的人将她奉为神明,将她的名字改为齐(Ge)。乌拉努斯也有很多女儿,年长的两位——巴西利亚(Basileia)和雷亚(Rhea)最为知名,其他女儿当中有些被称为潘多拉(Pandora)。长女巴西利亚最大的长处在于谨慎细心和知识渊博,抚养所有年幼的弟弟,对他们的付出如同母亲一样慈爱,因而获得"诸神之母"(Great Mother)的称号;她在父亲从世间以肉身升天进入诸神的行列以后,得到民众和兄弟的拥戴登上皇家的宝座,这时她还是一位处女,要保持贞洁的美德,不愿与任何男子建立婚姻关系。

后来她想生下儿子可以继承王位,就与她最爱的兄弟海帕瑞昂(Hyperion)结成连理,生下一双儿女赫留斯(Helius)和塞勒尼(Selene)①,美丽的容貌和高洁的品德获得众人的赞誉。于是巴西利亚其余的兄弟,看到她过着幸福美满的生活,害怕海帕瑞昂篡夺皇家的权力,起了嫉妒和猜忌之心,犯下极其邪恶的罪行;他们组成一个阴谋组织用剑将海帕瑞昂杀死,把仍旧是幼童的赫留斯丢进厄瑞达努斯(Eridanus)河②淹毙。他们的罪行暴露以后,非常疼爱兄弟的塞勒尼爬上屋顶纵身跳下自裁身亡,这时她的母亲

① 这两个名字表示"太阳"和"月亮"。
② 就是意大利的波(Po)河。

还沿着河流寻找儿子的尸体，一时之间力气丧尽昏倒在地。她看到一个幻影有着赫留斯的形象，站在身边劝她不要为子女的过世悲伤哀痛，他说泰坦会接受应得的惩罚，这时他与他的姐妹出自上天的恩赐，拥有万古常新的神性，在上天的正式称呼是"神圣的火"，人们会把它叫作赫留斯（太阳），如同上天的 mene 被称为塞勒尼（月亮）。

她从昏迷当中苏醒以后，就将梦中见到的情况以及降落在身上的惨剧告诉聚集起来的群众，要求他们将奉献给神明的尊荣授予死者，同时明确表示而后任何人不能触及她的身体。从此她整个人变得疯疯癫癫，有人拿起她女儿的玩具就会引起一阵吵闹，开始披头散发在各地到处乱逛，听到大鼓和铜钹的声音就会受到刺激，整个人像是陷入通灵的情况，每个人只要看到她目前的模样都会大吃一惊。所有的人都对她的不幸表示同情，还有人紧抱住她的身体不放①，等到刮起一阵暴风雨伴随闪电和雷鸣时，巴西利亚在大家的注视之下消失不见，群众对命运的逆转感到无比惊愕，更换赫留斯和塞勒尼的名字，推崇他们是天上的星辰。因为认为他们的母亲已经成为一位女神，群众为她建起一座祭坛，奉献牺牲和举行祭祀的时候，会用擂鼓击钹模仿她的一生之中遭遇的不幸。

58 有一份记载流传下来，是说女神②出生在弗里基亚。这个国度的土著有下面所述的神话。古老时代的密昂（Meion）成为弗里基亚和利底亚的国王；他娶丁狄美（Dindyme）为妻有了一个女婴，因不愿负起养育的责任，就将她抛弃在西比卢斯（Cybelus）山。遵照上天的旨

---

① 参阅索福克勒斯（Sophocles）的悲剧《俄狄浦斯在科洛诺斯》（*Oedipus at Colonus*）第1620—1621行：
几位女儿紧紧抱住她们的父亲，大家泪流满面感到无比伤心。虽然如此，俄狄浦斯还是随着暴风雨在地球上面到处乱走，无法摆脱刻骨铭心的痛苦。
② 这位女神是 Magna Mater，即"大地之母"。

意,豹和其他极其凶狠的野兽用它们的乳房让女婴获得养分,那个地方有些照料牲口的妇女,亲眼看到发生在婴儿身上的奇特情况,感到极其惊讶,就用这座山的名字称她为西比莉(Cybele)。女孩长大以后有美丽的容貌和高尚的德操,睿智的心灵更是受到异口同声的赞誉;她是首位用芦苇制成笛子,以及发明鼓和钹用来为戏剧和舞蹈伴奏的人,此外她还教导大家运用被褥的仪式治疗家畜和幼童的疾病;她用符咒救了很多婴儿的性命,将他们抱在怀里给予细心的照顾,她的奉献和爱护使得所有的民众都把她称为"恩重如山的母亲"。

据说弗里基亚人马西阿斯(Marsyas)陪伴在她身边,要比所有人都更爱她,而且马西阿斯以他的才华和贞洁受到大家的称许,有一件事可以证明他有过人的智慧——模仿芦苇制成的笛子发出的声音,编成曲调转用在木笛上面。谈到他的贞洁特别举例说明,他的一生到死为止都禁绝性欲的满足和欢愉。

神话提到西比莉长到女性的成熟年纪,爱上了一位名叫阿蒂斯(Attis)的土著青年,后来他接受"帕帕斯"①的称号;西比莉与他暗中发生关系,后来为他生下一个男婴,就在这个时候她的双亲也承认她是他们的女儿。

59 西比莉被带进皇宫受到父亲的欢迎,开始给大家的印象还是一位处女,后来得知她受到勾引发生通奸的行为,就将她雇用的乳母和阿蒂斯处以极刑,还要暴尸示众不准埋葬;据说西比莉深爱这位年轻人而且悲痛乳母的不幸,急怒攻心做出疯狂的举动,她从皇宫出走来到旷野之中。她的头发盖住面孔,不断哭泣击鼓游历各处的乡村,马西阿斯同情她已深陷困境,他过去一直怀着对她的爱意,现在自愿追随她和陪

---

① Papas意为"爸爸"或"父亲"。阿蒂斯·帕帕斯(Attis Papas)是弗里基亚地位最为崇高的神明,非常类似希腊世界的宙斯。

伴她在外不停地漂泊。

他们前去拜访狄俄尼索斯,来到奈萨这座城市,见到以七弦琴受到礼遇的阿波罗,虽然是赫尔墨斯发明了这件乐器,但据说阿波罗最早使用独特的手法;马西阿斯与阿波罗要在技术方面比一个高下,奈萨人指派裁判负责评比,首先由阿波罗弹奏七弦琴,没有用他的声音相互唱和,接着马西阿斯开始吹奏他的笛子,异国的音乐使得听者大感惊奇,裁判的意见是在第一轮的竞赛当中,马西阿斯的得胜来自动听的旋律。两人同意轮流向裁判展示演奏乐器的技巧,据说阿波罗在第二次的表演当中,用他的唱腔与七弦琴的音乐产生和声的效果,这使他获得更多的赞同,使得笛子没有像前次那样能占到上风。不过,马西阿斯非常愤怒,向听众表示,他的失败在于裁判违反所有公正的原则;他强调这是双方比赛演奏的技术而不是声音的动听与否;只有七弦琴和笛子之间的和声和音乐加以测试和比赛才可能给予合理的裁判;再者,以两种技术的综合去与单一的技术相比也是不公平的事。

神话提到阿波罗的回答,说他没有任何意图用其他的方式赢得不公正的优势;事实上马西阿斯在吹笛子的时候,他自己几乎也与阿波罗一样,都在做同样的动作①;因为吹奏笛子的技巧在于手与嘴的相互配合,不像弹奏七弦琴只用手,所以他加上嘴里发出的音声,这也没有什么不对。担任裁判的听众做出决定,认为阿波罗表达的观点更为公平合理,关于他们的技术可以再进行一次比赛;马西阿斯还是吃了败仗,阿波罗因为争论感到极其错愕,就把输家的皮活活剥了下来。他很快就为这种令人发指的做法感到悔恨和懊恼,于是扯断七弦琴的琴弦,对于他所发现的和声从此不再理会。

———————

① 这里提到的动作就是"呼吸"的运用;马西阿斯吐气使得笛子产生旋律,阿波罗让他的口腔发出歌声。

不过,对于七弦琴的演奏后来又死灰复燃,关键在于不久缪斯增加了中间那根弦,黎努斯(Linus)又补上用食指弹奏的弦,奥斐乌斯和萨迈拉斯(Thamyras)则是最低和次低的弦①。据说阿波罗将七弦琴和笛子当成还愿祭品,供奉在狄俄尼索斯的山洞里面,这时他爱上了西比莉,陪她前往海帕波里安,就在极北的乐土上面自在地遨游。

神话继续叙述,弗里基亚发生了一场灾情惨重的瘟疫,整个国土的作物歉收,不幸的民众请求神明指点迷津,如何才能免除他们面临的灾难。据说神谶颁布的旨意是埋葬阿蒂斯的尸体,以及对西比莉的膜拜有如她是一位女神。弗里基亚人鉴于阿蒂斯的遗骸因为时日久远早已腐烂消失,为他塑了一座年轻时候的雕像来代替,这样做以前他们知道阿蒂斯受到委屈,为了不让他愤怒就要双方和解,除了对他顶礼膜拜还要在他的灵前齐声高唱挽曲;相关的仪式他们继续实施,直到我们这个时代。

他们在古时就为西比莉建立祭坛,每年的祭祀要奉献牺牲;后来他们在弗里基亚的毕西努斯(Pisinus)为她建造富丽堂皇的庙宇,奉献丰盛的祭品,始终保持香火不绝的排场,他们的国王迈达斯(Midas)主办所有的工程,规模宏大到踵事增华的程度;女神雕像两旁设置黑豹和狮子的模型,大家认为她还是婴儿的时候就受到这些猛兽的抚养。

神话当中提到众神之母,生活在弗里基亚人中间,或者她的起源出自亚特兰蒂斯人之口,他们居住在大洋的海岸地区。

60 神话提到海帕瑞安死后王国分给乌拉努斯的几位儿子,他们之中名望最高者是阿特拉斯和克罗努斯。阿特拉斯接受的疆域是大洋的海岸地区,统治的民族得到亚特兰蒂斯人的称呼,地区内最高

---

① 赫尔墨斯的发明是三根弦的琴,参阅本书第一章第16节,阿波罗增加另外四根弦,才得到"七弦琴"的称呼。

的山脉用他的名字称为阿特拉斯山。据说他对天文这门科学非常擅长,有独到的见解,第一本著作是让人类知道天体运行的原则和理论①;出于这个原因有一种说法,整个天国的重量由阿特拉斯负起在肩头,神话用这种方式暗示他的发现以及对天体的叙述。

他的膝下有几个儿子,其中一个是赫斯庇鲁斯(Hesperus),最为出名,具备的美德在于宗教的虔诚、公正的行为和对人类的爱护。这位国王有一次爬上阿特拉斯山的绝顶,就在观察星辰的时候突然被一阵大风刮走,从此再也找不到他的下落。由于他过着纯洁无瑕的生活以及大家同情他悲伤的命运,为了让他获得不朽的尊荣,就以他的名字②命名最亮的星辰。

神话继续叙述下去,阿特拉斯有七个女儿,被视为一个群体,从她们的父亲那里获得亚特兰泰德(Atlantides)的统称,各自的名字是密亚(Maea)、伊里克特拉(Electra)、台吉特(Taygete)、斯特罗普(Sterope)、哈尔科尼(Halcyone)和最年幼的西利诺(Celaeno)。这些女儿都与最有名的英雄和半神发生肉体关系,生出的后裔都有很高的成就,后来不是英雄就是神明,成为人类大部分族群的始祖;七个姐妹当中密亚最为年长,她为宙斯生下赫尔墨斯,这位神祇发明很多东西,对人类有很大的贡献;此外,其他的亚特兰泰德同样有极其卓越的子女,成为很多国家和城市的创立者。不仅在若干蛮族当中,即使希腊亦复如是,绝大多数的古代英雄人物要是追查根源都是来自亚特兰泰德的血脉。七个女儿亦因她们的纯洁和俭朴知名于世,过世以后在人类当中赢得不朽的尊荣,她们在天国受到推崇,被给予的

① 这段文字是根据本章以及本书第四章第27节提到阿特拉斯"发现星球具备天体的特性"所做的说明和解释。古代的作者经常把"阿特拉斯是天文学的创始者"这句话挂在口边,所以狄奥多罗斯在开始就提到希腊人的天文学的认知,其实我们从"天体运行的理论和原则"以及"星球的球面运动的性质",可以记得毕达哥拉斯学派的四艺(算术、几何、天文和音乐),"在这里'天体运行'是天文学的范畴,要用几何学来解决球面运动带来的问题",可以参阅黑斯(T.L.Heath)《希腊的数学史》(*A History of Greek Mathematics*)第1章第11页。

② Hesperus是最灿烂的"金星"或称"长庚星"或"昏星"。

称呼是普莱阿德（Pleiades）星座①。亚特兰泰德还被人称为宁芙，当地的土著称呼他们的妇女时使用这个很普通的名字②。

61 阿特拉斯的兄弟克罗努斯由于邪恶和贪婪变得声名狼藉，娶了他的姐妹雷亚为他生下后来被称为"奥林匹斯主神"的宙斯。前面还有另外一位宙斯是乌拉努斯的兄弟和克里特的国王，比起后来这位③的声望和地位大有不如。后来的宙斯是整个世界的国王，前面那位只是区区一个岛屿的领主，生了十个儿子，得到的统称是丘里底（Curetes）；这个岛屿是用他的妻子爱迪娅（Idaea）的名字，他死后埋葬的地方，到现在都可以指出。不过，克里特人有他们自己的神话，并不同意上面提到的说法，后面我们谈起克里特岛的时候会加以详细的介绍。④ 据说克罗努斯是西西里、利比亚和意大利的领主，总之，建立的王国包括所有西方的区域，举凡险要的山地和坚固的据点都派有守备部队，出于这个原因无论是整个西西里还是面向西方的部分，很多高地直到今天还因为他的关系被称为"克罗尼亚"（Cronia）。

不过，克罗努斯之子宙斯反对其父所过的生活方式，经过他的努力还要与克罗努斯争个高下，因为他对所有的人都表示尊重和友善，大家对他的称呼是"天父"。他之所以能够继承帝王的权力，有人说是出于他的父亲自愿的禅位，还有人认为是大众憎恨克罗努斯所以推举他成为国王，后来克罗努斯在泰坦的支持之下对他的儿子进行征讨，宙斯在战场上赢得胜利，获得最高的权势，开始访问人烟辐辏的世界，将恩泽和福利赐给人类的

---

① 有人推测这个名字来自动词"扬帆"（pleo），因为星座的升起在开始航海的季节。
② 要是无法辨识这个妇女是已婚或未婚，可以使用这个称呼，大部分希腊人都是如此。
③ 后面这位宙斯是"奥林匹斯主神"。
④ 参阅本书第四章第64节和后续各节。

族群。他最为杰出之处在于力敌万人以及所有其他的美德,因而很快成为整个世界的共主。特别是他非常热心于惩罚邪恶的坏蛋,对于一般大众表示仁慈和关怀。为了回报他的贡献,后来大家一致同意尊称他为道(Zen)①,他在人群当中使得大家能过正直"生活",还有那些接受他给予好处的凡夫和神明,为了表示无比的崇敬,全都拥戴他在上天登极称帝,所有的臣民都抱着激昂的热情,声称他是整个宇宙永远的神明和主宰。

亚特兰蒂斯人的教导与神明有关,我们在上面提出摘要的叙述。

62 我们在前面讨论埃及以及狄俄尼索斯的出生和事迹的时候,曾经提到相关的资料都保存在这个国家的本土历史当中②,目前是一个很好的机会,可以将流行在希腊的与神明相关的神话在这里加以补充。早期的神话作者和诗人对于记载狄俄尼索斯的著作,有关的情节彼此并不能得到一致的认同,虽然尽力想要写出很多神奇的故事,但对于这位神明的出生和言行,很难给予明确和肯定的叙述。有些作者诉说的故事只提到一位狄俄尼索斯,或者表示这是三位同名的神明③,还有人认定他根本没有人类方式的降生过程,只要想一想狄俄尼索斯这个字的意义是"天之美禄"(oinou dosis)就很清楚。因此我们尽可能简单地介绍来自各位作者的主要事实。

许多作者用自然现象解释神明,把葡萄的果实叫作"狄俄尼索斯"。有这样的说法:大地在同一时间长出葡萄树和其他的植物,即使有人发现它也不会一开始就加以栽种。他们坚信可以证明事实的确如此,那就是直

---

① Zen 这个字可能是 Zeus 的另一种书写形式,或许带有动词"活着"的含义。
② 参阅本书第一章第 23 节。
③ 西塞罗(Cicero)《论神的本质》(De Natura Deorum)第 3 卷第 58 节,说有 5 个狄俄尼索斯。

到今天在很多地区还有野生的葡萄树,与那些栽种在有经验的农夫手中的植物,生长外形完全相似的果实。再者,时间更早的古人给狄俄尼索斯取的名字是"狄米托(Dimetor)"①,等到它种在田里开始生长可以算成单一和首次的出生,第二次的出生是成串的葡萄已经成熟;因此,可以认为神明的出生方式,最初是来自大地,接着源于葡萄树。虽然神话作者可以交出第三次出生的记载,说是盖娅(Gaia)那些儿子②将宙斯和德米特已经成为神祇的儿子踩得粉身碎骨,再用锅将他煮熟,德米特再度将分散的四肢聚集起来,如同最早一次那样又经验到新的生命,这样的记载像是他们回头追查它的成因,竟然发现这是自然而然的事。

考虑到他是宙斯和德米特的儿子,基于事实的缘故,葡萄树的生长要靠着土地和雨水,等到果实长出来以后,成串的葡萄经过压榨就有酒的产生,所以才有粉身碎骨的陈述方式。这时狄俄尼索斯还是一个年轻人,使用"地上所生"③这个称呼,表示葡萄的收获要靠劳动者④。煮他的四肢这种说法只是一种神话,事实上大多数会将酒液煮沸然后再混合起来,用来改进它的气味和质量。虽然用"地上所生"这句话带有藐视的意味,再要提到将他的四肢聚集起来又能恢复原来的情况,其实是用来表示葡萄树经过采摘果实以及年度适时修剪,获得土地供应养分又能像以往那样达到产量丰富的水平。通常古代的诗人和神话作者提到德米特就把她当成齐·美特(Ge Meter),意为"大地之母"。这些故事的要旨大义经过同意都写进奥斐乌斯风格的诗篇当中,可以用来介绍他们举行的仪式,要是将细节透露给未入会者得知是违法的行为。

---

① Dimetor 意为"第二次出生者"。
② 盖娅的儿子是泰坦或"大地之子"。
③ Earth-born 是巨人的头衔,他们是盖娅或"大地"的儿子。
④ 劳动者是指"在田地上面耕作的农人"。手抄本将它的解释"人们认为土地应该属于德米特所有"加以窜改;参阅本书第一章第 12 节。

记载塞梅勒生下狄俄尼索斯出于同样的方式,他们追根究底寻找天生的起源,古人将休欧妮(Thuone)①这个名字用于大地要提出合理的解释,女神之所以接受 Semele 的称呼,是因为膜拜和礼遇使得她更有尊荣(semne)的地位,获得 Thuone 的头衔在于奉献(thuomenai)给她的牺牲(thusiai)和燔祭(thuelai)。因此,戴奥苏尼斯的传说中提到宙斯使他出生两次,由于相信这些供应粮食的作物,都在丢卡利翁大洪水时期面临灭绝的命运,经过这次浩劫以后它们再度发芽茁壮,这是神明在人群当中第二次的显现,因此创造出来的神话就会提到神明的再度出生是来自宙斯的大腿②。不管这种说法来自何处,有人解释狄俄尼索斯的名字,如同发现酒的运用和它的重要性所表示的意义,所有的事迹在神话里面都有详尽的记载。

63 古代的神话家③认为神明有人类的形体应该归功于狄俄尼索斯,对这方面大家不会有异议,至于发现和种植葡萄树以及所有制酒的操作程序,是否出自一个或几个狄俄尼索斯并没有获得定论。例如,有些人断言是他教导大家如何酿酒,如同他们所称要收集“树上的果实”④,是他率领一支军队征服有人居住的世界,是他推荐神秘祭典、入会仪式和酒神的狂欢宴会,这些都是同样一位神明的作为;如同我在前面已经说过的,还有一些人表示这是不同时期的三位神祇,其中每一位都有自

---

① 塞梅勒进入诸神的行列,才能获得休欧妮这个称呼,参阅本书第四章第 25 节。
② 参阅本书第二章第 38 节及本章以下各节的叙述,提到戴奥斯在宙斯的大腿上面出生,从语义学的 Dio 来自 Dios,须知后者是主格为宙斯的所有格。
③ Mythographi 这个称呼出现在希腊的文学范畴是在公元前 4 世纪初期,这个时候的神话略过历史的真实记录,成为与学术论文大不相同的题材和体裁,希腊人将这些作者称为“神话家”。
④ 这是一种方言,用于葡萄酒、水果和橄榄油之类的物品上,与谷类食物的干粮有所分别。

己独特的言行,可以很容易分辨清楚。

　　然后就有这样的记载:年代最古老的狄俄尼索斯是印度人,由于当地的气候最为适宜,葡萄无须栽培就有丰硕的收成,是他首先压榨成串的果实,葡萄酒被当成一种天然的产品,同样对无花果以及其他果树给予妥当的照料,一般来说,果实的收成和储存都要想出合用的办法。再者,据说同样是这位狄俄尼索斯留着很长的胡须,从报道得知印度人遵守习俗,重视带来威武神情的美髯,给予细心的保养和维护,终其一生直到死亡为止。就是这位狄俄尼索斯带着一支军队访问整个有人居住的世界,教导大家如何栽培葡萄树和从酿酒大桶(lenon)里将成串的果实踩碎,从而神明得到黎尼乌斯(Lenaeus)这个名字。他还允许所有的民族分享其他的发明,那些接受他恩惠的人一致同意,要授予他永垂不朽的名声和荣誉。再者,还要特别指出一点,直到今天在印度人当中,只要是神明出生的地方或城市,都用当地语言①以他的名字来称呼;还有其他很多极其明显的证据仍旧存在,可以证明他在印度人当中出生,要想一一列举实在是过分冗长。

64 　神话作者提到的第二位狄俄尼索斯,成为宙斯和帕西丰尼的儿子,并非有些人所说他是德米特所生。他们特别认定他是第一位将牛套上轭头拖犁耕种的人,在他之前的人类都用自己的双手整理田地。还有其他很多巧妙的器具适用于农业,使得民众解除粮食不足造成的最大忧虑;大家对于他的造福人类给予的回报,是把他当成神明奉献尊荣和牺牲,由于他在各方面的服务获得不朽的名声。画家和雕塑家用双角作为他的象征或表记,同时还要明确表现狄俄尼索斯其他的专长,在众多的贡献当中尤为重要的是他为农夫发明耕田使用的犁头。

---

① 参阅本书第一章第19节。

他们说第三位狄俄尼索斯生于皮奥夏的底比斯,是宙斯和卡德穆斯之女塞梅勒的儿子①。神话的叙述如下。宙斯爱上艳丽如花的塞梅勒,经常与她同床共枕,使得赫拉醋劲大发,急着要去惩治这位少女,便化身为一个塞梅勒熟悉的女友,使得她难逃灭亡的命运;这个妇人向她提出建议,说是宙斯与她共享云雨之欢的时候,要摆出他将赫拉抱在怀里那种盛大的排场。宙斯在塞梅勒的要求之下,比照对于赫拉的礼遇方式,出现在她的面前就陪伴着闪电和雷鸣,塞梅勒无福接受突如其来的惊吓,当时就香消玉殒,还来不及分娩。宙斯很快取出尚未足月的婴儿,藏在他的大腿上方,继续成长一直到适合生产的时期来到,这时才把他带到阿拉伯的奈萨。宙斯将这个小孩交给宁芙抚养,给予的名字狄俄尼索斯来自他的父亲"Dios"和养育的地方"Nysa";他长大以后是一个极其英俊的年轻人,很多时间用来跳舞寻乐,与一群妇女过着奢侈和豪华的生活,后来他将妇女编成一支军队,给她们的武器是神杖②,接着在有人居住世界的各个地区从事作战行动。

他把仪式的知识教给信仰虔诚的人,让他们获得入门的资格可以参加神秘祭典,从而培养出公平正直的生活,再者,他在各地举行节庆的聚会以及举办音乐的竞赛③。总之,他处理国家与国家以及城市和城市之间的争执,任何存在倾轧和战争的地方,他都能够创造谐和的气氛带来永久的和平。

65 神话继续叙述,每个地区都有神明的出现变成喧嚣一时的事,消息传播开来使得狄俄尼索斯受到万民的膜拜,因为他对人

---

① 参阅本书第一章第 23 节与塞梅勒有关的其他记载。
② 木杖的顶端装饰常春藤、葡萄的叶子和一个松球。
③ 古代希腊的酒神节,以戏剧演出和音乐比赛为特征的祭祀活动。

类社会生活的进步有很大的贡献,各地的民众都聚集起来,都以载歌载舞的方式欢迎他的来临。还是少数人出于轻蔑和不信,用敌视的眼光看待他,说他将巴强底(Bacchantes)即"酒神女信徒"拉拢在身边,完全是他的淫乱加上运用神秘祭典和入会仪式勾引他人的妻子,只是这些造谣的人很快受到公正的惩罚。他针对很多情况运用优势的权力,随附他所拥有的神圣性质来惩治邪恶的歹徒,或是让他们陷入疯狂之中,或是让他们在妇人的手里接受生不如死的酷刑;在其他的情况当中,他运用一种军事工具并且采取奇袭手段,毁灭那些持反对立场的人士。他将长矛发给妇女用来取代神杖,这些长矛有尖锐的铁质矛头而且装饰常春藤的叶片,因此那些国王看到对手是一群妇女,基于无知带有藐视的心理所以不会严加提防,等到发起未曾预料的攻击就会被她们用长矛一一刺杀。

据说在那些受到惩罚的人员当中,名声最为响亮者包括希腊的平修斯(Pentheus)、印度的国王迈拉努斯(Myrrhanus)和色雷斯的莱克格斯。神话提到狄俄尼索斯率领军队,从亚洲到欧洲正在一路扫荡前进的时候,他与莱克格斯签署了一份友好的和平协议,莱克格斯是色雷斯部分区域的国王,他的领地位于海伦斯坡地区。他率领第一批酒神女信徒渡过海峡,自认为已经来到友善的土地,谁知莱克格斯下达命令给士兵,要他们在夜间发起攻击,杀死狄俄尼索斯和所有的密纳兹(Maenads)即"酒神崇拜者"。狄俄尼索斯从当地名叫查罗普斯(Charops)的土著那里,得知针对他的阴谋活动,由于大部分军队位于海伦斯坡海峡的对岸,只有少数友人随他渡过海峡,听到不祥的信息一直感到忧心忡忡。他在暗中将全部兵力用船运送过来,据说这时莱克格斯已经出兵攻占奈西姆(Nysium)这座城市,将所有的密纳兹屠杀殆尽;狄俄尼索斯的军队已经离开,获得一次会战的胜利征服色雷斯,活捉莱克格斯并剜去他的双目,让他饱受痛苦的虐待,最后施以磔刑。

狄俄尼索斯非常感激查罗普斯给予的援助,就把色雷斯王国的统治权交到这个人手里,还将参与神秘祭典与入会有关的秘密仪式传授给他;查罗普斯之子厄阿格鲁斯(Oeagrus)接受王国以及在神秘祭典当中授予入会仪式。奥斐乌斯是厄阿格鲁斯的儿子,无论是先天的禀赋还是后天的教育都优于当代的人士,他从他的父亲那里学习入会仪式;奥斐乌斯对它的实施程序做出很多改良和修正,虽然整个程序是狄俄尼索斯制定的,但得到的称呼是奥斐乌斯式礼仪。

这些诗人当中有一位名叫安蒂玛克斯(Antimachus)[1],曾说莱克格斯与色雷斯无关,而是阿拉伯的国王,对于狄俄尼索斯和酒神女信徒的攻击发生在阿拉伯的奈萨。他们还说狄俄尼索斯不管怎么样,即使惩处不信神明的恶徒,对待所有其他的人仍旧彬彬有礼,后来他从印度经过长途跋涉返回底比斯,乘坐在一头大象的背上进入城市。整个旅程花费的时间长达三年之久,后来希腊人为他举行的节庆是来年办理一次。神话还提到他带来大量的战利品,那是历经多次会战获得的成果,在他班师回朝以后成为首位荣获凯旋式的英雄人物。

66 古代的作家对于狄俄尼索斯的身世,一般而言都会同意上面的记载;不少希腊城市论及他的出生地方却有相互争夺的主张。例如,伊利斯、纳克索斯、伊琉瑟里(Eleutherae)和提奥斯(Teos)的居民,以及其他地方的民众,都说狄俄尼索斯是在他们的城市来到世间的。提奥斯人早就提出神明在他们当中出生的证据,事实上直到今天,城市在

---

[1] 科洛奉(Colophon)的安蒂玛克斯是一位抒情诗人,在苏格拉底和柏拉图时代享有盛名,他有一本诗集名叫《底比斯人》(*Thebaid*)。根据昆提良(Quintilian)的评论,风格高雅气势雄伟,当代的文法学家认为他是仅次于荷马的大诗人,事实上这是过誉之词。

一个固定的日子,就会从地下流出一眼带有芳香酒味的喷泉①;至于其他城市的民众处于类似的情况,会指出某个区域已经被当成狄俄尼索斯的圣地,或者一些在古代奉献给他的神庙。通常神明在人类居住世界的很多地方,留下他施加恩惠和现身说法的证据,民众基于各自的情况认为狄俄尼索斯与他们的城市和国家有一种特别的关系,看来这也没有什么令人感到奇怪的地方。诗人写的《颂辞》②全认同我们的观点,他说有人对于狄俄尼索斯的出生地提出个人的主张,根据各种关系最后诗人还是表示他生在阿拉伯的奈萨:

> 有人说是德拉卡隆姆或是狂风吹过的爱卡鲁斯③,
>
> 还有人说是宙斯曾经获得一个儿子的纳克索斯;
>
> 或是打着漩涡的阿尔菲乌斯溪在那里湍急流过,
>
> 诉说美丽的塞梅勒在该地产下一子的陈年往事。
>
> 埃拉斐欧底使得宙斯为着雷鸣和闪电感到愉悦④,
>
> 其他人提到出生地说:"啊! 我主,是底比斯。"
>
> 完全不对;人类和诸神之父带他到适当的地方,
>
> 要远离人群就是不能让嫉妒的白臂神赫拉得知。
>
> 应该是奈萨那里有着高耸的山脉和浓密的森林,

---

① 要想从考古和古代的遗迹找到证据,只能从记载上得知公元前 5 世纪科林斯有一位神庙的祭司,提到地上涌出带有酒味的流泉。参阅美国《考古期刊》(*Journal of Archaeology*)第 33 期(1929 年)368—375 页朋纳(C.Bonner)《科林斯的酒神节发生的奇迹》(*A Dionysiac Miracle at Corinth*)。

② 参阅《荷马风格颂辞》第 1 首第 1—10 行。

③ 德拉卡隆姆(Dracanum)和爱卡鲁斯(Icarus)是爱琴海的两个小岛的名字。

④ 埃拉斐欧底(Eriphiotes)是狄俄尼索斯最早的名字,古代对这件事提出七种解释,最可能的说法是来自希腊的 eriphos(小男孩),神话的根源是宙斯将婴儿的狄俄尼索斯变成一个男孩,然后赫尔墨斯将他带到奈萨,交给宁芙抚养成人。

离开腓尼斯较远却靠近的河流名叫伊吉普都斯。①

我不会不知道利比亚那些住在大洋之滨的居民,他们对于神明的出生地也有自己的看法,特别指出奈萨和所有神话当中的故事,都是根据他们所做的记载,他们说对于这方面的陈述会找到很多证人,直到我们在世的时代还在这块土地上面;我还很清楚希腊很多古代的神话作者和诗人,以及不少后来的史家,他们对这方面的记载都深表赞同。因此,对于有关狄俄尼索斯的历史记录不致发生任何疏失和遗漏,只要是利比亚人提到的事我们都会列举在摘要里面,还有希腊的史家在他们的著作中提到狄俄尼索斯②,完全根据古代的传说和神话。特别是有位作者写出一本历史著作,里面提到狄俄尼索斯、亚马孙人、阿尔戈英雄号和特洛伊战争相关的事件以及很多其他的问题,他会引用古代学者的译本,包括神话的作家和诗人都会一网打尽。

67 还有与狄俄尼索斯相关的各种资料:黎努斯(Linus)③在希腊人当中是第一位发现不同的节奏和曲调的人士,等到卡德穆斯从腓尼基带来字母,他们说黎努斯最早将它转变成希腊语,同时将每个字母赋予发音和字形。成组的字母之所以被称为"腓尼基字母"是因为它们从腓尼基传到希腊,至于单个的字母是佩拉斯基亚人首先使用的,只是字形已经加以改变,所以它们被称为"佩拉斯基亚字母"④。黎努斯的广受

---

① 伊吉普都斯(Aegyptus)河就是埃及的尼罗河。

② 参阅本章第 52 节及其注释。

③ 优卑亚的黎努斯是古代传说中的音乐家,哀歌(dirges)的体裁是他的创作。

④ 我们对于希腊字母发展的历史在最近几年获得很多相关的知识,早期的腓尼基和闪族的铭文不断出土,所有的证据全都认同希腊的传统说法,他们的文字来自腓尼基人。现在的问题是腓尼基字母多早在希腊大陆出现?如果卡德穆斯是一个历史人物,那么底比斯发现卡德穆斯的"皇宫",大致时间是在前 1400—前 1200 年,连带发现所用的"字母",可以得知它并非源于闪族的语文。

赞誉在于他的诗歌和音乐,门下有很多学生弟子,其中以赫拉克勒斯、萨迈拉斯和奥斐乌斯这三位的名气最大。赫拉克勒斯跟他学习弹奏七弦琴,由于反应迟钝、缺乏艺术方面的灵性,所以无法达成教学的要求,有一次黎努斯用教鞭处分他的时候,他在暴怒之下用七弦琴给予当头一击,竟然当场将老师杀死。

萨迈拉斯拥有非凡的天赋才华,对音乐有深厚的造诣和高明的技艺,甚至他的歌声比起缪斯更为优美,使得这些女神对他非常恼火,拿走他的音乐才华还对他施以宫刑,甚至可以拿荷马的诗句作为证言①:

> 色雷斯的萨迈拉斯遇到众缪斯,
> 大家听不到阳春白雪绝妙好辞;

以

> 摧毁他的唱腔就是愤怒的缪斯,
> 让他丧失原有拨弦弹奏的本事。

我们对于第三个门徒奥斐乌斯只要提到他的言行,应该给予更为详尽的介绍②。

据说黎努斯用佩拉斯基亚字母记载首位狄俄尼索斯的功勋以及其他的神话故事,这些情况都留在他的传记当中。奥斐乌斯和普罗讷庇德(Pronapides)以同样的方式运用佩拉斯基亚文字,须知普罗讷庇德是荷马的老师,就写作歌曲而言是一个天才;还要提到昔米底(Thymoetes)这个与奥斐乌斯同

---

① 荷马《伊利亚特》第 2 卷第 594—595 行,下面两句是第 2 卷第 599—600 行。
② 参阅本书第四章第 25 节。

时代的人物,他的父亲与他同名,而祖父是众所周知的劳美敦(Laomedon),昔米底曾经游历人类居住世界的很多地区,深入利比亚的西部来到遥远的大洋。他也访问过奈萨,古代那座城市的土著撰写的神话里面提到,狄俄尼索斯在该地接受养育,后来他从奈萨人那里得知这位神明所有的言行,据说奥斐乌斯的创作是《弗里基亚诗歌集》,无论是言语还是文字都运用古典的形式。

68 继续叙述狄俄尼索斯的事迹。利比亚位于那个部分的国王阿蒙娶乌拉努斯的女儿雷亚为妻,雷亚也是克罗努斯和其他泰坦的一位姐妹。有次阿蒙巡视他的王国来到西劳尼安(Ceraunian)山脉附近,遇到一位极其美丽的少女名叫阿玛昔娅(Amaltheia)。他一见钟情就与她发生关系,后来阿玛昔娅为他生下一个容貌英俊而且身强力壮的儿子。阿玛昔娅受到他的指派成为附近所有区域的统治者,整个领地的形状如同公牛的角,所以被称为赫斯庇鲁斯角(Hesperoukeras)①;这个地区的土壤肥沃物产富裕,农耕发达,生长着很多的葡萄和果树。这位妇女拥有最高的权势,统治的地区因为她获得阿玛昔娅斯·克拉斯(Amaltheias Keras)②的名字。后来的人只要提到一个地方非常肥沃、生长各种植物,又能获得大量的收成和繁多的物产,就会给它加上"阿玛昔娅斯角"的美称。

阿蒙害怕雷亚有了嫉妒之心,隐瞒他的恋情将男孩暗中送到奈萨,因为此地与都城相距极其遥远。城市位于特瑞顿河的小岛上面,四周都是悬崖绝壁,只有一条狭窄的通道被称为"奈萨门"。岛上的土地非常肥沃,四周散布适于放牧的草原,纵横交错的溪流供应充分的水源,拥有各式各样的果树和作物,野生的葡萄到处蔓延,浓密的森林据有最广大的面积。整个地区有洁净的空气和清澈的水源,有益于身体的健康,这里的居民比起

---

① "赫斯庇鲁斯角",即"丰饶角"。
② Amaltheias keras 意为"阿玛昔娅斯角",即"丰饶角"。

其他任何地方都更为长寿。进入岛屿的水道在它的开端如同一个峡谷,高耸的树木密集生长,投下深幽的阴影,阳光无法穿透浓厚的枝叶照亮当前的景象,只能从闪烁的光线看到朦胧的轮廓。

69 河道的两边到处是流动的泉水,喝进口中分外甜美,可爱的地方让人逗留不愿离去。这里有一个圆形的洞窟非常巨大,看起来极其美丽,它的上方是高耸入云的悬岩绝壁,构成的岩石具有五光十色的质地;岩面联结成为整体反射出明亮的闪光,有些像是来自海洋的紫色,有些是天空的蓝色或者其他各种耀眼的色泽,结果使得来到此处的人,可以夸口说是世间没有一种颜色这里无法看到。进口的前面长着高大的树木,有的结实累累有的叶丛常绿,它们的外形真是让人赏心悦目;还有很多颜色鲜艳的鸟类在树上结巢,到处都是优美动听的鸣声。看来整个地方适合神明的居住,不仅有优美的环境还有悦耳的声音,甜美的曲调是艺术的创作。任何人通过进口可以看到面积宽广的洞窟,在阳光的照耀之下极其明亮,里面长着形形色色的花卉怒放的植物,特别是肉桂和同类的品种带来终年不绝的香气;这里还可以看到宁芙使用的卧榻,全部是各种花卉的组合,不是出自人的手而是自然女神的轻触,只有这种方式才适合一位神明的身份。再者,环视整个区域看不到掉落地面的残花枯叶。举目所见无不感到心旷神怡,加上熏人欲醉的香气,让人以为来到了仙境的极乐世界。

70 阿蒙带着小男孩来到洞窟,将他交给亚里斯特乌斯(Aristaeus)那个名叫奈萨的女儿,要她妥善地抚养和照顾。亚里斯特乌斯这个人,阅历丰富而且谨言慎行,被指派负起监护人的责任。同时阿蒙要阿西娜负责保护小孩的安全,不要在暗中遭到他的后母雷亚的毒手;阿西娜在不久之前降生来到世间，被发现的地方是在特瑞顿河的岸边，所以她得到特瑞托尼斯（Tritonis）①的称号。按照神话的记载，这位女神的抉择是一辈子要保持处女之身，她有高洁的德行和睿智的心灵，人类大部分的手艺都出自她的发明，她精通兵法，具备骁勇善战的本领和坚强无比的体能，建立很多功勋，长留人们的记忆之中，伊吉斯（Aegis）是一个很难被制服的对手，最后这个可怕的怪物还是被她杀死了。

伊吉斯是大地迸发出来的产物，天生在呼吸当中会从口里喷射可怕的火焰，首次现身在弗里基亚就使得整个地区陷入火海，直到今天那里还有"燃烧的弗里基亚"②这个称呼；后来他不停地对陶鲁斯山脉周边地区进行蹂躏，纵火烧毁的森林从此地远达印度的边界。火势转回头绕过腓尼基朝着地中海前进，使得黎巴嫩（Lebanon）山的林木陷入烈焰之中，接着穿越埃及和利比亚到达西部地区，将西劳尼亚（Ceraunia）的森林付诸一炬，方才结束这场前所未有的浩劫。四周的国家遭到无情烈火的摧毁，居民很多遇害，还有更多感到恐惧逃离家园来到遥远的国度。

他们说阿西娜能够制服这个怪物，完全靠着她的智慧、勇气和力量，将他杀死以后剥下他的皮盖住胸部，同时还能围绕全身密不透风，不但可以保护躯体免予而后的危险，还能当成一件纪念品用来彰显她英勇的功勋和名声。不过，怪物的母亲齐即"大地"极其恼怒，派遣巨人前去攻打诸神，谁知时运不佳后来被宙斯歼灭，阿西娜、狄俄尼索斯和其他的神明加入宙斯的阵营与巨人战斗。

再者，狄俄尼索斯按照记载是在奈萨接受养育，由于他有美丽的容貌

---

① 参阅本书第一章第 12 节，说明了阿西娜获得"特瑞托吉尼亚"（Tritogeneia）这个称号的原因。

② 斯特拉波《地理学》第 12 卷第 8 节，提到弗里基亚地区被利底亚人和迈西亚人占领，这个名字的起因来自经常发生地震。

和强健的体魄,加上熟练的手艺,很快有许多用途广泛的创见,可以预见会有光明和远大的前途。当他还是一个小男孩的时候,就已经发现酒的性质和用途,他把成串仍旧野生的葡萄踩碎,使得会干燥的成熟果实获得长久储存的好处,其他人对于自己的发现会有所保留和过分关切,只有他愿意与整个人类分享他的发现所带来的利益,希望遍布世间的恩泽和福分赐给他不朽的荣誉。

71 等到狄俄尼索斯的英勇和名气传遍四方,据说雷亚对着阿蒙大发脾气,抱着强烈的意愿要将狄俄尼索斯置于她的控制之下;由于她的图谋无法得逞,背弃阿蒙的同时离开她那群兄弟泰坦,嫁给另外一位名叫克罗努斯的兄弟。克罗努斯经不起雷亚一再恳求,获得泰坦的帮助对阿蒙发起战争,在一次决定性的会战当中克罗努斯占到上风,阿蒙缺乏补给品失去抵抗的力量,只有逃到克里特岛,那时丘里底当中有一位出任国王,阿蒙娶了他的女儿克里特(Crete),获得这个地区的统治大权,这个岛屿原来的名字叫作爱迪亚(Idaea),因为他妻子的关系改名为克里特。神话提到克罗努斯赢得胜利以后,对于原来属于阿蒙的领地施以高压统治,派遣一支实力强大的军队前去攻打奈萨和狄俄尼索斯。

狄俄尼索斯得知他父亲遭遇不幸,以及泰坦的进犯行动,就从奈萨召集士兵,其中有两百名是异姓的兄弟,最显著的地方是他们的英勇和忠贞,除此以外还有邻近的民族诸如利比亚人和亚马孙人。有关后者我们在前面已经详尽交代,他们以大无畏的精神纵横战场,有突出的表现,在国外从事过很多次军事行动,征服了有人居住世界的大部分地区。他们提到这些妇女特别是受到阿西娜的劝说建立联盟的关系,她们与她一样对于理想的生活抱着极大的热情,看到亚马孙人坚持信念确保不惜牺牲的英勇和毫无瑕疵的贞操。他们的队伍区分为两部,一部是男子,由狄俄尼索斯担任将领,一部是妇女，在阿西娜的指挥之下，这支大军向着泰坦进击，接着双方发起会战。可以看出战斗是何等激烈，双方都有很多人阵亡，最后是克罗努斯受伤使得狄俄尼索斯赢得胜利，后者在战场的表现极其引人注目。泰坦逃到一度为阿蒙拥有的地区，狄俄尼索斯捕获大批俘虏然后班师返回奈萨。

然后，他的部队全副武装围住这些犯人，给泰坦带来一份正式的起诉书，让他们知道他有充分理由可以处决落到他手里的俘虏。等到他宣布他们免予定罪的处分，获得允许可以自行做出选择，一条路是参加他的作战行动，一条路是不要赎金可以自由离开时，他们的决定是全都加入狄俄尼索斯的阵营，因为他们的生命在出乎意料之下获得赦免，使得他受到他们的尊敬如同一位神明。狄俄尼索斯分别接见这些战俘，接着为他们举行酹酒（sponde）的仪式，要求全体人员立下誓言，加入他的作战序列不得有叛逆的行为，发挥大无畏的精神直到战死为止，因此，这些俘虏最早得到"停战协议的受益者"（hypospondoi）这个称呼，后人为了模仿那时所举行的典礼，就将战争的停战协议称为 spondai。

72 神话提到狄俄尼索斯正要率领军队，离开奈萨前去攻打克罗努斯，他的监护人亚里斯特乌斯奉献牺牲，这是首次有人将他视为神明做出这样的举动。据说跟随他上战场的同伴是出身高贵的奈萨人，他们都是塞勒努斯家族（Seileni）的成员，据说第一位成为奈萨国王的人是塞勒努斯（Seilenus），由于年代过于古老，大家对他们的祖先毫无所悉。这个人的背后拖着一根很长的辫子，他的后裔出于天性使然，同样带有明显的标记。

狄俄尼索斯率领军队出发，后来经过很大一片缺乏水源的区域，很多士兵在沙漠遭到遗弃，或者丧生在野兽的肆虐之下，他在靠近利比亚的一座名叫札伯纳（Zabirna）的城市设置营地。这个城市附近有一个当地出生的怪物,大家称为康帕(Campa),已经吞噬了很多土著,等到狄俄尼索斯将它杀死以后,英勇的行为为他赢得极其响亮的名声。他兴建了一座巨大的土堤用来纪念除去怪物的伟大功勋,一直保留到现在还巍然矗立。然后狄俄尼索斯开拔前去攻打泰坦,进军途中要求严格的纪律,对待所有的居民都很仁慈,总之,非常清楚地表明他的征讨是为了惩治邪恶的歹徒,要将福利和安定赐给所有的族群。利比亚人赞誉他的军队秋毫无犯以及他的胸怀开阔,乐意提供所需的给养,非常热心加入他的阵营。

军队接近阿蒙的城市,双方在城墙前面打了一场决定性的会战,结果是克罗努斯吃了败仗,要在夜间纵火烧掉整座城市,就连狄俄尼索斯的祖先兴建的皇宫也会陷入烈焰之中,然后克罗努斯带着妻子雷亚和为他效命的友人,在暗中偷偷溜出这座城市。不过,狄俄尼索斯没有为这件事发过脾气,即使克罗努斯和雷亚已经落到他的手里成俘虏,也因为亲情的关系放弃了对他们的指控,始终对他们表示善意,仍旧保有亲生父母的地位,他与他们住在普通的房屋里面,对他们的礼遇总是在其他所有人之上。雷亚终其一生都会爱这个颇有孝心的儿子,克罗努斯的善意只不过掩人耳目而已。就在这个时候他们又生下一个名叫宙斯的儿子,就是狄俄尼索斯都对宙斯非常礼让,后来因为他有更大的建树成为整个人类的国王。

73 利比亚人提到狄俄尼索斯是在会战之前,就在阿蒙被赶出他的王国之际,用预言的方式告诉所有的居民,他的儿子狄俄尼索斯会在指定的时间,回来光复他父亲失去的权力,成为有人居住世界的统治者,受到的崇拜有如一个神明;由于大家相信他是一位货真价实的预言家,所以狄俄尼索斯运用他父亲的名义颁布神谶[1],重建已经遭到焚毁

---

① 阿蒙颁布广为人知的神谶:参阅本书第十七章第49节及后续各节,提到亚历山大访问神庙这个影响重大的事件。

的城市,对他制定像神明一样的祭祀礼仪,指派专人负责神谶的保管和解释。传说有这样的记载,阿蒙的头颅就它的形状来看很像一只山羊,其实那是在战场戴着头盔所呈现的模样。有些神话作者据实报道,说是他的头颅上太阳穴的两侧,分别长出一只小小的角,狄俄尼索斯是阿蒙的儿子,从相貌来看理应如此;经过很多世代的传说,可以肯定地说只有这位是长角的神明。

不管怎么说,狄俄尼索斯在兴建城市以后,成为第一个制定神谶的统治者,有关他的远征行动请求神明给予指示,从他的父亲那里获得答复,如果他让自己成为人类的恩主,就会接受不朽的名声作为应得的报酬。因此,获得的预言能够振奋精神提高士气,他选择首次进军的路线就是对着埃及的方向,接着让帕克罗努斯和雷亚之子宙斯担任该地的国王,虽然这个时候宙斯还只是一个男孩。他让奥林帕斯(Olympus)留在宙斯身边成为监护人,宙斯受到他的教导,有了极其卓越的成就,所以获得"奥林匹斯天神"的头衔。据说狄俄尼索斯教导埃及人种植葡萄、收获果实、酿制酒类和储存谷物以及其他有关事项。对他的正面报道已经传遍各地,没有人把他看成仇敌加以反对,大家感到心悦诚服,愿意听从他的指示,把他当成神明一样奉献颂词和牺牲。

他游历有人居住的世界如同在埃及的做法,让所有的土地运用农耕的方式得到开发,将最有价值的礼物和好处送给民众,让他们无论何时都能获得他的恩惠。出于这个原因,虽然不是所有的人承认他应该获得与其他神明同样崇高的地位,但单独就狄俄尼索斯有关方面而言,我们几乎可以认定大家都会同意,他能拥有永垂不朽的名声,可以经得起所有的验证;希腊人或蛮族当中没有一人从无享用过这个神明所分配的礼物和好处,不仅如此,即使某人拥有一片国土,由于处于蛮荒之地或是不适合栽种葡萄,还能从他那里习得如何用大麦酿酒,虽然风味方面较之葡萄酒稍有不如。①

他们提到狄俄尼索斯是经由海路②向印度进军,得知所有的泰坦联合组成一支军队,渡海前往克里特去攻打阿蒙。宙斯准备从埃及起航鼎力相助阿蒙,这个岛屿即将展开一场大战,狄俄尼索斯、阿西娜和其他可以被当成神明的角色,毫不迟疑地结成齐心合力的团体赶赴克里特岛。随即发生一场激烈的会战,狄俄尼索斯成为胜利者,将泰坦赶尽杀绝。经历这一次的事件以后,阿蒙和狄俄尼索斯由必死的凡人变成不朽的神明,他们还说宙斯成为整个世界的国王,由于泰坦已经灭亡殆尽,再没有邪恶之徒敢大胆妄为到与他争夺最高的权力。

74 根据利比亚人记载的历史,里面提到第一位狄俄尼索斯的言行,还说他是阿蒙和阿玛昔娅所生的儿子;还有人认为狄俄尼索斯的父母是宙斯和爱纳克斯(Inachus)之女爱奥(Io),因为埃及国王的关系,指定这个地方举行入会的仪式;第三位也是最后一位狄俄尼索斯是宙斯和塞梅勒所生的,希腊人当中总算出现了竞争者。最后这位要仿效两位前辈的作风和原则,他率领一支军队征服有人居住的世界,留在身后不少根石柱用来标示从事战争所及的范围;他用种植作物的方式使得他的领地获得农耕之利,古代的狄俄尼索斯就像亚马孙人,挑选妇女充任他的士兵。他能超越前面两位的地方在于发展酒神祭典的实施程序,对于入会仪式有的加以改进,有的是经过他的推荐开始运用。时光流逝的漫长过程当中,最早的发现者已经不为大多人所知,最后这位狄俄尼索斯因为同名的关系,继承了前面两位的生平事迹和名声地位。我们提过这位狄俄尼索斯也不是唯一洪福齐天的幸运儿,后来还有赫拉克勒斯享受同样的顺境。

---

① 参阅本书第一章第 20 节。
② 指地中海。

古老的时代这两个人使用同一个名字，按照神话的记载，年代最为久远的赫拉克勒斯出生在埃及，他用武力征服有人居住的世界大部分区域，利比亚有他竖起的一根石柱；第二位赫拉克勒斯是一个达克特尔（Dactyls），居住在克里特的爱达山，也是一位精通兵法的术士，成为奥林匹亚运动会的创建者；第三位也是最后一位赫拉克勒斯是宙斯和阿尔克米妮的儿子，出生在特洛伊战争之后不久，他曾经游历有人居住的世界的大部分地区，这时他在优里斯修斯麾下执行交付给他的任务。后来他顺利完成所有的功业在欧洲竖起纪念石柱，由于他与前面两位同名的关系，就要追求同样的人生历练和规划，无论生前死后都能继承他们建立的功勋，好像历史上从始到终只有一位赫拉克勒斯。

支持有几位狄俄尼索斯只是名字相同的观点，可以有效加以引用不会产生异议，还有其他的证据诸如他对泰坦发起的战争。所有的人都同意他在当时已经加入宙斯的阵营，他们指出塞梅勒在世的时候，泰坦的世系没有很完整的记载，或是宣称亚杰诺尔之子卡德穆斯比起奥林匹斯诸神更为年长。

这些都是利比亚人记载与狄俄尼索斯有关的神话；就我们这方面来说，已经完成在开始提到的计划①，第三章的叙述要在此告一终结。

---

① 参阅本章第 1 节。

第四章

古老的神话

1 我不是不知道实际的情况,任何人要想叙述古老的神话,都是一件吃力不讨好的工作。首先是所有相关的重大事件历经艰苦的过程和悠久的时间,带来很多无法克服的困惑和干扰;其次是发表的著作当中各种事件的纪年不可能获得确凿的证据,即使合情合理无须任何旁证,读者的心中对于叙述的内容,仍旧抱着难以置信的藐视态度;最后,有关英雄、半神和凡夫俗子的形形色色和种类繁多,一般而言要想遵循他们的家世和血统,几乎无法用来完成翔实的记录,很多知名人士记载远古时代的史实和神话,最难克服和最不具关联性的障碍,在于他们之间都没有共同的看法和观点。

后来的史家当中那些名声最为响亮的作者,由于古代的神话要想正确地叙述就会出现很多困难,大家只有退避三舍以免自寻烦恼,他们所做的记录仅是一些近期发生的事件。例如,伊索克拉底(Isocrates)①的门徒来自赛麦(Cyme)的埃弗鲁斯(Ephorus),他要着手写作那本世界史的时候,就对古代的神话故事略而不提,叙述的事件全都发生在赫拉克勒斯家族(Heracleidae)回归以后。凯利昔尼斯(Callisthenes)②和狄奥庞帕斯(Theopompus)③都出现类似的情况,两位是与埃弗鲁斯同一时代的史家,全都避开古老的神话。

不过,我们坚持要遵循相反的道路,愿意不辞辛劳竭尽我们的力量,用小心翼翼的态度去记载古代的传说,因为英雄和半神就像很多仁人志士一样,获得的成就是如此伟大和卓越,他们给予的福利能为全人类分享,后代子孙为了推崇他们的功德,在一些案例当中把他们视为神明要奉献牺牲,还有一些情况是把他们当成英雄来看待;历史的歌颂会适时而止,发出的声音极其洪亮。

我们在前面三章记载神话时代其他的国家和民族产生重大功绩和行动,以及他们的史籍当中提到的诸神,还有每个地方的形势,出现的野兽和各种动物,都会一一列举。总而言之,我们不论叙述任何题材,它的内容都

① 伊索克拉底(前436—前338年)是雅典最重要的演说家,不参加实际的政治活动,主要是撰写演说词和法庭的辩护,他在雅典设立学院,门人弟子遍布希腊世界,后来都成为各学派的领导人物,他在教育方面所获得的名声,相当于我国的孔子,现存的作品包括6篇演说词和9封书信。

② 凯利昔尼斯出生于奥林苏斯,是公元前4世纪的历史学家和哲学家,陪同亚历山大大帝远征东方,直到公元前328年遭到处死为止,除了记录亚历山大的功勋,还写出一部希腊的编年史,时期是前387—前357年。

③ 狄奥庞帕斯(前377—前320年)是来自开俄斯岛的历史学家,他和他的父亲达玛西斯特都斯巴达斯人,公元前334年遭到亚历山大大帝的放逐,获得赦免以后到托勒密的宫廷服务,在埃及逝世,他的历史著作极其丰富,传世多为残卷,以《伯罗奔尼撒战争史》续篇最为著名。

值得提起而且令人感到不可思议；我们在第四章写出古老时代的希腊历史，论述名声显赫的英雄和半神，一般来说，他们加入战争建立伟大的事功，或者平时提供有用的发明，或者制定一些完美的法律对于人类的社会生活做出贡献。我们选择狄俄尼索斯（Dionysus）①作为开场人物，一方面他属于非常古老的时代，另一方面他为人类的族群谋求了极大的福利。

我们在前面一章有这样的记载，某些蛮族主张这位神明的出生地是在他们的领域之内。例如埃及人提到奥西里斯（Osiris）的名字，就说他是希腊人所称的狄俄尼索斯。他们的神话论及这位神明是酒的发现者，游历整个有人居住的世界，教导大家如何种植葡萄，由于他的恩泽广被获得不朽的令名，受到举世的认同。印度人同样宣称这位神明出生在他们之中，拥有创作的才华、发现如何种植葡萄，还把酿酒的技术传遍有人居住的世界，让大家分享最大的好处和福利②。我们必须在这一方面进行详尽的叙述，检视希腊人对这位神明有哪些论点和意见。

2 希腊人对狄俄尼索斯的书面记载有如下述。卡德穆斯（Cadmus）是腓尼基国王亚杰诺尔（Agenor）的儿子，奉父亲的命令出来寻觅失踪的姐妹欧罗芭（Europa），要是无法带回少女自己无颜返国，只有流亡异乡。卡德穆斯遍历广大的疆域，还是找不到她的下落，他对返回腓尼基已经感到绝望；他遵奉神谶的指示来到皮奥夏，建立了一座名叫底比斯的城市。他在这里安身立命并且娶阿芙罗狄忒的女儿哈摩妮娅（Harmonia）为妻，她为他生下塞梅勒（Semele）、英诺（Ino）、奥托尼（Autonoe）、阿加维（Agave）和波利多鲁斯（Polydorus）五个儿女。

宙斯爱上美丽的塞梅勒，他与这位少女在暗中交媾没有开口说话，塞

---

① 参阅本书第一章第 15 节和后续各节，以及第 22 节的注释。
② 参阅本书第一章第 19 节和后续各节。

梅勒认为神明对她有轻视之意,质问宙斯为何他前来与她相见的时候,不会使用接近赫拉同样的排场。于是宙斯前来拜访使用适合神明的方式,伴同响亮的雷声和耀目的闪电,显示他即将前来与她相聚,这时塞梅勒已经怀孕,无法忍受神明莅临的显赫场面,生下不足月的婴儿自己葬身在引发的大火之中,宙斯抱走男婴交给赫尔墨斯,吩咐他带往位于奈萨(Nysa)的洞窟①,该地就在腓尼基和尼罗河之间,然后将婴儿托付给一群宁芙(Nymphs),她们会细心地抚养并给予最为关切的照顾。狄俄尼索斯成长在奈萨,接受的名字来自 Zeus 和 Nysa 这两个字②。荷马可以作为证人,他的《颂歌》里面有这样的诗句③:

应该是奈萨那里有着高耸的山脉和浓密的森林,
离开腓尼基较远却靠近的河流名叫伊吉普都斯。

据说他在奈萨接受宁芙的养育以后,发现酿造葡萄酒的技术并且教导人类如何种植葡萄。他游历几乎整个有人居住的世界,使得很多土地可以耕种,回报是从大家的手里接受最高的荣誉。他同时发现大麦可以制成被称为 zythos 的酒类,饮用这种酒的宴会,比起供应葡萄酒并不会降低它的格调。他把这种酒类的调制方法,教给那些国土不适合栽种葡萄的民族。他率领一支由男士和妇女组成的军队,前去惩处那些不公不义而又作恶多端的歹徒。他在皮奥夏基于对出生地的感激之情,就让所有的城市获得自由权利,建立一座城市将它命名为琉瑟里伊(Eleutherae)④,从它的名字可

---

① 参阅本书第三章第 69 节。
② Dio 来自 Dios,即 Zeus 的称号,以及 Nysus 来自 Nysa 这个地名;参阅本书第一章第 15 节。
③ 《荷马风格颂辞》(Homeric Hymns)第 1 首第 8—9 行。
④ Eleutherae 意为"弗里敦"。

以表现出独立的精神。

3 接着他在印度发起一场战役，返回皮奥夏已是三年①以后，带来极其丰硕的战利品，成为第一位坐在印度大象背上举行凯旋式的英雄人物。无论是皮奥夏人还是其他的希腊人以及色雷斯人，为了纪念在印度的远征行动，每隔一年都要为狄俄尼索斯举行奉献牺牲的仪式，相信神明在那个时候就会显示自己是人类的一分子。因此希腊有很多城市每隔一年②，妇人结成酒神的帮派在一起寻欢作乐，少女手执芦杖参加狂放的饮宴是合法的行为，口中发出"万岁"的喊叫声向着神明顶礼膜拜；贵夫人在这时组成一个团体，向神明奉献牺牲接着举行神秘祭典，通常会用赞美曲颂扬在场的狄俄尼索斯，还要装扮成密纳兹（Maenads）③的模样，根据历史的记载他是神明在古代的同伴。

整个有人居住的世界有很多人不信神明，他认为以平修斯（Pentheus）④和莱克格斯（Lycurgus）⑤最为知名，所以他要到各处去对这些人给予惩罚。由于发现葡萄酒并且当成礼物送给全人类，就会给大家带来最大的满足，一方面是从饮酒获得的欢乐，一方面是使得参加者的身体产生活力，据说有这样的习俗，用餐的时候送上没有掺水的葡萄酒，大家情不自禁地高呼：

----

① 所以有一年的间隔。

② 狄俄尼索斯的身份最早是草木之神，为何要每隔一年才举行特别的祭典，很多学者对此感到疑惑，法内尔《希腊城邦的宗教崇拜和仪式》第 5 卷第 181 节，认为对狄俄尼索斯的信仰是从色雷斯传入希腊的，当地对谷物的生产每年要变换种植的田地，所以才会演变成传统的习俗。

③ 密纳兹原来是狄俄尼索斯的随从，后来成为"酒神信徒"的称呼，参阅本书第三章第 65 节。

④ 平修斯是希腊神话当中底比斯的国王，他的父亲是伊狄昂（Edion），母亲是卡德穆斯之子阿加维。

⑤ 这位莱克格斯不是大名鼎鼎的斯巴达立法者，他是德莱阿斯（Dryas）之子，色雷斯的国王。

"向善良的神致敬!"（To the Good Deity!）等到餐后酒杯已经传过一轮,这时葡萄酒会用水冲淡,这时大家祝福:"向救世主宙斯致敬!"（To Zeus Savior!）①饮用不掺水的葡萄酒的结局是让人大发酒疯,只要混合从天而降的雨水,可仍旧保持愉快的心情和欢乐的感觉,避免疯狂吵闹和不省人事的窘态毕露。一般而论,神话提到神明从人类那里接受最大的赞扬,在于发现美好的事物会给民众带来最大的福分,指的就是狄俄尼索斯和德米特,因为前者发现让人进入极乐世界的饮酒,后者为人类这个族群提供质量最佳的谷物②。

4 某些神话作者认为还有一位狄俄尼索斯,出现的时间比起刚刚提到的那位要早得多。根据他们的记载,帕西丰尼（Persephone）给宙斯生下狄俄尼索斯,还有人把这位狄俄尼索斯称为萨巴朱斯（Sabazius）,替他举行的各种典礼和膜拜的仪式,都在夜间而且非常隐秘,两性的交媾带来令人感到羞辱的结局。他们提到他的智慧高人一等,首先将牛装上轭架用来耕田,有助于撒布的种子顺利地成长茁壮,基于这个缘故用佩戴一只牛角表示他的存在。

他们宣称塞梅勒生下狄俄尼索斯的时间更要晚很多,一个男子却有女性化的身体,纤细而又柔弱;不过,他比其他任何人更为英俊,沉溺于爱情的欢愉之中无法自拔,他亲自率领大群妇女进入战场,使用的武器是形状很像神杖的长矛③。他们说他到海外去的时候总由缪斯做伴相陪,这些少女都接受过极其卓越的教育,除了唱歌舞蹈还有其他才华,会让神明的心

---

① 亚里斯托法尼斯《武士》第 85 行以及《和平》第 300 行都提到阿提卡的习俗,就评注者的立场来看并没有什么不同,等到宴会结束而且餐桌已经撤走以后,这时奉上未掺水的酒当然会向"善良的神明"山呼万岁,至于向"救世主宙斯"致敬是在宾客刚刚来到的时候。

② 指小麦。

③ 木杖的顶端装饰常春藤、葡萄的叶子和一个松球。

灵感到愉悦。他们还添油加醋说他有一位私人跟班塞勒努斯（Seilenus），陪着他进入战场，塞勒努斯还是他的顾问和导师，这方面的工作真是无懈可击，对于狄俄尼索斯能有伟大的成就和名声，已经做出最大的贡献。

　　战争期间他携带最适合的武器纵横沙场，身上披着豹皮大氅表现威武的神情，平时他参加宴会的场合总是穿起长袍，明亮的色彩带有女性的奢华和装扮。再者，任何人只要饮用过量的葡萄酒总是会头痛，他为了避免出现这种情况，就他们的报道是在额头绑着一根带子（mitra），基于这样的缘故他接受米特里弗鲁斯（Mitrephorus）①的称呼；他们说这根头带到了后来，经过转变成为国王所戴的冠冕。他们提到他还被人称为狄米托（Dimetor）②，因为这两位狄俄尼索斯的出生，来自一位父亲和两位母亲。年轻的这位继承年长者的功绩，使得后人无法得知真相，由于从名字辨别不出身份，受到蒙蔽认为只有一个狄俄尼索斯。

　　神杖即 narthex③ 之所以陪伴狄俄尼索斯出于下面的缘故。葡萄酒最初被酿出来的时候，还不知道要掺水所以大家都喝纯酒，他的朋友聚在一起享受大灌黄汤的快乐，不知节制的狂欢者最后都在发酒疯，就会拿起携来的木杖大打出手，有些人受伤甚至被打到致命的部位因而死亡，狄俄尼索斯对于发生的不幸事件感到极其厌恶，虽然他难以下定决心，禁止他们饮用过量未掺水的葡萄酒，但因为这件事能带给他们最大的快乐，所以只有命令他们不能随身带着木杖，手里只能拿一根用芦苇制成的神杖。

5　　我们得知人类将很多称号和头衔加在他的身上，无论是事实如此还是出于习惯，他们只要找到机会就说这些与他有关。例如，他

---

①　Mitrephorus 意为"绑上一根头带（mitra）的人"。
②　Dimetor 意为"有两个母亲"，与本书第二章第 62 节像是有不同的解释。
③　Narthex 意为"神杖的杆是用芦苇制成的"。

被人称为巴奇乌斯（Baccheius）来自陪伴着他由妇女组成的酒徒帮派；黎尼乌斯（Lenaeus）来自一种木桶（lenos），葡萄放进去用脚把它踩碎；布罗缪斯（Bromius）来自他降生之际发生的隆隆雷声（bromos）；还有一个类似的理由，将他叫作皮瑞吉尼斯（Pyrigenes）（火中出生者）。他们说他加上色瑞安巴斯（Thriambus）这个头衔，那是因为根据某个记载说他是第一位举行凯旋式的人，结束远征作战返回家乡，从印度带来大批战利品才获得这种殊荣。其他的称呼或名衔根据同样的基础条件，就这样不假思索地硬加在他的头上。我们认为这是一件冗长无趣的工作，对于这部历史著作没有多大用处。

人们提到他时认为他有两种体形和容貌，那是因为先后存在两位狄俄尼索斯，古代那位遵从当时的习惯留着很长的胡须，后来那位英俊潇洒，充满青春魅力，这些我们在前面已经说过。① 不过某些作者有这样的说法，一个人因为饮酒的关系出现两种不同的形象，不是欢乐嬉笑就是抑郁愠怒，狄俄尼索斯因而被称为"两面神"。

据说萨特（Satyrs）②被他带在身边当成同伴，他们用舞蹈和如同羊叫的歌声③让他开怀大笑。通常缪斯因为受过教育，她们给予的福利和情趣都会占有优势；萨特用他们的才华带来欢乐，使得狄俄尼索斯的生活洋溢着幸福和愉悦。他们说起一件事大家都会同意，认为他是 thymelic 比赛④的创始者，他推荐的场地能让观众看到表演以及主办音乐会；再者，任何人

---

① 参阅本章第 4 节，但是本书第三章第 63 节，对于很长的胡须做出了解释，因为第一位狄俄尼索斯是印度人。

② 萨特是希腊神话中陪伴酒神狄俄尼索斯的一群男子，打扮成阳具崇拜者的模样，有着马的尾巴和耳朵，还有一根矗立的阴茎；后来在罗马的神话中成为长着羊蹄、吹奏芦笛的牧神。

③ 希腊文通常将"如同羊叫的歌声"翻译为"悲剧"。

④ Thymele 是指剧院正厅中央的狄俄尼索斯祭坛，所以形容词 thymelis 用来表示合唱队的行动，与演员是南辕北辙互不相干。所以 thymelic 比赛没有将戏剧包括在内，主要的项目是歌唱、舞蹈、魔术、杂耍，等等。

要是经由他办理的竞赛,培养各种音乐的技巧,不能逼迫他非要为城邦出力做出贡献。出于这样的缘故后来的世代为狄俄尼索斯的艺术家①组成音乐协会,从事这个行业的接班人可以获得税赋的豁免。

上面提到狄俄尼索斯和有关的神话,我们应该就他们的说法感到满足,本章的要求是使得这些说法在我们的叙述当中,具有相当的分量和篇幅。

6 我们要从这方面去讨论普里阿帕斯(Priapus)②以及他的神话,体认到有关他的叙述与狄俄尼索斯的历史真是关系匪浅。他们的神话当中有一份古老的记录,提到普里阿帕斯是狄俄尼索斯和阿芙罗狄忒的儿子,他们对这样的谱系表示一种尚可信赖的论点。男士受到痛饮葡萄酒的影响,发现身上那根阳具正在欲火中烧,一心想要满足燕好的欢愉。某些作者提到古人在他们的神话中,只要谈起男性的性器官就把它叫作普里阿帕斯。不过,还有人提到生殖器,因为它的作用是制造人类,使得生命在时间的长流当中延续下去,崇高的目的使它享有永垂不朽的地位。

埃及人的神话同样与普里阿帕斯大有关系,提到古老的时代泰坦神组成一个阴谋团体③,为了对付奥西里斯还把他杀掉,肢解他的身体使得叛徒每个人可以获得一块,能在暗中偷偷运出住处,只有阳具被他们丢进河中,因为没有人愿意将它带在身边。伊希斯正在追捕谋害她丈夫的凶手,等到泰坦神全都遭到处决以后,就将奥西里斯的各部分组合起来成为人的形状④,交给祭司保管并且命令他们推崇奥西里斯为神,只有那根性器官没有找到,

---

① 从公元前 4 世纪开始至少有 800 年,"狄俄尼索斯的艺术家"有众多的成员是最有势力的同业公会,使用的头衔冠上总部所在地城市的名字。组成的基尔特与城市签订契约,负责所有的演出事项,它们的成员免服兵役还有其他的特权,如同下面提到可以豁免税赋。

② 普里阿帕斯是农村的丰收之神,举凡家畜、作物、果树、园林甚或男子的阳具都受到他的保护。

③ 参阅本书第一章第 21—22 节,谋杀奥西里斯的凶手是提丰不是泰坦神。

④ 按照本书第一章第 21 节的记载,伊希斯用香料和蜡制成奥西里斯大小的身体模型。

她指示大家对它膜拜如同它是一个神明,要用竖立的姿态①供奉在神庙里面。这是古代埃及人的神话,提到普里阿帕斯的出生以及他受到礼遇的来龙去脉。

这位神明有人将他称作埃提法卢斯(Ithyphallus)或是泰乔(Tychon)。对他的顶礼膜拜不仅在城市和寺庙,同时还遍及整个乡村地区,人们树立他的雕像用来监管葡萄园和花园;要是有人对美好的事物施加咒语或是作法带来厄运,可以向这位神明提出诉愿,使得不肖之徒得到惩罚和报应。狄俄尼索斯如同其他的神明,举行祭祀的时候都有神圣的仪式,接受的尊荣达到非常特殊的程度,对他奉献牺牲要伴同欢笑和娱乐。

有些神话作者如同前面描述普里阿帕斯一样,也提到赫玛弗罗迪都斯(Hermaphroditus)的出生,说他是赫尔墨斯和阿芙罗狄忒的儿子,把双亲的名字合起来使他得到这个称呼。还有人说这位赫玛弗罗迪都斯是一位神祇,只是有段时间与人类住在一起,他呱呱落地的肉身是男体和女体的综合,美丽而又纤细的身体是一位妇女,强健的体魄和勇气是一位男士。有人宣称举凡具备两性的造物,都是畸形的妖怪和邪恶的精灵,很难出现在这个世界,对于未来的事物拥有预言的性质,证实有时会美好有时会邪恶。我们认为这个题目的叙述已经够多了。

7 我们谈起狄俄尼索斯的行为,曾经提到他与缪斯的关系,现在可以用摘要的方式,将实际情况做一个交代。大多数神话作者以及那些享有盛名的人物,都说缪斯是宙斯和奈摩昔妮(Mnemosyne)的女儿;还有少数几位诗人像是阿克曼(Alcman)②,作品当中提到她们是乌拉努斯

---

① 狄奥多罗斯将普里阿帕斯视为埃及的丰饶之神明,它的雕像就是一种阳具的图腾。

② 阿克曼是公元前7世纪的抒情诗人,居住在斯巴达的拉柯尼亚土著,他的作品以《少女之歌》最为知名。

(Uranus)和齐(Ge)的千金。作者对于缪斯的人数是几位都有不同意见；有人说她们只有三位，其他的人认定有九位之多，主张九位的人占有优势，其中包括最具权威性的文人雅士，像是荷马、赫西奥德以及其他人等。例如荷马就有这样的诗句①：

> 九位缪斯用甜美的声音，
> 相互唱和真是其乐融融；

还有赫西奥德将她们的名字一一列举②：

> 她们是美艳如花的乌拉尼亚、欧忒耳珀、
> 塔利亚、墨尔波墨涅、克利俄、埃拉托、
> 特尔西科瑞、波吕许谟尼亚和卡利俄珀。

人们对于每一位缪斯认为她对文艺的各个分支具备特别的才华，诸如诗歌、音乐、舞蹈、戏剧、星象以及其他的文史科目，大多数神话作者相信她们保持处女之身，因为人们考虑她们能够达到教育和知识的最高境界，应该是心灵纯洁从未受到外来的玷污。所以会用缪斯这个名字来称呼她们，那是源于 muein 这个词③，用来表示所学的事物高贵而且适用，就未受教育者而言是对牛弹琴。

他们说每一个缪斯的名字都能找到适合的理由加以解释：司历史的克

---

① 荷马《奥德赛》第 24 卷第 60—61 行。
② 赫西奥德《神谱》(*Theogony*)第 77—79 行。
③ 意为"闭上"眼睛或嘴巴；参阅柏拉图《克拉提鲁斯篇》(*Claterus*)406A，根据他的解释该词来自希腊文"哲学思考"(muse)，但是现在学者就 muse 的语源学而论，并不同意这种说法。

利俄（Clio）这个名字是指在他们的颂词当中，用诗歌对受到赞美的人给予最高的荣誉（kleos）；司音乐和抒情诗的欧忒耳珀（Euterpe）接受教育带来的福分，口中唱出的歌声让听者极其愉悦（terpein）；司喜剧和田园诗的塔利亚（Thalia）因为她为了颂扬英雄的事迹，使用的诗篇历经很长的时间仍然风行一时（thallein）；司悲剧的墨尔波墨涅（Melpomene）以她的唱腔（melodia）使得听众的心灵受到蛊惑；司舞蹈与合唱的特耳西科瑞（Terpsichore）因为她接受的教育，使得美好事物的纪律要求变得赏心悦目（terpein）；司情诗的埃拉托（Erato）①因为那些受过她教导的人员当中，只要是男士都想恋爱而且值得被人所爱；司颂歌的波吕许谟尼亚（Polyhymnia）因为她的极度（polle）赞扬（humnesis）使得一位作者由于他的作品获得不朽的声誉，本人更能名扬天下；司天文的乌拉尼亚（Urania）因为人们在她的教导之下都会举首仰望天空（ouranos），事实上想象的力量使得人类的心灵能升华到更高的天国；司辩论和英雄史诗的卡利俄珀（Calliope）因为她那美妙（kale）的声音（ops）和动人的语言，赢得听众一致的赞同。

我们对这个题材谈了很多，现在要改变描述的对象开始讨论赫拉克勒斯的言行和功勋②。

8 举凡对于古代的神话开始加以记录的人，特别提到与赫拉克勒斯神话的真实性相关的部分，我不是不知道他们要面临很多必须克服的困难。至于赫拉克勒斯建立的丰功伟业能够流芳百世，都已经受到大

---

① Erato 意为"佳人"。

② 下面对于赫拉克勒斯的叙述，主要的依据来自底比斯人马垂斯（Matris）《赫拉克勒斯赞歌》（*Praises of Heracles*），作者的生平虽然不为人知，但他已经尽全力为希腊最伟大的英雄，建立永垂千古的荣誉和名声。

家的认同,像这样一位凌驾世人的英雄,从最早的时间开始为了保持长远的记忆,只要延续下去就会留下一份翔实的文件;要用深具价值的方式报道他每一项行动,或者呈献一份文件配得上这样伟大的功业,实在说都是很难达成的目标,特别是所有工作的艰巨程度使他赢得的奖赏是永垂不朽的名声。再者,在很多人的眼里只要提到非常早的年代,以及事实具备令人惊讶的性质,就会使得神话变成不可相信,一位作者基于需要,就会略而不提最为重大的功业,用来贬低神明的名声,或者是详细叙述所有的功业,这样一来会使与历史相关的事项让人无法置信。

有些读者设立一个不尽公平的标准,需要古老神话的记载能与当前发生的事件达到同样精确和翔实的程度,他们运用自己一生的经验作为对比的条件,拿来判断这些行为和功绩,任何伟大的事物都会公开加以怀疑,当前的人类是如此软弱无能,要是用来衡量赫拉克勒斯拥有的实力,结果是过分壮观和极度炫耀的功勋,使得所有的记载变得无法取信于人。一般而论,撰写神话的史家深表关切,像这样一位英雄根本不需要用锐利的眼光去审查实情。可以举例来说,在剧院里面我们虽然确信马人并不存在,因为马人由两个不同的身体组合而成,更不相信杰罗尼斯(Geryones)①会长出三个身体,然而我们喜爱那些神话的产物,还加以赞扬说是可以增加对神明的崇敬之心。

这种情况的确非常奇特,赫拉克勒斯当时还与凡人在一起,靠着自己完成的众多功业,使得有人居住的世界得到开发和教化,人类不仅忘记他赐予众人的恩德,对于他从高贵的行为所接受的赞扬也要加以诽谤,我们的祖先因为他达成无人所及的成就,异口同声地推崇他有不朽的名声,我们还为此感到不可思议,我们对于神明拥有虔诚的奉献精神,能从我们的

① 赫西奥德的《神谱》将杰罗尼斯描述为一个长着三个身体的怪物。

父辈的手中传给我们,就这方面来说我们既不珍惜也不愿维持下去。不过我们无须顾虑太多,提到他的功勋要能尽早开始,我们的记载完全依据年代最为久远的诗人以及神话作者提供的数据。

9 这就是我们知悉的故事:帕修斯(Perseus)是达妮(Danae)的儿子,达妮是阿克瑞休斯(Acrisius)与宙斯所生的女儿。西菲乌斯(Cepheus)之女安德罗美达(Andromeda)与帕修斯发生关系,为他生下伊里克特里昂(Electryon),后来庇洛普斯(Pelops)之女优里迪丝(Eurydice)嫁给帕修斯,生下一个名叫阿尔克米妮(Alcmene)的女儿。接着是宙斯垂涎阿尔克米妮的美色,阿尔克米妮受到他的欺骗为他生下赫拉克勒斯。他的身世要是追溯源头,可以知道双亲都是最伟大的神祇①,这种方式我们已有表示。他的英武不仅表现在可见的行为方面,而且在他出生之前已经获得证实。

宙斯要与阿尔克米妮交媾,竟让夜晚的时间延长为平日的三倍,用来增进生育的效果,他预言生下的男孩能够异乎常人变得分外孔勇有力。特别是他与阿尔克米妮的结合,不像他对其他的妇女,完全出于爱情和性欲的满足,而是要达成繁殖后代的要求。因此,他为了让自己的行为合法,不愿选择暴力侵犯的手段,然而要想说服贞洁的阿尔克米妮就范,那是毫无希望的事,于是他采用欺骗的伎俩,让自己变成安斐特里昂(Amphitryon)②的模样,使得阿尔克米妮以为是与良人燕好不会有任何疑虑。

等到阿尔克米妮怀孕足月的日期已到,宙斯的心思都放在赫拉克勒斯的

---

① 赫拉克勒斯的母亲是宙斯的外孙帕修斯的女儿,他的母系来自宙斯,他的父亲就是宙斯,所以他的双亲都是最伟大的神祇,从而得知赫拉克勒斯是宙斯的"自体繁殖"。也就是说这位伟大的神祇与自己的曾外孙女生下赫拉克勒斯。

② 希腊的神话当中安斐特里昂是阿尔西乌斯(Alcaeus)之子,亚哥利斯(Argolis)地方泰伦斯(Tiryns)城的国王。

出生上，就在诸神的面前宣布，他的意图是让那天呱呱落地的婴儿，成为帕修斯的长孙，能够继承王位；满怀嫉妒的赫拉得到女儿艾莉昔亚（Eileithyia）①的帮助，不让阿尔克米妮发生分娩的阵痛，使得产期不到的优里斯修斯（Eurystheus）②先来到世间。宙斯虽然被计谋打败，但还是得履行自己的承诺，同时要让赫拉克勒斯在未来享有举世的赞誉；因此他们说他才被赫拉说服，遵守诺言同意优里斯修斯成为国王，赫拉克勒斯要为他服务完成十二项功业，不论优里斯修斯有什么要求都得照办不误，等到这些事项全部完成以后，赫拉克勒斯的奖赏是永垂不朽的光荣。

阿尔克米妮生下赫拉克勒斯以后，害怕赫拉的嫉妒会带来灾难，就将这个婴儿抛弃在一个地方，现在这里被人称为"赫拉克勒斯原野"。这个时候阿西娜陪伴赫拉来到此地，看到婴儿天真活泼的模样都很诧异，于是怂恿赫拉为他哺乳。吸奶的小娃用很大的力气强拉她的乳房不放，赫拉无法忍受这种疼痛就将他丢在地上，这时阿西娜将他带给他的母亲，嘱咐她要细心地抚养。每个人对于这件事发生难以期待的转变，全都感到惊奇不已；因为母亲的天职是要爱护她的亲生子女，阿尔克米妮却要将他置于死地，一个后母的恨意反而对他怀有恻隐之心，谁知救他性命的人却是他与生俱来的仇敌。

10 后来赫拉查明实情，派两条蛇去杀小男孩，他毫不畏惧反而用双手抓住爬虫的颈部，使出一股神力将它们活活勒死。亚哥斯的居民得知发生的情况，虽然他以前的名字是阿尔西乌斯（Alcaeus），但由于他在赫拉（Hera）③的鼎助之下获得荣誉（kleos），所以将他称为赫拉克勒斯（Her-

---

① 这位女神在妇女分娩开始阵痛的时候给予帮助。
② 帕修斯的后裔子孙属于另外一个世系，后来成为亚哥斯的国王。
③ 参阅本书第一章第24节。赫拉克勒斯赢得举世的赞誉来自个人的成就，并非赫拉给予的支持和协助，很多语文学家认为他的名字不是来自"赫拉"而是希腊文的"服务"。

acles)。其他的孩童从父母那里得到名字,唯独他的称呼来自英勇的行为。

不久以后安斐特里昂在泰伦斯(Tiryns)遭到放逐,迁移底比斯定居。赫拉克勒斯接受抚养和教育,特别是奉到指示要加强体能的训练。他的身体比起其他所有人都更加强壮,特别是高贵的情操使他远近知名。其实他当时还是一个少不更事的青年①,最早的事迹是恢复底比斯的自由权利,他将此处当成自己的出生地,有义务对这个城市回报感激之情。底比斯人臣属米尼伊(Minyae)国王厄金努斯(Erginus),每年支付固定数额的贡金,赫拉克勒斯对于君主拥有优势的权力根本不放在眼里,凭着自己的勇气要建立响亮的声誉。等到米尼伊当局派来税吏收缴贡金,高高在上的态度极其傲慢,赫拉克勒斯砍掉他们的四肢将其赶出城市。厄金努斯要求将罪犯押解到他手里,底比斯国王克里昂(Creon)对于厄金努斯拥有巨大的实力始终心怀畏惧,准备将犯下重大罪行之人交出去。

不过,赫拉克勒斯说服与他年纪相当的年轻人,要为祖国的自由权利奋斗到底,他们拿走神庙里面挂在墙上的成套铠甲,这是他们的祖先从战场上得到的战利品,当成祭品奉献给神明,不可能在城市一般市民手里找到任何兵器,因为米尼伊当局要解除他们的武装,免得底比斯的居民怀有反叛的念头。赫拉克勒斯得知米尼伊国王厄金努斯率领军队前来攻打底比斯,他出城迎击,在一个窄狭的位置与对方遭遇,使得为数众多的敌军无用武之地,杀死厄金努斯与随伴在身边的人马,然后在守军没有发觉的情况下出现在奥考麦努斯(Orchomenus)②的前面,乘机溜进城门大开杀戒,烧掉米尼伊人的宫殿,将整个城市夷为平地。

这一壮举轰动整个希腊世界,所有人对无法预料的结局心中充满惊

① 希腊文的 ephebus 即"18—20 岁刚成为市民的年轻男子"。
② 奥麦考努斯是皮奥夏最大和形势最为险要的城市,占有该城即可控制整个希腊中部地区。

奇。克里昂王称赞年轻人伟大的功勋，就将女儿麦加拉（Megara）许配给他，将城市的事务交给他处理，把他视为亲生儿子；优里斯修斯是亚哥斯的统治者，对于赫拉克勒斯日益增长的权势产生了猜忌之心，将他召回自己的身边，要求他遵奉命令完成交付的功业。赫拉克勒斯对于召唤置之不理，宙斯派人传话要他效劳优里斯修斯；赫拉克勒斯赶赴德尔斐，请求神明就他遭遇的情况指点迷津，得到的答复是神明决定要他接受优里斯修斯的指挥，完成十二项功业可以获得永生作为奖赏。

11 事态的转变使得赫拉克勒斯陷入非比寻常的沮丧之中，他有伟大的成就竟然降尊纡贵服侍一个低劣的弱者，产生的感觉是这样做太不值得，即使知道会对自己造成伤害，仍然不愿俯首听从宙斯的命令，何况这位天神还是他的父亲。就在他迷惘感到不知所措的时候，赫拉施法让他烦躁郁闷在那里钻牛角尖，困扰的灵魂陷入疯狂错乱之中，极度痛苦使他丧失心智，甚至拔剑要杀爱奥劳斯（Iolaus），他的侄儿赶快避开，麦加拉所生的男孩在他附近，他把自己的儿子看成敌人，竟然张弓射出致命的一箭。最后他从疯狂的情况当中复原，承认自己出现幻觉才会犯下错误，由此带来的巨大灾难使他陷入凄怆的深渊。这时所有的人都对他表示同情，愿意分担他的哀伤和悲痛。他有很长一段时间留在家里闭门不出，避免与人们来往和应酬；不过，最后还是时间抚慰了他的忧愁，让他的心灵平静下来，乐于面对各种危险的局面，这时他来到优里斯修斯的宫廷。

第一项功业是杀死尼米亚（Nemea）的狮子。这只猛兽有巨大的体躯，任何铜铁制成的兵器或是石块都无法给它带来伤害，只有人类的双手用强制的力量才能让它就范。它的时间大部分是在迈尼森（Mycenae）和尼米亚之间度过，特别是一个名叫特里都斯（Tretus）①的山岭，周边地区全在它的

---

① Tretus 意为"打洞通过"。

淫威笼罩之下;一个向外延伸的裂隙成为它的基地,经常会在这里潜伏起来。赫拉克勒斯来到这个地区猎取可怕的狮子,等到它退入山谷的裂隙当中,就把另外一头封闭让它无法逃脱,接着尾随在后展开打斗,他伸出手臂将猛兽的颈脖勒住让它窒息而死。他将狮皮剥下来当成战利品,因为它的躯体巨大,这张皮可以包裹他的全身,而后他遭到危险靠着它的保护可以安然无恙。

他要着手的第二项功业是除去怪物勒纳(Lerna),它的身体上长着一百根很长的颈脖,每根脖子上面有一个蛇头,只要有一个头被斩落下来,切口的位置很快长出两个蛇头,这样一来没有人可以将它杀死。要想除去这个怪物必须有人相助,赫拉克勒斯为了克服困难想出一个很好的办法,就是要爱奥劳斯用一支火炬,烧灼被他斩断的伤口阻止血液流出,然后用染过毒药的箭头,射进这个不再是刀枪难入的部位,从而能置这个怪物于死地。

12 他要接受的第三项功业,就是阿卡狄亚的朗皮亚(Lampeia)山①有一头名叫埃里玛苏斯(Erymanthus)的野猪,要将它活捉以后带回去。这个行动看起来极其困难,猎人需要拥有绝对的优势才能与这头野兽打斗,只有靠着它非常热衷于出击的适当时刻才能将它捕获。这时他要让心情放得很轻松,靠着他有强壮的体魄对于危险嗤之以鼻,如果他的打击过于暴力,将它杀死只会让交付的任务无法达成。不过等到双方发生搏斗时,他非常小心地保持力道的适当,能够将活生生的野猪带回去交给优里斯修斯;国王看到赫拉克勒斯的肩上扛着一头凶恶的野兽,惧怕之余躲进一口青铜大缸之中。

---

① 参阅斯特拉波《地理学》第 8 卷第 3 节。

就在赫拉克勒斯进行这些功业的时候,提到他与马人之间发生了很多故事,它的成因和来龙去脉有如下述。福卢斯(Pholus)是一位马人,邻近一座山因而获得福洛伊(Pholoe)这个名字。赫拉克勒斯成为殷勤接待的贵宾,为他打开一坛埋在地下的美酒。神话的作者曾经提到,古老的时代狄俄尼索斯将这坛酒留给一位马人,给予的交代是传下他的指示,等赫拉克勒斯来到此地才能打开。过了四代以后,赫拉克勒斯来访受到欢迎,福卢斯记起狄俄尼索斯的叮嘱。等到酒坛开启发出阵阵浓香,陈年佳酿的劲道十足,使得邻近的马人都能闻到,大家像是发疯一样赶过来,全都冲进他的家中使出可怕的暴力,不惜一切要抢走这坛天之美禄。

这时福卢斯心生畏惧只有躲藏起来,赫拉克勒斯大吃一惊,就与来人大打出手。他要交战的对手是列名在母系族谱的神明;每一位都拥有马匹的快速和敏捷,具备两个身躯的体力,还要加上人类的经验和智慧。马人全都一拥而上,有的拿着连根拔起的松树,有的举起沉重的石块,有的挥动燃烧的火把,还有一些马人使用杀牛的斧头。赫拉克勒斯抗拒他们毫无惧意,所作的斗争仍能保持以往的盛名于不坠。马人的奋战获得他们的母亲尼菲勒(Nephele)①的帮助,因为她从上空降下一场大雨,这对四条腿的马人不会造成任何伤害,赫拉克勒斯处于滑溜的地面难免立足不稳。虽然对手能够占有很大的优势,但赫拉克勒斯一点都不放在心上,最后还是他获得惊人的胜利,大部分马人被他杀死,逼得幸存者只有赶紧逃走。

马人当中受害的显赫之士有达弗尼斯(Daphnis)、阿杰乌斯(Argeius)、安菲昂(Amphion),以及希波提昂(Hippotion)、奥留斯(Oreius)、伊索普勒斯(Isoples)、麦兰奇底(Melanchaetes)、瑟里乌斯(Thereus)、邓朋(Doupon)和弗里克苏斯(Phrixus)。那些逃走避过危险的家伙,后来每一位都受到

① Nehpele 意为一朵"云"。

适当的惩罚，例如，贺玛杜斯（Homadus）企图强暴优里斯修斯的姐妹阿尔西奥纳（Alcyona），在阿卡狄亚当场遭到击毙。这些功绩发生在过去，赫拉克勒斯拥有超凡入圣的功力，仍旧令人惊叹不已；虽然他有私人的理由痛恨他的仇敌[1]，但对于她遭到强暴还是非常同情，所以决定要比其他人更能发挥人道的精神。

赫拉克勒斯的朋友福卢斯遇见一件很奇特的事情，由于这些丧命的马人都是他的亲戚，他在将他们埋葬的时候，不幸为其中一根箭头的倒钩刺中，伤口无法痊愈，他因而亡故。赫拉克勒斯为他举行盛大的葬礼，就将福卢斯埋在这座大山的山麓，这比为他竖立墓碑更能彰显他的光荣；因为福洛伊山就是用埋葬者的名字，再把他的大名刻出来已经没有这个必要。赫拉克勒斯根本无意用弓箭射杀马人奇朗（Cheiron），因为他的医术受到大家的赞扬。不管怎么说，我们对马人的叙述已经够多了。

13 赋予赫拉克勒斯其次一件任务，是要他带回长着黄金角的雄鹿，它的脚程极其快速。为了完成这项功业，他的智慧做出的贡献不下于他有充沛的体能。有人说他用网捕获这头雄鹿，其他人认为他追踪这头美丽的动物，乘它入睡之际将它抓住，还有人言之凿凿，说他不停地追赶直到它力竭被擒。有一件事可以确定，就是他完全靠着聪明才智取胜，无须运用蛮力或者拼命奔跑。

赫拉克勒斯接下来的功业，是要将斯廷法利亚（Stymphalia）湖的鸟群赶走。他的头脑非常灵活，只要运用适合的工具，就可以轻易完成交付的任务。湖区的面积非常辽阔，数量庞大的鸟类缺乏耕种的农田可以提供的粮食，所以才会损毁周围地区种植的果树；特别是飞禽的数量极其庞大，不

---

[1] 他的仇敌是指优里斯修斯。

可能用武力来控制它们的行动,只能靠着头脑的巧思和创造的才华解决当前的问题,他制造出一种青铜器具可以发出可怕的巨响,让这些鸟类感到畏惧只有飞走;而后只要不断保持嘈杂的声音,逼使它们不再盘踞在这个地方,达成在斯廷法利亚湖赶走鸟群的目标。

等到他完成这项功业以后,从优里斯修斯那里接受的指示,是要将奥吉阿斯(Augeas)的牛厩清理干净,而且这件工作不得有其他人的帮助。占地极广的牛厩里面豢养着大量牛群,长期使用未加清理,已经堆放了有如山积的牛粪,优里斯修斯抱着污蔑对方的心情,下达的命令是要清除臭气冲天的秽物。赫拉克勒斯认为用肩膀将这些东西挑出去是不值得去做的工作,为了完成这项羞辱的指示而又能免予败坏自己的名声,据说他将阿尔菲乌斯(Alpheius)河①的河道转向牛厩,以水量宏大的河流作为工具,在一天之内完成这项功业,还能避开加于他的污蔑。的确如此,我们对赫拉克勒斯的机敏真是佩服得五体投地,他完全听从指示完成这项低贱的任务,自己没有感受到任何委屈,能够获得不朽的名声确实有他的独到之处。

其次一项功业是赫拉克勒斯要从克里特带回一头帕西菲(Pasiphae)所爱的公牛②,他航向岛屿保证获得迈诺斯(Minos)王的全力相助,要把它运到伯罗奔尼撒地区,他的回程要经过广阔无边的海洋。

14 赫拉克勒斯获得空闲开始举办奥林匹亚运动会,如此隆重的节庆要选择最美丽的地方,就是沿着阿尔菲乌河河岸的平原,他把盛大的运动会奉献给他的父王宙斯。规定优胜者的奖赏仅是一项桂

---

① 阿尔菲乌斯河流过阿卡狄亚地区,斯巴达人和特基亚人议和以后,在它的河岸上面树立石柱,上面刻着:"必须将梅西尼人从这片国土赶走,任何人对他们行善做好事都是违法的行为。"

② 常用的名字是迈诺陶尔(Minotaur),即"迈诺斯的公牛";参阅本章第77节。

冠,他自己给世人谋求福利,从来没有接受任何金钱的报酬。他在没有任何一个对手的情况下赢得所有的比赛项目,因为他有强大的体力和精湛的技巧,无人胆敢出面和他竞争。然而比赛的项目彼此大不相同,对于一个拳击手或参加 Pankration"角斗"①的选手而言,要想打败一个参加赛跑的人②,那的确是太难了一点;还有就是双方的体重相差悬殊,角斗场中要想体态轻盈者获胜同样是困难的事。因此,一个高贵的人设立奥林匹亚运动会,那么这个运动会的所有比赛项目,全都用来推崇这个人的胜利,出现这种情况也是天经地义的事。

赫拉克勒斯建立了举世知名的丰功伟业,对于神明馈赠的礼物抱着不在意的态度,认为理所当然不会产生其他的想法。可以举例来说,当他脱离战争安返家园,就会把全副精力用在娱乐和庆典上面,实在说就是宴会和竞赛,每一位神明都赠送合适的礼物用来赞誉他的成就;阿西娜是一袭长袍,赫菲斯托斯是一根狼牙棒和一副锁子甲,这两位神明彼此竞争,全都吻合他们所精通的技艺,一位的着眼是用安详和舒适的装束打发承平时期的闲暇,一位是提供最有用的器具,在战争的危险当中使他能够安全。就别的神明来说,波塞冬送给他一匹骏马,赫尔墨斯是一把利剑,阿波罗的礼物是弓箭并且教给他射术,德米特为了表示礼遇,为他制定次级神秘祭典③,可以涤净杀死马人所产生的罪孽。

有一件很特别的事与这位神明的出生有关。举例来说,第一位与宙斯苟合的凡间妇女,就是福德尼乌斯(Phoroneus)的女儿尼欧比(Niobe),最后一位才是阿尔克米妮,有些神话作者叙述她们的谱系,得知阿尔克米妮

---

① 角斗是拳击和角力的综合运用。

② 赛跑的距离是 606 又 3/4 英尺。

③ 阿格里(Agrae)举行次级神秘祭典,这个地方位于艾利苏斯(Ilissus),正在卫城的东南方向,至于"高级神秘祭典"在伊琉西斯举行。

是从尼欧比算起的第十六代后裔。那么可以明显看出，宙斯最早所生的凡人就是这位阿尔克米妮的祖先，自她以后宙斯没有世间的子女；也就是宙斯自从得到阿尔克米妮开始，不再与凡间妇女发生交媾的行为，因为他对以后还能生出一个比现在更好的婴儿不抱任何希望，也没有意愿再三地尝试直到获得更好的后裔满足自己的要求为止。

15 后来住在帕勒尼（Pallene）附近的巨人做出要与天国开战的抉择，赫拉克勒斯加入诸神的阵营，杀死很多大地之母的儿子，接受最高的荣誉和位阶。宙斯只对参加他这一方作战的神明，授予"奥林匹斯天神"的头衔，那是为了使勇敢的行为更为出名，来自怯懦的称呼可以用光荣的头衔加以装饰；那些由凡间妇女出生的后裔当中，他认为只有狄俄尼索斯和赫拉克勒斯够资格使用这样的称呼，不仅在于他们是宙斯的儿子，而是他们公开宣布同样的生涯规划，要为人类的生活谋取最大的福利。

普罗米修斯（Prometheus）盗取天上的火交给地球上的凡人，宙斯用铁链将他绑住，让一只老鹰留在他的身旁啄食他的肝脏。赫拉克勒斯听到他赐福于人类竟然遭到惨痛的惩罚，就用箭射杀老鹰，然后规劝宙斯停息怒气，能够把全世界的恩主解救出来。

其次一项赫拉克勒斯要执行的功业，是带走色雷斯人戴奥米德（Diomedes）的马群。凶恶的骏马使用青铜制成的食槽，它们力大无穷所以用铁链当成笼头，不吃从地上出长的草料，而是嚼食外乡人的四肢，中签的不幸家伙成为它们口中的食物。赫拉克勒斯为了控制它们，将戴奥米德丢给吃人的马群，要用始作俑者的肉去满足这些动物的饥饿；须知戴奥米德用这种方式教它们违犯人类的法律，使得它们接受这个暴君的控制。等到赫拉克勒斯带着马群来到优里斯修斯的宫廷，就将它们奉献给赫拉，事实上它们不断地繁殖下去，后来这个地方就在马其顿的亚历山大统治之下，为他的骑兵部供应大批战马。

赫拉克勒斯完成这项功业以后，贾森（Jason）组成冒险犯难的队伍，他参加后成为其中的首要人物，航向科尔契斯人（Colchi）的地区去盗取金羊毛。有关它的来龙去脉，我们为了记录"阿尔戈英雄号"（Argonauts）的远征行动，会做更详尽的叙述①。

16 接着赫拉克勒斯接受指令要从亚马孙（Amazon）带回希波利特（Hippolyte）的腰带，为此他要发起一次远征行动。因此他航向潘达斯（Pontus），这个地方是优克森努斯（Euxinus）为它取的名字②，继续前往瑟摩敦（Thermodon）河的河口，开设的营地距离提米西拉（Themiscyra）很近，亚马孙人的宫殿位于这座城市。首先他向亚马孙人提出要求，提到腰带说是势在必得；等到她们根本不予理睬，他就发动战争使用武力夺取。亚马孙的将领集结兵力排成数组攻击赫拉克勒斯的追随者组成的本队，最有名气的妇女直接与赫拉克勒斯对阵，发起要拼个你死我活的肉搏。

首先与他接战的巾帼英豪是伊拉（Aella）③，行动快速获得这个名字，她发现对手比她更为敏捷灵巧。第二位最厉害的女士是菲利庇斯（Philippis），刚刚接战就遭到致命的一击。然后是普罗松（Prothoe）出阵，据说她接受挑战曾经打败七位对手。等到普罗松阵亡以后，他制伏厄瑞卑娅（Eriboea）使其成为第四位牺牲者。后者吹嘘自己拥有男子汉的勇气，战斗当中从不需要任何人的帮助，等到遇上更高明的对手，就会发现自己犯了很大的错误。其次是陪伴阿特米斯狩猎的西利诺（Celaeno）、优里拜娅（Eurybia）和菲比（Phoebe），她们的长矛总是命中猎物，瞄准任何目标都不会

---

① 参阅本章第41—56节。
② Pontus 意为"对异乡人很友善"。
③ Aella 意为"旋风"。

失手从旁掠过;在这次搏斗当中虽然她们并肩作战,但还是遭到无情的斩杀同时殉难。

接着笛阿妮拉(Deianeira)、阿斯提里亚(Asteria)、玛普(Marpe)、特克美莎(Tecmessa)和亚西庇(Alcippe)全都命丧沙场。最后这位在生前发誓要永保处女之身,她的誓言没有落空却无法保住性命。亚马孙指挥官麦兰尼庇(Melanippe)以大丈夫气概的英勇行为,受到族人的称许和赞扬,现在失去拥有的权势和支配的力量。赫拉克勒斯杀死亚马孙人当中最为显赫的人物,逼得其余的民众转身逃走,从此她们一蹶不振受到围剿,整个族群绝灭无遗。抓到的俘虏他把安蒂欧普(Antiope)当成礼物送给帖修斯(Theseus),接受麦兰尼庇的腰带当作赎金让她获得自由。

17 优里斯修斯交代的第十项功业是带回杰罗尼斯的牛群,放牧在伊比里亚(Eberia)向着海洋倾斜的草原。赫拉克勒斯认为这件任务需要进行大规模的准备工作,为了克服困难应该组成一支强大的军队,征召为数众多的士兵,才能够发起远征作战。有人居住的世界几乎全都听到这个消息,克里索尔(Chrysaor)①是统治整个伊比里亚的国王,获得这个称号是由于他的财富,有三个身强力壮而又英勇无敌的儿子,为了维护父亲的权利挺身而出,同时我们还知道每个儿子都在招募黩武好战的部落,用来展现阵容强大的兵力。

优里斯修斯接到这方面的报告,认为发起远征行动前去讨伐这些蛮族,要想成功一定非常困难,所以才会指示赫拉克勒斯要完成这项功业。赫拉克勒斯遇到危险更能发挥奋斗的勇气,过去如此现在也不例外。他将集结的部队带到克里特,把那里当作出兵征讨的地方,适中的位置对于有人居住的世

---

① Chrysaor 意为"他有一把黄金佩剑"。

界而言,这个岛屿便于前往其中任何部分。他在开拔之前为了表示感激克里特人,给他们最大的好处就是将危害土著的野兽清除殆尽,所以直到现在岛上已经找不到一头熊、一只狼、一条蛇或者其他大型的猛兽。他的这种举动是为了让岛屿获得荣耀,神话提到克里特是宙斯的出生地和最初的家园。

赫拉克勒斯从克里特扬帆出海抵达利比亚,首先就向安提乌斯(Antaeus)①挑战,这位勇士以力大无穷而且精于角力知名于世,任何外乡人要是在角力场上失败就会被他处死,结果是赫拉克勒斯在揪斗之中将这个巨人勒毙。接着完成的重大成就是征服利比亚,这个区域遍地都是野兽,大部分都毗邻沙漠,等到整个地区引进耕作以后,原野成为用犁耕过的农田,到处栽植各种果树,还有人开辟葡萄园或是种植成列的橄榄树;总而言之,这个时期之前的利比亚,因为整片土地都受到野兽的肆虐,成为没有人烟的蛮荒之地,现在经过开发以后,创造的财富不亚于任何其他国家。

他对犯法的歹徒和傲慢的统治者施以死刑的惩处,将他们的财产充公拨给城市。神话提到他痛恨危害人类的野兽和无法无天的坏人,事实上他的一生就是要与他们战斗到底,当他还是一个婴儿的时候,两条蛇想要夺走他的性命,等他长大成人还要听命于自大而又不义的专制君主,要把这些功业强加在他的身上。

18 赫拉克勒斯除掉安提乌斯以后,经过埃及的时候又将布西瑞斯(Busiris)②置于死地,后者是整个地区的国王,任何来到此地游历的外乡人都被他杀害。然后赫拉克勒斯行进的路线穿越利比亚干旱的部分,来到一个水草丰美的地方建立了一座规模大得惊人的城市,它

---

① 参阅本书第一章第 21 节。
② 参阅本书第一章第 87 节。

的名字叫作赫卡托姆皮隆（Hecatompylon）①，明显表示最特别的地方是有许多城门。城市的繁荣一直延续到较近的年代，那时迦太基人发起一次远征作战，指派能力高明的将领，率领实力强大的军队前去攻打他们，最后赢得会战成为整个区域的主人。

他游历利比亚大部分地区，来到邻近盖迪拉（Gadeira）②的海洋，就在相对的两个大陆各竖起一根石柱。他的舰队用沿着海岸航行的方式陪伴他的进军，接着他们将渡过海峡抵达伊比里亚，发现克里索尔的儿子率领三支大军，设置的营地彼此保持相等的距离，他分别向他们挑战进行单人格斗，就在战场上将三位对手一一诛杀，征服伊比里亚全境，赶走受人垂涎的牛群。他在横越广大疆域的时候，接受当地某位国王的礼遇和款待，这位统治者虔诚而又公正，他留给国王部分牛作为礼物。国王接受下来加以养育和繁殖，每年从牛群当中挑选最好的公牛，当成牺牲向赫拉克勒斯献祭；经过育种以后这些母牛仍旧留在伊比里亚，用公牛向赫拉克勒斯献祭的传统继续下去，直到我们这个时代。

我们在前面提过赫拉克勒斯的石柱，现在还要叙述它的来龙去脉。赫拉克勒斯抵达利比亚和欧罗巴两个大陆最遥远的地方，再过去就是没有尽头的海洋，他决定建立两根石柱用来纪念他打过的战役。他们说他希望留给海洋一个纪念物可以保持永恒的记忆，就把石柱建在两个相距很远的海岬上面；鉴于那个时候之前两者之间还保持很大的间隔，所以他要使原来广阔的通道变得更为狭小，浅而窄的海峡③阻止巨大的海怪，让它们无法从大洋进入内海，完成的工程是如此巨大，能使建造者的名声保持千秋万世的光辉。不过，有些权威人士的说法恰恰相反，两个大陆原来连接在一

---

① Hecatompylon 意为"有一百个城门"。
② 就是西班牙的卡地兹（Cadiz）。
③ 直布罗陀海峡的宽度是 12 英里，其中有 8 英里的平均深度是 250 英寻。

起,是他在两者之间打开一条通路,使得大洋和内海的水能够混杂起来。其实这样的问题,每个人都有自己乐于听到的答案。

他在希腊也有类似的做法广为人知,像是在一个名叫田佩(Tempe)①的区域,整个地面非常平坦,绝大部分都是沼泽,他挖掘一条渠道让积水从壕沟当中排放出去,就在帖沙利的佩尼乌斯(Peneius)河两岸形成平原地带。后来在皮奥夏的做法却背道而驰,他在流经米尼伊人的城市奥考麦努斯附近的溪流旁筑起堤坝使其成为一个湖泊②,使得整个地区陷入绝灭的处境。他在帖沙利的作为是为了嘉惠希腊人,至于他在皮奥夏对居住在米尼伊区域的民众给予惩处,那是因为他们曾经奴役底比斯人。

19 赫拉克勒斯将伊比里亚王国交付给土著当中最高贵的人士,接着率领军队进入塞尔特卡(Celtica),手下的人马纵横整个地区要结束蛮族无法无天的行为,当地土著对于杀害外乡人始终乐此不疲,是他根绝草菅人命的恶习;各个部族的人马成群结队自愿投效他的军队,"漫游大地"(ale)历经战役的考验以后,兴建了一座很大的城市取名为阿勒西亚(Alesia)。他让城市的市民由各地的土著混杂组成,要比其他城市的人多地广据有更大的优势,之所以发生过这种情况,在于所有的居民都是没有开化的蛮族。凯尔特人直到现在对这座城市还是非常尊敬,把它看成整个塞尔特卡的发源地。阿勒西亚从赫拉克勒斯的时代开始,始终保持自由独立,从未受到洗劫,最后还是建立丰功伟业受到封神的盖尤斯·恺撒(Gaius Caesar),运用强攻猛打的作战方式夺取了这座城市,使得所有

---

① 田佩山谷在帖沙利的奥萨山左侧,是从马其顿进入希腊的门户,历来是兵家必争之地。
② 这个湖与后来的科佩斯(Copais)湖大有关系。

的凯尔特人全都成为罗马的臣民。①

他接着取道塞尔特卡前往意大利，他穿越阿尔卑斯山的隧道，过去崎岖难行的羊肠小道被他修成康庄大道，结果是一支大军和行李辎重都能通行无阻。居住在山地区域的蛮族习惯于屠杀或抢劫经过此地的军队，特别是来到途中最困难部分会受到袭击，赫拉克勒斯将他们全都制伏，不遵法纪的首领被他处死，使得后代子孙的旅行能够安全无恙。越过阿尔卑斯山以后，他通过的平坦地区现在被称为盖拉夏（Galatia）②，接着行进的道路要经由黎古里亚（Liguria）。

20 黎古里亚人居住的区域，砂石的土壤非常贫瘠，几乎是不毛之地，经过土著格外卖力的工作，产生的谷物还是难以糊口，因此居民的人数虽少，经由不断的训练保持充沛的活力，因为他们远离悠闲而富裕的生活，乐于投效军旅冒矢石之险，他们的行动非常轻快，战场的搏斗格外的英勇。总之，地区的居民从事不断的工作，耕种的土地需要大量的劳力，黎古里亚人需要妇女分担辛劳已经成为习惯，农田的开垦更是如此。

他们在雇用的时候都是男女并肩进行工作，所以目前会发生一件奇特而且令人吃惊的事，就是与某一位妇女有关。她已经怀孕正在与一群男子同时出卖劳力的时候，突然发生的阵痛使她安静地退到浓密的树丛后面，她在那里生下一个婴儿，然后用树叶将他盖好藏起来不让人看到，接着若无其事地继续从事劳累的工作，根本不提刚刚发生了什么事情。等到婴儿啼哭大家才知她产子了，监工无法说服她不要干活，直到雇主基于同情心

① 是在公元前 52 年；恺撒对阿勒西亚（Alesia）的围攻和夺取，参阅《高卢战记》第 7 卷第 68 节及后续各节。

② 就是山南高卢（Cisalpine Gual）或内高卢。

出面拦阻，表示暂时停止工作应得的工资还是照发①。

21 赫拉克勒斯通过黎古里亚人和第勒尼亚人（Tyrrhenians）②的地盘，来到台伯（Tiber）河就把营地开设在目前罗马所在的位置。只是这座城市要在很多世代以后，才由阿瑞斯之子罗慕拉斯（Romulus）兴建，同时在附近还有某个民族已经在帕拉廷（Palatine）山安居下来，如同现在所说的一样，那里还是一个微不足道的城市。该地有一些知名之士诸如卡修斯（Cacius）和派纳流斯（Pinarius），用友善的行动和中意的礼物欢迎赫拉克勒斯，罗马直到今天对于这些人物还是记忆犹新。时至今日诸如派纳流斯家族的名门世家，仍旧留存在罗马人当中，古老的起源拥有悠久的历史；要是拿卡修斯来说，从帕拉廷山有一条向下走的道路，很像用石块铺成的楼梯，后来把它称为"Scalae Caci"③，附近就有卡修斯最早的府邸。

帕拉廷的居民对赫拉克勒斯的接待非常殷勤，他为了表示善意预先告知，等到他上升天国进入诸神的行列以后，他们无论在何处立下誓言，要把所有的财物拿出十分之一奉献给赫拉克勒斯，都会享有更加幸福和繁荣的生活。事实上这种习俗从那时兴起，直到今日还是盛行不衰；很多罗马人不仅是小康之家，就是豪门巨富都曾经发誓，为了个人的幸福和家族的繁荣，要向赫拉克勒斯奉献十分之一的财产，总额可以到达四千泰伦。例如，卢库拉斯（Lucullus）④是他那个时代最有钱的罗马人，要是他的财产经过

---

① 斯特拉波《地理学》第3卷第4节，对于黎古里亚的妇女叙述了一个情节相同的故事，这是出自波赛多纽斯（Posidonius）的权威之言。

② 就是伊楚里亚人（Etruscans）。

③ Scalae Caci 意为"卡修斯石阶"。

④ 卢库拉斯（前110—前56年）是罗马名将，出任执政官赢得第三次米塞瑞达底战争，返国以后主导元老院的政治运作，以生活的铺张和奢华著称于世；参阅普鲁塔克《希腊罗马名人传》第13篇第2章"卢库拉斯"。

估算以后,再以总额的十分之一奉献给神明,可以供应不断的宴席给大家享用,即使花再多的钱都没有关系。再者,罗马人为这位神明在台伯河的岸边兴建雄伟壮观的神庙,目的是从十一捐的收益当中,拨款购买大量牺牲在供奉时有地方可以陈列。

然后赫拉克勒斯从台伯河动身,通过海岸地区,现在得到的名字是意大利,来到库米人(Cumaean)的平原。神话提到这里的人以力大无穷著称,他们远赴海外做一些不法的勾当,得到巨人的称呼。弗勒格瑞安(Phlegraean)平原的得名来自四周的山脉,古代曾经喷出炽热的火焰,有如西西里的伊特纳(Aetna)活火山;不过,那座被称为维苏威(Vesuvius)的高山,古代曾经有过强烈的爆发,现在出现很多喷火的迹象。

根据神话的记载,巨人得知赫拉克勒斯已经来到,集合所有人员排成会战队形向前进击,发生的激战真是用语言无法形容,须知巨人的力量和勇气已经发挥最大的效果;赫拉克勒斯获得神明的帮助,他们的出手使他在会战当中占到上风,大部分的巨人被杀,得到的结局是为这片土地带来耕种之利。神话里面提到巨人的身材是如此庞大无比,因为他们是大地之母的儿子。虽然有关巨人的被杀发生在弗勒格瑞安,出于某些神话作家的记载,后来史家泰密乌斯(Timaeus)①也有这样的说法。

22 赫拉克勒斯从弗勒格瑞安平原向着海边走去,在那里进行湖泊的浚渫工程,阿维努斯(Avernus)湖的得名与它被当成帕西丰尼的圣地有很大的关系。目前这个湖②位于美西隆姆(Misenum)和狄西

---

① 泰密乌斯于公元前350年生在西西里的陶罗米尼姆,以享有96岁的高寿知名于世,最重要的著作是《西西里史》,涵盖的时间从远古到公元前264年。

② 就是罗马以南约150英里的普提奥利(Puteoli)。

阿契亚(Dicaearcheia)之间,靠近流出温泉的地方①,湖的周长仅五斯塔德却深不可测;水质纯净因为深度的关系呈现绿的颜色。神话有这样的记录,古代的谶预言以后会有一群人在这个海岸遭到歼灭。阿维努斯湖曾经有一条水道通向大海,赫拉克勒斯把出口用泥土堵塞,然后沿着海滨修筑了一条道路,以后被人称为"赫拉克勒斯大道"。

上面所提是赫拉克勒斯在滨海地区的作为。接着他离开此处来到一个岩壁上面,它的位置在波塞多尼亚(Poseidonia)②。神话提到当地曾经发生一件极其特殊而又不可思议的事。地区的土著当中有一位猎人,他的勇敢和喜爱冒险犯难变得远近闻名。从前他只要打到野兽,总是将它们的头和脚砍下来,钉在森林的树干上面,作为奉献给阿特米斯的祭品;有一次他制服一头巨大的野猪,说出藐视女神的话:"我要把它的头奉献给我自己。"为了证实他言而有信,就把野猪的头挂在一棵树上;然后天气开始变得很温暖,他在正午就感到头昏躺在地上沉沉入睡,皮带竟然断裂,落下来的猪头将他当场击毙。

其实要是有人对这种意外事件感到奇怪,那也没有什么道理可言,很多实际发生而又出乎异常的情况都被记录下来,说是女神对不敬的行为所做的报复。就这个案例来说,赫拉克勒斯的虔诚不应该用在芝麻大的小事上面,何况还不合于他平素坚持的原则。当他来到雷吉纳(Rhegina)和洛克瑞斯(Locris)之间的边界③,经过劳累的旅行以后躺下来休息时,蟋蟀的干扰让他无法入睡,于是向神明祈祷使得讨厌的昆虫很快消失不见;神明答应他的请求,不仅使得蟋蟀消失片刻工夫,以后在这里再也无

---

① 贝伊(Baiae)的温泉是罗马最著名的避暑胜地,斯特拉波《地理学》第5卷第45节中,提到这个地方能够治疗疾病,还有很好的饮食可以满足口腹之欲。

② 罗马人将它称为披斯屯(Paestum),就是现在的佩斯托(Pesto)。

③ 位于意大利最南端的足趾尖上。

法见到一只。

赫拉克勒斯到达海峡①的时候，海面处于最窄狭的状态，就用船只将牛群送到西西里，他自己用手抓住一头公牛的角，然后游过横亘其间的水道，两岸之间的距离大约是十三斯塔德②，泰密乌斯曾经提过。

23 赫拉克勒斯抵达西西里以后，想要绕整个岛屿一周，就从庇洛瑞阿斯（Pelorias）朝着埃里克斯（Eryx）③的方向扬帆出发。他沿着岛屿的海岸线航行的时候，神话提到宁芙准备温泉给他沐浴④，可以清除旅程的劳累，这里说到的宁芙有两位，分别是希米里娅（Himeraea）和伊吉斯提娅（Egestaea），得到的名字来自这个地方。

伟大的英雄接近埃里克斯的区域⑤，就将埃里克斯视为够资格的对手，向他挑战提出角力的要求，须知埃里克斯是阿芙罗狄忒和布塔斯（Butas）的儿子，正好是那个地区的国王。比赛的敌对双方要定出输赢的彩头，埃里克斯输了要交出他的土地，而赫拉克勒斯则是牛群。埃里克斯对于不相称的条件表示不满，认为牛群的价值无法与土地相比，赫拉克勒斯答复他的质疑说是自己失去牛群，等于丧失不朽的生命和荣誉，埃里克斯这才同意提出的要求，结果他在角力场中被赫拉克勒斯打败因而丧失王国。赫拉克勒斯将土地转交给地区的土著，答应他们可以获得所有的成果，直到他的一位后裔出现在他们当中，这时应该把交给他们保管的东西还给他；这件事后来确实发生了。

---

① 意大利和西西里之间的墨西拿海峡（the Strait of Messina）。

② 海峡的长度约 32 千米，宽度为 3—8 千米。

③ 从北部海岸的东端向着西方航行。

④ 参阅亚里斯托法尼斯《云层》（The Clouds）第 1051 行："祈祷！难道你没有看到赫拉克勒斯的沐浴是如此寒冷？"希腊人将温泉称为"赫拉克利亚"（Heracleia）也是理所当然之事。

⑤ 就是位于西西里西北部的埃里克斯山，现在被称为圣朱利阿诺山（Mt.San Giuliano）。

过了很多世代拉斯地蒙人多瑞乌斯(Dorieus)①来到西西里,收回土地兴建了一座城市。赫拉克利的成长非常迅速,迦太基人感到嫉妒之余,还很害怕这座城市将比迦太基更为强大,会从腓尼基人手里夺走统治的权力,于是派出一支大军前去征讨,发起强攻夺取以后夷为平地。我们要在赫拉克利的灭亡时期②讨论相关的细节。

赫拉克勒斯此时绕过西西里一圈来到的城市就是现在的叙拉古,得知神话当中所提的科里(Core)的劫持,他用盛大的排场向女神③奉献牺牲,就将牛群里面最健壮的公牛投进赛阿尼(Cyane)泉④,指示当地的土著每年要祭祀女神,后来就在赛阿尼举办盛大的祭典,奉献牺牲摆出华丽的排场。然后他赶着牛群通过岛屿的内陆,西堪尼人(Sicani)运用强大的武力与他对阵,他在一场著名的会战当中击败对手,很多人遭到杀害,某些神话作者提到,其中包括一些知名的将领,甚至到今天还接受英雄的称号,他们就是琉卡斯庞斯(Leucaspis)、佩迪阿克拉底(Pediacrates)⑤、布丰纳斯(Buphonas)、格利查塔斯(Glychatas)、拜提阿斯(Bytaeas)和克里蒂达斯(Crytidas)。

24 后续的事项处理完毕后,赫拉克勒斯经过李昂蒂尼(Leontini)境内的平原,对于景色的优美感到极其惊讶,那里的人全都推崇他的功绩,为了表示他对他们的宠爱,要为他的来到留下不会磨灭的记

---

① 多瑞乌斯拥有斯巴达的皇室血统,也是赫拉克勒斯家族的成员,希罗多德《历史》第5卷第41—48节记载了他起伏浮沉的一生。

② 狄奥多罗斯在后续的章节当中没有这方面的记载。这座名叫赫拉克利的城市位于埃里克斯山周边地区,不会与位于阿格瑞坚屯(Agrigentum)境内为众人周知的小赫拉克利(Heracleia Minoa)混淆起来让人无法分辨清楚。城市遭到毁灭的时间也不得而知。

③ 这里的女神是指德米特和意为"处女"的科里,亦即帕西丰尼。

④ 参阅本书第五章第4节,记载赛阿尼泉与科里的神话之间形成的关系。

⑤ 参阅雅各比(Jacoby)编《色纳哥拉斯(Xenagoras)的希腊史籍残卷》No.21,提到这个人的名字叫作佩迪奥克拉底(Pediocrates)。

忆。阿捷里姆(Agyrium)①附近某个地方，这时发生了一件非常奇特的事。他在这座城市获得的礼遇是盛大的庆典和丰富的献祭，摆出的排场几乎与奥林匹斯天神无分轩轾，虽然在此之前他并未接受过类似的膜拜仪式，但对于第一次有这样的活动感到满意，神明曾经暗示他会有不朽的名声作为应得的报酬。

可以举出一个例子加以说明，离开城市不远处有一条道路，全都由坚硬的岩石构成，然而牛群走过却留下蹄痕，如同它们经过蜡质的路面。然而，类似的情况发生在赫拉克勒斯②身上，就在他的第十个功业快要结束的时候，考虑到他的功勋已经到了加入不朽行列的程度，才会接受城市的人民奉献每年一次的牺牲。因此，他为了对人民的礼遇表示感激之情，就在城市的前面开辟一个湖泊，周长约为四斯塔德，给予的指示是命名要用他的名字；牛群留在岩石上面的蹄迹，造型的方式同样使用他的头衔；要他们奉献一块神圣区域给身为英雄人物的杰罗尼斯，直到今日此地的民众对他的献祭还是香火不绝。

他的外甥爱奥劳斯一直伴随他从事远征行动，奉到的指示也是要为他提供一块知名的圣地，规定每年要为他举行祭典和呈献牺牲，目前还是奉行不渝；这座城市的居民为了推崇爱奥劳斯的功勋，从呱呱落地就留着头发不能剃掉，一直要到奉献值钱的祭品获得吉兆，再为自己的幸福向神明还愿为止，才不会再有这方面的限制。圣地弥漫着肃穆和庄严的气氛，儿童要是未能从事习以为常的仪式，就会丧失语言的表达能力成为一个呆子。任何人一旦遭遇到这种不幸的情况，只要立下誓言奉献牺牲，或者向神明提供抵押保证履行应尽的义务，他们说他会很快恢复健康之身。

---

① 阿捷里姆就是狄奥多罗斯的故乡。
② 赫拉克勒斯在岩石上面留下他走过的足迹。

居民为了执行这些仪式,要叫开神庙的大门,进入供奉神明的场所,奉献被称为"赫拉克利圣物"的祭品,每年要用最大的热忱举办运动会,包括体育比赛和赛车的项目。全体民众无论是自由人还是奴隶,齐心合力认同伟大的神明,他们还要自己的奴仆组成帮派,好像他们对于赫拉克勒斯就是与其他的神明不一样,当他们聚在一起办理宴席的时候,就要向神明奉献牺牲。

赫拉克勒斯下一步是带着牛群渡海到意大利,沿着海岸前进;途中杀死企图偷窃牛只的拉西纽斯(Lacinius),还有无意中受害的克罗顿(Croton),他为后者举行了盛大的葬礼,营建了一个宽广的墓地,他还预先告知这个地方的人,未来会有一座著名的城市出现,称呼它可以用死者的名字。

25 赫拉克勒斯沿着亚得里亚海(Adriatic Sea)的海岸兜个圈子,他的旅程是绕着整个海湾一路步行,来到伊庇鲁斯(Epirus)以后,取道此处前往伯罗奔尼撒。现在接受优里斯修斯的指示执行第十一项功业,要将色贝鲁斯(Cerberus)从哈迪斯那里带到阳间。为了确保获得的优势能够用来完成功业,他前往雅典参加伊琉西斯(Eleusis)的神秘祭典,入会仪式由奥斐乌斯(Orpheus)之子缪西乌斯(Musaeus)负责。

我们对于提过的奥菲乌斯不可简单应付几句就算了事。他是厄阿格鲁斯(Oeagrus)的儿子,出生地是色雷斯,他的文学、音乐和诗歌天赋远超过其他所有人士,我们在这方面有详尽的记录;因为他写的诗可以用于歌唱,达成的目标在于旋律的优美和构想的奇特。他的名声已经高升到不可思议的程度,人们相信他的音乐拥有的魅力,使得野兽和树木都为之迷恋不已。他把全部时间用在通识教育的素养上,就连神话当中提到的神明也全都了然于心,为了增长自己的知识前往埃及游历,使得他对神学以及相关的仪式,如同他擅长的诗艺和音乐一样,在希腊人当中成为首屈一指的人物。

　　他还参加了"阿尔戈英雄号"的远征行动,由于他对妻子永保不渝的爱情,竟敢采取极其大胆的办法,不顾一切闯入哈迪斯的地府;他引吭高歌使得帕西丰尼陶醉在动听的乐曲当中,说服她给予帮助完成他的愿望,就是将夭亡的妻子从阴曹带到阳世,像是狄俄尼索斯救母的孝心让人深受感动,神话提到欢乐之神从哈迪斯那里带回他的母亲塞梅勒,让她分享自己不朽的永生,还把她的名字改为昔奥尼(Thyone)。

　　我们现在已经谈过奥斐乌斯,转回原来的主题叙述赫拉克勒斯的生平。

26

　　根据神话交代的情况,赫拉克勒斯向下进入哈迪斯的领地,帕西丰尼给予的欢迎有如来者是一位兄弟,能把帖修斯和派瑞索斯(Peirithous)带回上方的世界,解除他们身上的束缚和桎梏。完全是帕西丰尼对他施惠他才能完成交付的工作,接受用铁链锁住的恶犬色贝鲁斯,带到世间展示在大众的面前,让看到的人都为之大惊失色。

　　赫拉克勒斯进行的最后一项功业是带回赫斯庇瑞德(Hesperides)的金苹果,于是他再度航向利比亚。神话的作者对此都有不同意见,有人提到金苹果长在赫斯庇瑞德的果园,它的位置是在利比亚,一条可怕的恶龙日夜不停严密地看守着,还有人认为赫斯庇瑞斯拥有一群非常美丽的绵羊,诗人将美丽的东西称为"金苹果"①,因阿芙罗狄忒的艳丽绝伦所以将她称为"金发佳人"。不过,还有人提到绵羊有特殊的颜色像是黄金,所以得到这样的称呼,德拉康(Dracon)的名字类似 dragon 即"牧羊人",这个人孔勇有力而且胆识超群,护卫羊群杀死敢来抢劫它们的歹徒。对于这方面的事

---

　　①　这个字的希腊原文有两个意义,"绵羊"或"苹果"。

情,每个人都有权利相信自己认同的意见。不管怎么说,赫拉克勒斯杀死守卫"苹果"的人,他及时带回去交给优里斯修斯,完成十二大功业可以接受不朽的永生,这是阿波罗预先答应的酬庸。

27 神话提到阿特拉斯(Atlas)以及源自赫斯庇瑞德的族群,我们不能略过或者不加理会。这方面的记载有如下述。众所周知的国度赫斯庇瑞蒂斯(Hesperitis)有两个远近闻名的兄弟赫斯庇鲁斯(Hesperus)和阿特拉斯。他们拥有成群的绵羊,金黄色的皮毛显得极其美丽,因为绵羊通常被牧羊人叫作 mela,所以诗人才将它们称为金绵羊。赫斯庇鲁斯有一个女儿赫斯庇瑞斯(Hesperis),他就把她许配给自己的兄弟,这块土地得到赫斯庇瑞蒂斯这个名字;后来赫斯庇瑞斯为他生了七个女儿,她们从父亲取名为亚特兰泰德(Atlantides),或是从母亲取名为赫斯庇瑞德。他们提到七位亚特兰泰德分外美丽而贞洁,据说埃及国王布西瑞斯心中充满欲念,要将这些少女纳入他的后宫,因此他派海盗前去劫持,务使所有的佳丽全都落到他的手中。

这时的赫拉克勒斯正在执行最后的功业,前往利比亚除掉强迫外乡人与他角力的安提乌斯,还有埃及的布西瑞斯将游历的旅客,当成奉献给宙斯的牺牲,他给予这位暴君应有的惩罚。处理完这些事务以后由尼罗河溯航到埃塞俄比亚(Ethiopia),杀死无故与他会战的国王伊玛昔昂(Emathion),然后班师要去完成最后的功业。

海盗趁着这群少女在花园游玩,闯进去将她们全部劫走,很快逃回船上立即启航离开。赫拉克勒斯凑巧遇到横行不法的海盗,那是他们正在某个海滨停下来用餐的时候,从拘留的佳丽口中得知他们所做的勾当,就将这群海盗杀得一个不剩,带回少女还给她们的父亲阿特拉斯。阿特拉斯为了回报赫拉克勒斯见义勇为的恩情,对于他要执行的功业,只要提出召唤就愿意全力相助,还用坦诚的心胸教导他天文的知识,因为阿特拉斯精通天文学已到前无古人的程度,发现星球具备天体的特性就是他极其睿智的表现①,竟然使得大家相信他用自己的肩膀扛起了整个苍穹。

就赫拉克勒斯的情形而论,等到他将天体的学说带到希腊,除了获得响亮的名声,好像他有能力接替阿特拉斯的工作,天国的重负全部落在他的身上,像是人们使用猜谜的方式暗示这种情况过去确有发生。

28 赫拉克勒斯正在忙着处理上述各项事务之际,他们提到仍旧留在瑟摩敦河流域的亚马孙人,集结成为一个团体要对希腊人发起报复行动,因为赫拉克勒斯曾经率军队前去攻打他们。他们特别热衷于惩治雅典人,可恶的帖修斯让他们的领导者安蒂欧普成为奴隶,还有其他的作者认为受到奴役的人是希波利特。锡西厄人(Scythians)②加入他们的阵营,聚集起来成为一支实力强大的军队,亚马孙人的头目率领他们渡越辛米里亚·博斯波鲁斯(Cimmerian Bosporus)海峡③,行经色雷斯地区向前进军。最后他们横越大部分的欧洲抵达阿提卡,设立营寨的地方现在被称为亚马孙尼姆(Amazoneum)④。

帖修斯得知亚马孙人来到的信息,要对市民组成的部队施以援手,亚马孙人安蒂欧普陪伴在他身边,她还生下一个儿子希波莱都斯

---

① 这句话意为"星球构成天体的排列";参阅本书第三章第60节及注释。

② 古代希腊人所称的锡西厄是指喀尔巴阡(Carpathians)山脉到塔内斯(Tanais)河(顿河)之间广大的区域,甚至延伸到里海一带;所谓的锡西厄人是指中亚的游牧民族,当时与黑海北岸地区的希腊殖民地有贸易的来往。

③ 就是连接亚述海和黑海的刻赤海峡(The strait of Kertch)。

④ 这个地方可能在雅典附近阿里奥帕古斯(Areopagus)山的斜坡上面,参阅伊斯启卢斯(Aeschylus)的悲剧《攸门奈德》(*Eumenides*)第685—688行;亚马孙人据有阿瑞斯山丘设置成列帐幕,进犯之敌前来搦战对于帖修斯极其恼怒;这时雅典人已经建好城堡和高耸的塔楼,奉献牺牲给战神以后就要展开出击队伍。

（Hippolytus）。帖修斯参与亚马孙人对阵的会战，由于雅典人的英勇超过敌手赢得胜利，有些亚马孙人被他们杀死，余众被他们赶出阿提卡地区。安蒂欧普加入她丈夫帖修斯阵营的战斗，表现极其突出，如同一个英雄人物阵亡在沙场。幸存的亚马孙人抛弃祖先留下的土地，跟随锡西厄人返回他们的疆域，就在那个民族当中建立家园。

我们对亚马孙人说得已经够多，现在继续讨论赫拉克勒斯的作为。

29 赫拉克勒斯已经完成交付给他的功业，神明的指示是在他前往天国与诸神做伴之前，应该在萨丁尼亚建立一个殖民区，使得帖司庇乌斯（Thespius）的女儿为他所生的儿子，能够成为领导者在那里定居，他的决定是那群年幼的男孩要由他的甥儿爱奥劳斯率领前往。我们有必要先谈一谈这些男孩的身世，为的是提到成立殖民地的情况时可以更加清楚地了解。

帖司庇乌斯是伊里克苏斯（Erechtheus）的儿子，出身雅典极其显赫的家族，成为国王后就将统治的地区用自己的名字加以称呼①；他的几位妻子为他生了一大群女儿，为数有五十位之多。赫拉克勒斯还是一个小孩的时候，已经是身材魁梧力大无穷，国王非常切望他的女儿能为他生下后嗣，于是邀请他参加献祭的活动，殷勤的接待让他感到盛情难却，国王让自己的女儿——前来作陪，赫拉克勒斯与她们发生肉体关系②，后来她们全都怀孕使他成为五十个儿子的父亲。他们全都取同样的名字表示来自帖司

---

① 就是皮奥夏的帖司庇亚（Thespiae）地区。

② 按照某位古代作者的说法，赫拉克勒斯为了办完这件事，花了连续 50 个夜晚，还有人说他只用 7 个晚上，就是每夜有 7 个女儿陪他，剩下只有一个拒绝，要终生保住自己的童贞。因而一些作者诸如鲍萨尼阿斯在《希腊风土志》第 9 卷第 27 节提到，大可以将旺盛的性能力列入他的第十三功业。

庇乌斯的女儿①,等到这些儿子长大成人,赫拉克勒斯遵奉神谕的指示,决定派遣他们到萨丁尼亚建立殖民地。

这一次的远征行动是在爱奥劳斯的指挥之下,爱奥劳斯陪伴赫拉克勒斯参加了所有的作战行动,受到信任要去照应帖司庇乌斯家族,使得殖民地的开垦能够顺利进行。这五十个男孩当中有两位后来迁到底比斯,他们的后裔直到当前还受到尊敬,还有七位在帖司庇伊(Thespiae),他们被人称为 demouchi②,大家提到他们的子孙迄今仍是城市的首领。所有帖司庇乌斯家族的成员以及许多市民,都愿意加入建立殖民地的行列,爱奥劳斯带着他们航向萨丁尼亚。

爱奥劳斯在战场上打败当地的土著,就将岛上最肥沃的土地按照定额分配给大家,其中有一块平原被称为爱奥拉伊姆(Iolaeium),一直沿用到今天。等到他将土地开垦成农田,到处种植产量丰富的果树,使得这个岛屿成为众人垂涎的目标。特别是盛产粮食得到很大的名声,后来迦太基人强大起来,为了拥有这个岛屿不断克服战争带来的危险。我们现在要叙述与这个时期有关的事务。③

30 就在爱奥劳斯成立殖民地那段期间,从西西里召来迪达卢斯(Daedalus)兴建很多重大的工程,直到现在还矗立在地面,于是用建造者的名字称之为"迪达利亚(Daedaleia)"。爱奥劳斯还建起巨大和费用高昂的体育馆、法院和其他设施,对于一个城邦的繁荣和发展有很大的贡献。爱奥劳斯还将殖民地的成员用自己的名字,将他们称为爱奥拉伊斯(Iolaeis),帖斯庇乌斯家族赞同所用的称呼,对他的尊敬和爱戴如同

---

① 他们共有的名字是帖司庇阿德(Thespiades),意为"帖司庇乌斯的儿子"。
② 意为"人民的保护者"。
③ 在后续的章节当中未发现有这方面的叙述。

自己的父亲。非但如此，因为他始终关心他们，所以他们对他怀着深厚的感情，授予他的头衔通常用来称呼一个民族的创始者。因此，后来的时代他们向这位神明奉献牺牲，用的尊称是"我们的父亲爱奥劳斯"，如同波斯人对居鲁士使用类似的敬语。

殖民地的事务处理完毕以后，爱奥劳斯在返回希腊的途中，所乘的船只先到西西里，还在岛上逗留相当时日。这个时候有些人在他的陪伴之下游历整个岛屿，美丽的景色和富饶的物产使得他们在西西里流连忘返，并且与定居在岛上的西堪尼人联合起来，使得他更受当地土著的尊敬。爱奥劳斯还受到排场极其壮观的接待，因为他给很多人带来好处，很多城市为了推崇他设置圣地，通常这种方式是用来表彰英雄人物的。后来出现了一件特殊而又让人感到惊奇的事，与萨丁尼亚的殖民地有很大的关系。

神明①在神谶当中提到，所有参加建立这个殖民地的人士和他们的后裔，无论以后留在何处总可以维持自由人的身份，后来发生与他们有关的事件，一直延续到当前这个时代，都能符合神谶预先告知的指示。这个殖民地的人民有很长的时间处于未开化的状态，来到这里的蛮族在人数方面要占很大的优势，他们迁移到岛屿的山区，把家安置在崎岖而又贫瘠的地方，开始豢养大群牛羊家畜，习惯于乳汁和肉类的饮食，对于谷物没有什么需要。他们兴建位于地下的住处，为了避免战争带来的危险，情愿生活在洞穴之中。因此无论是过去的迦太基人还是现在的罗马人，尽管对这个民族发起很多次战争，最后还是无法达成所望的企图。②

有关爱奥劳斯和帖斯庇乌斯家族，以及他们被派往萨丁尼亚建立殖民地，所能叙述的内容应该让人感到满意，现在让我们从中断的地方继续讨论赫拉克勒斯的故事。

---

① 指德尔斐的阿波罗。
② 参阅本书第五章第 15 节。

31 赫拉克勒斯完成十二项功业以后，就让爱奥劳斯娶自己的妻子麦加拉，这样做是害怕原配为他生下的子女，会给其他的后裔子孙带来灾难与不幸。他还要找另外一位妻子，可以得到无须让他忧心忡忡的子女①。因此他向厄查利亚(Oechalia)的统治者优里都斯(Eurytus)之女爱奥勒(Iole)求爱。优里都斯看到麦加拉厄运缠身，前车之鉴让他犹豫不决，给予的回答是婚姻大事还要再加考虑。赫拉克勒斯的提亲遭到拒绝，认为身受侮辱，便将优里都斯的母马全部赶走。优里都斯之子伊斐都斯(Iphitus)对这件事感到疑惑，前往泰伦斯寻觅失去的马匹，赫拉克勒斯将他抓住放在城堡的高塔上面，要他向外看是否可以发现什么东西，等到伊斐都斯无法找到丢失的母马，赫拉克勒斯宣称他就窃盗的案件做出不实的指控，将他以头上脚下的姿态从高塔抛掷下去。

赫拉克勒斯谋杀伊斐都斯的报应是自己害了一场大病，前往皮卢斯(Pylus)去见尼琉斯(Neleus)，为了犯下血腥的恶行哀求他洗净自己的罪孽。尼琉斯与他的几个儿子商量，发现他们当中除了最年幼的尼斯特(Nestor)以外，全都劝他不要为赫拉克勒斯举行禳禊的仪式，然后赫拉克勒斯去找希波莱都斯的儿子戴丰巴斯(Deiphobus)，说服对方用神秘祭典为他赎罪，还是不能免予患病的痛苦，他请求阿波罗指点迷津，如何治疗疾病恢复健康。阿波罗的答复是这件事很容易办到，只要他卖身为奴，将得到款项交给伊斐都斯的儿子作为赎金；现在他受到强制要服从神谶的指示，在几位朋友的陪伴下乘船前往亚细亚。

他很愿意由他的朋友出面将他卖掉，变成伊阿达努斯(Iardanus)之女欧斐利(Omphale)的奴隶，还未出嫁的欧斐利已经是米奥尼亚人(Maeonians)的女王，当时的米奥尼亚就是现在的利比亚。出售赫拉克勒

---

① 参阅本章第 11 节。

斯的友人遵从神谶的指示,要把得到的钱财交给伊斐都斯,病愈以后的赫拉克勒斯就去服侍欧斐利,开始对为害各地的强盗施以应有的惩罚。例如大家提到的色柯皮斯(Cercopes),他们不仅到处抢劫还做出许多令人发指的事,赫拉克勒斯将其中一些人杀死,还有一些被俘以后用铁链锁住押解给欧斐利。叙琉斯(Syleus)捕捉从附近经过的外乡人,逼迫他们在葡萄园里用锄头挖土,赫拉克勒斯就用叙琉斯的农具对他施以致命的一击;埃托奈(Itoni)聚众在欧斐利的疆域大肆蹂躏,他将带走的掠夺品全部追回,攻占对方用来进行不法勾当的城市,所有的居民出售为奴,将城市洗劫一空以后夷为平地。

欧斐利极其欣赏赫拉克勒斯英勇无敌的气概,等到得知他的家世出身和生平事迹,对他的丰功伟业更是感到无比的惊讶,让他获得自由并且委身下嫁,给他生了一个儿子拉穆斯(Lamus)。之前当他还是奴隶的时候,有一位女奴为他生了一个儿子名叫克里奥迪乌斯(Cleodaeus)。

32 赫拉克勒斯返回伯罗奔尼撒,对于伊利姆(Ilium)发动一场战争,他有充分的理由痛恨担任国王的劳美敦(Laomedon)。想当年赫拉克勒斯参加贾森寻找金羊毛的远征行动,杀死身躯巨大的海怪,劳美敦从他那里带走原先答应给他的母马,这件事与"阿尔戈英雄号"①有关,后面还要详加说明。那个时候的赫拉克勒斯没有闲暇,他与贾森正在从事冒险犯难的远征,后来发现机会来到就派出十八艘战船前去攻打特洛伊,有人说不过是六艘船,荷马在介绍赫拉克勒斯之子特利波勒穆斯(Tle-polemus)的时候,写出下面的诗句②:

---

① 参阅本章第 42 节及后续各节。
② 荷马《伊利亚特》第 5 卷第 638—642 行。

他们说，啊！那个人就是我父亲，

力大无穷和狮子胆识的赫拉克勒斯，

曾经威风凛凛来到这里巍然对阵，

为了追讨王者劳美敦欠他的母驹。

他的手下只有六艘船和少数人马，

却能所向披靡击败无数接战敌军，

傲慢的城市伊利姆遭到大肆劫掠，

繁荣而宽广的街道变得阒然无人。

　　赫拉克勒斯在特罗德（Troad）的海岸登陆，自己亲率一些选锋前去攻打城市，留下安菲阿劳斯（Amphiaraus）的儿子厄克利（Oecles）负责看守船只。现在敌军在未曾预料之下出现在面前，好像证明劳美敦在紧急关头无法组成一支实力可观的大军，尽可能召集很多士兵前来对付船只，希望把来犯敌人的交通工具全部烧掉，就可以结束这次战争。厄克利下船前去迎战，等到将领阵亡沙场，已经争取时间让其他人可以驾船逃走，离开陆地来到海上。劳美敦撤离海岸在靠近城市的地方与赫拉克勒斯的部队接战，大部分士兵随着劳美敦一起遭到杀害。

　　赫拉克勒斯发起强袭夺取城市，很多居民在攻击当中惨遭屠杀，他把伊利亚特家族（Iliadae）的王国交给为人公正的普瑞安（Priam）；因为劳美敦的几位儿子当中，只有普瑞安对父亲的意见有不同的看法，劝他遵守原来的承诺将拐走的母马还给赫拉克勒斯。同时赫拉克勒斯为了奖赏特拉蒙（Telamon）的英勇，就把劳美敦的女儿赫西奥尼（Hesione）许配给他，围城作战当中他首先打开一条血路进入城市，这时赫拉克勒斯正在攻击卫城守备最严密的部分。

33 等到这里的战事处理完毕，赫拉克勒斯返回伯罗奔尼撒要去攻打奥吉阿斯，后者用欺骗的手段没有付给他应得的报酬①。他和伊利斯人之间发生一场会战，这次他没有获胜，只有回到渥勒努斯（Olenus）②投靠德克萨米努斯（Dexamenus）。想当年后者的女儿希波利特（Hippolyte）嫁给阿赞（Azan）的时候，赫拉克勒斯正好参加喜宴，看到马人优里蒂昂（Eurytion）的态度无礼，想要强行侵犯希波利特，于是他当场将优里蒂昂杀死。赫拉克勒斯最后还是返回泰伦斯，优里斯修斯指控他阴谋篡夺王国，命令他和阿尔克米妮、伊斐克利、爱奥劳斯等人必须离开泰伦斯。

他被迫要与上面提到的几个人去过放逐的生活，最后在阿卡狄亚的菲尼乌斯（Pheneus）找到栖身之地。他把这个城市当成自己的大本营，有次打听到一支进香的队伍，从伊利斯出发到地峡去朝拜波塞冬，奥吉阿斯的儿子优里都斯在领头的位置，他对优里都斯发起一次突如其来的袭击，将他杀死在靠近克里奥尼（Cleonae）的地方，至今还有一座赫拉克勒斯神庙巍然矗立。接着他又将战火带到伊利斯，诛杀他们的国王奥吉阿斯，一阵猛攻之下夺取城市，然后召来奥吉阿斯的儿子菲勒乌斯（Phyleus），将王国交到他的手里；他的父亲与赫拉克勒斯因为应付的报酬发生争执，他成为仲裁者，判定赫拉克勒斯有理，所以遭到奥吉阿斯对这个不听话的儿子施以放逐的处分。

这件事情处理完毕以后，希波库恩（Hippocoon）在斯巴达放逐他的兄弟坦达里乌斯（Tyndareus），还有就是希波库恩的儿子，为数有二十个之多，处死黎西姆纽斯（Licymnius）之子厄奥努斯（Oeonus），后者也是赫拉克勒斯的友人；赫拉克勒斯怒气大发出兵前去征讨，在一场大规模的会战当中获得胜利，参加战斗的人几乎全部被杀。接着他用突击的方式攻下斯巴

---

① 奥吉阿斯同意支付牛群的十分之一给赫拉克勒斯，作为后者清洗牛厩的报酬。
② 这是亚该亚的一座城市。

达,坦达里乌斯复位成为国王,由于后者是戴奥斯柯瑞(Dioscori)的父亲,赫拉克勒斯所以交出王国,是让他的战争为了主持正义而师出有名,叮嘱坦达里乌斯要为了他的后代子孙,保持整个王国的安全不受外敌的侵犯。

这次会战赫拉克勒斯只有少数同伴阵亡,其中却有几位知名人物,诸如伊斐克利、西斐乌斯(Cepheus)和他的十七个儿子,使得原来二十个儿子只有三个活在世上;他们的敌手希波库恩本人连同十个儿子送了性命,还有众多斯巴达人跟着陪葬。赫拉克勒斯在战役以后重返阿卡狄亚,留在国王阿勒欧斯(Aleos)的府邸,暗中与他的女儿奥吉(Auge)有了私情,让她怀了自己的孩子,自己又回到斯廷法拉斯。阿勒欧斯不知道会发生这样的事,女儿肚子里面的婴儿泄露了她受到侵犯,于是问她这是谁做的好事,奥吉说是赫拉克勒斯夺去她的贞操,国王并不相信她说的话,只是把她交给自己的朋友瑙普留斯(Nauplius)照料,命令他将其淹死在海里。

就在带着奥吉前往瑙普利亚的路上,快要抵达巴昔尼姆(Parthenium)山的时候,她感到分娩带来的阵痛,就近躲在树林里面,独自着手必需的动作,等到她产下一个男婴,就把他留下来藏在草丛当中。奥吉在处理完毕后回到瑙普留斯的身旁,她抵达亚哥利斯的海港瑙普利亚,出现了无法预料的转机使她免予丧失性命。瑙普留斯虽然受到指示,但还是下定决心不要将她溺毙,就把她当成礼物送给即将返回亚洲的卡里亚人;这些人将奥吉带到亚细亚,转送给迈西亚的国王图什拉斯(Teuthras)。

提到被奥吉留在巴昔尼姆山的婴儿,有一个在科里朱斯(Corythus)王手下当差的牧人,看到这个婴儿从母鹿的奶房获得食物,将他抱走以后献给主人。科里朱斯很高兴接受这个男婴,视同己出给予抚养,因为母鹿(elaphos)哺乳给他取了特勒法斯(Telephus)这个名字。后来特勒法斯长大成人,前往德尔斐接受神明的指点,乘船航向迈西亚去见国王图什拉斯,在那里找到自己的母亲,等到得知父亲是何人得到了最热诚的欢迎。因为图什拉斯没有子嗣,就将女儿阿吉奥庇(Argiope)嫁给特勒法斯为妻,任命他为王国的继承人。

34 赫拉克勒斯迁居菲尼乌斯已有十五年,为了黎西姆纽斯之子厄奥努斯的过世感到伤心,还要办理他的兄弟伊斐克卢斯(Iphiclus)的丧事,使得他打定主意离开阿卡狄亚,不再住在伯罗奔尼撒地区。他前往艾托利亚(Aetolia)的卡利敦(Calydon)在那里建立家园,阿卡狄亚有很多人追随他采取一致的行动。现在他身边没有继承的子女和合法的妻室,他娶了厄尼乌斯(Oeneus)的女儿笛阿妮拉(Deianeira),后来是她使得默利杰丢掉性命。就我们的看法,简单叙述默利杰临头的厄运,虽然有点离题但没有什么不当之处,特别是他们之间还有母子的关系。

实情有如下述。有一次厄尼乌斯种植的谷物丰收,向神明奉献牺牲唯独遗忘了阿特米斯;女神感到气恼,便派出体形极其硕大的怪物,就是著名的卡利多尼亚野猪,骚扰厄尼乌斯让他没有好日子可过。可怕的猛兽蹂躏四邻的田地,损毁上面栽种的农作物;厄尼乌斯的儿子默利杰正值青春年华,身强力壮而且胆识过人,率领很多勇士要去猎取这头作恶多端的野兽。默利杰是第一位将他的标枪插入野猪体内之人,大家一致同意他可以获得它的皮当成英勇的报酬。司奇尼乌斯(Schoeneus)的女儿阿塔兰塔(Atalanta)参加狩猎的行列,默利杰对她起了迷恋之心,就把整块皮奉送给她,到处赞扬她的表现最为勇敢。帖斯久斯(Thestius)的几个儿子加入这次活动,对于默利杰的行为感到愤怒,因为他将亲戚的情分放在一边,提到外地妇女反倒胜过他们。看到默利杰如此轻视所得的报酬,他们埋伏起来等待阿塔兰塔,在她返回阿卡狄亚的途中将她杀害,还从她那里带走整张猪皮。

默利杰对于这件事感到无比痛恨,一方面是他对阿塔兰塔心怀爱意,一方面是谋杀的行为非常卑劣,他要为阿塔兰塔的受害讨回公道。首先是他劝这些强徒将抢来的物品还给被杀少女的家人,何况这份英勇的报酬是他送给受害者的;但他们对他的话根本不放在心上,哪怕他们都是阿瑟伊(Althaea)①的兄弟,他还是把他们全部杀死。阿瑟伊看到被杀的人都是她的手足,急怒攻心之下诅咒默利杰命丧黄泉;根据正式的记载,神祇看到阿瑟伊有这样的表示,很快就让默利杰走向生命的尽头。

某些神话作者有下面的记载:就在默利杰出生的时候,命运女神在阿瑟伊的梦中显身,说是只要将她的胎盘在火中烧毁,她的儿子默利杰会在那一刻死亡。等到她生下这个男孩以后,认为他的安全完全依靠胎盘的保存情况,对于无用之物的保护非常周密。后来她对自己兄弟的受害感到锥心的痛苦,就将胎盘丢在火中烧掉,从而造成默利杰的暴毙;过后她越来越悲伤,悔恨自己做出杀子的罪行,就自缢终结了生命。

35 就在发生这些事情的时候,渥勒努斯的希波诺斯(Hipponous)对他的女儿伯瑞比娅(Periboea)很不满,因为她说自己怀了阿瑞斯的孩子。他将她送到艾托利亚交给厄尼乌斯,命令他只要找到机会就除掉伯瑞比娅。这时厄尼乌斯正好失去家人,不愿杀害伯瑞比娅反而娶她为妻,生下一个儿子泰迪乌斯(Tydeus)。故事用这种叙述的方式提到默利杰、阿瑟伊和厄尼乌斯。

赫拉克勒斯想要为卡利多尼亚人提供最好的服务,使得阿奇洛斯(Achelous)河的河水倒流进入另一个河床,整个地区得到溪流的灌溉,恢复过去丰硕的收成。如同我们所说的那样,某些诗人把这种行动列入神话当中;他们提到赫拉克勒斯加入阿奇洛斯的阵营进入战场,河流化为公牛的模样猛冲过来,双方发生恶斗。他将这头畜生的角折断一只,当成礼物

① 阿伊瑟是默利杰的母亲。

送给艾托利亚人。他们把它称为"阿玛昔娅(Amaltheia)之角",表示里面装满秋季的各种水果,诸如葡萄、苹果之类,数量之多真是无法计算;诗人用晦涩难解的方式表达它的意义,阿奇洛斯之角是通过渠道又能奔腾不息的溪流,供应肥沃的土地所需的水源,到处都是果树,生产大量的苹果、石榴和葡萄。再者他们说到"阿玛昔娅之角"这个用语,是指一种不会软化(a-malakistia)的性质,明确表示这里的人充满活力可以构建重大的工程①。

36 赫拉克勒斯联合卡利多尼亚人在战场上面与帖司普罗提安人(Thesprotians)交兵,运用强攻的手段夺取伊菲拉(Ephyra)这座城市,杀死帖司普罗提安人的国王菲勒乌斯(Phyleus)。后者的女儿成为俘虏,与他发生关系为他生下一个儿子特利波勒穆斯。三年以后赫拉克勒斯与笛阿妮拉成亲,他们在厄尼乌斯和优里诺穆斯的家中用膳,阿契特勒斯(Architeles)的儿子还是年轻小伙子,在一旁侍候,发生疏失被赫拉克勒斯打了一拳,出手过重无意中使得不幸的男孩当场死亡。不幸的事件使他非常悲伤,再度走上自愿放逐的老路,带着笛阿妮拉和她所生的儿子海卢斯(Hyllus)离开卡利多尼亚,当时这个婴儿不过刚满周岁而已。

旅程的途中他们抵达优伊努斯(Euenus)河,发现马人尼苏斯(Nessus)只要付费就把旅客运到对岸。尼苏斯先要将笛阿妮拉渡过河去,看到美貌的佳人起了迷恋之心,就要对她进行侵犯。她开始呼叫自己的丈夫给予救援,赫拉克勒斯对着马人弯弓射箭,正好在他与笛阿妮拉交媾的时候给予致命的一击。趁着未死之前片刻工夫,马人告诉笛阿妮拉要给她一服爱情灵药,使用在赫拉克勒斯身上以后他不会有接近任何女性的欲念;做法就

---

① amaltheia 原意是"坚不可摧",以及"角"这个坚硬的东西,可以联想到赫拉克勒斯拥有的力量使得他所向无敌。对于"阿玛昔娅之角"另一种解释的成因,可以参阅本书第三章第68节。

是要她收集从他那里流出来的分泌物,混合橄榄油和从箭头的倒钩滴下的鲜血,然后涂在赫拉克勒斯的内衣上面①。尼苏斯说完以后马上倒地身亡;她将尼苏斯为满足性欲射在她体内的精液,收集在一个小罐里面,再将带有倒钩的箭头浸泡其中,然后收藏起来不让赫拉克勒斯知道。他在渡过河流以后前去投奔特拉契斯(Trachis)国王西伊克斯(Ceyx),就与后者住在一起,过去阿卡狄亚人经常陪伴西伊克斯,一同参加赫拉克勒斯的作战行动。

37 这件事情过后,德莱奥庇斯(Dryopes)的国王菲拉斯(Phylas)派兵攻打德尔斐的神庙,犯下亵渎神圣的罪行,赫拉克勒斯率领梅利斯(Melis)的居民,要在战场上与菲拉斯决一胜负,结果德莱奥庇斯的国王遭到杀害,余众都被逐赶一空,遗留的国土交给梅利斯的人民;菲拉斯的女儿成为俘虏,赫拉克勒斯与她交合生了一个儿子名叫安蒂阿克斯(Antiochus)。这时笛阿妮拉又为他生了两个儿子,就是格勒尼乌斯(Gleneus)和荷迪底(Hodites),年纪要比海卢斯小一点。

德莱奥庇斯的居民被赶出家园,有一部分渡海抵达优卑亚,建立了一座名叫卡里斯都斯(Carystus)的城市;还有一些人乘船前往塞浦路斯岛,就与当地的土著混合起来重建家园,其余的人都在优里斯修斯那里找到庇护,所以会赢得他的大力鼎助,那是他们对赫拉克勒斯始终保持敌意的关系;后来优里斯修斯帮助他们在伯罗奔尼撒建立了三座城市,就是阿西尼(Asine)、赫迈欧尼(Hermione)和爱昂(Eion)。

---

① 这与索福克勒斯的悲剧《特拉契斯的妇女》(*Women of Trachis*)第 572—575 行的叙述稍有不同,尼苏斯(Nessus)对笛阿妮拉有这样的吩咐:你用手将我伤口四周凝固的血块全部收集,伤害我的箭头上面沾着百头怪的黑色胆汁;制成灵药可治愈赫拉克勒斯到处留情的习性,从此对别的妇女弃若敝屣只会爱你一个人。接着发生的情节是赫拉克勒斯把笛阿妮拉当成新娘带回家。

德莱奥庇斯的居民远离故国,多里伊斯人(Dorieis)和拉佩兹人(Lapithae)之间发生了一场战争,这里提到的多里伊斯人居住在赫斯提亚伊蒂斯(Hestiaeotis)地区,他们的国王是伊吉缪斯(Aegimius),拉佩兹人的领地位于奥林匹斯山的四周,他们的国王是西尼乌斯(Caeneus)之子科罗努斯(Coronus)。拉佩兹人的军队在数量上比对方超过太多,多里伊斯人转过身来向赫拉克勒斯求助,恳请他加入他们的阵营,承诺的条件是将三分之一多里斯人(Doris)的土地,以及统治的权力转让给他作为报酬,等到他们赢得他的合作共同对拉佩兹人发起攻击,赫拉克勒斯在阿卡狄斯人的追随之下进入战场,获得大力鼎助得以征服拉佩兹人,同时他自己击毙科罗努斯,还有很多人遭到屠杀,其余的居民都被赶出这块有争执的土地。等到完成交付的任务,他将分给他的报酬托付给伊吉缪斯,给予的命令是确保赫拉克勒斯的后裔应得的权益。

　　他回到特拉契斯就向阿瑞斯的儿子赛克努斯(Cycnus)挑战,要与对手进行一对一的决斗,结果是他赢得胜利;他离开埃托努斯(itonus)的地盘取道佩拉斯吉奥蒂斯(Pelasgiotis),偶遇当地的国王欧米纽斯(Ormenius),要求对方把女儿阿斯提达米娅(Astydameia)许配给他。欧米纽斯因为他已经有了合法的妻子笛阿妮拉,所以拒绝他提出的亲事;赫拉克勒斯出兵前去征讨,占领对方的城市,杀死不听从命令的国王,成为俘虏的阿斯提达米娅只有屈服他的欲念,还为他生下一个儿子帖西帕斯(Ctesippus)。

　　他在结束这件工作以后,进军厄查利亚要与优里都斯的儿子在沙场决一死战,起因是优里都斯拒绝接受赫拉克勒斯向爱奥勒的求婚。阿卡狄亚人再度集结在他的旗帜下面,攻占城市杀死优里都斯的三个儿子,分别是托克西乌斯(Toxeus)、摩利昂(Nolion)和克利久斯(Clytius)。他带着成为俘虏的爱奥勒离开优卑亚,来到一个名叫塞尼姆(Cenaeum)的海岬。

38 所向无敌的英雄要在塞尼姆举行向神明供献牺牲的祭典,派遣随从利查斯(Lichas)去见他的发妻笛阿妮拉,要求找出他在这个场合习于穿着的内衣和长袍。这时笛阿妮拉从利查斯口中得知赫拉克勒斯对爱奥勒非常宠爱,她希望自己更能得到良人对她的痴情,就在内衣里面涂上马人教她配制的爱情灵药,其实马人的意图是使赫拉克勒斯在没有防备之下毒发身亡。利查斯对于内情一无所知,带回参加典礼所需的衣物;赫拉克勒斯穿上涂有药剂的内衣,等到强烈的毒性慢慢发作,就会遭到最为严酷的灾难。箭头的倒钩带有蝮蛇的剧毒①,内衣穿在身上因为温度提高的关系,沾上毒液就会渗入体内损害各种器官。赫拉克勒斯感受到全身极其猛烈的疼痛,一时失去理智杀死身旁的随从利查斯,接着他解散军队返回特拉契斯。

赫拉克勒斯患上恶疾,所带来的痛苦煎熬越来越难以忍受,派遣黎西姆纽斯和爱奥劳斯前往德尔斐,恳求阿波罗指点迷津,如何才能治愈他的病痛;赫拉克勒斯遭遇如此巨大的不幸,使得笛阿妮拉深受打击,悔恨犯下重大的错误,就用自缢的方式终结了她的生命。神明的答复是他们要将赫拉克勒斯以及作战所用的铠甲和武器全部带到厄塔(Oeta),然后为他用木材搭成一个巨大的火葬堆;还说后续的做法要由宙斯决定。得到的指示是向后撤走一段距离,看看会有什么情况发生;赫拉克勒斯放弃求生的希望,自己登上火葬堆以后,问哪一位愿意带着火炬走上前来,为他完成最后的服务。

这时谁也没有勇气服从这样的命令,只有斐洛克特底(Philoctetes)义不容辞地挺身而出,走上前去点燃巨大的木堆;后来斐洛克特底因为顺从赫拉克勒斯的遗愿,接受他的弓箭当成回报的礼物。不过片刻工夫,天空

---

① 就是勒纳的百头怪物流出的血;参阅本章第11节。

发出耀目的闪电,火葬堆的熊熊烈焰马上熄灭。爱奥劳斯的同伴想要收集赫拉克勒斯的遗骸,结果却找不到一根骨头,他们认为这与神谶的话完全符合,看来他已经离开人间到达天国与诸神做伴。

39 人们对于死者的献祭如同他是伟大的英雄,后来还赶紧建造极其壮观的土堤,让他能顺着明显的指标返回特拉契斯。依据当代人物建立的先例,阿克托(Aetor)之子以及赫拉克勒斯的朋友明尼久斯(Menoetius),对他奉献的牺牲是一头公猪、一头公牛和一头公羊,同时还规定而后每一年在欧庇斯(Opus),赫拉克勒斯都会受到英雄一样的献祭和膜拜。底比斯人有同样的做法还变本加厉,其中以雅典人最为推崇赫拉克勒斯,城邦当中第一个把他当成神明举行盛大的祭典,后来大家拿他们作为榜样,使得所有的希腊人甚至整个有人居住的世界,全都对赫拉克勒斯表达最高的敬意。

我们只要提到赫拉克勒斯总是要添油加醋多说一些,他一直颂扬宙斯的恩德,因为他说服赫拉愿意收养他把他当成亲生的儿子,从此以后始终用母爱对他关怀备至,他们还说收养的过程要用下面的方式。赫拉躺在床上拉着赫拉克勒斯尽量靠近她的身体,让他将她身上的衣服全部扯下来落到地上,用来模仿他出生时候的情况;直到今天还可以在蛮族当中见到这种仪式,那是因为他们要收一个养子。

神话里面提到赫拉收养赫拉克勒斯,特别是她为了让众人皆知,所以才会参加他与赫柏(Hebe)的婚礼;诗人在"尼西阿(Necyia)"这一卷当中,写出下面的诗句①:

---

① 荷马《奥德赛》第 11 卷第 602—604 行。

我看到赫拉克勒斯的幽灵，

正在诸神当中尽情欢饮，

他的妻子是纤足的赫柏。

他们对赫拉克勒斯还有更进一步的报告，宙斯将他列入十二位神祇的行列，只是他不愿接受这样的殊荣；除非这些神明早已缺少一位，要是他接受这个职位必须先剥夺另外一位神明的荣誉，在他而言是极其恶劣的行为。

我们对于赫拉克勒斯这个主题的撰写或许过于冗长，然而就神话当中有关他的叙述而言，至少我们并没有进行太多的删除。

40 赫拉克勒斯参加过"阿尔戈英雄号"的战斗，关于这方面的情况现在开始谈一谈倒是非常适合。

这是众所周知的情节：贾森是伊森（Aeson）的儿子，也是帖沙利国王珀利阿斯（Pelias）的侄儿，无论就强壮的身体还是高贵的情操而言，同他那个年纪的人员相比都是凌驾其上的佼佼者，抱着很大的热忱要完成不朽的事功。他看到往日的帕修斯和其他人士，不辞辛劳远征异域历尽艰险，战场获得的荣誉使得他们受到永恒的怀念。他带着迫切的心情要追随前辈的规范和榜样，立即向国王表达远大的抱负，很快获得批准可以进行各项工作。珀利阿斯并非要让年轻人有出人头地的机会，只是希望在危险的远征行动当中他的侄儿会丧失性命；他自己因为年龄的关系已经丧失生殖的机能，不可能获得一个男孩成为他的继承人，然而他的兄弟有一个儿子作为帮手，对于他的王国抱着觊觎之心。

不过，国王将猜忌和疑虑全部隐藏起来不让人知，答应供应远征所有的需要；主张从事这次壮举的目标，就是航行前往以金羊毛闻名于世的科尔契斯（Colchis）。那个时代的潘达斯（Pontus），居住在滨海岸地区的土著不仅蛮横而且凶狠,杀死上岸的外乡人已经成为他们的习惯,所以获得"阿克西诺斯"(Axenos)①的称呼。贾森追求荣誉不遗余力,知道完成这项艰巨的任务的确困难,倒不是没有建立丰功伟业的机会,首先要就各项需要的工作进行充分的准备。

41 首先,他在佩利昂(Pelion)山附近地区建造了一艘大船,无论是它的体积还是安装的设备,远超过当时所有的船舶,因为那个时代的人出海都是乘坐木筏或小舟。任何人只要看到那艘船就会感到惊讶,等到冒险犯难的目标和建造船只的工程传遍整个希腊世界,无数卓越的年轻人抱着热切的心情参加了远征行动。贾森在船只下水以后,所有的装备全部焕然一新,外表看起来光彩夺目,从志愿参加的人员当中挑选名声最响亮的头目,最后整个团体成员是五十四个人。其中最出名的人物诸如卡斯特(Castor)和波利丢西斯(Polydeuces)、赫拉克勒斯和特拉蒙、奥斐乌斯和司奇尼乌斯的女儿阿塔兰塔,以及帖司庇乌斯的几位儿子,还有领导者本人,在他一声令下后向着科尔契斯发航。

这艘船的名字"阿尔戈(Argo)"取自伟大的船舶建造者阿古斯(Argus),根据某些神话作者的记载,阿古斯参加这次航行,是为了随时可以修理船只受到损坏的部分,还有人说这艘船的速度很快而且操纵灵活,当代的人士将它称为敏捷的阿尔戈。等到这些头目聚集在一起,他们选择赫拉克勒斯出任将领,基于他的英勇无敌才授予他最高的职位。

42 他们从爱奥库斯(Iolcus)扬帆出海,经过阿索斯(Athos)和萨摩色雷斯(Samothrace),遭遇一场暴风雨进入特罗德的西格姆

---

① Axenos 意为"敌视外乡人"。参阅本章第 16 节及注释。

(Sigeium)。据说他们下船的时候,发现海边有一位被铁链绑住的少女,何以如此出于下述的缘故。神话提到波塞冬为一座建筑物的墙①对特洛伊国王劳美敦火冒三丈,就从海里派出一个怪物上岸蹂躏陆地。所有靠海为生的居民以及耕种的田地邻近海岸的农夫,看到狰狞的海怪大惊失色,逃避不及就被攫走当成食物。还有一场瘟疫落在人民的头上,以及所有的作物全部遭到毁灭,全体居民对于重大的灾害感到不知所措。大家聚集起来成立市民大会要找出解除不幸的办法,据说国王派出一个代表团请求阿波罗指点迷津,让他们知道是什么缘故方始居民陷入目前的痛苦之中。获得的神谶提到成因在于波塞冬的愤怒,特洛伊人要想平息神明的恨意,只有用抽签的方式从他们的子女当中选出一位,送去供怪物吞食,虽然所有的儿童都被列入名单,但只有国王的女儿赫西奥尼(Hesione)中签成为祭品。因此劳美敦迫于当前的需要,只有交出少女作为牺牲,将她绑起来放在海岸。

赫拉克勒斯与他的伙伴从船上下来,听到少女告知遇难的经过,于是除去她身上的链条,前往城市去见国王表示愿意效力杀死怪物。劳美敦接受他的提议,答应给予的酬劳是一群脚程所向无敌的母马;他们说赫拉克勒斯达成除去海怪的任务,还让赫西奥尼做出选择,跟从她的救命恩人离开自己的家庭,或是留在自己的祖国陪伴她的双亲。少女的决定是愿意与外乡人厮守终生,一方面是要报答所受的恩德宁愿与家人分离,另一方面是害怕别的怪物再度出现使她面对无法逃避的厄运。赫拉克勒斯接受的礼物使他获得的荣誉更为光辉,热烈的款待使他感到宾至如归,他要赫西奥尼留下来,还让劳美敦保有那些母马,所做的安排是他从科尔契斯返回,再将这些属于他的东西带走;于是他尽快开航继续前进,要与同伴完成而

---

① 宙斯强迫波塞冬和阿波罗接受劳美敦的雇用为他工作,当他们为特洛伊建好城墙,劳美敦却拒绝支付报酬。

后要出现在他们面前的工作。

43 他们遭遇极其强烈的暴风雨，所有的头目放弃了获救的希望，只有在船舱的奥斐乌斯，由于熟悉神秘祭典的入门仪式，还与萨摩色雷斯的神明①有很深的关系，就向神明祈祷保佑他们能够平安无恙。顷刻之间风停息下来，两颗星降落在戴奥斯柯瑞（Dioscori）②的头顶上面，整个团体对于奇迹的出现感到惊奇无比，认为天神施展大能将他们从危险当中拯救出来。出于这个原因，"阿尔戈英雄号"命运逆转的故事流传到后续的世代，水手只要遭到暴风雨的侵袭就会向萨摩色雷斯的神明祈祷，他们将得救归功于双星的出现③，就用孪生子戴奥斯柯瑞的名字当成它的称号。

故事继续下去，船上的头目趁着海面风平浪静就在色雷斯登陆，地区的统治者是菲纽斯（Phineus）。他们遇到两个年轻人正在接受惩罚，被关在地下的墓室中用鞭子不停地抽打；这两位是菲纽斯和克里奥帕特拉（Cleopatra）的儿子，克里奥帕特拉的父母是波里阿斯（Boreas）和伊里克苏斯之女欧里昔娅（Oreithyia）；落到这样的下场是因为他们做出无耻的行为，谎言指控他们的后母。因为菲纽斯刚刚娶了锡西厄国王达达努斯（Dardanus）的女儿爱迪娅（Idaea）为妻，出于对她的宠爱要尽量满足她的欲望，相信她对前次婚姻的儿子提出的指控，所以会对后母有无礼的犯上行为，是为了讨亲生之母的欢心。赫拉克勒斯和他的朋友无意之中出现，

---

① 是指卡比瑞（Cabeiri）这位富饶之神或海员的保护神。

② Dioscori 是宙斯的孪生子卡斯特（Castor）和波利丢西斯（Polydeuces）的通称。

③ 双子星（Gemini）的出现可以发挥影响力让汹涌的大海平静下来；因而贺拉斯（Horace）《颂歌和抒情诗》（*Odes and Epodes*）第 1 卷第 3 首第 2 行，要向"海伦的兄弟，明亮的双星"祈祷，使得船只能够将维吉尔（Virgil）安全运送到希腊。参阅麦考利（T.B.Macaulay）《古罗马之歌》（*The Lays of Ancient Rome*）："只要伟大的双星这对昆仲，投下他们的光辉照在帆上；将安全赐给受保佑的船只，克服巨浪通过暴风的试探。"

遭到酷刑的年轻人将外来者看成自天而降的神明，就向船上的头目哀诉其父所以使出不法举措的成因，泣求他们把两兄弟救出不幸的困境。

44 根据后续的记载，菲纽斯听到外乡人用尖锐的言辞向他质问，就命令他们不必多费力气去管他的家务事；还说没有一个父亲愿意惩罚自己的儿子，除非他们犯下滔天大罪，否则父母总是爱护他们的子女的。还有那些随着赫拉克勒斯参加这次远航的战士，有几位是波里阿斯家族的成员，身为克里奥帕特拉的兄弟与两位年轻人有亲戚关系，据说首先他们赶紧前去施以援手，解开绑在身上的铁链，杀死仍旧抗拒的蛮族。菲纽斯匆忙加入激战，大批色雷斯人成群结队飞奔而来，他们说赫拉克勒斯的表现最为突出，杀死菲纽斯以及为数不少的敌手，最后占领皇家的宫殿，将克里奥帕特拉从监狱里面释放出来，菲纽斯的儿子重新拥有祖先传承的统治权力。

这时两兄弟想要用酷刑将他们的后母处死，赫拉克勒斯说服他们放弃报复的念头，于是派人将她送到锡西厄交给她的父亲，提到她的虐待行为要求给予惩罚。这种做法非常有效，锡西厄人对国王的女儿判处死刑，克里奥帕特拉的儿子因为处置的公正，在色雷斯人当中获得很好的名声。

我不是不知道某些神话作者提到菲纽斯的两个儿子，说被他们的父亲把眼睛弄瞎，后来菲纽斯在波里阿斯的手里遭受同样下场的惨报。有些作者还是老调重弹，说是赫拉克勒斯有次在亚细亚要上岸取水，结果"阿尔戈英雄号"开航把他留在那个地方。通常古代的神话不会只说情节简单且又前后一致的故事；如果我们将古代的资料放在一起，发现在细节方面无论是诗人还是史家都有不同论点，即使发生非常明显的矛盾和冲突，也不要感到过分的诧异。

不管怎么说，按照古代的记载，菲纽斯的两个儿子将王国交到母亲克里奥帕特拉的手里,参加远征行动要与这群头目在一起冒险。然后他们发航离开色雷斯,深入潘达斯的疆域,停泊在陶里克·克森尼斯(Tauric Cher-sonese)的港口,对于当地土著极其残忍的手法根本一无所知。居住在此地的蛮族有种恶习——抓住登岸的外乡人当成祭神的牺牲,奉献给金身供奉在陶罗波卢斯(Tauropolus)的阿特拉斯。他们说在较近的年代,伊斐吉妮娅(Iphigeneia)成为服侍这位女神的女祭司,经常将抓到的俘虏当作牺牲和祭品。

45 历史的使命是要查出杀害外乡人的原因何在,我们要对整个情况加以简单的讨论,应该与"阿尔戈号"的行动有相当关联,免得偏离主题带来不必要的困扰。据说赫留斯(Helius)有两个儿子,伊埃底(Aeetes)和帕西斯(Perses),分别是科尔契斯和陶里克·克森尼斯的国王,这两兄弟的为人都极其残酷。帕西斯有一个女儿赫克特(Hecate),比起她的父亲更为勇敢,行事任性而为,真是无法无天;狩猎是她的嗜好,要是行围稍有不合意之处,她的弓箭就将人当目标用来代替野兽。

她对调配致命的毒药极其在行,曾经制成一种被称为 aconite 的药剂①,为了试验每一种成品的效能,将它混在食物里面供外乡人食用。她在下毒害人方面拥有很大的本领,首先要做的事是毒死自己的父亲,可以顺利登上宝座;然后建造宏伟的阿特米斯神庙,下令任何在此地登岸的外乡人,都要作为奉献给女神的牺牲,使得她的残酷暴虐变得远近闻名。后来她与伊埃底结婚,生了两个女儿喀耳刻(Circe)和米狄亚(Medea),还有

---

① 根据奥维德(Ovid)《变形记》(*Metamorphoses*)第 7 卷第 408 行及后续各行,赫拉克勒斯将色贝鲁斯从地狱里面赶出来的时候,它的口里流出的泡沫滴落在植物上面,就会产生一种名叫 aconite 的有毒物质。位于黑海之滨的赫拉克利生长的这种植物的功效最强,因为前往哈迪斯的入口就在附近。

一个儿子伊吉阿琉斯(Aegialeus)。

据说喀耳刻致力于发明各种形形色色的药剂,精通各种树根的性质和功效,说起来真是让人难以置信。虽然她的母亲赫克特教过她不少的东西,但她凭着自己的研究能够发现更多的品项,使得其他妇女在运用的技术方面根本无法与她相比。她嫁给萨玛提亚(Sarmatians)国王为妻,这里提到的萨玛提亚人有人说他们就是锡西厄人,后来毒死丈夫自己继承王位,用暴虐的手段和镇压的行动对付她的臣民。出于这个原因受到人民的唾弃,根据某些神话作者的记载,说她下台以后逃到海上,占领了一个无人居住的岛屿,能为追随她的妇女建立一个家园;要是按照某些史家的说法,她逃离潘达斯以后,定居在意大利一个海岬上面,直到今日这个地方还用她的名字被称为西色姆(Circaeum)①。

46 这个故事有关米狄亚的叙述如下。她从母亲和姐姐那里知道药物所具备的力量,运用的方式和对象与她们完全相反。她会对来到他们的海岸遭遇危险的外乡人施以援手,有时需要用恳求和撒娇的方式获得父亲的许可,赦免那些即将被处死的人,有时自己将那些不幸的人从监狱里面释放出来,还要想办法确保他们能够安全无虞。伊埃底之所以如此部分原因是他的本性就很残酷,部分原因来自他的妻子赫克特对他的影响,完全赞同杀死外乡人的习俗。米狄亚后来对父母的行为越发反感,他们说伊埃底怀疑他的女儿暗中对他有所图谋,要将她监禁起来使她丧失行动的自由;不过,米狄亚逃到海边一块奉献给赫留斯的圣地寻找庇护。

正好"阿尔戈英雄号"从陶里克·克森尼斯来到这里,抵达的时刻已

---

① 这是拉丁姆在早期的南方边界。

经是黑夜，他们就在科尔契斯的圣地下船登岸。他们遇到在海岸徘徊的米狄亚，从她那里得知当地土著对外人抱着杀无赦的态度，赞许少女的人道精神，然后向她透露他们的计划，接着他们明了这位少女面临的危险是来自父亲的威胁，那是因为她对外乡人一直都很尊敬，使得她的父亲极其不满。米狄亚同意与他们合作直到完成所负的任务，同时贾森向她立下誓言，他会娶她为妻，厮守终生永不分离。于是"阿尔戈英雄号"的成员留下警卫看守船只，米狄亚带着他们在夜间出发前去拿取金羊毛，相关的情节我们最好要有详尽的叙述，因为内容并未涉及历史而是神话，要是我们的着眼完全在于前者，最后就会变得一无所知。

47 神话提到阿萨玛斯（Athamas）之子弗里克苏斯（Phrixus）由于受到后母暗中陷害，带着他的姐妹赫勒（Helle）逃离希腊。他们遵照天神给予的指示，要骑在一头公羊的背上，这头公羊长着金色的羊毛，经过欧洲到亚洲这条通道的时候，不幸的少女跌落海中，因而这个地方得到海伦斯坡（Hellespont）①的名字；弗里克苏斯进入潘达斯地区来到科尔契斯，如同某些神谶的指使，他把公羊当成祭神的牺牲，并且挂起金羊毛作为献给阿瑞斯神庙的许愿祭品。

这件事过后到了伊埃底成为科尔契斯的国王时，出现了一个众所周知的神谶，说是一些外乡人将来到此地劫走金羊毛，结果会使他一命归西。由于这个缘故以及他的为人极其残酷，伊埃底规定所有的外乡人都要抓起来，作为奉献给神明的牺牲，这样一来科尔契斯人的凶暴会传遍整个世界，不再有外来的人员敢在这片土地上面立足。他还绕着圣地建起一道高墙，派出很多警卫严密把守，由于这些人来自陶里克·克森尼斯，希腊人才从

---

① Hellespont 意为"赫勒之海"。

他们身上杜撰充满怪物的神话。例如，广为流传的报道说是圣地四周有口中能喷火的公牛（tauroi），还有一条永不睡觉的恶龙（drakon）看守金羊毛，相同的名字引起的转变像是放牧牛群的陶里克人，因为他们身强力壮而且用残酷的手段杀害外乡人，成为神话里面口吐烈火的公牛；还有看守圣地的警卫用的名字是德拉康（Dracon），在诗人以讹传讹的替换之下，成为神奇无比和带来恐惧的龙。

弗里克苏斯的记载在神话中从事同样的工作。如同有些人所说的那样，他在一艘正在航行的船只上面，船首装饰着一个木雕的公羊头，赫勒因为晕船站立不稳掉进海中。不过，有人说锡西厄国王是伊埃底的女婿，这个时候正在科尔契斯拜访，弗里克苏斯和手下的随从成为俘虏，国王看到这个男孩①起了同情之心，就从伊埃底那里当成接受的礼物，宠爱他如同自己亲生的儿子，后来还由他继承整个王国。不过，随从的名字是克流斯（Crius），意为公羊，所以才会被当成牺牲奉献给神明，身体的皮被剥了下来钉在神庙的墙上，这是依循流传已久的习俗。

后来有一份神谶提到伊埃底，只要外乡人乘船来到此地将克流斯的皮拿走，产生的结果是给他带来死亡；他们说因此国王建造一道高墙围住圣地，派出警卫严密看管钉在墙上的无价之宝；再者，他将人皮涂成金色，光耀夺目的外形使得士兵认为它的价值很高，应该小心谨慎尽最大的能力加以保护。有关这些栩栩如生的情节，读者可以根据自己的爱好，用来判断记载的内容是否正确无误。

48 我们听说米狄亚领着"阿尔戈英雄号"的成员来到阿瑞斯的圣地，距离被称为西巴瑞斯（Sybaris）的城市是七十斯塔德，那里

---

① 这个男孩是指弗里克苏斯。

有科尔契斯的统治者所建的皇宫。接近夜间关闭的城门,她用陶里克语呼叫值班的警卫。士兵认为她是国王的女儿就为她打开城门,来人拔剑冲进去杀死很多蛮族,幸存的人员遭到突如其来的打击,惊恐之余只有逃离圣地,他们取得金羊毛就尽快赶回船上去。米狄亚帮助"阿尔戈英雄号"的成员不遗余力,按照神话的记载,圣地那条盘旋在金羊毛上面不会入睡的恶龙,被她下毒杀死,后来随着贾森一起来到海上。

逃走的陶里克人飞奔前去报告国王他们遭到攻击;伊埃底带着他的卫队,出发前去追赶希腊人,在接近海岸的地方与他们遭遇。战斗开始发生第一次接触,伊埃底杀死对方的伊斐都斯,这个人是优里斯修斯的兄弟,很快他指挥众多的随行人员将对方包围起来,一直紧紧的压迫不放引起激烈的混战,结果是伊埃底为默利杰所杀。等到国王已经阵亡,希腊人的士气高昂,科尔契斯人转身逃走,绝大部分在追击之中遭到杀害。头目当中受伤的人据称有贾森、利特斯(Laertes)、阿塔兰塔和帖司庇乌斯的几个儿子。不过,他们在几天之内都已痊愈,据说是米狄亚用树根和草药给他们治疗。

船上人员在保证粮食的供应不致匮缺的情况下,就扬帆出发,来到潘达斯海的中央,巨大的风暴让他们陷入极其危险的处境。奥斐乌斯还是如同上次面临的情况①,向萨摩色雷斯的神明祈祷,很快风平浪静而且海神格劳库斯(Glaucus)出现在船只的附近,像是应他的召唤来与大家见面。神明陪伴航行的船只达两天两夜之久,预先告知赫拉克勒斯的功业和赢得永生的赏赐,他们要将坦达瑞德家族(Tyndaridae)称为戴奥斯柯瑞,他们从人类的手里接受的尊荣如同奉献给神明。他一一叫出所有人员的名字,上苍听从奥斐乌斯的祈祷要他显身,让他们知道命中注定的事件就会随之发生,海神还向大家提出忠告,他们很快要接触到陆地,应该就立下的誓言向

---

① 参阅本章第43节。

神明还愿，完全是上苍的保佑他们才能脱离危险再世为人。

49 接下来的记载是这件事结束以后，格劳库斯沉入深海之中，"阿尔戈英雄号"来到潘达斯的入口，靠着陆地停泊下来，那个时候此地的国王是拜占斯(Byzas)，拜占庭(Byzantium)这座城市因为他而得名。他们在那里设立一个祭坛，向着神明立下誓言，要将该地奉为神圣不可侵犯的场所①；直到现在举凡从祭坛旁边经过的水手，都要保持虔诚敬仰之心。

接着他们扬帆出海，航线经过普罗潘提斯(Propontis)海和海伦斯坡海峡，来到特罗德下船登岸。赫拉克勒斯派他的兄弟伊斐克卢斯和特勒蒙前往城市，要求他们将一群母马和赫西奥尼交给来人。据说劳美敦将使者打入监牢，计划对"阿尔戈英雄号"的成员设置埋伏，好把他们一网打尽不留一个活口。他获得其他儿子的同意给予所需的协助，只有普瑞安一人反对；他认为劳美敦要用公正的态度信守对外乡人的承诺，就是把他的姐妹和一群母马交给对方。所有的人对他的话置之不理，于是他带了两把剑进入监牢，暗中将武器交给特勒蒙和他的同伴，透露他父亲的计划所以才来解救他们。特勒蒙和他的同伴很快杀死想要阻止他们的卫兵，逃到船上让所有成员知道当前发生的事故。于是他们完成会战的准备，前去迎击随着国王从城中蜂拥而出的部队。激战之中他的骁勇使得头目占了上风，根据神话的报道赫拉克勒斯的功劳独占鳌头；他杀死劳美敦以后用一次突击攻占城市，除了普瑞安以外惩处国王手下的党羽。普瑞安表现出公正的精神所以让他继承王位，建立一个联盟用来维持友好的关系，然后带着"阿尔戈英雄号"的成员发航离去。

---

① 这个地方位于亚洲那边的海岸，波利比乌斯在《历史》第4卷第39节中提到："这是神圣的地方，贾森从科尔契斯远航归来，就在此处向12位神明奉献牺牲。"

某些古代的诗人曾经留下作品,提到赫拉克勒斯攻占特洛伊不是靠着
"阿尔戈英雄号"所有人员的协力,而是自己率领六艘船的人马所进行的
战役,他的目的是要回那群母马;荷马是此事的目击证人,所以会有下面的
诗句①:

　　　　　他们说,啊! 那个人就是我父亲,
　　　　　力大无穷和狮子胆识的赫拉克勒斯,
　　　　　曾经威风凛凛来到这里巍然对阵,
　　　　　为了追讨王者劳美敦欠他的母驹。
　　　　　他的手下只有六艘船和少数人马,
　　　　　却能所向披靡击败无数接战敌军,
　　　　　傲慢的城市伊利姆遭到大肆劫掠,
　　　　　繁华而宽广的街道变得阒然无人。

他们说"阿尔戈英雄号"离开特罗德到达萨摩色雷斯,他们再度向天神宣
誓,奉献银钵给庄严的圣地,这些祭祀的法器一直保存到今日。

50 　　就在帖沙利还不知道这些头目正在返国的途中时,传出一些
谣言说是贾森的同伴,举凡参加远征行动的成员,全部葬身在
潘达斯遥远的异域。珀利阿斯认为机会已经来到,可以对那些窥伺王位的
人士②痛下毒手,逼迫贾森的父亲饮下牛血③,他的兄弟普罗玛克斯(Pro-

---

① 荷马《伊利亚特》第5卷第638—642行,本章第32节已引用。
② 参阅本章第40节。
③ 依据亚里士多德《动物史》第3卷第19节,认为牛血对于饮下的人,凝结以后会产
生窒息的作用。

machus)遭到谋杀,当时还是一个年轻的小伙子。他们说他的母亲安菲诺玛(Amphinoma)遭到杀害的时候,表现出男子汉的气节,值得提出来表扬;她昂然进入国王的宫廷对他大肆咒骂,说他多行不义必自毙,将来会遭到惨痛的报应。接着她用剑刺进自己的胸膛,就像一位英雄人员那样终结个人的生命。珀利阿斯用卑劣的伎俩将贾森的亲戚清除殆尽,很快要为邪恶的行为自食恶果。

贾森的船只正好在夜间来到停泊处,虽然那里离爱奥库斯不远,但没有被城里的居民看见;他从一位乡下人的口里知道他的家属全都遭到不幸。现在所有的头目全都要帮助贾森报仇,面对任何危险在所不惜。他们为了如何发起攻击一直在争论不已;有些人的意见是立即排除困难向城市前进,要趁着对方没有防备将国王杀死;还有人认为他们每个人回到家乡征召士兵,然后向对方发起一场正规的战争;他们不可能靠着五十三个人的力量,打败拥有一支大军和控制重要城市的国王。

就在大家感到困扰不知如何是好的时候,据说米狄亚提出承诺,要靠自己的计谋杀死珀利阿斯,把皇宫交到头目的手里,不让他们冒任何危险。他们听到她所说的话大感惊讶,从而得知她对这件事已经是成竹在胸,她说她带了很多具备不可思议功效的药剂,都是她的母亲赫克特和她的姐妹喀耳刻发现和调制的;从前她从未用它害死任何一个人,目前的情况她可以用来当成报复的工具,使得滥杀无辜的国王遭到应有的惩罚。接着她将详细的攻击计划告诉这群头目,答应会在皇宫发给他们信号,白天是烟而夜晚是火,人在海上只要站到高处对准方向都可以看见。

51 故事继续下去,米狄亚制成一具中空的阿特米斯雕像,把各种性质的药剂藏在里面,她在自己的头发上面涂了某种功效很强的油膏,把它染成灰色,接着使自己的面孔和身体布满皱纹,任何人看到她都认为她是一个年纪很大的老妇人。她知道迷信的民众最为敬畏的女神，就带着她的雕像在黎明之际进入城市，装出一副神灵附体的模样，群众急急忙忙在街道两旁聚集起来，她召唤所有的居民要用尊敬的态度接受女神的降临，告诉他们这位大能的女神来自"极北之地"（Hyperboreans）①，要将最大的福分赐给整座城市和国王。

　　这时所有的居民都向女神躬身致敬，还向她奉上各种祭品，总之，整座城市如同米狄亚一样感受到神明的显灵，她这时在群众的簇拥之下被迎进皇宫。她使用奇妙的手法，让珀利阿斯陷入迷信的畏惧之中，同时国王的女儿全都相信女神的来临会给整个家族带来兴旺的运道。她宣称阿特米斯乘坐一辆由几条龙拖曳的战车，经过广阔的空间飞遍有人居住地面的各个部分，选择整个世界上面由最虔诚的国王所统治的疆域，要在那里建立自己的膜拜和信仰的方式，从而获得永恒的荣誉和崇敬。女神已经对她有所指示，不仅要她拿出某些力量强大的工具，除去珀利阿斯老年的外貌变换为年轻的身体，更要赐给他很多礼物，让他的一生都受到神明的保佑和祝福。

　　国王对于令人难以置信的建议感到极其惊讶，我们听说米狄亚向他提出承诺，当场可以用她自己的身体证明她所言不虚。她要珀利阿斯的一位女儿拿来干净的水，然后把自己关在一个小室里面，洗涤全身除去药物造成的改变，恢复她原来的模样，让国王看到她就大吃一惊，使得大家认为这是上天的神明赐予的恩典，可以将年迈的老妪转变为极其美丽的少女。米狄亚借着道具产生的效果，能让几条龙在空中显身，说是女神已经从极北之地来到这里，要与珀利阿斯相聚一段时间。

---

　　① 潘达斯的赫拉克莱德（Heraclides）是那个时代的人物，他的作品《论灵魂》（On the Soul）当中，提到来自西方的报道，说是从"极北之地"出发的军队，占领一座名叫罗马的希腊城市。

米狄亚的伎俩到了出神入化的程度,国王看到以后只有死心塌地地言听计从。他们说她现在要与珀利阿斯私下交谈,劝他命令他的女儿要与她合作,去做任何她交代的事情;她说国王的身体目前非常适合接受女神的恩赐,这些都要通过儿女的手,不能由奴仆代劳。国王对他的女儿下达明确的指示,为了尊敬父亲的身体任何事都要听从米狄亚的命令,这些少女当然会照办不误。

52 故事接着叙述,夜晚到了,珀利阿斯陷入沉睡之中,米狄亚通知国王的女儿,要将珀利阿斯的身体放在一口大锅里面,下面架起火来烹煮。几位少女听到可怕的建议面上全都流露出敌意;她要提出证明让她们相信。皇宫里面养着一头年岁很大的公羊,她向这些少女宣布先要将它放进去煮,然后它就会变成一只羔羊。等到获得她们的同意,据说米狄亚将公羊的四肢用利刃切除,然后将身躯放在大锅里煮,然后借着某种药剂的欺骗手法,她从锅里拖出一个动物,看起来就是羔羊的模样。这些少女看到以后震惊不已,由于她们要听命于米狄亚,从后面的情况可知,对于米狄亚的任何要求都会照办无误。除了阿塞蒂斯(Alcestis)非常孝顺没有动手,她们的父亲被其余的女儿活活肢解而死。

珀利阿斯的受害是用这种方法,他们说米狄亚并没有砍断其四肢或是放在锅中烹煮,借口她必须先向月亮祈祷,要这些少女带着羔羊登上皇宫屋顶的最高处,在那里花很多时间用科尔契斯语重复冗长的诉求,为的是提供更多的时间用来发起攻击。"阿尔戈英雄号"的成员从瞭望台看到出现的火光,相信刺杀国王的行动已经得手,急忙向着城市奔跑,到达城墙里面接着进入皇宫,拔出长剑杀死前来阻拦的卫兵。珀利阿斯的女儿就在这个时候,从屋顶上面下来打算要烹煮她们的父亲,看到贾森和头目出现在皇宫,除了觉得无限的惊奇,对于落到头上的厄运更是感到心慌意乱;她们没有力量对米狄亚进行报复,中了奸计犯下十恶不赦的罪行,得不到悔改的机会。国王的女儿都想自裁求得解脱,贾森对她们的悲痛产生同情,阻止她们走上绝路,劝告她们鼓起求生的勇气,她们对自己的父亲下手原本没有任何恶意,只是受到欺骗才会违背个人的意志陷入不幸的绝境。

53 我们得知贾森现在要召开市民大会,向所有的亲戚提出承诺,而后的处理过程必定讲求荣誉而且慷慨大方,接着对他自己的所作所为提出辩护,特别说明他要报复的对象先已对他造成重大的伤害,对于珀利阿斯的惩处比起他受到的痛苦,可以说是小巫见大巫。他把祖先留下的王国交给珀利阿斯的儿子阿卡斯都斯(Acastus),对于国王的女儿愿意负起责任让她们获得最好的归属。

他们说他完全履行自己的诺言,后来给她们找到的丈夫都是当时最有名望的人物,像是长女阿塞蒂斯嫁给菲里斯(Pheres)之子帖沙利的埃德米都斯(Admetus);安菲诺玛(Amphinoma)许配李昂提乌斯(Leonteus)的兄弟安德里蒙(Andraemon);优阿德纳(Euadna)与卡尼斯(Canes)结婚,这位新郎是西法卢斯(Cephalus)的儿子,那时已经是福西斯(Phocis)的国王。这些婚姻的安排在后面一段期间;那时他与船上的头目扬帆开往伯罗奔尼撒的地峡,要在该地向波塞冬举行供奉牺牲的仪式,并且把"阿尔戈英雄号"这艘船呈献给神明。

贾森在科林斯国王克里昂的宫廷受到热烈的欢迎,所以他成为该市的市民,要在科林斯度过他的余生。正在"阿尔戈英雄号"的成员要分手各自返回故国的时候,他们说赫拉克勒斯向这些头目提出建议,因为世事难以预料,不知道大家而后会遇到什么情况,所以现在每个人都要立下誓言,他们之中任何人只要发生战事,所有听到召唤的人都应参加他的阵营给予帮助;再者,他们应该在希腊选出一个最好的地方,要为整个族群创设竞赛的节目和盛大的庆典,将这个运动会奉献给最伟大的天神奥林匹斯的宙斯。

所有的头目立下联盟的誓约,将办理运动会的事项托付给赫拉克勒斯,据说他把举行庆典的位置,选在伊利斯的阿尔菲乌斯河畔,从最高天神的名字得到奥林匹亚的称呼,使得这个地方变得极其神圣。他在制定赛马和体育的竞赛项目以后,确立管理相关事务的规章制度,派出打着神圣名号的代表团,前往各座城市通知前来参加盛会的观众。赫拉克勒斯在"阿尔戈英雄号"的远征行动当中立下不世的功勋,即使他发起奥林匹亚赛会也不会给他带来更多的荣誉,因此他在所有希腊人当中成为声望最高的人物,几乎每一个城邦都知道他的鼎鼎大名,很多人想要与他建立友谊,抱着热切的盼望要与他分享各种危险。

他的英勇无敌和担任将领的用兵之道,成为备受赞誉的目标,使得他能征集一支实力强大的军队,走遍有人居住的世界,所有的族群都能接受善行带来的福分,获得的回报是大家全都同意他应该接受永生的赏赐。诗人总是惯于叙述情节难以想象的故事,所以他们详细介绍神话里面的赫拉克勒斯,单人匹马无须获得一支军队的帮助,完成受到万人齐声歌颂的功业。

54 所有的神话只要提到与这位神明①有关的事项,我们都不厌其烦地转述,此刻要对贾森最后面临的结局,交代它的来龙去脉。整个情节有如下的记载:贾森在科林斯成立家园,与他的妻子米狄亚过了十年平静的岁月,米狄亚给他生下一对双胞胎兄弟帖沙卢斯(Thessalus)和亚西米尼斯(Alcimenes),第三位泰桑德鲁斯(Tissadrus)也是男孩,比起两个兄长的年纪要小很多。我们知道在这段期间,米狄亚受到

① 指赫拉克勒斯。

丈夫很高的赞许，她不仅有沉鱼落雁之容，个性仁慈谦和，还有其他种种美德；时光的消逝使得她无法保有天生丽质的魅力。

据说贾森爱上克里昂的女儿格劳斯（Glauce），就向少女求婚结成秦晋之好。后来她的父亲答应这件亲事定下结缡的日子；据称贾森最先想要说服米狄亚自愿与他离婚；因为他告诉她所以要娶这位少女，不在于他感到他与米狄亚的情分不如新人，而是他切望他的子女能与皇室建立亲戚关系①。这时他的妻子怒气大发，呼唤神明要为他们的山盟海誓做证；他们说贾森对于誓约抱着藐视之心，非要娶国王的女儿不可。米狄亚被赶出城市，获得克里昂的同意让她有一天的时间，为放逐②的行动完成各项准备工作。

她靠着药物之助改变外貌，在夜晚进入皇宫，用很小的一条树根将建筑物引燃熊熊大火，这种方法是她姐姐喀耳刻发明的，只要焚烧起来很难扑灭。等到皇宫突然陷入烈焰之中，贾森很快赶进去抢救，格劳斯和克里昂还是在劫难逃，最后浑身着火死于非命③。不过，某些史家说是米狄亚的儿子带给新娘涂着毒药的礼服，等到格劳斯拿起来穿到身上就发现痛苦难忍，这时她和跑来帮助她除去礼服的父亲全都中毒，马上倒毙在地。④

虽然米狄亚首次出手得到成功，但我们听说她还是没有抑制自己对贾森的报复。她现在已经陷入狂暴和猜忌的状态，不错，甚至到了残酷无情的程度，由于他已经逃过威胁到生命的危险，须知他的新娘就因而香消玉殒，于是米狄亚决定谋害他们两人的小孩，要让他沦落到不幸的深渊之中；

---

① 欧里庇德斯的悲剧《美狄亚》第 551 行和后续各行，提到贾森的狡辩之词。

② 离开科林斯的疆域。

③ 欧里庇德斯的悲剧《美狄亚》第 288—289 行："何人应堕修罗场？其夫其父与新娘。"提到米狄亚要害死三个人，就是新娘的丈夫贾森、新娘的父亲克里昂和她的情敌新娘格劳斯。

④ 《美狄亚》剧中情节的安排，格劳斯也是死于这种方式。戏剧家的观点与流传的记载不尽相同，米狄亚将两个儿子杀死以后还带走他们的尸体，不让身为父亲的贾森为他们安排正式的葬礼，还说贾森并没有自裁身亡。近年的考古发现格劳斯的喷水池，还是没有找到埋葬两个小孩的坟墓，虽然鲍萨尼阿斯在《希腊风土志》第 2 卷第 3 节中指出了它的位置。

除了一位儿子不在身边可以避开危险,她动手杀死了其余两位亲骨肉。在这个死亡肆虐的夜晚她逃离科林斯,有一群忠诚于她的侍女相随,安全到达底比斯投靠赫拉克勒斯。回想当年他们进入科尔契斯人的疆域定下的协议①,如果她发现心上人违犯立下的誓言,获得承诺要给她帮助,赫拉克勒斯必须坚持的立场,就是充当仲裁者的角色,基于这样的缘故她才会有这种行动。

55 他们继续说下去,这个时候就公众的意见,贾森丧失儿子和妻子,面临这样的下场完全是自作自受,公正来说没有任何冤屈可言,他无法忍受巨大的痛苦,最后只有自我了断②。科林斯人对于厄运临头的悲惨事件,感到极其苦恼,而且有着很大的困惑。因此他们派出代表到德尔斐神庙,向神明请求指点迷津,如何处理两位小孩的遗体,阿波罗女祭司的答复是将他们埋葬在赫拉的圣地,视为英雄给予应有的礼遇和尊荣。

科林斯人遵照指示——妥善办理,他们提到帖沙卢斯逃过母亲的毒手,年轻的时候在科林斯接受抚养,后来搬迁到爱奥库斯,那里是贾森的家乡;他到达之际正好珀利阿斯之子阿卡斯都斯逝世,出于继承的关系能够登上应为他所有的宝座,后来将属下的民众称为帖沙利人,就是来自他的名字。我并不是不知道帖沙利人得到目前的称呼只有唯一的解释,事实上我们从其他数据获得的说法表明,两者之间并不完全一致,有关这方面会在适当的场合做进一步的说明③。

---

① 贾森要娶她为妻,"陪伴她一生直到生命的结束",参阅本章第 46 节。
② 按照欧里庇德斯在剧中(《美狄亚》第 1386 行)安排,腐朽的"阿尔戈英雄号"有一根木头,从桅杆上面掉下来,砸在贾森的头上将他击毙。
③ 狄奥多罗斯在后面的章节中并没有提到此事。

他们说米狄亚到达底比斯,发现赫拉克勒斯因为杀死自己的儿子①,已经陷入疯狂的神经错乱状态,是她用药剂的功效使他恢复健康。优里斯修斯迫使赫拉克勒斯听从下达的指示②,使得她无法从他手里获得一点帮助,只有到雅典要求潘迪昂(Pandion)之子伊吉乌斯给予庇护。如同某些人所说她在该地下嫁伊吉乌斯,还给他生了一个儿子,就是后来成为米地亚国王的米杜斯(Medus);某些作者有这样的记载,克里昂之子希波底(Hippotes)对她本人提出引渡的要求,她同意举行一次审判,就他提出的指控加以驳斥,完全洗净所犯的罪行。

这件事情过后,帖修斯从特里真(Troezen)③回到雅典,她又受到下毒的指控,当局给予放逐的处分;伊吉乌斯卖给她一个人情,提供卫队给予保护,可以到她想要到的任何地方,而她所做的选择是腓尼基。她再从那里前去游历亚洲的内陆区域,嫁给某一位名气响亮的国王,生了一个儿子米杜斯,后来他的父亲崩殂得以继承王位,生平以勇敢的事迹到处受人赞扬,因而他的人民得到米地亚人(Medes)的称呼就来自他的名字。

56 一般而论,米狄亚的行为是如此惊世骇俗,各种记载又是情节不一而且相互矛盾,悲剧家的意图当然是各有各的打算;还有人想要赢得雅典人的好感,就说她和伊吉乌斯所生的米杜斯,在科尔契斯找到栖身之地,那时的伊埃底正好被他的兄弟帕西斯赶下宝座,还是米狄亚的儿子米杜斯杀死帕西斯,使得伊埃底重新拥有他的王国。后来米杜斯能够率领一支大军,出发占领位于潘达斯上方大部分亚洲地区,确保为他

---

① 参阅本章第 11 节。

② 赫拉克勒斯要完成所交付的功业。

③ 特里真是伯罗奔尼撒半岛东海岸的滨海城市,与雅典只隔着沙罗尼克湾(Saronis Galf),要是走陆路要绕一个很大的圈子,现在是被称为特林珍(Trizin)的小镇。

所有的领土米地亚,就是用他的名字米杜斯。我们经过判断认为没有这个必要,特别是神话作者对于米狄亚的记载过分冗长和夸张。须知我们所增加的情节,都是与"阿尔戈英雄号"的史实有关,却成为受到省略或忽视的项目。

不少古代史家甚或更为现代的史家都提到"阿尔戈英雄号",其中一位就是泰密乌斯①,说是他们在取得金羊毛以后,得知潘达斯的入口为伊埃底的舰队堵住不能通过,执行一场不可思议的冒险活动,值得提出来报道。据说他们向着塔内斯(Tanais)河②的上游尽量溯航,到达某一个地方就将船拖上陆地,然后转到另一条河流,顺流而下到达大洋,他们再向着赫拉克勒斯之柱航行,这时的航向从北转向西③,保持陆地在他们的左边,等到快要接近盖迪拉(Gadeira)[卡地兹(Cadiz)],就可以扬帆进入我们的海洋④。

有些作者对于发生的事件提出证明,指出沿着海洋居住的凯尔特人膜拜戴奥斯柯瑞胜过其他的神明,因为从古代直到现在仍然奉行不息的传统,证实他们漂洋过海的时候,两位神明会出现在头顶的上方。再者,他们提到环绕海洋的周围地区有不少的名字,全都来自"阿尔戈英雄号"和戴奥斯柯瑞双子星。同时在盖迪拉这一边的大陆,还可以看到很多"阿尔戈英雄号"回航的标记。例如,他们在第勒尼亚海的四周航行的时候,曾经停靠在一个名叫伊萨利亚(Aethaleia)⑤的岛屿,他们进入位于该岛的海港,看到整个地区最美丽的风景,就拿他们的船只将该地取名为阿尔哥昂(Ar-

---

① 参阅本书第21节及其注释。
② 现在的顿河。
③ 接着要向南航行。
④ 地中海。
⑤ 厄尔巴(Elba)岛,后来成为拿破仑的放逐地。

goon)①,这个称呼一直使用到今日。

我们用同样的方式正好谈起伊楚里亚(Etruria)有一个港口,到罗马的距离是八百斯塔德,获得的名字来自特拉蒙,还有就是意大利的福米亚(Phormia)②有一个港口伊埃底(Aeetes),现在大家称之为凯埃底(Caeetes)③。再者,他们所处的海洋具备特殊的性质,最后被风吹到叙蒂斯(Syrtis),当时利比亚的国王是特瑞顿(Triton),能从他那里得到安全,免予海难的危险,所以他们送给他一只青铜鼎,上面铭刻古代文字,直到现在仍旧保存在优赫斯披瑞斯(Euhesperis)④的人民手里。

我们对这种说法不能不加以驳斥,就是有人提到"阿尔戈英雄号"尽量向伊斯特(Ister)河⑤的上游航行,然后靠着手臂的力量将船拖上岸,让船只转向相反的方向,顺着另一条河向下航行直到亚得里亚湾。然而时间却驳斥类似的说法,亦即伊斯特河在潘达斯有几个河口注入海洋,或是伊斯特河从同一区域流入亚得里亚海。事实的确如此,罗马征服伊斯特里亚人(Istrians)的国度,发现当地的河流从出海口的位置到源头只有四十斯塔德的距离。他们说发生错误的成因,部分出于史家没有辨识清楚两条河川的名字⑥。

57 我们已经详尽介绍"阿尔戈英雄号"的史实以及赫拉克勒斯完成的功绩,现在要按照原先给予的承诺,对于赫拉克勒斯的几

---

① 就是罗马的阿果斯港(Portus Argous),这个岛的首府是波托佛拉约(Portoferraio)。
② 就是现在的福米伊(Formiae)。
③ 就是现在的加艾塔(Gaeta)。
④ 塞伦最西边的城市平塔波里斯(Pentapolis),后来被称为柏雷尼西(Berenice)。
⑤ 多瑙河。
⑥ 斯特拉波也犯了同样的错误,因为他在《地理学》第1卷第3节,特别提到伊斯特里亚地区,没有一条河流使用伊斯特这个名字。

位儿子,就他们建立的事功,用适当的篇幅加以记载。

赫拉克勒斯获得封神的尊荣以后,他的儿子将家搬到特拉契斯,住在国王西伊克斯的宫廷里面。后来海卢斯和其他几位到达成人的年纪,优里斯修斯害怕他们会有所图谋,为了免得将来在迈森尼被他们赶下宝座,决定先下手为强,将赫拉克勒斯家族施以放逐的处分,让他们在整个希腊再也没有立足之地。他发函给身为国王的西伊克斯,必须驱逐赫拉克勒斯家族和黎西姆纽斯①的儿子,还有爱奥劳斯以及帮着赫拉克勒斯打仗的那帮阿卡狄亚人,最后加上威胁的言辞,如果他不愿这样做就会引起一场战争。

赫拉克勒斯家族的成员和他们的朋友,知道自己现有的力量无法与优里斯修斯开战,决定自愿离开特拉契斯,就向其他几座最重要的城市提出请求,能够接纳他们成为市民。但没有一座城市胆敢答应,只有雅典人基于爱好公正的天性,向赫拉克勒斯的后裔伸出欢迎的双手,等到他们定居下来,原来的伙伴全都逃到垂科里朱斯(Tricorythus),大家经常提到的提特拉波里斯(Tetrapolis)②就将这座城市包括在内。过了一段时间,赫拉克勒斯的儿子全都成人,他们以身为英雄的后裔为荣,年轻人提振奋发图强的精神,优里斯修斯对于他们的势力日益增长感到极其疑惧,率领一支大军前去攻打他们。

赫拉克勒斯家族从雅典人那里得到援助,选择赫拉克勒斯的侄儿爱奥劳斯担任首领,将战争的指导托付给爱奥劳斯、帖修斯和海卢斯,就在一次决定性的会战中击败优里斯修斯。会战进行当中优里斯修斯的军队大部分遭到杀害,优里斯修斯的战车在逃走途中被撞毁,结果死在赫拉克勒斯之子海卢斯的手里;优里斯修斯的几个儿子也全都在战场阵亡③。

---

① 黎西姆纽斯是阿尔克米妮的同母异父兄弟,也是赫拉克勒斯的舅舅。

② 阿提卡地区有四个城市联盟,其中最重要的城市是马拉松。

③ 欧里庇德斯的悲剧《赫拉克勒斯的儿女》(*The Children of Heracles*),主要的情节是优里斯修斯对赫拉克勒斯的儿女进行的迫害,以及在亚哥斯的战争当中,雅典对避难者给予的保护。

58 这件事已经处理完毕,所有赫拉克勒斯家族的成员在一次会战当中击败优里斯修斯,他们的名声传播四海,成功会使盟军获得最好的供应,现在要在伯罗奔尼撒发起作战行动,海卢斯担任他们的指挥官。阿楚斯(Atreus)在优里斯修斯过世以后,前往迈西尼接替留下的宝座,盟友是特基亚人(Tegeatans)和其他某些民族,对于他的军队能够增加不少的兵力,现在进军前去接战赫拉克勒斯家族。两支军队都在地峡完成集结,赫拉克勒斯之子海卢斯向敌人挑战,可以与任何人进行一对一的决斗,同时要答应提出的条件,如果海卢斯制伏对手,那么赫拉克勒斯家族赢得优里斯修斯的王国,要是海卢斯被对手打败,那么赫拉克勒斯家族的成员在五十年①内不得踏进伯罗奔尼撒一步。

特基亚国王爱奇穆斯(Echemus)出阵应战,海卢斯在随后发生的决斗当中被杀,赫拉克勒斯家族遵守承诺,开始撤退全部回到垂科里朱斯。过了一段时间以后,黎西姆纽斯和他的儿子以及赫拉克勒斯之子特利波勒穆斯,将家搬到亚哥斯,还能获得与当地居民一致的市民权,其余的人全都住在垂科里朱斯,要等五十年的期限终止就会迁回伯罗奔尼撒。届时我们会记载而后发生的情况②。

阿尔克米妮返回底比斯定居,过了相当时日她丧失了视力,底比斯人对她的礼遇如同神祇。他们还说其他赫拉克勒斯家族的成员,去见多鲁斯(Dorus)之子伊吉缪斯(Aegimius),要求将他们的父亲委托给他的土地③还给他们,然后就与多里斯人生活在一起。我们听说赫拉克勒斯之子特利波勒穆斯居住在亚哥斯的时候,为某件事发生争执因而杀死伊里克特里昂之

---

① 希罗多德《历史》第 9 卷第 26 节,提到的期限是"一百年",修昔底德《伯罗奔尼撒战争史》第 1 卷第 12 节,有同样的说法。
② 狄奥多罗斯在后面的章节当中没有再提这件事。
③ 参阅本章第 37 节。

子黎西姆纽斯,犯下谋杀的罪行,被从亚哥斯放逐,就将住处搬到罗得岛。那时岛上的居民都是希腊人,他们是福巴斯(Phorbas)之子垂奥帕斯(Triopas)迁移过去的。特利波勒穆斯采取的行动得到土著的同意,他将整个罗得岛区分为三部分,兴建三座城市,即林杜斯(Lindus)、伊利苏斯(Ielysus)[伊阿利苏斯(Ialysus)]和卡麦鲁斯(Cameirus);他仗着父亲赫拉克勒斯的威名成为所有罗得岛人的国王,后来参加阿格曼侬的阵营,发起征讨特洛伊的作战行动。

59 我们已经把赫拉克勒斯和他的后裔有关的事迹交代得清清楚楚,现在谈一谈效法赫拉克勒斯的帖修斯。他是波塞冬和彼修斯(Pittheus)之女伊什拉(Aethra)的儿子,被抚养在特里真外祖父彼修斯的家中,等他长大成人如同神话的记载,找到伊吉乌斯藏在某块岩石下面的信物①,他要前往雅典。据说他为了把赫拉克勒斯当成榜样要有伟大的建树,因为赫拉克勒斯完成十二大功业获得赞誉和名声;他选择的路线是沿着海岸的陆上行程。

他首开杀戒的对象是使用狼牙棒的科里尼底(Corynetes)②,凶狠的恶汉手拿沉重的武器击毙所有想要通过此地的旅人;第二位被害者就是家在地峡的辛尼斯(Sinis)③。辛尼斯得到"力能弯松者"的绰号,据说他用手臂

---

① 参阅普鲁塔克《希腊罗马名人传》第 1 篇第 1 章"帖修斯"第 3 节,伊吉乌斯(Aegeus)知道彼修斯(Pittheus)的女儿伊什拉(Aethra)怀了他的骨肉,就将一把佩剑和一双鞋子藏在一块大石头的下面,吩咐伊什拉等到她生下的儿子长大成人,可以带着这两件信物前来相会。

② Corynetes 意为"携带棍棒者"。

③ Pityocamptes 这个绰号意为"弯松者",亚里斯托法尼斯的喜剧《青蛙》第 966 行,要求欧里庇德斯将这个神话归纳为 sarkasmopituokamptai,即"弯松撕裂肉体者"一个单字,用来赞誉伊斯启卢斯的才干,因为身为执政的剧作家拥有权力和残忍这两种特质。罗马皇帝奥理安就用这种刑罚处置违反军纪的士兵,参阅吉本《罗马帝国衰亡史》第 11 章第 3 节。

的力量拉弯两棵松树,再把被他抓住的外乡人分别将两条腿绑在松树的顶端,等到他一松手两棵松树突然向外弹开,不幸的人身体就被撕成两半,这种处决的方式真是惨不忍睹①。他的第三件善行是杀死在克罗美昂(Crommyon)一带肆虐的野猪,猛兽的体形硕大而且残暴无比,使得很多人丧失性命。接着他在麦加里斯(Megaris)惩处把家安置在巨岩顶上的锡昔隆(Sceiron),后来此地被称为锡昔隆岩。这个家伙经常逼使通过此处的旅客在绝壁上面为他洗脚,趁人不备就一脚将受害者踢进大海。受害者身体会像货物一样滚下去,最后的下场是尸骨无存,他用来害人的地方后来被叫作奇洛纳(Chelona)。

他在伊琉西斯附近除去色西昂(Cercyon),因为色西昂要与过往的人比赛角力,只要败在他的手上就会被杀。帖修斯将普罗克鲁斯底(Procrustes)处死,这个人住在阿提卡的科里达卢斯(Corydallus),逼使投宿的旅客睡在一张床上,如果身体比这张床要长,他就将伸出的部分砍掉,要是身体太短达不到床的长度,就使出"轮架"的酷刑硬要将两条腿拉长(porkrouein),出于这个原因才获得 Procrustes 这个名字。

等到他完成上面所提的这些功劳之后,帖修斯抵达雅典,靠着信物使得伊吉乌斯承认他的身份。接着他制服马拉松(Marathonian)的公牛,赫拉克勒斯执行的功业其中有一项,就是将它从克里特带到伯罗奔尼撒,驯服以后再带到雅典;伊吉乌斯从帖修斯手中接受这头公牛,然后将它当成牺牲奉献给阿波罗。

60 我们仍然需要提到为帖修斯所杀的迈诺陶尔(Minotaur),为的是这样才能对于帖修斯建立的功勋有完整的记录。为了使得

---

① 普鲁塔克《希腊罗马名人传》第 17 篇第 1 章"亚历山大"第 43 节,提到贝苏斯(Bessus)杀害大流士篡位为王,战败被捕落到亚历山大手里,就是用这种方式被处死。

全盘的叙述更为清晰,我们必须回溯古老的时代无数与神话交织在一起的事实。

丢卡利翁(Deucalion)之后是海伦(Hellen),海伦之子是多鲁斯(Dorus),多鲁斯之子是特克塔穆斯(Tectamus);特克塔穆斯与伊奥利亚人和佩拉斯基亚人远航前往克里特,随后成为该岛的国王,娶克里修斯(Cretheus)的女儿为妻,她为他生下阿斯提流斯(Asterius)。正是阿斯提流斯担任克里特国王期间,他们说宙斯从腓尼基劫走欧罗芭,骑在一头公牛的背上渡海来到克里特,他与欧罗芭在那里发生关系,生下三个儿子迈诺斯、拉达玛苏斯(Rhadamanthys)和萨佩敦(Sarpedon)。后来阿斯提流斯得到欧罗芭为妻,她没为国王生下一男半女,收养宙斯的儿子,死后要让他们继承王国。这些儿子当中的拉达玛苏斯为克里特人制定法律,迈诺斯登基成为国王,娶了莱克久斯(Lyctius)的女儿埃托妮(Itone),为他生下黎卡斯都斯(Lycastus);后来黎卡斯都斯接位继承最高权力,娶了科里巴斯(Corybas)的女儿爱迪(Ide),依据某些作者的记载,为他生下同是宙斯之子的迈诺斯二世。

这位迈诺斯是第一位建立强大水师的希腊人,能够成为海洋的霸主。后来他娶赫留斯和克里特的女儿帕西菲为妻,她为他生下丢卡利翁、卡特里乌斯(Catreus)、安德罗吉欧斯(Androgeos)、亚里德妮(Ariadne)以及其他几位,当然他的子女人数多到无法一一列举。安德罗吉欧斯身为迈诺斯之子,在泛雅典节的庆典期间抵达雅典,这时正是伊吉乌斯出任国王,他在比赛当中打败所有的敌手,成为帕拉斯(Pallas)几位儿子的密友。伊吉乌斯对于安德罗吉欧斯建立的友情产生猜忌之心,害怕迈诺斯会帮助帕拉斯的儿子夺取宝座,准备暗中下手除掉安德罗吉欧斯。后者为了参加底比斯举行的盛宴,正在前往的路途当中,伊吉乌斯唆使邻近阿提卡的厄尼(Oenoe)地区土著,运用暗中下毒手的伎俩除去安德罗吉欧斯。

61 迈诺斯听到儿子遭遇不幸的消息,来到雅典就安德罗吉欧斯的被杀,要求当局给予满意的交代,等到发觉没有人理会,他对雅典人宣战并且向宙斯提出诉求,要把干旱和饥馑降给整个雅典城邦。旱灾很快在阿提卡和希腊蔓延开来,所有的农作物遭到摧毁,小区的领导人物聚会商议,请求神明指点迷津应该采取哪些办法,可以让他们免予目前的灾难。上苍给予的答复是他们前去求助于伊阿库斯(Aeacus),须知伊阿库斯是宙斯和阿索帕斯(Asopus)之女伊吉妮(Aegine)所生的儿子,他们要请他出面讲情,祈求宙斯饶恕他们的罪孽。

他们根据指示办理让伊阿库斯代替他们祈祷,其余的希腊人可以免予干旱带来的痛苦,只有雅典人还要继续下去,因此雅典人在迫不得已的情况之下,请求神明给予指示,一定遵照办理,神明的答复是他们应就安德罗吉欧斯遭到谋杀一事,必须对迈诺斯有满意的交代,因为他是这样向上苍提出诉愿的。雅典人服从神明的命令,迈诺斯的要求是每隔九年雅典当局要交给他七位童男和七位童女,作为奉献迈诺陶尔食用的祭品,延续的时间要以可怕的怪物仍旧活在世上为限。等到雅典人一一照办,阿提卡的居民免除不幸的灾祸,迈诺斯停止对雅典的战争行为。

九年的限期来到,迈诺斯率领一支强大的舰队抵达阿提卡,要求雅典人交出十四名作为牺牲的人质。帖修斯被当作其中的成员派了出去,伊吉乌斯先与运输船的船长谈妥,如果帖修斯制伏迈诺陶尔,他们在返航的时候挂上白色的船帆,要是他不幸亡故,就按照过去的习俗该使用报丧的黑帆。他们在克里特登陆,迈诺斯的女儿亚里德妮爱上了英俊的帖修斯,双方交谈以后确定可以获得她的帮助,杀死迈诺陶尔还能安全离开,帖修斯从她那里清楚了迷宫的路线。他要带着亚里德妮返回家乡,为了避免被人发觉就在夜间开航,后来他停泊在一个被叫作戴亚(Dia)的岛屿,现在它的名字是纳克索斯(Naxos)。

神话的记载提到狄俄尼索斯这个时候正在岛上，看到美丽的亚里德妮就将少女从帖修斯身边带走，使得她成为他合法的妻室，更是宠爱有加。等到亚里德妮过世以后，由于狄俄尼索斯始终对她充满爱意，要让她获得不朽的荣耀，将她安置在天上一个被称为"亚里德妮之冠"的星座上面。他们说帖修斯极其懊恼，因为少女被人从他的身边带走，由于刻骨铭心的痛苦竟然忘记伊吉乌斯的叮嘱，进入阿提卡的港口挂着黑色的船帆①。据说伊吉乌斯看到归来的船只想起死去的儿子，陷入极度哀伤之中，对生命起了厌恶之心，采取的行动虽然充满英雄气概，却也是自己这一生之中最大的不幸，登上卫城就从最高处投身而下。

伊吉乌斯亡故以后帖修斯顺利接位，遵照法律的规定统治群众，建树重大的功勋和光荣的成就，对于增进国家的权势和人民的财富都有很大的贡献。他完成的最重要的工作是让面积虽小却数量甚多的"德谟"（deme）②并入雅典，成为一个实力雄厚的城邦；雅典人从那个时候开始心中充满骄傲的情绪，不仅他们的国家拥有重要的地位，还在希腊掌握领袖群伦的权势。我们认为这部分的叙述虽然有足够的篇幅，但对于帖修斯的事迹仍须多加介绍。

62 丢卡利翁是迈诺斯的长子，在他统治克里特期间与雅典人结成联盟，为了巩固双方的关系，把自己的姐妹斐德拉（Phaedra）嫁给帖修斯为妻。帖修斯结婚以后就将亚马孙人③所生的儿子希波莱都斯，

---

① 西摩尼德斯（Simonides）说领航挂出红色的帆，所以才有下面诗句："就像深秋鲜艳的赤枫，染成耀目的一片猩红。"

② 德谟是雅典的行政机构最基本的单位，在乡村地区是村庄或小村组成的聚落，在城市地区被称为"行政区"，整个数量总共139个。

③ 这位亚马孙人是指安蒂欧普或希波利特，参阅本章第28节。

送到特里真与伊什拉①的兄弟生活在一起,后来斐德拉为他生了阿卡玛斯(Acamas)和笛摩奉(Demophon)。不久以后希波莱都斯为了举行神秘祭典回到雅典,英俊的容貌使得斐德拉情不自禁地爱上了他,等到他重返特里真,卫城的旁边兴建了一座阿芙罗狄忒神庙②,可以在这个地方隔海远眺特里真,又过了一段时间,她没有与帖修斯同住彼修斯的府邸,就对希波莱都斯提出同床共寝的要求。他们说斐德拉受到拒绝感到万念俱灰,回到雅典告诉帖修斯说是希波莱都斯对她有非礼的行为。

帖修斯听取这番指控后感到可疑,召唤希波莱都斯前来对质,斐德拉害怕真相大白于是自缢而死。希波莱都斯听到对他的诬告,正在驾着战车高速奔驰,心烦意乱之下失控车辆翻覆,竟然被缰绳勒住颈脖,马匹将他在地上活活拖死。不幸的年轻人为了保持纯真的节操因而丧失性命,受到特里真人的顶礼膜拜如同神明,帖修斯在发生这次不幸以后,权力为敌对的派系夺走,受到放逐的处分,远离家乡最后葬身异域③。雅典人悔恨对他的处置方式,带回他的骸骨给予礼遇如同神明,就在雅典附近设置一处圣地,享有特权为大众谋福利,用他的名字称之为帖修姆(Theseum)。

63 我们已经叙述帖修斯的事迹,现在按着次序讨论海伦的强暴和派瑞索斯向帕西丰尼的求爱;这些行为都与帖修斯的景况有错综复杂的关系。我们听说派瑞索斯是埃克赛昂(Ixion)的儿子,妻子希波达美娅(Hippodameia)过世时给他留下一个儿子波利庇底(Polypoetes),他到雅典拜访帖修斯。等他到达得知帖修斯的妻子斐德拉刚刚过世,说服他

---

① 伊什拉是帖修斯的母亲。
② 这座神庙位于卫城的西南方斜坡上面。
③ 帖修斯亡故在西罗斯(Scyros),这个岛屿是北斯波拉德(Northern Sporades)群岛的主岛,位于雅典的东北方约 200 千米;参阅普鲁塔克《希腊罗马名人传》第 1 篇第 1 章"帖修斯"第 35 节。

去劫持黎达(Leda)和宙斯的女儿海伦,海伦虽然年龄只有十岁却比所有的女人都更美丽。他们带着一群同伴来到拉斯地蒙,发现有一个很好的机会。他们相互帮助抢走海伦将她带到雅典,同意用抽签的方式决定佳丽的归属,赢者可以迎娶海伦,同时要协助对方获得另一位女子为妻,不辞任何危险全力以赴。等到他们交换誓约以后靠命运做出决定,结果是帖修斯凭着手气得到海伦。雅典人对于掳掠的行为极为不满;帖修斯生怕他们将海伦送返拉斯地蒙,为了安全起见将她藏在阿提卡的阿菲德纳(Aphidna)。他让自己的母亲伊什拉与海伦住在一起,派出朋友当中孔勇有力的人担任护卫。

派瑞索斯现在决定要与帕西丰尼结为连理,要求帖修斯加入他的旅程,开始的时候帖修斯尽力劝阻他打消此意,因为这样做是大不敬的行为;派瑞索斯坚持自己的主张不肯放手,帖修斯受到誓言的约束只有参加这项行动。最后他们来到哈迪斯的阴曹地府,犯下亵渎神圣的罪行身陷缧绁之中,帖修斯得到赫拉克勒斯的照应得以脱离苦海,派瑞索斯因为触犯天条被拘留在地狱受到永恒的惩罚;有些神话作者说是两位都没有返回阳间①。他们提到劫掠的事件发生以后,海伦的兄弟戴奥斯柯瑞这对孪生子,举兵前去攻打阿菲德纳,夺取以后将整个城市夷为平地,他们带回仍为处女的海伦,帖修斯的母亲伊什拉成为奴隶,留在拉斯地蒙服侍海伦。

64 我们用适当的篇幅提到这些事件的本末,现在开始叙述七士对抗底比斯的情节,要从引起战争的原始成因着手探讨。底比斯国王拉乌斯(Laius)与克里昂的女儿约卡斯塔(Jocasta)结亲,过了相当时间还没有子女,心中非常着急便向神明乞求指点迷津。阿波罗女祭师

---

① 狄奥多罗斯在本章第26节,提到赫拉克勒斯将帖修斯和派瑞索斯从哈迪斯的阴间带回阳世。

给予答复,他们不要幻想获得传宗接代的后裔,亲生儿子会谋杀自己的父亲,给整个家族带来最大的灾难和不幸;后来他得到一个儿子,想起神谶给予的警告,为了免得身受其害就将刚生的婴儿抛弃到旷野,还用一根铁条将他的两个脚踝贯穿在一起,出于这个原因才得到厄迪帕斯(Oedipus)这个名字①。

奉命的家用奴隶并不愿意将婴儿置之死地,由于他的妻子没有生育,就将婴儿带回家当成送给她的礼物。后来等到男童已经长大成人,拉乌斯想起被他抛弃的婴儿认为自己平安无事,就去向神明还愿奉献丰富的祭品;厄迪帕斯从旁人口中得知自己的身世是不解之谜②,前去询问阿波罗女祭司他的亲生父母是何人。两个人在福西斯面对面遭遇,拉乌斯用傲慢的态度命令厄迪帕斯让路,后者一怒之下拔剑杀死拉乌斯,并不知道被害者是他的父亲。

神话继续叙述,就在这个时候,一个双形体的怪物斯芬克斯(Sphinx)③来到底比斯,当众宣布要提一个谜语让大家去猜,很多人没有猜中被他杀死,虽然猜中可以获得极其丰硕的奖赏,就是娶约卡斯塔为妻成为底比斯的国王,但除了厄迪帕斯没有人能说出正确的谜底。这是斯芬克斯提出的谜语:何者的行动先后会是四只脚、两只脚和三只脚④? 就在所有的人都感到困惑的时候,只有厄迪帕斯得到正确的答案,谜语中所指的动物是"人",因为人在婴儿时期用四肢在地上爬等于四只脚,长大以后用两只脚在地上走,到了老年是三只脚(由于多了一根拐杖)。按照神话的记载,斯

① Oedipus 意为"红肿的双足"。

② 虽然波利巴斯(Polybus)和麦罗普(Merope)抚育他如同己出,在别人看来他还是一个没有父母的养子。

③ 斯芬克斯的雕像是妇女的头以及母狮的身体,这种组合的方式是古代艺术的表达手法。

④ 参阅普莱尔(M.Prior)《两个谜语》(Two Riddles):"有一种动物在早晨有四只脚,中午变成两只而夜晚是三只,请问,这种动物到底是什么?

芬克斯听到正确的答案,遵照神谶的指示从悬崖上面纵身而下落得尸骨无存。厄迪帕斯所娶的女人他并不知道就是自己的母亲,后来生下两个儿子伊特奥克利(Eteocles)和波利尼西斯(Polyneices)、两个女儿安蒂哥妮(Antigone)和伊斯米妮(Ismene)。

65 他们继续叙述,等到两个儿子长大成人,家庭的乱伦悲剧变得众所周知,厄迪帕斯陷入羞愧和狂乱之中,受到儿子的催促只有去过退位的生活,王国交由年轻人继承,两位兄弟同意轮替出任国王各以统治一年为期。伊特奥克利身为长子拥有先行登基的权利,等到期限来到他不愿退让;波利尼西斯还是据理力争,等到发现自己的兄弟拿出决裂的手段,被迫逃亡亚哥斯获得国王亚德拉斯都斯(Adrastus)的庇护。

他们说在同一时候,厄尼乌斯的儿子泰迪乌斯在卡利敦杀死表兄弟阿尔卡苏斯(Alcathous)和莱柯披斯(Lycopeus),就从伊托利亚逃到亚哥斯。亚德拉斯都斯非常友善地接待两位流亡者,遵从神谶的指示要把女儿嫁给他们,于是阿基娅(Argeia)和波利尼西斯以及戴庇勒(Deipyle)和泰迪乌斯分别结成连理。两位年轻人凭着本身的优异才华获得国王的厚爱,亚德拉斯都斯为了表达他的好意,要恢复波利尼西斯和泰迪乌斯在家乡应有的权力和地位。他的决定是波利尼西斯要先行办理,任命泰迪乌斯为使者前往底比斯,要与伊特奥克利磋商波利尼西斯返国的事宜。

我们听说泰迪乌斯在行进的路途当中,遇到伊特奥克利派出五十人设置的埋伏,他将伏兵全部杀光安全返回亚哥斯,大家都感到惊奇不已;亚德拉斯都斯得知发生的情况,准备出兵前去攻打伊特奥克利,说服卡帕尼乌斯(Capaneus)、希波米敦(Hippomedon)、帕昔诺披乌斯(Parthenopaeus)成立联盟参与战事;其中帕昔诺披乌斯是阿塔兰塔的儿子,后者又是司奇尼乌斯的女儿。波利尼西斯尽力游说预言者安菲阿劳斯(Amphiaraus)参加他们的阵营,共同对底比斯发动战争。

后者凭着未卜先知的本领,明了他一旦投身作战行动,最后的结局就是命丧沙场,只有加以婉拒。他们说波利尼西斯把一个金项圈送给安菲阿劳斯的妻子,仿效阿芙罗狄忒对哈摩妮娅的做法,要她唆使自己的丈夫如同其他人加入联盟。

据说刚刚谈到的安菲阿劳斯正与亚德拉斯都斯意见不合,两人为了争夺王位相执不下,双方同意交由伊瑞菲勒(Eriphyle)仲裁做出最后的决定,因为伊瑞菲勒是安菲阿劳斯的妻子也是亚德拉斯都斯的姊妹。伊瑞菲勒判定亚德拉斯都斯是赢家,对于有关出兵攻打底比斯的问题,她的意见是安菲阿劳斯必须参加;这时安菲阿劳斯认为他的妻子已经变心,同意投入作战行动,却对他的儿子阿尔克米昂(Alcmaeon)留下遗命,只要死亡降临他的头上,就应手刃伊瑞菲勒为他报仇。后来果然如此,阿尔克米昂遵照父亲的吩咐杀死亲生之母,自知犯下十恶不赦的罪行成为发狂的疯汉。

前面提到除了亚德拉斯都斯、波利尼西斯、泰迪乌斯三人之外,还要加上安菲阿劳斯、卡帕尼乌斯、希波米敦和帕昔诺披乌斯四位领导人物,伴随一支威名赫赫的军队,开拔前去攻打底比斯。后来伊特奥克利和波利尼西斯相互伏尸在对方的剑上,卡帕尼乌斯用云梯登上城墙,犯下亵渎神圣的罪行身遭惨死,安菲阿劳斯还是难逃报应,地面裂开他连人带车陷落其中变得尸骨无存。其余的领导人物只有亚德拉斯都斯留住性命,还有很多士兵随着一起牺牲,底比斯人拒绝他们运走阵亡将士的遗体,亚德拉斯都斯只得让死者暴尸城外,率领残余人员返回亚哥斯。散落在卡德密①城墙下面的阵亡人员的遗体都没有埋葬,也没有人敢前去收尸,雅典人本着高人

———————

① 卡德密就是底比斯的卫城。

一等的良心血性,愿意为孤魂野鬼举行盛大的葬礼①。

66 七士对抗底比斯发起的作战行动最后是一败涂地。他们的儿子像是伊庇果尼(Epigoni)②,誓言要为他们的父亲报仇雪耻,决定团结一致对底比斯发动战争,还从阿波罗神庙得到神谶的指示,他们要想征服那座城市,必须推举安菲阿劳斯之子阿尔克米昂担任最高指挥官。等到阿尔克米昂负起成败的重责大任,就对有关攻打底比斯的作战行动,要求神明给予明确的答复,还有就是惩处他的母亲伊瑞菲勒,是否应该听从父亲的遗言。阿波罗的答复是他必须执行两个任务,不仅伊瑞菲勒接受金项圈造成他的父亲死于非命,还有她接受一件长袍使得自己的儿子无法善终。

因为传说提到古代的阿芙罗狄忒,将项圈和一件长袍当成礼物送给卡德穆斯的女儿哈摩妮娅,现在伊瑞菲勒分别从波利尼西斯手里接受项圈,以及从波利尼西斯之子瑟山德鲁斯(Thersandrus)的手里接受长袍,瑟山德鲁斯送他长袍的目的,是引诱她说服自己的儿子参加攻打底比斯的战争。阿尔克米昂集结来自亚哥斯和邻近城市的士兵,一支强大的军队在他的率领之下,出征前去讨伐底比斯。底比斯人列队出击引起一场大规模的会战,最后阿尔克米昂和他的盟军获得胜利;由于底比斯人在会战中处于劣势,所以很多市民丧生,已经落到毫无希望的境地。他们现在没有足够的力量进行抵抗,于是咨询预言者提里西阿斯(Teiresias),提出的建议是赶快逃离城市,他说只有这种办法才能保住性命。

---

① 根据雅典人的传说,帖修斯对底比斯发起战争,为了要对方归还七名阵亡人员的尸体,将他们埋葬在伊琉西斯。雅典人对于这种仁至义尽的行为感到骄傲,希罗多德《历史》第9卷第27节特别提到这件事,欧里庇德斯的《哀求者》(*Suppliants*)和伊斯启卢斯已经逸失的悲剧《伊琉西斯人》(*Eleusinians*),都用这方面的情节作为主题。

② Epigoni 意为"后裔子孙";成套的"史诗"题材之一,用来诉说他们对底比斯的攻讦。

卡德穆斯的后裔子孙只有离开城市,完全遵从预言者的规劝,到了夜晚在皮奥夏的泰尔丰萨姆(Tilphossaeum),大家聚集起来获得安全的保护。伊庇果尼占领城市大肆掠夺,提里西阿斯的女儿达夫妮(Daphne)成为俘虏,遵从某种誓言的规定,把她当成头批奉献给上苍的战利品,要她终生在德尔斐的神庙服侍神明。明慧的少女拥有预言的本事不亚于她的父亲,停留在德尔斐的学习期间,技巧的增进达到炉火纯青的程度;再者,她凭着天赋的才华和高尚的美德,写出各式各样的神谶覆文,优美辞章超越当代的词人雅士;他们说诗人荷马模仿她的作品,始能达到出凡入胜的水平。她在口述神谶的时候像是灵感上身的模样,他们说她被人称为西比拉(Sibylla),一个人的舌头受到神灵的感应,就用 sibyllainein 这个词来表示。

67 伊庇果尼的作战行动获得响亮的名声,带着大批战利品返回家乡。卡德穆斯的后裔成群结队逃到特尔丰萨姆,提里西阿斯就死在该地,他们为他举行盛大的葬礼,把他当成神明一样顶礼膜拜;他们为了自己的利益,离开城市进军前去讨伐多里斯人,在会战中击败这些对手,把当地的居民赶出家园①,然后他们在那里安顿下来,有些人做定居的打算不再搬迁,有些人在明尼西乌斯(Menoeceus)的儿子克里昂成为国王的时候又回到底比斯。那些被迫离开故乡的人,重返多里斯的时间还要更后面一点,他们在伊瑞奈斯(Erineus)、赛蒂尼姆(Cytinius)和皮乌姆(Boeum)这三座城市找到栖身之地。

发生这些事件之前那段时间,阿娜(Arna)和波塞冬的儿子皮奥都斯(Boeotus)来到一个地方,后来被称为伊奥利斯(Aeolis),也就在现在的帖沙利,对于追随他的群众把他们称为皮奥夏人。有关伊奥利斯的居民,我

---

① 多里斯。

们必须回归更早的时代，对他们做更详尽的报道。我们要讨论在那个时代之前，除了伊奥卢斯(Aeolus)的儿子以外其余的人物，须知伊奥卢斯是海伦的儿子，而海伦又是丢卡利翁的女儿，定居在我们提过的地区；密玛斯(Mimas)的在位还要更晚一些，顶着伊奥利斯国王的头衔进行统治。

密玛斯有一个儿子名叫希波底(Hippotes)，娶麦兰尼庇(Melanippe)为妻生下伊奥卢斯，阿娜是伊奥卢斯的女儿，她为波塞冬生下皮奥都斯。伊奥卢斯不相信波塞冬与阿娜有染，始终责备她的自甘堕落，就把她交给一个来自梅塔朋屯(Metapontium)的外乡人，这个人正好逗留在此地，命他立刻把阿娜带到梅塔朋屯。这位外乡人奉命行事，于是阿娜住在梅塔朋屯生下伊奥卢斯(用她父亲的名字)和皮奥都斯，带她来此地的梅塔朋屯人没有子女，于是遵从神谶的指示，收养两兄弟当成自己的儿子。等到男孩长大成人，梅塔朋屯发生内乱使得两兄弟靠着暴力夺取王位。

不过，后来阿娜和梅塔朋屯人的妻子奥托利特(Autolyte)发生争执，年轻人站在母亲一边杀死奥托利特。梅塔朋屯人对于残暴的行为极其痛恨，准备好船只将阿娜劫走，在很多朋友的追随之下出海远逸不知所终。伊奥卢斯拥有第勒尼亚海一些岛屿，后来被人称为伊奥利亚(Aeolia)群岛，他建立一座城市命名为黎帕拉(Lipara)①；皮奥都斯向家乡航行投靠阿娜的父亲伊奥卢斯，受到收养继承他的外祖父登上宝座；为了纪念他的母亲就将这个地区命名为阿娜；至于皮奥夏人成为当地的居民还是以后的事。

皮奥都斯之子埃托努斯(Itonus)有四个儿子：海帕西穆斯(Hippalcimus)、伊里克特里昂(Electryon)、阿契利库斯(Archilycus)和阿勒吉诺尔(Alegenor)。海帕西穆斯的儿子是佩尼勒斯(Peneles)，伊里克特里昂的儿子是利都斯(Leitus)，阿勒吉诺尔的儿子是克洛纽斯(Clonius)，阿契利库

---

① 狄奥多罗斯在本书第五章第7节，提到这座城市的名字叫作黎珀鲁斯(Liparus)。

斯的两个儿子是普罗昔诺尔(Prothoenor)和阿昔西劳斯(Arcesilaus),他们在远征特洛伊的作战行动当中,都是皮奥夏部队的领导人物。

68 我们在检视这些事件的时候,应该尽力叙述与萨尔摩尼乌斯(Salmoneus)和泰罗(Tyro)有关的实情,以及到尼斯特为止的后代子孙,尼斯特参加了攻打特洛伊的战役。萨尔摩尼乌斯是伊奥卢斯的儿子,家世可以追溯到他的祖母海伦和更上一辈的丢卡利翁,他奉派带领一群人离开伊奥利斯到其他地方去移民,于是他在伊利斯的阿尔菲乌斯河畔建立一座城市,就用自己的名字称之为萨尔摩尼亚(Salmonia)。他娶阿琉斯(Aleus)的女儿亚西迪丝(Alcidice)为妻,生下一位名叫泰罗的女儿,以容貌艳丽著称于世。萨尔摩尼乌斯在亚西迪丝过世以后再娶西迪罗(Sidero)为第二任妻子,据说她是一位标准的后母,对待泰罗不怀好心善意。后来萨尔摩尼乌斯的为非作歹和邪恶天性,受到所有臣民的痛恨,特别是他犯下不敬天神的罪行,被宙斯用一道闪电击毙。

就在发生这些不幸事件的时候,泰罗还是处女之身,波塞冬与她结合生下两个儿子珀利阿斯和尼琉斯。后来泰罗嫁给克里修斯生下阿米萨昂(Amythaon)、菲里斯和伊森。克里修斯过世以后珀利阿斯和尼琉斯为了争夺王位引起激烈的冲突。两兄弟当中的珀利阿斯成为统治爱奥库斯和邻近区域的国王,尼琉斯伙同米连帕斯(Melampus),还有阿米萨昂和阿格拉伊娅(Aglaia)的儿子毕阿斯(Bias),一些弗昔奥蒂斯(Phthiotis)的亚该亚人以及伊奥利斯人,进军伯罗奔尼撒地区发动了一场战争。

米连帕斯是一位预言者,治愈了亚哥斯一群发疯的妇女,那是愤怒的狄俄尼索斯施加在她们身上的惩罚;亚哥斯国王麦加平则斯(Megapenthes)之子安纳克萨哥拉斯(Anaxagoras)为了报答这番恩德,非要他接受整个王国三分之二的疆域不可;米连帕斯就将家搬到亚哥斯,与他的兄弟毕阿斯分享统治的王权。他娶麦加平则斯的女儿伊斐阿妮拉(Iphi-aneira)为妻,为他生下安蒂法底(Antiphates)和曼托(Manto),还有毕阿斯和普罗妮(Pronoe);后来安蒂法底的妻子是希波库恩的女儿朱克西庇(Zeuxippe),得到的子女是厄克利和安法西斯(Amphalces);再下一代的厄克利和帖司庇乌斯的女儿海帕姆尼斯特拉(Hypernmestra)结成连理,他们的后代是伊斐阿妮拉(Iphianeira)、波利比亚(Polyboes)和安菲阿劳斯。

现在米连帕斯和毕阿斯两兄弟和他们的后裔,正如我们所说的那样,在亚哥斯一直享有国王的权势;尼琉斯与同伴到达梅西尼(Messene)以后,土著供应他所需要的领地,可以建立一座名叫皮卢斯的城市。他成为城邦的国王,娶底比斯人安斐昂的女儿克洛瑞斯(Chloris)为妻,她为他生下十二个儿子,其中年龄最大者是伯里克莱米努斯(Periclymenus),尼斯特是最小的儿子,曾经参加讨伐特洛伊的远征行动。

对于尼斯特的祖先我们已经尽可能交代明白,并且用恰如其分的篇幅加以叙述。

69 按着次序我们要谈一谈拉佩兹人和马人。奥逊努斯(Oceanus)和特齐斯(Tethys)养育无数的儿子,拿他们的名字来为河流命名,其中一位是佩尼乌斯,帖沙利的佩尼乌斯河就是明显的例子。佩尼乌斯与名为克留萨(Creusa)的宁芙有了私情,得到两个子女海普修斯(Hypseus)和司蒂比(Stilbe),阿波罗与司蒂比发生关系生下拉佩则斯(Lapithes)和森陶鲁斯(Centaurus)。要是就这两位来说,拉佩则斯在佩尼乌斯河附近建立了家园,统治周边广大的区域,娶优里诺穆斯(Eurynomus)的女儿奥西诺美(Orsinome)为妻,为他生下两个儿子福巴斯和佩瑞法斯(Periphas)。

这两兄弟都成为这个地区的国王,所有的人民因为拉佩则斯的关系被称为"拉佩兹人"。至于拉佩则斯的两位儿子,福巴斯前往渥勒努斯,在那个城市受到伊利斯国王阿勒克托(Aletor)的召唤,因为阿勒克托害怕庇洛普斯的武力吞并,只要福巴斯出马鼎助,就愿意与他共享伊利斯的统治权力;福巴斯有两个儿子伊吉乌斯和阿克托,先后登基成为国王。拉佩则斯另外一位儿子佩瑞法斯,娶了海普修斯的女儿阿斯提奎娅(Astyaguia),她为他生下八个儿子,长子安蒂昂与阿米萨昂的女儿伯瑞美拉(Perimela)私通,生下埃克赛昂。

故事继续叙述下去,埃克赛昂向艾奥尼乌斯(Eioneus)求亲,答应奉上很多礼物,才能与艾奥尼乌斯的女儿戴娅(Dia)结成连理,得到派瑞索斯这个儿子。后来埃克赛昂没有履行求亲的承诺,艾奥尼乌斯抢走他的一群母马,作为偿还债务的抵押品。埃克赛昂请求艾奥尼乌斯前来相见,保证在各方面都顺从他的条件,就在艾奥尼乌斯抵达以后,就把他抓住投入冒着烈焰的火坑。由于他犯下十恶不赦的罪行,据说没有任何人愿意为他的谋财害命举行禳祓的仪式。

不过,神话详述这件事的始末,最后还是宙斯洗净他在凡间的罪孽。他对赫拉起了爱慕之情,用不自量力的冒失行为向她献殷勤。据说宙斯将一朵云变幻为赫拉的形状来到他的面前,埃克赛昂与尼菲勒(Nephele)[①]交媾生出一群马人,他们说因而马人才拥有人的面貌。神话提到埃克赛昂的结局,因为犯下滔天大罪,所以死后被宙斯绑在轮架上面接受永恒的惩罚。

70 依据某些作者的说法,马人在佩利昂山受到宁芙的抚养,等到他们长大成人会与母马交配,就会生下希波森陶尔(Hippocentaur),他们用这个名字称呼具备两种形态的造物;其他作者认为只有埃克

---

① Nephele 的字义是"云"。

赛昂和尼菲勒所生的马人才是希波森陶尔,他们在开始的时候想要精通骑术下了很大的工夫,后来出于神话的以讹传讹和夸大其词,才把他们当成具备两种形体的怪物。我们还听说马人向派瑞索斯提出请求,他们拥有合法的继承权利,应该分享他们的父亲遗留下来的王国①。而派瑞索斯坚绝不同意,他们就对他和所有的拉佩兹人发动战争。

记载接着叙述下去,随后他们平息彼此的争端,派瑞索斯要娶布提斯的女儿希波达美娅为妻,邀请帖修斯和马人参加婚礼。粗野的马人在酒醉以后侵犯女性宾客,运用暴力要与她们从事性行为,帖修斯和拉佩兹人深恶痛绝无法无天的行为,有不少马人当场被杀,余众都被逐出城市。后来马人聚集全部力量前去攻打拉佩兹人,后者处于劣势以致很多人丧失性命,余众逃进位于阿卡狄亚的福洛伊山,最后为了避险迁到马利亚角,在那里重新建起他们的家园。马人为他们的成功感到得意扬扬,就把福洛伊山当成他们为非作歹的基地,抢劫从旁边经过的希腊人,很多邻居遭到他们的迫害②。

71 我们为了检视这些事件,当前的对象是阿斯克勒庇斯(Asclepius)和他的后裔子孙,尽力据实叙述相关的事迹。神话有这样的说法:阿斯克勒庇斯是阿波罗和科罗尼斯(Coronis)的儿子,拥有天赋的才华和敏锐的心智,致力于医疗科学和临床诊断,有很多发明对于人类的健康做出很大的贡献。他走上成名的道路给众人带来难以置信的惊奇,治愈很多已经宣告绝望的病患,让人相信他可以生死人而肉白骨。

神话的叙述继续下去,哈迪斯当着宙斯的面攻击阿斯克勒庇斯,指控

① 埃克赛昂是马人也是派瑞索斯的父亲。

② 狄奥多罗斯在前面这段文字的叙述,与传统的说法大相径庭,像是马人而不是拉佩兹人赢得胜利,以及是拉佩兹人而不是马人在马利亚角重建家园。

他的行为侵犯到他的领域，说是在阿斯克勒庇斯的妙手回春之下，来到地狱的死者数量已经明显减少。这使得宙斯出于一时恼怒用雷霆将阿斯克勒庇斯殛毙，阿波罗感到气愤杀死为宙斯锻炼雷电的赛克洛庇斯（Cyclopes）；宙斯为赛克洛庇斯的无辜受害极其恼怒，下令阿波罗为他犯下的罪行接受惩罚，成为一个劳动者给人类提供服务。

我们还听到更多的消息，说是阿斯克勒庇斯的两个儿子马查昂（Machaon）和波达利流斯（Podaleirius），全部精通医术，陪伴阿格曼侬远征特洛伊。战争期间他们对希腊人做出最大的贡献，运用高明的技术治疗受伤的人员，广施恩泽获得响亮的名声和一致的赞誉；再者，两位在瘟疫流行期间更是活人无数，可以免除会战带来的危险和市民应尽的义务①。

有关阿斯克勒庇斯和其子的记载，我们对种种说法应该感到满意。

72 我们现在要详述阿索帕斯之女和伊阿库斯之子的相关事迹。依据神话得知奥逊努斯和特齐斯有一大群子女，他们的名字用于河流的命名上面，其中两位是佩尼乌斯和阿索帕斯。佩尼乌斯在帖沙利成家立业，就让附近一河流使用自己的名字；阿索帕斯在弗留斯（Phlius）建立家园，娶拉顿（Ladon）的女儿米托庇（Metope）为妻，生下两个儿子佩拉斯古斯（Pelasgus）和伊斯门努斯（Ismenus），以及十二个女儿科孚（Corcyra）和萨拉密斯（Salamis），还有伊吉纳（Aegina）、派里尼（Peirene）和克里奥纳（Cleona），然后是娣布（Thebe）、坦纳格拉（Tanagra）、帖司庇亚（Thespeia）、阿索庇斯（Asopis）和夕诺庇（Sinope），最后是欧尼亚（Ornia）

① 古代的希腊城市提到应尽的义务，通常是富裕的市民轮流出钱做一些与公益有关的事，像是举办和维持宗教方面的活动、训练合唱队参加戏剧的演出，以及组成火炬接力赛跑的队伍，等等。

和卡尔西斯(Chalcis)①。

他有一个儿子伊斯门努斯来到皮奥夏,就在河边定居下来,还让这条河使用他的名字;至于他们的女儿,阿波罗抢走夕诺庇带到一个地方,现在那里有一个城市,因为她而得名叫作夕诺庇;她为阿波罗生了一个儿子叙鲁斯(Syrus),成为叙利亚人的国王,那个地区和人民都袭用他的名字。波塞冬劫持科孚带到一个海岛上面,那个岛屿就用科孚作为名字;她为波塞冬生了一个儿子名叫斐亚克斯(Phaeax),这是斐亚赛人(Phaeacians)得名的来源。斐亚克斯的儿子是亚西诺斯(Alcinous),奥德赛在他的馈赠和欢送之下返回伊色克②。萨拉密斯被波塞冬抢走带上海岛,这个岛从她得名叫作萨拉密斯;她与波塞冬同床共寝生下一个儿子西克里乌斯(Cychreus),后来成为这个海岛的国王,当时有一条巨蛇吞食当地的居民,他除去这个祸害赢得响亮的名声。宙斯在弗留斯劫持伊吉纳将她带到一个因她而得名的海岛,她与宙斯发生关系,就在岛上为他生下一个名叫伊阿库斯的男孩,后来成为这个岛屿的国王。

伊阿库斯有两个儿子佩琉斯和特拉蒙。就这两兄弟来说,佩琉斯抛掷铁饼,无意中杀死同父异母兄弟福库斯(Phocus),被他的父亲放逐流亡到菲昔亚(Phthia),就是现在的帖沙利,菲昔亚国王阿克托为他禊禳洗净罪孽,因为阿克托没有子女,就让他继承王位。佩琉斯娶妻帖蒂斯(Thetis)生下阿基里斯,这个儿子后来伴同阿格曼侬发起远征前去攻打特洛伊。特拉蒙也是伊吉纳的流亡分子,前往萨拉密斯娶国王西克里乌斯的女儿格劳斯为妻,能够接位成为岛屿的国王。他的妻子格劳斯过世以后,再与雅典人阿尔卡朱斯的女儿伊瑞卑娅结婚,有一个名叫埃杰克斯(Ajax)的儿子,后

---

① 十二个女儿的名字为希腊最主要的岛屿和城市所袭用。
② 参阅荷马《奥德赛》第 13 卷第 1 行及后续各行。

来参加远征作战前去讨伐特洛伊。

73 我们已经将这些问题交代得清清楚楚,现在要尽力叙述有关庇洛普斯(Pelops)、坦塔卢斯(Tantalus)和厄诺茅斯(Oenomaus)等人的事迹,要想完成这个任务,我们必须转往更早的时代,从开始对整个案情做一个简要的记载:伯罗奔尼撒半岛有一座城市名叫比萨(Pisa),阿瑞斯在那里与阿索帕斯的女儿哈庇妮(Harpine)发生关系,生下一个儿子厄诺茅斯,后来厄诺茅斯只有一个小孩,就是名叫希波达美娅(Hippodameia)的女儿。有次他想要知道自己的运道求得一份神谶,神明的指示是他的女儿希波达美娅只要结婚,他就会失去性命。

据说他对女儿的婚姻抱着小心翼翼的态度,决定让她保持处女之身,这样才会避免大难临头的危险。等到出现很多求婚者想要娶美丽的少女为妻,他为此订出一个竞赛办法,条件是失败的求婚者要被处死,只有获胜的人能与他的女儿结成连理。这是一场从比萨到位于科林斯地峡的波塞冬祭坛之间的赛车①,安排的程序有如下述:厄诺茅斯向宙斯献祭一只公羊,求婚者驾驭一辆四匹马拖曳的赛车,现在就可以先行出发;然而厄诺茅斯要等献祭完毕,开始出赛就在求婚者的后面追赶,他的手里拿着一根长矛,迈尔蒂拉斯(Myrtilus)出任他的驭手,如果他赶上正在追逐的赛车,就用长矛猛刺求婚者,当场将他杀死。他用来拖曳战车的马匹脚程极其快捷,使得求婚者难逃毒手,有很多人命丧黄泉。

这时坦塔卢斯的儿子庇洛普斯来到比萨,见到希波达美娅惊为天人,一心想要娶她为妻,于是买通厄诺茅斯的赛车驭手迈尔蒂拉斯,只有两人的配合无间,厄诺茅斯才有赢得胜利的希望,现在迈尔蒂拉斯的放水,使得庇洛普

---

① 两地之间的直线距离大约 18 英里,只是没有直通的道路。

斯领先抵达位于地峡的波塞冬祭坛。厄诺茅斯相信神谶的预言就会实现,忧伤使他感到沮丧最后只有自求了断。庇洛普斯用这种伎俩能与希波达美娅结婚,继承比萨的最高统治权;后来靠着英勇和智慧,拥有半岛最大部分的领土和人民,这块面积广大的陆地用他的名字称为 Peloponnesus①。

74 我们已经提过庇洛普斯,有关他的父亲坦塔卢斯,我们也要加以叙述,凡是值得知道的事情总以全般托出为佳。坦塔卢斯是宙斯的儿子,拥有惊人的财富和声望,家园在亚洲的部分现在被称为帕夫拉果尼亚(Paphlagonia)。高贵的家世和来自宙斯的血统使得他成为诸神的朋友。后来他对作为凡人能拥有运道已经感到无法满足,由于他经常与神明有亲密的交谈,就把上天发生的事务泄露给众人得知。他的大不敬行为受到哈迪斯的谴责,根据神话的记载,无论是生前还是死后都要受到永恒的惩罚。

他有一个儿子庇洛普斯和一个女儿尼欧比(Niobe),后来尼欧比成为七个儿子和七个女儿的母亲,这些儿女都是英俊的青年和美貌的少女。她为自己有众多的后裔感到无比骄傲,经常吹嘘说是就这方面而言较之勒托(Leto)②更有福气。神话的说法是勒托听到无礼的卖弄火冒三丈,指使他的一对金童玉女阿波罗和阿特米斯,用弓箭分别射杀尼欧比的七个儿子和七个女儿③。就在这两位神明接受母亲的命令,要对尼欧比的儿女痛下毒手的同时,可怜的妇女在顷刻之间从拥有子女环膝的福分,变成无儿无女的悲惨下场。坦塔卢斯惹起神明对他的敌视,就被特罗斯(Tros)之子伊卢

---

① Peloponnesus 意为"庇罗普斯之岛"(Island of Pelops)。
② 勒托是阿波罗和阿特米斯的母亲。
③ 荷马《伊利亚特》第 24 卷第 604—605 行有这样的诗句:"不幸妇女所生六个儿子和六个千金,全部遭到射杀,正当风华茂盛的年龄。"只是数目不对,令人感到奇怪。

斯(Ilus)赶出帕夫拉果尼亚,我们要对提到的伊卢斯和他的祖先做出更详尽的介绍。

75 第一位如同国王统治特洛伊广大疆域的是图克鲁斯(Teucrus),他是河神斯坎曼德鲁斯(Scamandrus)和爱达山某位宁芙①的儿子,成为当代名望显赫的人物,那片土地上面的居民因为他的名字被称为图克里亚人(Teucrians)。国王有一个女儿贝特娅(Bateia),嫁给宙斯的儿子达达努斯(Dardanus),等到达达努斯继承王位,领土上面的人民因为他的名字叫作达达尼亚人,他在海边建立的城市同样使用达达努斯这个名字。他有一个儿子名叫伊瑞克苏纽斯(Erichthorius),拥有无往不利的运道和点铁成金的财富。荷马为他写出这样的诗句②:

> 他是世上最富有的人,
>
> 仅是水草丰盛的草原,
>
> 放牧为数三千的马群。

伊瑞克苏纽斯有一个儿子特洛斯,后来他用自己的名字,把这片土地上面的居民称为特洛伊人。特洛斯的三个儿子是伊卢斯、阿萨拉库斯(Assaracus)和刚尼米德(Ganymedes)。伊卢斯在一块平原上面建立了一座城市,就拿奠基者的名字称为伊利姆(Ilium),在特罗德地区众多城市当中享有响亮的名气。伊卢斯有一个儿子劳米敦,后者得到两个儿子继承香火,就是泰索努斯(Tithonus)和普瑞安;泰索努斯对位于亚洲的东边部分发动

---

① 后来知道这位宁芙名字叫爱迪娅(Idaea)。

② 荷马《伊利亚特》第20卷第220—222行。

了一场战争,将那里的居民赶到遥远的埃塞俄比亚①。

神话提到伊奥斯(Eos)给他生了一个儿子门侬(Memnon),他加入特洛伊的阵营为阿基里斯所杀;普瑞安娶赫卡比(Hecabe)为妻,为他生下为数众多的子女,其中以赫克托(Hector)在特洛伊战争中最为显赫。阿萨拉库斯成为达达尼亚国王,有一个名叫卡皮斯(Capys)的儿子,后来阿芙罗狄忒为卡皮斯之子安契西斯(Anchises)生下一个儿子埃涅阿斯(Aeneas),后者在特洛伊人当中真是赫赫有名的人物。刚尼米德是一位英俊潇洒的美少年,诸神将他掳走送给宙斯担任执杯者。

我们经过一番检视,就将提到的迪达卢斯、迈诺陶尔以及迈诺斯为了攻打科卡卢斯王在西西里的远征行动,全部再详尽加以叙述。

76 迪达卢斯是雅典人,出身知名的伊里克修斯家族(Erechthids),他的父亲、祖父和曾祖分别是米森(Metion)、优帕拉穆斯(Eupalamus)和伊里克修斯(Erechtheus)。他的聪明才智远超过当代的人物,特别精通建筑术,还用大理石制作过很多雕像。他是一个发明家,创造出很多设备和技巧,对于他的艺术工作有相当大的贡献,有人居住的世界很多地区还有他兴建的重大工程,凡是见到的人无不啧啧称奇。他的雕塑一直受到后代的推崇,还为他杜撰了很多奇特的故事;他们说这些作品可以视物和行走,保有整个身体的特质和机能,看到的人认为他已经把生命授予这些木雕泥塑的东西。他是第一位让雕像有睁开的双眼和向外伸展的手臂,以及两只脚前后分离像是迈步前进,生动而灵巧的模样,从而受到世人赞誉之人;在他以前的艺术家制作的人像,都是闭着眼睛,手臂下垂贴在身体的两侧。

---

① 应该是亚述(Assyria)才对;参阅本书第二章第22节及注释。

迪达卢斯即使拥有高超的技巧成为众人赞誉的对象,也仍然会从自己的家园逃走,因为下面的缘故犯下谋杀的罪行。塔洛斯(Talos)是迪达卢斯姐姐的儿子,当他在自己的舅舅家中接受教育的时候,还是一个年轻的小伙子;只是他比起老师拥有更高的天赋和才华,陶匠使用的转盘就是他的发明;有次他凑巧得到一具蛇的下颌骨,认为蛇有环齿状的牙床,可以锯小片的木头,模仿它的结构用铁制造了一个锯子,用来处理巨大的木材用在他的作品上面,这项技艺使他变得远近知名,特别是这一类的器械对于建筑术的发展有很大的贡献。他的发明还有用来画一个圆周的工具,以及其他各种精巧设计的装置,能够获得更大的声誉。

迪达卢斯对这个年轻人产生了嫉妒的心理,感觉到他的名气逐渐要远超他的师傅,便使出奸诈的手段杀死身为近亲的后起之秀。就在埋葬尸体的行动被人发觉的时候,问起埋在土里的是什么东西,他的回答是:"我在埋一条蛇。"从而让人感到惊奇会有怪异的事件发生,同样一种动物能够激发人的脑力用来发明锯子,也可以变成揭发谋杀行为的工具。迪达卢斯成为犯下重罪的被告,受到阿里奥帕古斯(Areopagus)法庭定谳的宣判,刚开始他逃到阿提卡一个"德谟"去避难,据说以后这里的居民得到"迪达卢斯同路人"①的称呼。

77 后来迪达卢斯从阿提卡逃到克里特岛,高超的技艺受到大家的赞誉,成为克里特国王迈诺斯的朋友。按照神话流传下来的故事,说是迈诺斯的妻子帕西菲爱上公牛,迪达卢斯运用构思制作出一个母牛的模型,让帕西菲藏在里面可以满足她那令人吃惊的性欲。为了解释如此怪诞的情节,神话提供下面的记载:迈诺斯总是遵照传统的习俗,每

---

① 其实这些居民都是迪达卢斯的后裔子孙。阿提卡有一个区就用迪达卢斯作为名字,主要组成分子都是工匠,他们自称是迪达卢斯的后代。

年要将牛群当中当年出生、最为雄伟的公牛当作牺牲奉献给波塞冬,就在发生情况的那年,虽然出生了一条具备最佳条件的公牛,他却用卖相较差的一条来替代,波塞冬对于迈诺斯极其恼怒,于是诱惑他的妻子帕西菲爱上公牛。

迪达卢斯的创意制造的工具,使得帕西菲能与公牛交媾,生出在神话当中非常有名的迈诺陶尔。怪异的造物是两种体形的结合,躯干的上部直到肩膀为止是一头公牛,剩余的部分是一个人的头颅。故事提到为了藏匿可怕的怪物,迪达卢斯建造了一个迷宫,所有的通路非常曲折迂回,无法熟悉和加以辨别,很难找到出口的位置;迈诺陶尔存身在迷宫里面,吞食雅典送来的七个少年和七个少女,我们在前面已经提过①。

他们还说迪达卢斯知道迈诺斯因为他制造母牛的模型,受到即将丧失性命的威胁,害怕国王怒气发作要离开克里特,帕西菲伸出援手供应船只用于逃走。他的儿子爱卡鲁斯(Icarus)始终与他在一起,有次船停在大海当中一个岛屿的旁边。爱卡鲁斯过于莽撞要下船登陆去游历一番,竟然失足跌落海中淹毙,为了纪念他将这个海洋取名为爱卡瑞安海(Icarian Sea),这个岛屿被称为爱卡里亚(Icaria)岛。迪达卢斯扬帆离开以后在西西里登陆,上岸的地区是在科卡卢斯(Cocalus)的统治之下,这位国王对于迪达卢斯非常礼遇,因为他的才智和名声把他视为亲近的朋友。

某些神话作者有这样的记载:迪达卢斯仍旧能在克里特逗留一段时间,那是帕西菲将他藏得非常隐秘的关系,身为国王的迈诺斯急于报复却无法将他找到,所以对岛上所有的船只都会仔细搜查,任何人通风报信抓住迪达卢斯,就会得到大笔赏金。迪达卢斯靠着船只逃走的希望完全断绝,于是发明了一种非常灵巧的翅膀,精密的设计是用蜡将各部分黏合起

---

① 参阅本章第61节。

来,将它紧紧绑在儿子的身上,还有他自己也是如此,翅膀向外伸展就飞了起来,让所有的人大为惊讶,他们的逃走是从上方越过广阔的海洋,克里特岛就躺在宽阔的怀抱之中。年少无知的爱卡鲁斯飞得太高,等到将双翼各部分结合在一起的蜡,受到太阳的热力融化,他就从高空坠落大海;迪达卢斯的飞行接近海洋,还一再将翅膀弄湿,使得他能安全抵达西西里。虽然这是一个非常奇妙的神话故事,但我们认为略而不提并非上策。

78 迪达卢斯为科卡卢斯和西堪尼人花费很多的时间,独到的创作和熟练的技艺使他广受各方的赞扬,他在这个岛上构建的工程,有些还能巍然矗立直到今日。例如,靠近麦加瑞斯(Megaris)精心建造的 kolumbethra①,人们用一条大河的名字将它称为阿拉朋(Alabon),这条河流在不远处注入大海。据说他在当前阿克拉加斯境内的卡米库斯(Camicus)河②上游,一个巨岩上面建起一座城市,成为西西里最坚固的据点,军队使用任何攻击方式都不可能夺取;要经过一条向上攀登的通路,极其曲折而且窄狭,形势的险要真可以说是"一夫当关,万夫莫开"。科卡卢斯在这座城市建造皇家的府邸,将他的财富存放在这里,设计者使得这个据点成为万无一失的汤池金城。

他的第三座建筑物位于塞利努斯的地区,那是一个地下洞室,燃烧的火产生的水蒸气很快排得干干净净,任何人只要经常留在洞室里面,热的作用很温和,使得身体会在不知不觉中流汗,逐渐会让自己放松感到舒适,他们用来治病而且不会因为热带来烦躁和郁闷。还有就是埃里克斯,那里有一座山岩急剧升起到相当高的高度,顶端的面积很狭小,还是可以兴建

---

① 意为"室内游泳池",或许是一种蓄水池或水库。
② 斯特拉波《地理学》第6卷第2节,提到科卡卢斯的"皇家府邸"被称为 Camici;卡米库斯是一条河流,也是一座城市的名字。

阿芙罗狄忒的神庙，就在悬崖上面建起一道墙，用这种奇特的方式让建筑物伸展出去，像是悬空挂在绝壁的上面。再者，他们说他为供奉在埃里克斯山的阿芙罗狄忒，精心制作了一头黄金的公羊，完全按照实物的比例成为非常完美的雕像。人们都说他还有很多的工程，散布在西西里全境，漫长的时间带来的侵蚀使得它们慢慢地消失。

79 那个时代的克里特国王迈诺斯是控制海洋的霸主，一旦得知迪达卢斯逃到西西里，便决定出兵前去征讨面积很大的岛屿。一支壮观的水师完成准备，他发航离开克里特，登陆在阿克拉加斯的疆域之内某一个地方，后来因为他的关系被称为迈诺亚（Minoa）。他的部队下船派出信差通知科卡卢斯，把迪达卢斯交出来接受惩罚。身为国王的科卡卢斯邀请迈诺斯当面磋商，会后给予承诺必定满足所有要求，将他当成贵宾在自己的家中款待，趁着迈诺斯沐浴的时候，把他浸在滚水当中害死；他将遗体交还克里特人，给予的解释是他在浴室滑倒跌进滚热的水池致死。

迈诺斯的部属为了埋葬国王举行盛大的祭礼，构建了一座两层的陵墓，他们将骨骸放在隐藏地下的部分，上面是显现在众人面前的阿芙罗狄忒神庙①。迈诺斯在那里接受大家的顶礼膜拜已经有很多世代，大家始终把他的葬身之所当成阿芙罗狄忒的神龛，地区的居民用牺牲向他献祭。到了晚近的时代阿克拉加斯人兴建城市以后，因为发现留在那里的遗骨，市民通过提案要拆除陵墓，将骨骸归还克里特人，办理这件事情的时候，瑟隆

---

① 这个建筑物位于克里特的诺苏斯，上层的外形像是一座神庙，下层结构成为一个陵墓，参阅伊文思爵士（Sir A.Evans）《迈诺斯的宫殿》（*The Palace of Minos*）第 4 卷第 959 页及后续各页；神庙里面祭司的住处离坟室很近。这方面的考古发现对于古代的罗曼史英雄故事，提供了很多值得参考的细节部分。

（Theron）①作为领主统治阿克拉加斯的人民。

不过，西西里的克里特人在迈诺斯死后没有统治者，因而陷入党派的倾轧之中，他们的船只为科卡卢斯手下的西西里土著纵火烧掉，已经不再抱返回祖国的希望；决定在西西里重整安身立命的家园。一部分人在岛上兴建了一座城市，为了纪念他们的国王命名为迈诺亚，还有一些人在岛屿的内陆到处漫游，占领一处形势非常险要的地方，就在那里建立名叫英吉姆（Engyum）②的城堡，那是因为有一道温泉从城中流出。

后来又过了相当时间到了特洛伊被攻占的年代，克里特人默瑞欧尼斯（Meriones）来到西西里的海岸，彼此之间有亲戚关系所以受到欢迎，登陆以后大家相处非常融洽，就让来人分享市民的权利。守备森严的城市被当成基地，用来征服邻近地区的民族，管辖的面积越来越广阔，城市稳定发展变得更为强大，他们兴建大地之母③神庙，祭祀的神明享有最高的尊荣，各式各样还愿的供品将整个庙宇装饰得花团锦簇。很多人提到女神的祭典仪式，全都来自克里特的家乡，因为克里特人对这位女神极其礼遇。

80 有关大地之母的记载保存在神话上面有如下述：古老的时代大地之母抚育宙斯，人们对他的父亲克罗努斯（Cronus）毫无所知，宙斯为了回报父子之情，将他送上天变成大熊星座。阿拉都斯（Aratus）认同这些记载，就为闪烁的星辰写出这首诗④：

①　瑟隆亡故于公元前 472 年，他已经在阿克拉加斯做了 16 年的僭主；参阅本书第十一章第 53 节。
②　普鲁塔克《希腊罗马名人传》第 8 篇第 2 章"马塞拉斯"第 20 节也提到这座城市，说是有位被称为"大地之母"的女神在此显灵。
③　西西里人与克里特人的不同之处，在于前者膜拜的对象是有"诸神之母"称号的雷亚（Rhea）。
④　阿拉都斯《自然现象》（Phaenomena）第 30—36 行。诗中提到狄克顿（Dicton）是抚养宙斯的地方；丘里底（Curetes）是泰坦神的后代，如同宁芙是山林水泽的半神。

转过身在他们的肩膀上方是大熊星座，

如果确有其事那是大能的宙斯愿意将

他们从克里特提升到高高在上的天国。

那时他是婴儿放在芬芳四溢的狄克顿，

靠近爱达山有一个深邃而隐匿的山洞；

丘里底在其中抚养他将近一年的时光，

用来欺骗克罗努斯免得宙斯受到吞噬。

对于女神的圣洁和享有人类的膜拜，我们没有道理加以漠视或者略而不提。他们受到的推崇不仅来自城市①的居民，还有邻近地区的群众，他们用场面壮观的奉献牺牲和推崇礼遇的方式，让女神获得最高的荣耀。有些城市从阿波罗神庙获得神谶，根据他的指示来颂扬女神的仁慈，用这种方式可以确保所有的市民获得好运和福气，他们的城市繁荣而且发达。最后女神的名声高升到无法比拟的程度，地区的居民直到写作本书的时代，还不断地用黄金和白银作为还愿的奉献和祭品。

居民要为大地之母盖一座神庙，规模极其庞大，建筑的花费更是惊人，当地没有适合的石材可用，就要从他们的邻人亦即阿捷里姆（Agyrium）②那里购买，虽然两座城市相距大约一百斯塔德，道路崎岖不平，要想穿越非常困难。因此他们造了四个轮子的大车，用一百对公牛运送石材。神庙的财产真是富甲天下，可以用来支付所有的工程宏伟的建筑，根本不考虑费用的问题。就在不久之前，女神的名下拥有三千头圣牛，以及面积辽阔的土地，他们可以获得数额极其庞大的岁入。

---

① 指英吉姆。
② 阿捷里姆是狄奥多罗斯的出生地也是他的故乡。

81 我们已经用适当的篇幅论述这方面的问题,接着要撰写亚里斯特乌斯(Aristaeus)的事迹。亚里斯特乌斯是阿波罗和海普修斯之女塞伦(Cyrene)的儿子,这里提到的海普修斯是佩尼乌斯的儿子;至于亚里斯特乌斯的降生神话作家有这样的说法:塞伦的幼年时期在佩利昂山的邻近地区受到抚养,后来阿波罗爱上这位美艳动人的少女①,将她劫持带到利比亚某个地方,他在这里建立一座城市就使用塞伦这个名字。

塞伦就在该地为阿波罗生下一个儿子亚里斯特乌斯,然而阿波罗却将婴儿交给宁芙照应,山林水泽的精灵却给他取了三个不同的名字,就是诺米乌斯(Nomius)、亚里斯特乌斯和阿格里乌斯(Agreus)。他从宁芙那里学会如何凝结牛奶成块②、如何养蜂取蜜,以及如何栽种橄榄树,他成为第一位将这些本事教给人类的先知。世人从他那里接受恩惠,对他的顶礼膜拜如同神明,甚至可以用来比拟狄俄尼索斯所受的礼遇。

他们说这件事以后亚里斯特乌斯前往皮奥夏,娶了卡德穆斯一个名叫奥托妮(Autonoe)的女儿为妻,她为他生下一个儿子阿克提昂(Acteon),神话提到这个小孩被家里养的狗群咬死。何以会发生这种惨案,有人解释说是他借口向阿特米斯奉献狩猎的头批成果,打算在神庙与女神圆房建立婚姻关系,依据其他人士的说法,就是他自认是一个优秀的猎人,狩猎的技术方面远胜阿特米斯。何以致使女神火冒三丈,所提的两个理由并非无可置信。是否女神没有结婚的意愿,才让阿克提昂成为并不适当的牺牲品,是否亚里斯特乌斯过于鲁莽,甚至将女神视为对手公开宣称自己要技高一筹,所以大家认为女神的发怒有正当的理由。一般而论,我们相信神明将

_____

① 参阅品达《皮同赛会颂》(*Pythian Odes*)第 9 首第 5 页及后续各页,叙述阿波罗和塞伦的爱情故事。

② 制成奶酪。

这个小孩变成一个动物的形状，这种动物是他父亲经常出猎的目标，所以狗群将他视为猎物才会将他杀死。

82 亚里斯特乌斯在阿克提昂死后，我们听说他向他的父亲求取神谕指点迷津，阿波罗要他将家搬到西奥斯（Ceos）这个小岛上面，预言他在西奥斯人当中会受到原有的礼遇和尊敬。他乘船到达这个岛屿的时刻，整个希腊的黑死病流行情况非常严重，他为全体民众的健康向神明奉献牺牲。由于祭祀的时辰正逢希流斯（Sirius）星从东方上升，也是伊特西安（Etesian）季风吹起的时期，我们听说瘟疫平息下来即将绝迹。亚里斯特乌斯考虑这件事的发生是令人难以置信的奇迹，会给他的命运带来迥然相异的结局；这个人看到自己的儿子被狗群咬死，须知天上有着一颗同样名字的星①，大家认为希流斯星会造成世界的毁灭，他让明亮的天体丧失对其他星球的影响力，这样做才能拯救全人类于危亡之际②。

我们得知亚里斯特乌斯在西奥斯还有后裔子孙，返回利比亚再出发去帮助他那身为宁芙的母亲③，就在萨丁尼亚岛的海岸登陆。他接着把家安置下来，之所以会喜爱这个岛屿是因为它的风景极其美丽。他到处栽种树木和推广农耕，须知过去这里只是一片荒野。接着他又有了两个儿子查穆斯（Charmus）和凯利卡帕斯（Callicarpus）。后来他又游历其他的岛屿，花费一些时间停留在西西里，因为这里可以获得丰硕的收成，到处放牧为数众多的牛群和羊群，他乐于向当地的居民表示，要将他带来的恩惠赐给他们。大家提到亚里斯特乌斯在西西里的民众当中，接受的推崇和尊敬有如

---

① 希流斯星还有一个名字叫作天狼星（Dog-star）。

② 他能够拯救所有的人类，却无法让自己的儿子免予杀身之祸。

③ 前面一节提到亚里斯特乌斯受到"宁芙"的抚养，不能联想到他的母亲塞伦就是一位宁芙。狄奥多罗斯应该写成："亚里斯特乌斯受到一位宁芙的叮嘱，出发前去帮助他的母亲。"

他是一位神明,特别是那些收获橄榄树的果实,使得生活更加富裕的农人,对他更是顶礼有加。

最后如同神话提到的情况,他去拜访色雷斯的狄俄尼索斯,初次参加他的神秘仪式,趁着与神明做伴的机会,从他那里学到很多有用的知识。后来他在赫穆斯(Haemus)山的附近住了相当时间,已经隐居不再与世人来往,在地区的蛮族和全部的希腊人当中接受不朽的尊荣。

83 有关亚里斯特乌斯的各种说法,我们尽可能让大家感到满意,现在要多花一点工夫将达弗尼斯(Daphnis)和埃里克斯(Eryx)交代清楚。埃里克斯是阿芙罗狄忒和布塔斯的儿子,后者是西西里当地一位名声显赫的国王,埃里克斯因为母系的高贵出身,加上他是岛上统治一方的君主,当然会受到土著的齐声赞誉。他建立一座众所周知的城市用自己的名字作为称呼,所在的位置拔地而起形势险要,还在城内最高处①为自己的母亲建造了一座神庙,雄伟的建筑物装饰得美轮美奂,陈列着无数的奉献祭品。女神受到当地居民的顶礼膜拜,加上亲生儿子的尊敬推崇,所以对这座城市极其宠幸,从而她获得的称号是埃里克斯的阿芙罗狄忒。

一个人要是不再斤斤计较这座神庙为何会拥有无上的荣誉,心中就会产生一种不可思议的感觉;所有其他的圣地的确会获得突然兴起的声望,接着经常面临各式各样的际遇受到贬低的打击,仅仅只有这一座庙宇能够保持盛名于不坠,始终是大众心目当中最为尊敬的对象,随着时日的递遭更能踵事增华到难以形容的地步。就在埃里克斯获得我们提到的尊荣以后,等到更晚一点的时代,阿芙罗狄忒的儿子埃涅阿斯,在前往意大利的途

———————

① 就是埃里克斯山的山顶。

中,曾经停泊在这个岛屿,用很多还愿的奉献物装点祭祀他母亲的神庙;后来的西堪尼人很多世代以来,始终对于女神膜拜不绝,还能保持过去的传统,用大量的牺牲和祭品,使得它接受鼎盛的香火;接着是迦太基人入侵期间,他们成为拥有部分西西里的主人,还能让女神保持很特殊的地位和权力。

罗马人最后来到,他们征服整个西西里,比起以往的民族更能表现虔诚和信仰之心。他们理应如此,因为他们遵循祖先的传统对她顶礼膜拜,所以他们才会事事称心如意,后来罗马人的称霸天下可以说是对他亏欠良多,为了报答起见当然要表示感激和拥戴。例如,无论是执政官还是法务官前来巡视这个岛屿,以及那些谋得一官半职的人士停留此地,总要到埃里克斯随喜一番,用大量的祭品和崇高的名衔,把这个圣地装扮得花团锦簇,还要把权势的严肃面孔抛弃一旁,说些开玩笑的话或与妇女打情骂俏,只有用这种方式才能使女神感到愉悦。罗马元老院对于女神的礼遇和特权极其关切,曾经颁布敕令要西西里十七座对罗马最忠心的城市,缴纳税赋给阿芙罗狄忒必须用黄金支付,派遣两百名士兵担任神庙的护卫。

如果说我们对埃里克斯这个题材说得过于冗长,至少就女神而言是她应得的礼遇。

84 我们要对神话里面提到的达弗尼斯,就在此刻尽力描述一番。西西里的赫里亚山(Heraean Mountains)就各种自然条件来说,是最理想的避暑胜地。他们拥有很多水量充沛的甘泉,到处生长着各式各样的树木,这里有遍布乡野的橡树,硕大的橡实重量是别处的两倍。他们拥有栽培良好的果树,生长的情况完全按照他们的愿望,这里有面积广大的葡萄园,葡萄成熟以后甜美的滋味真是用言语难以形容。整个地区曾经养活一支迦太基人的大军,免予遭受饥荒的致命打击,山地有丰富的食物供应数以万计的士兵，能够生存下去不致感到匮乏。

这个地区的峡谷长满树木，可以满足神明的要求将一座丛林奉献给宁芙。神话提到他是赫尔墨斯和一位宁芙的儿子，取名为达弗尼斯是因为到处有浓密成荫而又香气扑鼻的月桂树（daphne）。他由宁芙养育长大，拥有数量庞大的牛群，由于对牲口的照顾非常用心，获得布科卢斯（Bucolus）或"牧牛者"的绰号。他拥有非比寻常的天赋，即美妙的歌喉，首创的田园诗或牧歌的形式，在西西里地区直到现在经行不绝。神话提到达弗尼斯陪伴阿特米斯外出狩猎，用乐于接受的方式服侍女神；他用牧童的芦笛和田园风味的歌声，让她倾听感到满心愉悦。有一位宁芙爱上他的同时预告未来出现的情况，要是他与其他任何妇女发生关系，就会马上丧失视力。有次他在酒醉以后与国王的女儿同床共寝，结果变成看不见东西的瞽者，证明宁芙的预言确实无虚。我们对达弗尼斯的事迹已经说得够多了。

85 我们要详述神话里面曾经提过的奥里昂。记载的故事有如下述：奥里昂（Orion）无论是体格的硕壮还是臂力的强大都要超越所有的英雄人物，根据记录我们知道他的嗜好是狩猎，还是巨大工程的建造者，那是出于他孔勇过人和热爱荣誉。例如，那个时候的西西里有一个国王占克卢斯（Zanclus），他所统治的城市因他而得名叫作占克利（Zancle）①，就是现在的美西纳（Messena），奥里昂在那里兴建重大的工程，用延伸海堤的方式造出一个被称为阿克提②的海港。我们前面已经提过美西纳，对这里我们不会感到陌生，早在叙述海峡③之前大家对它有很深的印

---

① 修昔底德《伯罗奔尼撒战争史》第 6 卷第 4 节，提到西西里的土著认为这个地方的形状很像镰刀因而得名，"西西利人将镰刀叫作 zanclon"。

② 阿克提（Acte）这个字的原意是"海岬"。

③ 就是现在的墨西拿海峡。

象。古代的神话作家提到西西里原本是一个半岛,后来成为一个岛屿,它的成因有如下述:地峡最窄狭的位置在两边受到海浪的冲击,形成一个裂口(rhegma),所以这个地方得到 Rhegion 的称呼,很多年以后在这个地方兴建的城市①也使用这个名字。

不过,有人提到曾经发生强烈的地震,原来与大陆相连的颈部断裂开来,出现一条海峡使得岛屿与大陆分离。诗人赫西奥德②有完全相反的陈述,亦即海洋在两地之间伸展形成分离,奥里昂在靠近庇洛瑞斯(Peloris)③的地方造成海岬,用来作为奉献给波塞冬的圣地,当地土著一直对它崇敬有加;这些工程完成以后他把自己的家从优卑亚搬迁到此地;他的声誉使他列名天上的星辰,赢得世人永恒的怀念。诗人荷马在他的《尼西阿》④中有这样的诗句⑤:

> 后面又让我注意到魁梧的奥里昂,
> 在长满长春花的草原将野兽逐赶,
> 这些是被他杀害在小山上的亡魂,
> 手里紧握着不会折断的黄铜棒棍。

同样可以显示出他的巨大躯体,如同他在前面提到的阿勒乌斯(Aloeus)的两个儿子⑥,年纪不过九岁,他们的身体有九肘尺宽,高度到达九英寻(相

---

① 就是雷朱姆(Rhegium)。

② 查克(Rzech)《赫西奥德的残卷:天文学(Astronomia)第18行》No.183。

③ 位于西西里东北角的尖端。

④ 尼西阿(Necuia)是荷马《奥德赛》第11卷在古代使用的卷名,这一卷的内容是奥德修斯进入地府,遇到很多死者的亡灵。

⑤ 荷马《奥德赛》第11卷第572—575行。

⑥ 就是阿勒乌斯和伊斐美迪娅(Iphimedeia)的两个儿子奥都斯(Otus)和伊斐阿底(Ephialtes)。

当于 15 英尺宽、54 英尺高），诗人还添油加醋地说他们

> 除了难与名声响亮的奥里昂相比，
> 谷物丰硕的大地抚育的人类当中，
> 这两兄弟的身材最高也最为俊美。①

　　我们按照原定的计划，在开始②就提到要对英雄和半神使用适当的篇幅，现在我们已经完成本章的写作。

①　荷马《奥德赛》第 11 卷第 309—311 行。
②　参阅本章第 1 节。